21 世纪全国高职高专财经管理系列实用规划教材

广告原理与实务

主　编　郑小兰　谢　璐
副主编　易淼清　李晓燕
参　编　田素美　官培财　张　慧

北京大学出版社
PEKING UNIVERSITY PRESS
中国林业出版社
China Forestry Publishing House

内 容 简 介

《广告原理及实务》一书主要是为了适应高职高专经济管理类专业的广告学课程需要而编写的教材。因此，本书继承了成熟教材的主要体系内容，同时将过去经济管理专业学生不熟悉的广告设计等章节的内容删去。全书的各章节力求通过大量的案例来帮助学生理解理论知识，每章首先用案例导入本章的内容。教材的最后部分是实训，供读者参考学习。

本书架构尽可能实现体系科学、结构完整、脉络清楚、广收并蓄、特点突出，便于学习理解，且与广告学的其他课程相区别。重要章节图文并茂，增强了教材的生动性。

本书既可以作为非广告学专业学生的教材，也可以成为广告从业人员学习广告学原理的参考用书。

图书在版编目(CIP)数据

广告原理与实务/郑小兰，谢璐主编. —北京：中国林业出版社；北京大学出版社，2007.8

(21世纪全国高职高专财经管理系列实用规划教材)

ISBN 978-7-5038-4847-6

Ⅰ. 广… Ⅱ. ①郑… ②谢… Ⅲ.广告学—高等学校：技术学校—教材 Ⅳ. F713.80

中国版本图书馆CIP数据核字(2007)第115562号

书　　名：广告原理与实务

著作责任者：郑小兰　谢　璐　主编

策 划 编 辑：吴　迪

责 任 编 辑：翟　源　杜建玲

标 准 书 号：ISBN 978-7-5038-4847-6

出　版　者：中国林业出版社(地址：北京市西城区德内大街刘海胡同7号　邮编：100009)

http://www.cfph.com.cn　E-mail:cfphz@public.bta.net.cn

电话：编辑部 66170109　营销中心 66187711

北京大学出版社(地址：北京市海淀区成府路205号　邮编：100871)

http://www.pup.cn　http://www.pup6.com　E-mail: pup_6@163.com

电话：邮购部 62752015　发行部 62750672　编辑部 62750667　出版部 62754962

印　刷　者：北京中科印刷有限公司

发　行　者：北京大学出版社　中国林业出版社

经　销　者：新华书店

787mm×960mm　16开本　22.5印张　453千字

2007年8月第1版　2007年8月第1次印刷

定　　价：32.00元

21世纪全国高职高专财经管理系列实用规划教材

专家编审委员会

丛 书 总 序

随着我国改革开放的持续深化，社会主义市场经济对高等职业技能型人才的需求迅猛增加。2002 年，随着《国务院关于大力推进职业教育改革与发展的决定》(国发〔2002〕16 号)的颁，揭开了我国高等职业教育发展的新篇章。为贯彻落实《国务院关于大力发展职业教育的决定》，"十一五"期间，教育部、财政部决定实施国家示范性高等职业院校建设计划，通过重点建设 100 所国家示范性高职院校，带动全国高职院校深化改革，提升高等职业教育的整体水平。国家启动示范性高等职业院校建设计划，标志着我国高等职业教育进入了一个追求内涵发展的新的历史阶段，这是科学发展观在我国高等教育领域的具体体现，对促进我国高等职业教育更好更快地发展具有巨大的战略意义。

财经管理类专业是我国高职高专教育极其重要的组成部分。2005 年，全国高职高专院校在校生 427 万，其中财经管理类专业在校生超过 80 万，占 18.8%。高职高专财经管理类专业主要着眼于培养社会主义市场经济发展所需要的德智体全面发展的高素质专门人才，要求具有较强的职业技能和较好的创新精神以及实践能力。

在当前开拓新型工业化道路，推进全面小康社会建设的新时期，进一步加强经济管理人才的培养，注重经济理论的系统化学习，特别是现代经济管理理论的学习，提高学生的专业理论素质和应用实践能力，培养出一大批高水平、高素质的经济管理人才，越来越成为提升我国经济竞争力、保证国民经济持续健康发展的重要前提。这就要求高职高专财经管理类职业教育要更加注重依据国内外社会经济条件的变化适时变革和调整教育目标和教学内容；要求财经管理学科专业更加注重应用、注重实践、注重规范、汗重国际交流；要求财经管理学科专业与其他学科专业相互交融与协调发展；要求财经管理类职业教育培养的人才具有更加丰富的社会知识和较强的人文素质及创新精神。要完成上述任务，高职高专院校需要进行深入的教学改革和创新。特别是要搞好有较高质量的教材的编写和创新。

出版社的领导和编辑通过对国内高职高专院校财经管理学科教材使用情况的调研，在与各院校的专家学者讨论的基础上，决定组织编写和出版《21 世纪全国高职高专财经管理系列实用规划教材》，这是一项有利于促进高职高专院校教学改革发展的重要措施。

本系列教材是按照高职高专院校经济类和管理类学科专业规范、培养方案，以及课程教学大纲的要求，合理定位，由长期在教学第一线从事教学工作的教师立足于 21 世纪经济管理类学科发展的需要，深入分析经济管理类专业学生现状及存在问题，探索经济管理类专业学生综合素质培养的途径，以科学性、先进性、系统性和实用性为目标，其编写的特色主要体现在以下几个方面：

(1) 关注经济管理学科发展的大背景，在掌握必要的理论知识基础上，着眼于增强教学内容的联系实际和应用性，突出创造能力和创新意识。

(2) 体系完整、严密。系列涵盖经济类、管理类相关专业，并把握相关课程之间的关系，整个系列丛书形成一套完整、严密的知识结构体系。

(3) 内容新颖。借鉴国内外最新的教材，融会当前有关经济管理学科的最新理论和实践经验，用最新知识充实教材内容。

(4) 合作交流的成果。本系列教材是由全国上百所高职高专院校教师共同编写而成，在相互进行学术交流、经验借鉴、取长补短、集思广益的基础上，形成编写大纲。最终融合了各地特点，具有较强的适应性。

(5) 案例教学。教材具备大量案例研究分析，让学生在学习过程中理论联系实际，特别列举了我国经济管理工作中的大量实际案例，这可大大增强学生的实际操作能力。

(6) 注重能力培养。力求做到不断强化自我学习能力、思维能力、创造性解决问题的能力以及不断自我更新知识的能力，促进学生向着富有鲜明个性的方向发展。

(7) 配套产品种类丰富。每本教材除了有电子课件方便老师备课以外，还提供有教材习题答案、考试题库，为使用本系列教材的老师提供了方便。

作为高要求，高职高专财经管理类教材应在基本理论上做到以马克思主义为指导，结合我国财经工作的新实践，充分汲取中华民族优秀文化和西方科学管理思想，形成具有中国作风、气派和特色的创新教材。这一目标不可能一蹴而就，需要作者通过长期艰苦的学术劳动和不断地进行教材内容的更新才能达成。我们希望这一系列教材的编写，将是我国拥有较高质量的高职高专财经管理学科教材建设工程的新尝试和新起点。

我们要感谢参加本系列教材编写和审稿的各位老师所付出的大量卓有成效的辛勤劳动。由于编写时间紧、相互协调难度大等原因，本系列教材肯定还存在一些不足和错漏。我们相信，在各位老师的关心和帮助下，本系列教材一定能不断地改进和完善，并在我国高职高专财经管理类学科专业的教学改革和课程体系建设中起到应有的促进作用。

《21世纪全国高职高专财经管理系列实用规划教材》
专家编审委员会
2007年8月

前　言

改革开放近30年来，我国的经济得到了飞速发展，中国的广告业和广告教育都得到了长足的发展。近年来由于市场经济发展的需要，高职高专的学生市场需求量很大，因此也促进了高职高专教育的发展。而目前国内主流的广告学教材体系一般都是根据新闻传播学和广告学专业的本科生培养要求编写的，不适合高职高专经济管理专业的学生使用。《广告原理与实务》主要是为了适应高职高专经济管理类专业的广告学课程需要编写的教材。因此，本书继承了成熟教材的主要内容体系，同时将过去经济管理专业学生不熟悉的广告设计等章节的内容删去。全书各章节力求通过大量的案例来帮助学生理解理论知识，每章首先用案例导入本章的内容。

本书由郑小兰、谢璐任主编，由易淼清、李晓燕任副主编。参加编写工作的有浙江金华职业技术学院的郑小兰(第1章)，四川托普信息技术职业学院的谢璐(第7、9、13章)，浙江温州职业技术学院的易淼清(第5、8、11章)，河南焦作大学的李晓燕(第4、6章以及第12章的一部分)，江西工业工程职业技术学院的田素美(第2、10章)，四川托普信息技术职业学院的官培财(第3章)，焦作大学的张慧(第12章的一部分)。最后由郑小兰统稿。

本书在撰写过程中，借鉴了大量前辈们的研究成果和优秀作品，参考了大量的广告学文献、专著、相关的教材以及专业杂志的网站，在此，我们向有关文献的作者表示衷心的感谢。

本书在编写过程中，得到了学院领导、同事和出版社编辑老师们的极大帮助与支持，在此我们一并致谢！

因受编者学术水平和知识范围的限制，书中疏漏和不当之处在所难免，真诚希望学界同行和读者提出宝贵意见，使本书能不断完善。

编　者

2007年5月

目 录

第1章 广告概论

教学目标

通过本章的学习，要求掌握广告的定义和广告的基本特征，掌握从传播学角度和实际运作角度来分析广告的功能。明白广告学的研究对象，广告学与相关学科之间的区别和联系。要求了解不同国家和部门对广告的定义，了解广告的几种基本分类方法。

教学要求

知识要点	能力要求	相关知识
广告分类	(1) 能进行广告分类 (2) 掌握广告分类的标准	(1) 广告分类的意义 (2) 广告分类的方法
广告功能	(1) 理解广告的功能 (2) 对不同功能的理解	(1) 传播角度的功能 (2) 实际运作角度的功能
广告学与相关学科	(1) 对广告定义的进一步理解 (2) 掌握与相关学科之间的区别 (3) 掌握与相关学科之间的联系	(1) 广告是边缘性的学科 (2) 广告与公关、新闻、美学、宣传的区别和联系

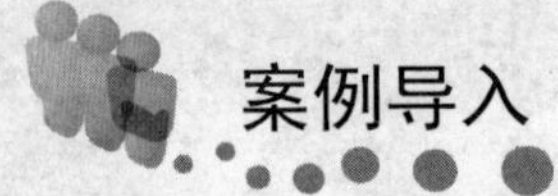

案例导入

我国广告业发展的基本情况

自1979年我国广告业恢复以来，已经走过了20多年的发展历程。在这20多年里，广告业一直呈高速发展的态势，目前已初具规模，具有一定的劝服能力，正处于由粗放型经营朝专业化经营方向转变的时期。

1981年，全国有广告经营单位2 300家，从业人员16 000人，营业总额1.2亿元；1998年底，全国有广告经营单位61 730家，从业人员578 876人，营业总额达到537.8亿元，分别增长25倍、35倍、447倍。与广告业恢复初期相比，行业素质，科技含量，管理水平都有明显提高。

20世纪90年代后期，广告行业发展呈现出以下特征：

1. 媒介朝多元化方向发展，向买方市场转变

20世纪90年代中期以来，各种媒介日趋多元化。电视台增开频道，增设栏目，各地方纷纷成立有线电视台，开办经济台，节目上卫星等，这些变化逐渐减弱了电视媒介的垄断地位，形成竞争环境。报纸是我国第二大媒介，近几年也发生了重大变化。报业集团的出现改变了报社的经营机制，因此产生一社多报、一社多刊现象。中央报纸增开地方版，有些地方出现了购物指南、直邮报等信息类报纸，使报纸广告市场展开更加激烈的竞争。网络广告的出现更加拓宽了广告市场，使广告主又多了一种传播的选择。这些现象说明，广告发布领域正在快速地向买方市场转变。任何媒介都不可能独占传播空间，也不可能凭传统的办法瓜分地域。由于广告主的选择越来越注重媒介的覆盖面、阅读率、收视率、收听率及服务质量，那些人情的、权力的、关系的因素虽然对媒介选择还有一定影响，但已明显退居次要地位。

2. 广告业朝专业化方向发展

如果说20世纪90年代初期广告公司具有“大而全”、“小而全”的自然经济特色的话，那么20世纪90年代后期则明显朝专业化转变了。竞争迫使广告公司正确定位，扬长避短。那些不顾主客观条件而盲目张罗国内外广告业务、搞全方位经营的广告公司渐渐少了，而有特色的、专业化的广告公司多了。出现了营销策划型、客户代理型、媒介代理型、专业制作型(又分影视广告制作和平面广告制作)、技术服务型、信息咨询型、综合服务型等专业公司。虽然多属初级，但已显示出专业分工的优越性，即可以使服务更专一、服务质量更可靠。并且目前已产生了一些直接服务于外国大客户，并得到赞扬的本土广告公司。

3. 新技术被广泛采用，广告制作和发布质量明显提高

近几年国内外新的广告制作、发布技术、设备、材料、工艺以及新的媒体被引进并被广泛运用，因此使平面和影视广告制作也经历了一场革命。先进的桌面系统和印刷设备的使用使报纸、刊物、招贴以及其他印刷品广告更加精美，也为创意的表现了提供了更大的空间；影视广告前后期，特别是后期特技制作的一流设备和技术已在一些大城市使用，因此大大改变了我国影视广告的落后面貌；户外广告也广泛采用电子喷绘、丝网印刷、静电仿真技术，使那些手绘广告渐渐地退出了城市。许多大城市也因为有了许多精美的户外广告而变得更加亮丽。

4. 地区发展的不平衡性有增无减

广告业是经济和社会发展的一面镜子，折射着其发展情况。改革开放以来，我国东部沿海地区经济发展较快，其发展程度明显高于中部和西部地区。广告业的发展也反映了这一特点，而且东部西部的差距更加明显。据统计，1998 年广告经营额在前 10 名的省、自治区、直辖市有 8 名在东部沿海，而且北京、上海、广东、江苏、浙江、山东、福建、辽宁的广告营业额的总和为 420 亿元，占全国广告营业总额的 78%，仅北京、上海、广东三地的广告营业额就占总营业额的 50.8%。不仅如此，广告的先进技术和人才也基本上集中在这些经济较发达的地区。

5. 我国生活资料广告费投入占据绝对优势

1998 年我国生活资料广告费达到 314.92 亿元，占广告营业总额的 58.5%。比 1997 年增长 31%。生产资料广告费投入仅为 39.09 亿元，比 1997 年增长 6%，其他类(商业、服务业、金融业、保险业等)的投入为 183.82 亿元，占广告营业总额的 34.2%。这说明广告越来越贴近普通消费者的实际需求，广告媒介的选择也更加科学。在生活资料广告投入方面占前四位的产品分别是食品、家电、药品、化妆品，其广告费投放分别为 79.33 亿元、79.02 亿元、64.48 亿元、57.89 亿元，并分别占广告营业总额的 14.7%、14.6%、11.9%、10.7%。

6. 私营企业、股份制企业发展势头强劲

统计显示，近几年私营和股份制广告企业发展呈现出强劲势头。1998 年，私营广告企业已发展到 10 069 户，股份制广告企业达到 5 590 户，分别比 1997 年增加 45.8%和 12.9%，并分别占广告公司总户数的 30.2%和 16.8%。私营企业和股份制企业广告营业额分别为 39.1 亿元和 20.3 亿元，比 1997 年分别增长 48.4%和 30.9%，分别占广告营业总额的 17%和 8.8%。

2005 年 12 月 10 日以后，中国广告市场全面对外开放，急剧增长的中国广告市场为每个广告公司提供了一个广阔的发展舞台，跨国广告集团也不例外地看好这个市场，它们凭借雄厚的资本实力、科学的管理手段、成熟的运作经验、高素质的人力资源、多元化的业务组合，给本土广告公司带来了冲击，但同时也带来了动力。

近几年，我国广告业发展迅速。仅 2006 年上半年，我国广告刊例价收入攀升至 1 555 亿元，同比增长 18%。2006 年上半年，中国广告市场经历了都灵冬奥会、德国世界杯、超女等赛事和人气节目的洗礼，广告拼争厉害，投放增量不小；但与 2005 年同期 21%的增速相比，2006 年广告市场呈现出增速放缓的趋势。

2007 年以后全球广告市场将继续保持增长态势，年增幅将在 5%左右。其中新兴市场和互联网广告市场的增长率将达两位数。互联网广告市场目前增长势头很猛。如美国 2006 年投放在互联网广告方面的净投资占总投资的比例已突破 10%，预计 2007 年日本和英国的这一指标也将跨过 10%的门槛。目前世界各大广告公司纷纷将目光投向中国和俄罗斯等新兴市场，预计中国广告市场的增幅在 2007 年将达到 19%。

资料来源：贾玉斌，企业传播网-炎黄机构，http: //www.yan-huang.com/
中华广告网，http: //www.a.com.cn/.

广告是人类信息交流的必然产物，并随着市场经济和生产社会化的发展而逐步发展。在现代社会中，广告已突破经济的界限，渗透到社会的各个角落，并被广泛地应用于经济、政治、文化、思想、科学等各个领域。现代广告已逐渐成为人们物质生活和精神生活的重要组成部分。

通过本章的学习，要重点掌握广告的定义和分类，理解、把握广告的内涵、外延、功能和特性，了解广告学与相关学科的联系与区别，以便在广阔的信息大潮里自由驰骋。学习和研究广告学的基本概念，有助于我们对广告和广告学的概况有个框架性的了解，为学习广告学的其他原理及实务打下基础。

1.1 探询“广告”定义

随着经济全球化进程的加快和商品济的快速发展，“广告”成为出现频率很高的名词，广告学专业也成了很热门的专业。当今社会，尤其在较发达的城市和地区，广告可谓铺天盖地，无处不在。在电视、广播、报纸、杂志上，在吃、住、穿、用、行、玩中无不充斥着形形色色、丰富多彩的广告。不管你是否承认，现代广告已逐渐成为人们生活的一部分。

当广告悄悄融入我们生活的方方面面的时候，我们不禁要问：广告是什么？对消费者来说，他们也许更关注广告传播的信息：对业界来说，他们也许更关注如何提高广告效果；对理论界来说，他们更应该关注广告的内涵和外延，建立合理的理论框架，以指导广告的实践活动。关于现代广告，众说纷纭，其定义也是纷繁复杂，由于人们从不同的视角切入，因此得出了不同的结论。

目前可以说尚无定论。同时，广告的定义是动态的，是一个与时俱进的概念。为此，我们从词源学的角度来探讨广告的来源，并综合理论界和业界人士的不同定义，对广告的定义进行再探讨。

1.1.1　追溯“广告”一词的来源

广告是什么？“广告”一词是怎么来的？追本溯源，让我们一同回顾历史，来考证中国、日本以及西方语言中“广告”一词的来龙去脉。

首先，在我国古汉语中并没有“广告”一词，《康熙字典》和《辞源》中都没有“广告”一词。有学者认为“广告”一词最早见于 1907 年(清光绪三十三年)，当时出版的《政治官报章程》中说：“官方银行、钱局、工艺陈列各所、铁路矿务各公司及经农工商部注册各实业，均准送报代登广告，酌照东西各国官报广告代理。”

东汉许慎的《说文解字》释“廣”(繁体‘广’)：廣，殿之大屋也，从广，黄声。如荀子：“论礼乐、正身行、广教化……辟公之事也。”可见“广”为形声字，意义为“殿之大屋”，引申义为“扩大、宽泛”，诸如“广大”、“广播”、“广为流传”等，皆取其意。东汉许慎的《说文解字》释“告”：“牛触人，角著横木，所以告人也，从口从牛……”《管子》有云：“舆不可、疆不能、告不知，谓之劳而无功。”所以，“告”是会意字。虽在古代无“广告”两字的组合，但从词源学的角度，我们可以得出“广告”一词的大概意思。限于当时的传播技术和媒介(或称媒体)的落后，人们之间的沟通还仅局限于从最初的姿态、声音、火光到后来的语言和文字的传播，所以当时的人所理解的“广”和“告”实际上与我们现在对“广”和“告”的理解是有所不同的，而且今后“广”和“告”的内涵和外延还会随着媒介和技术的发展而不断得到新的扩展。

再看日本。据考证，约在公元 1872—1877 年(日本昭治五年至十年)期间，日本就已使用“广告”这个词了。我国著名学者徐百益先生认为“广告是近代的名称，这两个字很可能来自日本”。不管怎样，虽然我国在 20 世纪初才出现“广告”一词，但是这并不否定广告活动本身的存在。

现在学界比较公认的观点是，广告的英文“Advertising”(简称 AD)，源于拉丁语“Adventure”，意为唤起大众对某种事物的注意，并诱导于一定的方向时所使用的一种手段。而且从词性角度来说，“advertise”(动词)，“advertising”(进行时)，“advertisement”(名词)3 个单词所表达的意义是不完全一样的。“advertise”指的是注意、诱导的动作；“advertising”为一个使大众注意，诱导大众于一定的方向的动态过程而非静态过程；“advertisement”是指一个具体的广告作品、广告活动。

综上所述，我们初步了解了“广告”一词的来源。接下来，我们将进一步深入挖掘广告的内涵和外延。

1.1.2　对不同的广告定义的比较

不同的人对广告有不同的理解，他们可能是消费者、广告主、媒体从业人员、文案、美工、专家学者等，由于他们担任不同的角色，处于不同年代，加之各自具有不同的文化背景，所以在他们眼里的广告，其内涵和外延有共性也有差异性。现选取部分来对广告的典型定义作一个比较，以便从中找出其共性和差异(见表 1-1)。

表 1-1　对广告的不同定义

国家或地区	学者	企业	行业协会	权威机构
日本	中山静(1924)：广告宣传的目的是劝诱人们对某一特定的事情产生或增强信心，使他们赞成或坚决执行。这个目标的实现与广告宣传的次数有关系，如果使用的方式、方法和时机适当，即使广告宣传的次数少一些，也会收到满意的效果。广告是通过宣传商标来达到销售目的的	电通：广告是现代广告公司为广告主的商品或服务的市场营销计划开展的商务活动内容，其中心是由市场营销计划导入的广告计划，并为实现这一计划而进行的制作，再将制作好的东西通过媒体发布和展示的促销活动制定计划并实施，同时还涉及商品和服务的企划及经营活动的各个领域	广告是被明确表示出的信息发送方式，是针对呼吁诉求对象进行的有偿信息交流的活动	
美国	拉斯克尔：广告是印刷形态的推销手段	美国市场协会(AMA)：特定的广告主以付费方式通过不同的媒体对产品、服务和观念劝服的非个人化进行传播	广告协会：广告是付费的大众传播，其最终目的是为了传递信息，并改变人们对于广告所宣传商品的态度，诱发其行动而使广告主获得利益	《广告时代》(1932)：由广告主支付费用，通过印刷书写、口述及图画等方式，公开表现有关个人、商品、劳务或运动等的信息，用以达到影响并促进销售、使用、投票或赞同的目的
欧洲	广告是有关商品或服务的新闻。英文是“News bout products or service”			韦伯斯特大辞典(1988)：运用媒体而非口头传递，具有目的性信息的一种形式，旨在唤起人们对商品的需求并对生产和销售这些商品的企业产生好感，告知提供某种非营利性目的的服务以及阐述某种意见和见解

续表

国家或地区	学者	企业	行业协会	权威机构
中国	戈公振(1926)：商业之史乘，亦即文化进步之记录。人类生活，因科学之发明日趋繁密美满，而广告即有促进人生与指导人生之功能。故广告不仅为工商界推销出品之一手段，实负有宣传文化与教育群众之使命也		《中华人民共和国广告法》：本法所称广告是指商品经营者或者服务提供者承担费用，通过一定媒介和形式直接或者间接地介绍自己所推销的商品或者所提供的服务的商业广告	《辞海》(1982)：向公众介绍商品、报道服务内容或文娱节目等的一种宣传方式

1.1.3　广告的定义

广告的定义一般分两种，即狭义的广告和广义的广告。其中狭义的广告主要是指商业广告；而广义的广告指除了商业广告之外还包括公益广告、政府广告以及其他形式的广告，广义广告的内容和对象都比较广泛。

从传播学的角度分析，广义广告的基本特征如下：

第一，广告是付出一定代价的信息。广告是营利性的活动，虽然有些公益广告是免费的，但我们认为，此类广告仍然是要付出某种代价的。如美国销售协会定义委员会的广告定义是“由特定的广告主以付出某种代价的方式，对于设想、商品或劳务进行的非个人间的介绍或推广。”

第二，广告的本质是一种信息传播，具有信息性。如上述定义中提到的“……商品、报道服务内容或文娱节目……”、“商品或者所提供的服务”等。

第三，广告是非个人传播行为。如美国销售协会定义委员会认为，广告进行的是非个人间的介绍或推广；而香港中文大学的闵建蜀博士也认为，广告是非个人传播行为，但个人推广也是一种广告现象。

第四，艺术加工。广告必须经过艺术加工，这是为了达到更好的广告效果。虽然在上述广告定义中并未涉及此项，但我们认为，广告如果要想达到更好的效果，就必须要运用一些艺术和先进技术进行包装。当然，广告不能只为艺术而艺术。

第五，劝服企图。广告带有一定的劝说和诱导性。如美国广告协会的定义：“……改变人们对于所广告的商品的态度，诱发其行动从而使广告主获得利益。”

综上所述，本书对广告的定义是：广告是由广告主付出某种代价的信息，经过艺术加工，通过不同媒体向大众传播，达到改变或强化人们观念和行为的目的。

1.2 广告的分类

上一节我们从广告的起源和定义两方面探讨了广告的内涵，为了更进一步地了解广告究竟是什么，我们再从广告的外延入手，依据不同的标准对其进行分类。虽然有人认为，分类根本没有什么实际意义，只是从不同的侧面进行透视，但有比较才有鉴别，进行分类，有利于我们正确选择和使用广告媒体，还有利于我们理清市场、产品、消费者、媒体、政府、社区、环境等方方面面的关系，从而使我们更好更快地实现广告目标。在此，我们根据广告参照物的不同进行如下划分。

1.2.1 按广告最终目的的不同划分

第一，营利广告或经济广告。这是以推销某种产品、观念、服务等为目标，单纯追求利润最大化的广告形式，其终极目标是营利。

第二，非营利广告或非经济广告。这是以宣传某种主义、信念或陈述意见为目标的广告形式，其终极目的不是营利。

1.2.2 按广告直接目的的不同划分

第一，企业形象广告。这类广告侧重介绍企业的特征和优势，虽然没有直接推销产品，但却从长远的利益出发，对企业形象有很大的提升作用，还能使企业的文化和形象深深地植根于消费者的心里。

第二，企业观念广告。这类广告主要试图改变某种消费意识和习惯，试图诱导或说服消费者接受某种观念，从而让消费者产生购买某种产品的欲望，这是间接销售。

第三，商品销售广告。这类广告突出介绍商品的优点、性能、用途、价格、原产地、商标、品牌等，旨在达到直接反复刺激消费者购买的目的，这是直接销售。

第四，解决问题的广告。这类广告力求解决某一问题，包括招聘、寻租、寻人启事等很具体的问题。当然，这种广告不局限于单一广告，可以采用系列广告和多媒体广告。

1.2.3 按广告诉求方式的不同划分

第一，理性诉求广告。这类广告可从两个方面来分析：

从定量分析看，根据 1987 年纽约大学的 Marshall D. Rice 教授和 Resnick-stem 的 14 条信息评价标准，凡广告中存在 1 条和 1 条以上的就属于理性诉求广告。这 14 条标准为：“availability，performance，quality，price，independent research，package，guarantee or warranties，new ideas，components，safety，taste，nutritious，company research，special offers.”

从定性分析看，理性诉求广告只向消费者提供购买此商品的优点和功用，让消费者自己去权衡利弊、做出判断，听从劝告并采取购买行为。

第二，感性诉求广告。它也可从以下两方面进行分析：

从定量分析看，不包含上述 14 条标准的广告为感性诉求广告。

从定性分析看，分为愉悦诉求和恐惧诉求。愉悦诉求即运用愉悦的感情或创造愉悦的情景来打动消费者，试图使消费者产生购买行为；恐惧诉求是利用消费者的恐惧心理来进行诱导劝服，使消费者为避免这些恐惧而趋于购买。

1.2.4　按产品的生命周期划分

第一，开拓型广告。这是指在“人无我有”的情况下，为推广新的产品、观念或服务而发布的广告。主要侧重介绍新产品、新观念或新服务的功用、USP(独特的销售主张)等的介绍，以引起消费者关注，进而了解商品并引起购买行为。

第二，竞争型广告。这是指在“人有我优”的情况下，特别是指在产品的成长期和成熟期所做的广告。主要侧重介绍本产品、观念或服务优于其他同类竞争者方面的介绍，比如价格优势、质量优势等。

第三，维持型广告。指在“我好人也好”的情况下，同质化现象比较突出，在产品本身并没有太多竞争力的衰退期发布的广告。主要侧重用商标、企业形象来提醒消费者，使他们继续购买。

1.2.5　按广告影响范围的不同划分

第一，地方性广告。这是指当地零售商店、企业或影院等利用 POP、路牌或其他当地媒体形式来发布的广告。其范围一般局限于当地区域，广告主多为当地的零售商、小企业等。

第二，区域性广告。这是指选取区域性媒体，诸如地方或未覆盖全国的省电视台和广播电台、未跨区域发行的报刊等，在某一特定区域内，为配合差异性市场营销策略而发布的广告。产品的地域性特点较强，广告主多为中小企业。

第三，全国性广告。它选取全国范围的媒体，诸如中央电视台、地方卫视频道、中央人民广播电台以及跨区域发行的报刊等，旨在向全国消费者提供信息，扩大产品的知名度，促进销售。广告主多为大型企业。

第四，全球性广告。它又称国际性广告，指国际知名品牌通过国际性的媒体，诸如 BBC、纽约时报等发布的广告。这种广告跨国公司运用得较多，如海尔、可口可乐等。

1.2.6　按使用的媒体不同划分

1. 电波类广告

它又分为以下 3 类：

(1) 电视广告。指在电视媒体上发布的广告。电视媒体按层次的不同又分为全国性、省级区域性、市级区域性以及地方县级区域性电视台。此外，数字电视、电影、DVD 和 VCD 光盘、激光、光纤、传真、电话、闭路电视、有线电视等也是发布广告的重要媒体。

(2) 网络广告。主要指互联网络发展后在网上发布的各种网络广告。包括 E-mail 直邮广告、横幅广告、悬挂广告、QQ、聊天室、声音平面广告、游动广告、BBS 广告等。

(3) 广播广告。主要指的是通过收音机等利用声音、音响效果等来发布信息的广告。

2. 印刷广告

主要指在杂志、期刊、报纸、招贴、样本、包装、商标、票券、黄页等印刷媒体上发布的广告，分专业广告和一般广告。

3. 户外广告

主要指路牌、车站、码头、霓虹灯、交通工具、条幅、塑模、气球、电子板、旗帜、建筑物等平面或立体广告。

4. 交通广告

主要指利用汽车、轮船、出租车、公交车、飞机、卫星、汽艇等的车身、车内扶手、座椅等媒介发布的广告。现在有的公交车、火车上还安装了电视，播放专门频道的节目，如今不少城市就开通了城市频道，在公交车上播出企业资讯、娱乐信息、新闻、广告等。

5. 直邮广告[简称 DM(Direct Mail)]

主要指利用邮件形式向特定的消费群体发布广告，具有较强的针对性、便捷性，如商品目录、说明书、宣传单、明信片、贺年卡、信函等。

6. POP 广告(Point of Purchase)

又称现场销售广告，指在商场、展销会、促销现场等地，利用橱窗、柜台、货架陈列的商品实物、产品样本、模型、模特、图形、卡通、包装袋等发布的广告。

7. 珍藏品、纪念品广告

主要指国家、企事业单位或个人为纪念某个重大活动、节日、开业等采用珍藏品、纪念品的形式所做的广告，是侧重于介绍、提升形象的广告，比如邮票、纪念章等。

8. 其他广告

主要指以其他的媒介形式(诸如火柴盒、花灯、冰灯、猜谜语、漫画、台阶等)发布的广告。

1.2.7 按广告传播时间的不同划分

第一，时机性广告。时机性广告指的是抓住一些重大活动、节日、事件(如开业、展销、价格优惠等)等机会对消费者发布的广告。

第二，长期广告。这是指企业战略性的系列广告活动，持续时间较长。

第三，短期广告。这是指短时间的促销广告。

1.2.8 按广告播放频率的不同划分

第一，高频率广告。这是指在一段时间内不间断地、频率较高地播放同一广告。根据广告时间又可分为水平式、上升式、下降式、交错式。

第二，低频率广告。这指在一段时间内间断或不间断地、次数较少地播放广告。

1.2.9 按广告对象的不同划分

第一，消费者广告。这是指一般发布在大众媒体上的广告，其目标受众是消费者。

第二，商务广告。这是指一般发布在专业媒体上的广告，其目标受众为商务客户或专业人士。

1.2.10 按广告层次的不同划分

第一，基本需求刺激广告(Primary Demand Stimulation)。这类广告是以知会潜在消费者此种产品的基本价值为目的，而不是强调某一特定的品牌。这类广告极具挑战性，且成本较高。

第二，选择性需求广告(Selective Demand Stimulation)。这类广告旨在刺激消费者对某一特定企业品牌的需求，指出该种品牌与同类竞争品牌的特殊利益点。

第三，即时反应广告(Direct Response Advertising)。这类广告指能使消费者产生即时反应的广告。通常消费者对这种产品比较熟悉，在现场购买时无需试用，其成本较低。

第四，延时反应广告(Delayed Response Advertising)。这类广告试图创造品牌认知，增加使用此品牌的利益点，使消费者喜欢此品牌。

第五，态度养成广告(Corporate Advertising/Attitude Establishment Advertising)。此类广告不是用来提升某一特定品牌，而是从整体上促使公众对企业建立一个良好的印象和态度。

1.2.11 按广告表现形式的不同划分

第一，图片广告。图片广告主要包括摄影广告和绘画广告。它以诉诸于视觉的写实或创作为形式。从目前看，摄影广告的比重越来越大。一般认为，摄影广告的写实性和传真程度与手绘相当，而且速度快，有大发展的趋势。但也应看到，摄影广告不可能完全取代绘画广告，因为绘画广告有自己的魅力和适用性。

第二，文字广告。这是指用语言文字来传达信息的广告。

第三，表演广告。这类广告利用各种表演艺术形式来达到广告目的。电视广告和销售现场广告较多地采用这种形式。

第四，实物广告。这类广告是用实物的方式展示产品或服务的广告。

1.2.12 按广告产生的效益划分

第一，速效性广告。这类广告传播的速度很快，且效益好。

第二，迟效性广告。这类广告传播的速度比较慢，且效益较差。

1.2.13 按广告主经营性质的不同划分

第一，商业广告。这是指生产和流通领域及服务行业的广告。它能够传播经济信息，沟通产销渠道，促进生产，加快流通，为生产和生活提供服务信息，推动整个国民经济的发展。这种广告数量最多，作用巨大。

第二，工业广告。这是指工业企业广告，又可称为生产资料广告，主要向工业企业传播有关原材料、机械器材、零配件等生产资料的信息，常在专业杂志或专用媒体上发布广告。它能够促进工业产品的信息沟通。

第三，经销商广告。这是以经销商为传播对象的广告。它以获取大宗交易的订单为目的，向相关的进出口商、批发商、零售商、经销商提供样本、商品目录等商品信息，主要在专业贸易杂志上刊登。

第四，专业广告。这类广告主要针对的是职业团体或专业人士。由于专业人士的身份、社会地位的特殊性和权威性，他们对社会消费行为具有一定影响力，是购买决策的倡议者、影响者和鼓动者，如医生、美容师、建筑设计人员等。此类广告多介绍专业产品，选择专业媒体发布，如农业广告、新闻出版广告、文化艺术广告、社会福利广告等。

1.3 广告的功能

1.3.1 从传播学原理的角度定义广告的功能

1. 对大众的功能

第一，信息传播功能。广告是一种信息传播。从狭义的角度来看，广告主要是商业信息的传播，但从广义的角度来看，广告是以商业为主导的产品、观念、服务的传播形式。正如《简明不列颠百科全书》所定义的：“广告是传播信息的一种方式，其目的在于推销商品、劳务，影响舆论，博得政治支持，推动一种事业或引起刊登广告者希望的其他反应。广告信息通过各种宣传工作，其中包括报纸、杂志、电视、无线电广播、张贴广告及直接邮送等，传递给它想要吸引的观众或听众。广告不同于其他的信息传递方式，它必须由登广告者付给传播信息的媒介以一定的报酬。”“5W”理论告诉我们，广告是完成一个信息从信源如何借助媒介传播到信宿的过程，而信宿在理解和接受信息的时候，会受社会背景文化差异、个人兴趣、知识结构等主客观因素的影响，从而在接受信息时会有偏差，但从受众角度来说，尽管这个信息不一定是信源真正传播的信息，但信宿所接受到的信息就是广告所传播的最终信息。所以，传播者要充分考虑到在信息传播过程中可能产生的影响传播效果的方方面面的因素。

第二，引导消费功能。根据马斯洛的需求层次理论，人是有需求的，而需求又是有层次的。科特勒的市场营销又告诉我们，人们购买行为的产生，主要决定于 3 个方面的因素，即人的需要、欲望和需求。需要是指没有得到某些基本满足的感受状态，这些需要存在于人本身的生理需要和自身状态当中；欲望是指想得到基本需要的具体满足物的愿望，人的欲望的不断形成和再形成要受到各种社会因素的影响；需求是指对于有能力购买并且愿意购买的某个具体产品的欲望。广告除了具有传递信息的功能外，还具有劝服和诱导的功能，并不断地刺激消费者的需求。当然，广告信息一方面要体现广告主的愿望，另一方面也不能忽视受众的兴趣，否则这种引导只会与广告目的背道而驰，事倍功半。

第三，引领时尚的功能。广告传播过程中除了上述谈到的信息传播和服务传播刺激消费外，还有重要的一点，就是传播观念。在传播理论中，如何说(即传播方式)是一门艺术。如何把一个新的观念、概念通过广告的形式通俗易懂地传播给大众，广告倡导什么，引领什么潮流，都会对大众产生较大的影响。麦库姆斯和肖认为，议题设置是一个过程，它既能影响人们思考些什么问题，也能影响人们怎样思考。广告和新闻一样，不但会引导消费者怎样想，还会引导消费者怎样做，具有引领时代潮流之功能。

如图 1.1 的 Canon 的广告，作为广告主以时尚为方向的产品，广告也在突出广告产品的时尚性方面下了功夫，时尚有很多种，包括前卫的时尚，怀旧的时尚，流行的时尚，古老的时尚。而广告更多的是通过颜色的搭配，明星的助威，声效的组合，表达的是一种前卫的时尚，一种酷感十足的时尚，让观看者们充分了解到广告产品的时尚性，再加上广告拥有了当红艺人的助阵，借助演艺圈的明星来号召时下喜欢时尚的年轻人前来关注广告主在时尚性方面下足功夫的广告产品，无疑是对号入座，正好可以起到相互能够呼应的效用。也正是如此，广告意图告诉观看者们：无论是何时何地，广告产品总是能给你带来时尚感。

图 1.1　Canon 广告

2. 对广告主企业的功能

广告是企业管理的重要组成部分，企业的产品销售、服务推广、观念行销等都离不开广告的参与。

第一，企业知名度提高功能。广告借助各种媒体到达受众，有助于企业在相对短的时间内迅速提高知名度，在产品开拓期，广告在这方面的功能尤为突出。媒体的影响力越大，广告在企业知名度提高方面的功能就越强。

第二，产品劳务销售功能。根据产品所处的生命周期的不同，产品在维持期中，广告的发布可以让产品的销售量提升，促进劳务沟通，有利于产品快速、有效地流通。

第三，企业文化塑造功能。企业通过大众媒体或其他媒体对自身企业文化、经营理念、企业风格等方面的传播，有利于塑造优秀的企业文化，并加强公众对企业的了解。

第四，企业形象提升功能。企业运用广告和公关可进一步提升企业的形象，使其从 CI、VI、BI 等各方面在消费者心目中树立一个良好的形象。

3. 对媒体的功能

媒体的生存主要靠广告收入来维持，这是一个不争的事实。但是我们可以看到，这种关系是相互依存、相互联系的，一方面，媒体要不断扩大影响力来吸引广告主；另一方面，广告要追求效果的最优来维持和巩固广告主的市场地位，从而更好地维持媒体生存，促进媒体做大做强，达到双赢。当然，媒体做大不一定就能做强，只有做强了才能做大，道理即在于此。

如图 1.2 所示，一汽大众的 POLO 广告，在中高档住宅楼电梯整洁的环境有利于提升企业品牌良好形象，利用这个特殊的媒体也促进了产品的销售。

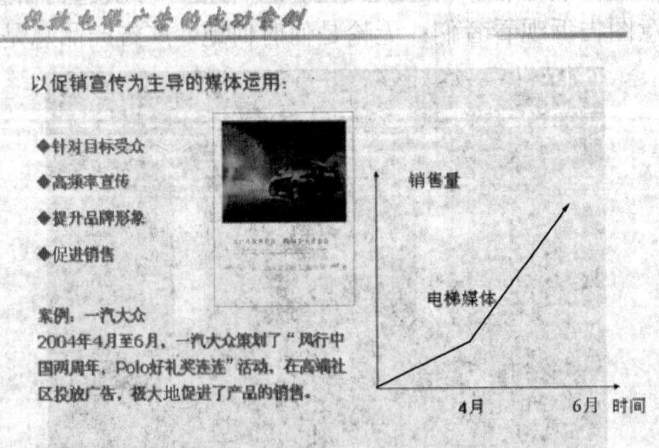

图 1.2　一汽大众的 POLO 广告

1.3.2　从实际运作的角度定义广告的功能

1. 市场功能

促进销售的功能。广告可以提高产品的流通速度，从而促进销售。另外，广告还可以拓宽销售渠道，增加销售份额，从而进一步促进销售。

激励竞争的功能。随着商品的多元化和垄断的打破，产品之间必然会有竞争，有竞争不是坏事，通过竞争可以培育市场、扩大市场。同类产品的广告也同样存在竞争，企业不得不通过对广告的投入参与竞争，这样就建立了良性的竞争环境。如图1.2表明，广告对销售的促进作用一目了然。

2. 社会功能

生活方式引导功能。广告可以引导生活方式，主要表现在广告可以制造流行，倡导和推动新的生活理念，引领时代潮流。

广告的社会化功能。广告是社会生活的一部分，特别在市场经济日益发展的今天，广告对社会的影响(包括正面的和负面的)表现得比较突出。在我国，广告是社会主义精神文明建设的一部分。从广告内容上看，广告所表现的行为准则、道德标准会影响人们在社会中的角色。从广告诉求上看，广告倡导什么和不倡导什么会影响人们消费观、价值观的形成和改变。

3. 文化功能

大众文化引导功能。广告是借助大众媒体对大众传播的活动，因此，广告所传播的观念(如价值观念、人生理念、道德观念、民族心理、生活习俗、宗教观念、审美情趣、消费观念)和消费者行为(如生活方式、消费方式、购买行为)以及其他社会行为不可避免地会对大众文化产生或好或坏的影响。

时尚文化引导功能。时尚是指社会上广为流行的或人们一时崇尚和效法的有关事物的规格和样式。广告传播倡导新观念，制造时尚，引领时代潮流。

民族文化引导功能。因为广告是针对特定对象的传播，针对特定的民族消费群作诉求，民族心理，民族精神，民族的道德规范、生活习俗、宗教信仰、审美情趣等在广告创意和表现策略上都有所运用。所以广告具有民族文化引导功能。

跨文化传播功能。广告充当着跨文化的传播使者，扮演着联系和融合文化差异的角色。广告作为一种载体，使不同广告文化寻求共享性。

1.4 广告学的研究对象、研究内容与研究方法

广告是商品经济的产物。随着商品经济的发展，广告业也迅速发展起来，广告学也成为一个热门学科。应该说广告学的历史很短，尤其在我国。一个学科的建设，往往需要几代人孜孜不倦的努力，广告学也不例外，它需要在不断的理论和实践探索中逐渐成熟和发展。当然，广告学的发展除了人们的主观努力外，还需要在特定的社会背景下对经济、社会、文化因素加以考量，并联系其他的学科比较分析来研究广告学的起源、特性和内容。

1.4.1 广告学的起源

美国专家斯科特 1901 年第一次提出“广告学”这一术语，在 1903 年的《广告原理》一书中。在 1908 年的《广告心理学》一书中，他又进一步解释了这个概念。之后，美国商学院、新闻学院开设了广告学专业。广告学在中国高等教育中是一个年轻的学科，从 1983 年厦门大学新闻传播系开设第一个广告学专业以来，迄今已有 20 多年的时间。目前，全国已有近 200 所高校开设了广告学专业或增设了广告学方向(含专科层次)。

广告学又称广告艺术学、商业传播学、商业广告学、现代广告学等，同时还派生出广告心理学、策划学、文案学、设计学等。

1.4.2 广告学的研究对象及其特性

广告学是研究广告活动及其发展变化规律的科学。其研究对象是广告信息传播的过程、效果及其活动规律，属于社会科学的经济学科。

广告学是一门研究广告现象和规律的学科。它具有其他新学科也具有的边缘性、综合性和交叉性等特点，是建立在哲学、心理学、美学、市场营销学、统计学、文学艺术、传播学、新闻学等相关学科的基础上而独立存在的边缘学科。广告学的历史虽短，但却有其发展的前瞻性和延展性。

广告学的研究内容是本书涵盖的理论框架，可分为两大块：在理论层面，它包括广告历史运动规律、中国广告沿革、中国现代广告业、世界广告发展、广告基本原理和方法、广告学理问题的研究、广告热点问题的研究、广告基础理论的研究、广告学教育的研究等角度的研究；在实践层面，它包括广告运作规律的研究，广告主、广告信息、广告媒体、广告对象、广告效果等广告要素的研究以及广告组织、广告管理、广告人等现代广告管理的研究。

1.4.3 广告学的研究方法

广告学的研究方法主要有定性研究法和定量研究法，另外还有文献研究法、内容分析

法等其他研究方法。

1. 定性的研究方法

定性的研究方法主要包括深度访问法、座谈法和投射法等。

深度访问法指事先不拟定问卷、访问提纲或访问的标准程序，由访问员和受访者就某些问题自由交谈，从交谈中获得信息的资料采集方法。但运用这种方法时，除了要明确访问主题，作好访问前的准备，选择合适的访问对象外，还要进行介绍说明等。

座谈法也叫重点小组法和焦点小组法，是由研究者和受访者就某些问题一起座谈，展开讨论，以获得必要信息的资料采集方法。

投射法在运用时通常要隐瞒调查的真正意图，降低受调查者的心理防御，使受调查者在无意中和没有心理防御的情况下泄露出他们的真实态度和动机。它又包括字词联想法、句子完成法、卡通测试、主题统觉测试、相片分类、消费者绘画、第三者技术等。

2. 定量的研究方法

定量的研究方法主要包括观察法、调查法、试验法等。

观察法是一种对行为或现象进行系统的观察记录以获取所需信息的资料采集方法。

调查法是通过被调查对象直接对有关问题作出反应来获得资料的方法。分访问法和非访问法两种。访问法包括入户访问、拦截访问(街头访问)、电话访问等；非访问法包括邮寄问卷调查、置留问卷调查和网络调查等。

试验法是研究者通过控制某一个或某几个自变量(如价格、包装、广告)的变化，然后观察这些自变量对因变量(如销售量、品牌态度)的影响。

3. 其他研究方法

其他研究方法主要有文献研究法、内容分析法等。

文献研究法指的是收集、整理和分析二手资料的方法。所谓二手资料，是指已经被别人获得或已经按照某种形式存在的资料，它是相对于原始资料而言的。原始资料是指研究者为了某种具体的目的而通过专门调查研究获得的资料。

内容分析法是指对各种信息交流形式的明显内容进行客观、系统和定量的描述的一种研究技术。

1.5　广告学与相关学科

众所周知，广告学是一门年轻的、多学科交叉的边缘学科。那么广告究竟是科学还是艺术呢？目前有三种观点。

第一，广告是一门艺术，不是科学。持这种观点的人认为，根据 AIDMA 理论(吸引注意→引发兴趣→激起欲望→强化记忆→促进行动)(如图1.3所示)，广告就是充分利用各种艺术表现形式(包括音乐、舞蹈、诗歌、绘画等)来传播产品或服务的信息，以达到更好地引起受众的注意、理解、接受，并对其进行刺激，促进购买欲望的目的。

吸引注意→	引发兴趣→	激起欲望→	强化记忆→	促进行动
Attention	Interest	Desire	Memory	Action

图1.3 AIDMA 理论

第二，广告是一门科学，不是艺术。广告需要建立在调研基础上，可以通过一系列量化标准来达到更好的效果。它可以借助试验、统计、内容分析、事前事后对比测试、心理分析等辅助研究手段，形成系统的广告原理。所以它是一门科学。

第三，广告是一门科学，也是一门艺术。这是目前大家比较认可的说法。说广告学是一门科学，是因为广告学反映了广告活动的客观规律，广告效果研究可以借助科学的研究方法进行量化，它涉及公共关系学、社会学、经济学、心理学、新闻学、传播学、语言学、统计学、美学、声学、光学、电学等众多学科。如前所述，广告学从理论层面和实践层面都可以自成体系，只是广告学比较年轻，仍需广告从业人员和理论研究者共同努力，逐步完善和发展。说广告学是一门艺术，是因为广告具有艺术性，涉及文学、绘画、雕塑、建筑、音乐、舞蹈、戏剧、电影、曲艺等众多艺术形式。所以，广告学应是一门综合性的边缘学科。

下面，我们再着重介绍广告与公关、新闻、文学艺术、美学、宣传之间的辩证关系。

1.5.1 广告与公共关系的区别与联系

公共关系学也是一门新兴的、综合的、应用性的交叉学科。《大英百科全书》对公共关系的定义是：公共关系是旨在传递关于个人、企业、政府机构或其他组织的信息，以改善公众对他们的态度的政策和活动。

1. 区别

(1) 广告侧重竞争，公共关系侧重和谐。

(2) 广告崇尚立竿见影，公共关系则以长远效果为目标。

(3) 广告偏重利益，公共关系偏重感情。

(4) 广告“硬性”使用媒介，公共关系“软性”使用媒介。

2. 联系

(1) 广告和公共关系都是以形象为核心，广告侧重产品形象，公共关系侧重组织形象。

(2) 广告和公共关系都以传播为手段。

(3) 广告和公共关系都以公众为对象。

1.5.2　广告与新闻的区别与联系

新闻是对新近发生的客观事实的报道。

1. 区别

(1) 性质不同。新闻具有鲜明的党性和阶级性，客观，不夸张，不以营利为目的，不需付费，作者无权随意发挥；而广告只代表客户的意志和利益，允许夸张和修饰，创作者可以尽量发挥其创意天赋。

(2) 时间概念不同。新闻是新近发生的有价值的事实的报道，具有很强的时效性和一次性的特点，重播或者滚动播出也有一定的时间限制；而广告是为广告主服务的，没有那么强的时效性，可以反复播出以达到更好的传播效果。

(3) 写作和制作方式不同。新闻是由专业的记者采写，专业的编辑整理，有专人把关；而广告主要是由创意人提出创意，创意总监和广告主认同。

2. 联系

(1) 新闻和广告从传播信息的角度来说是相同的，都是通过一定的媒介，把人们应知、欲知又未知的信息传递出去，从不同的方面为社会服务。

(2) 新闻和广告都是以大众传播媒介作为自己的载体，传播范围广泛、迅速、及时。

(3) 新闻和广告都必须坚持真实性的原则。

1.5.3　广告与文学艺术的区别与联系

1. 区别

(1) 狭义的广告是营利性的，是商业活动，而文学艺术不一定是营利性的。

(2) 广告是为广告主服务的，受众是大众，广告允许艺术化，但必须坚持真实性原则；而文学艺术可以虚构。

2. 联系

(1) 广告可以成为文学艺术发展内容的一部分，大大丰富文学艺术的内涵。

(2) 广告的表现形式可以借助文学艺术形式使其更富有感染力。

1.5.4　广告与美学的区别与联系

区别：广告是商业活动，美学是研究美的现象和规律的活动。

联系：一方面，审美情趣、审美价值对广告创意有很大的帮助；另一方面，广告丰富了美学的内容。

1.5.5 广告与宣传的区别和联系

区别：宣传是社会组织通过传播一定的观念来影响或控制他人的信仰态度或行为的劝说活动，宣传的内容是思想，而思想灌输具有教育人的功能；广告的内容是信息，是商业活动，具有劝说的功能。

联系：广告与宣传的表现方式相同。广告和宣传都是一种传播活动，两者都可以借助媒体将自己的信念传给受众，表现形式都具有多样化的特点。广告和宣传都允许在真实的基础上进行艺术加工，使之更具有感染力和影响力。

广告学与传播学、市场营销学、心理学、社会学、文化学等学科的区别与联系，将在本书的第 3 章专门进行深入的探讨。

本章小结

本章首先从“广告”的起源入手，考证中国、日本以及西方的语言中对“广告”一词来源的不同理解，追本溯源，试图阐述其中的内涵，接着对学界、业界和行业协会、权威机构、不同背景的人士对广告的理解作了比较，对广告的内涵作了更进一步的探讨。

然后，对广告的外延也作了分析，主要以最终目的、诉求方式、生命周期、影响范围、媒体、传播时间、播放频率、广告层次、广告对象、表现形式、广告的效益、广告主等作为参照物对广告加以分类，细分广告的外延。

在了解了广告的内涵和外延后，从广告的理论和实际运作两方面阐述了广告的功能。

广告学在我国是一门年轻的学科，主要从广告学的起源、特性、定义和内容这几个大问题着手，阐述了广告学主要研究什么。最后将广告与宣传、新闻、美学、公关、文学艺术等作了比较，找出了其中的区别与联系。

思考题

1. 什么是广告？它有哪些特征？
2. 广告有哪些分类方法？请举例说明。
3. 从传播学的角度和广告运作的角度谈谈广告的功能。
4. 请举例说明广告与公共关系、新闻的区别和联系。
5. 请举例说明广告与新闻的区别和联系。

第2章 广告的起源和发展

教学目标

通过本章学习，了解中外广告发展的历史脉络；把握广告发展的各时期标志性的广告事件和历史人物。理解广告发展的各个时期经济文化发展的背景及其对广告发展的影响。探索广告发展的规律和趋势。为以后各章的学习和技能训练提供必要的史料和理论基础。

教学要求

知识要点	能力要求	相关知识
世界广告简史	(1) 了解广告发展的四个历史时期 (2) 掌握各个时期标志性的广告事件和历史人物	(1) 发展的四个时期 (2) 广告事件和历史人物
中国广告简史	(1) 了解中国古代广告发展的情况及其历史背景 (2) 掌握中国近代广告发展的特点	(1) 中国古代广告的起源和发展 (2) 中国近代广告的发展
现代广告发展	(1) 中国现代广告发展的概况 (2) 美国现代广告发展的概况 (3) 日本现代广告发展的概况	(1) 中国现代广告 (2) 美国现代广告 (3) 日本现代广告

案例导入

相传夏朝时王亥能造牛车，他驾着牛车，用帛和牛当货币，在部落间做买卖。为了引起别人的注意和进行交易，就要进行口头叫卖。诗人屈原在《楚辞•离骚》中记载："吕望之鼓刀兮，遭周文而得举。"并在《楚辞•天问》中提到："师望在肆，……鼓刀扬声。"师望就是吕望，即姜太公，他在未被周文王起用之前，曾在朝歌当屠宰之人。姜太公鼓刀扬声，高声叫卖，是为了招揽生意。

1799 年 8 月拿破仑一世远征埃及时，有一位炮兵士官，名叫布撒尔，在尼罗河口劳塞他(Rosetta)附近筑城时，意外地发现了一块石碑，后人称之为 Rosetta Stone。这块奇妙的石碑高 114.3 厘米，宽 72.4 厘米，系公元前 196 年，埃及神官们为颂扬当时国王普特烈玛奥斯五世的功德而刻的。另一说法是碑文刻的是议会的决议，以告知大众。上段是象形文字，中段是古埃及俗字，下段是希腊文。当时古埃及象形文字还是个谜，虽经许多学者研究，仍不得解，终于，1822 年一个名叫让·弗朗索瓦·商博衣的法国人，破译了这种象形文字，认定这种象形文字是由"表音、表意、字母"而成的。至此，开始揭开悬疑多年之谜，该石碑由大英博物馆珍藏。不论碑文所载内容为何，可以断定石碑是当时一种广告媒体，用来传播讯息。由俊秀的字迹以及雕刻的精细，可以溯及当时之文明，为研究广告史者最有力之考证。

1927 年美国一种新型的福特 A 型汽车即将问世。在广告活动开始前几个月，亨利•福特先给人们一个悬念，然后通过精心安排，透露一些小道消息，似乎羞答答地不愿公开，最后通过广告公司公布了这一事件："关于新型福特汽车的重大消息"这一广告引起了强烈的反响，成功达到了宣传的目的。

1994 年 10 月 14 日，美国人在互联网上诞生了全球第一个网络广告。1997 年 3 月，我国第一个网络广告也诞生了。

启示：广告是社会信息交流的必然产物，更是社会和经济发展和产物，无论就形式、媒介、表现手法等都经历逐步完善和提高的过程，并且都与经济和科技的发展密不可分。中国广告的发展经历了扬弃和学习提高的过程。

资料来源：陈培爱. 中外广告史. 第 2 版. 中国物价出版社. 2002.

人类使用广告的历史非常悠久。人类广告发展演变的历史，就是信息革命发展的历史，它折射出社会经济发展与科技进步所带来的影响。可以说，人类广告发展史，就是一面社会文明进步的镜子。从中国或世界广告发展的轨迹中，可以挖掘出某些有价值的历史资料，探索一些有意义的问题，总结出许多宝贵的经验，为当今的广告宣传服务。

2.1　世界广告简史

世界广告发展的历史，大致可分为以下四个时期：(1)原始期(原始广告、古代广告)原始社会末期—公元 1450 年；(2)发展期(近代广告)，公元 1450—1850 年；(3)成熟期(近代广告向现代广告过渡)，公元 1850—1920 年；(4)繁荣期(现代广告)，公元 1920 年以后。广告在世界各国的产生和发展都有着共同的规律，都是随着商品的产生而产生，随着科技进步的发展而发展的。传播手段的革新、社会制度和社会发展水平的变化无不对广告的发展产生一定的影响。

2.1.1　原始广告时期(公元 1450 年以前)

人类社会出现了第三次社会大分工后，进入了原始的商品生产和交换时期，专门从事商品交换的商人阶级出现，为了扩大商品销售市场，招徕顾客的“广告”便应运而生。早在古希腊、古罗马时期，一些沿海城市商业比较发达，已经出现了叫卖、陈列、音响、文图、诗歌和商店招牌等各种广告形式。

在古代最早出现的广告形式是口头广告。据记载，居住地中海的古代迦太基人的叫卖声十分动听；古希腊的城市里，人们通过叫卖贩售奴隶和牲畜；古代雅典也曾流行着这样的口头广告：“为了两眸晶莹，为了两颊绯红；为了人老珠不黄，也为了合理的价钱，每一个在行的女人都会——购买埃斯克里普托制造的化妆品。”古代法国巴黎的浴室工人也是伫立十字街头，高喊“洗热水澡”来招引沐浴者。12 世纪时法国路易第七公布了《叫喊人的法则》，其中主要涉及的是关于叫卖小贩应遵守的规则，这也是最早的广告管理条例。

公元前 3000—前 2000 年，古巴比伦不仅商业比较发达，商人们雇佣专人为他们喊话宣传，店铺外面挂着招牌，而且已经有了楔形文字，已能用苇子、骨头或木棍等硬物在潮湿的黏土版上刻文字，然后晒干成为瓦片保存起来，虽然大多为国王歌功颂德，但也可由此推测出当时已经产生了宣传商品的文字广告。据历史研究证明，世界上最早的文字广告是收藏在英国博物馆的一张写在草纸上的文字广告，它记叙了古埃及有一个名叫哈甫的织布匠(奴隶主)为了追寻一名逃跑了的奴隶谢姆而写的一段文字。其原文为：“一个叫谢姆的男奴隶，从善良的织布匠哈甫家逃走了，首都特贝一切善良的市民们，谁能把他领回来的话，有赏。谢姆身高 5 英尺 2 英寸，红脸，茶色眼珠，谁能提供他的下落，就赏他半个金币，如果谁能把谢姆送到技艺高超的织布匠哈甫的店铺来，就赏他一个金币。”同样，古代的腓尼基人，把贩卖的物品刻画在贸易大道两旁的山岩上，用以招引顾客。据考古专家证明，在意大利的古城庞贝和迦太基人的遗址中也发现过类似的刻画，这些“象形”广告可谓是后来文字广告、图画广告、路牌广告的萌芽了。

公元前 1 世纪末叶，古罗马成为强盛的奴隶制帝国，出现了不少人口众多、经济繁荣的城市，因此广告活动也较为繁盛。据考古挖掘发现，曾被火山爆发掩埋的庞贝城的广告栏上有谋取公职的竞选广告，有竞技场的演出海报，有招寻悬赏的广告，有书店老板供应新书的广告，还有商店宣传价廉物美的广告等，例如，“一队造营宫的武士，在 5 月 30 日进行比武，同时也斗野兽，有遮阳光的篷子。”由此可见，当时已经普遍使用地道而出色的具有招贴性质的文字广告了。

标牌广告也很常见，据考证，公元前 5 世纪至公元前 2 世纪的以色列、庞贝、希腊和罗马就出现了商店标牌广告。例如，一家奶品厂就以山羊作标记；一条骡子拉磨表示面包房；一个士兵喝酒表示酒店等。

2.1.2 近代广告时期(公元 1450—1850 年)

1450 年，德国人 J·古顿伯尔格发明了金属活字印刷术，这一新的科学技术在广告媒介的应用，使人类广告活动由原始古代的口头、象形、文字广告传播步入了印刷广告的时代。

近代广告的发展是以英国为中心的。1472 年，英国出版商威廉·卡克斯顿印制了推销宗教书籍的广告，张贴在伦敦的街头，这标志着西方印刷广告的开端。广告内容有：“需要购买用这个字体印刷成美丽无误的灵魂符咒的二、三个礼拜规则的僧侣或其他人，请到威斯特·敏斯特施舍分配所挂有红竖线招牌的店铺里去，价格便宜，请勿揭掉”。[①]

13、14 世纪左右，欧洲出现了世界上最早的报纸雏形——新闻信，它是应一些远离城堡的贵族、富商打听城市的消息而写的，有市场行情和商品信息。15、16 世纪，威尼斯城出现了手抄报纸，主要登载船舶航期、市场行情等内容。这些印刷广告、报纸广告虽属萌芽，但它们却预示着新的广告传播手段的开端。

1609 年，德国出版了世界上最早的定期印刷报纸《报道式新闻报》。1622 年，第一份英文报纸《新闻周报》在伦敦出版，报中还刊登了一张书籍广告。1625 年，英国《信使报》刊载了一则图书出版广告。1650 年，《新闻周报》上登载了一则寻马悬赏广告，内容形式已具报纸广告的近代雏形，故被认为是第一则名副其实的报纸广告。1666 年，英国的《伦敦报》正式开创广告专栏，从此，广告也就成了报纸的组成部分和最重要的经济来源。同时，杂志广告业开始出现，1731 年第一份杂志《绅士杂志》在英国创立。1645 年 1 月 15 日《The Weekly Account》杂志第一次开辟了广告专栏，刊登广告。随后杂志这一传播媒体也迅速发展起来。

在报纸、杂志产生的同时，还出现了类似于广告代理的机构。1610 年，英国第一家广告代理商是詹姆斯一世让两个骑士建立的；1612 年，法国的丁·雷纳得创立了“高格德尔”广告代理店。这反映了当时社会对广告的需求在不断增加。1712 年，英国议会通过了广告

① 陈高唐译：广告原理与事务. 台北徐氏基金会 1981 年 11 月. 11～12 页.

纳税法案，广告无论篇幅大小，见报就要征税一先令，这在客观上限制了广告的自由发展，但同时也促进了广告表现手法的革新。到 1841 年，在广告代理商的基础上，美国费城成立了第一家广告公司，广告业务逐渐形成一个行业。18 世纪中期，英国及欧洲已出现了一批广告画家，在周刊报纸上不断出现插图广告。并且广告代理商也是在 17 世纪的英国出现的。1729 年富兰克林在美国创办了《宾夕法尼亚时报》，并兼出版商、编辑、广告作家和广告经纪人于一身。近代广告的繁荣与资产阶级革命、工业革命是分不开的，政治的变革、经济的发展、技术的更新，为近代广告的发展提供了土壤。

2.1.3　广告新技术时期(成熟时期)(公元 1850—1920 年)

到了 19 世纪 50 年代，由于美国的崛起，近代广告的繁荣中心便逐步转移到美国。

1. 报纸广告发展

报纸广告依然是这一时期广告发展的显著特点。1729 年美国广告之父本杰明·富兰克林在《宾夕法尼亚报》的创刊号头版刊登了一则推销肥皂的广告，取代了新闻的重要版面，进一步提高了广告的地位。从 1850—1911 年，世界上有影响的报纸相继创刊，如英国的《每日邮报》、美国的《纽约时报》、日本的《读卖新闻》和《朝日新闻》、法国的《镜报》等。所有报纸的主要收入都来自广告，以《纽约时报》为例，它的广告占报纸全部篇幅的 60%以上。

2. 专业广告公司产生

专业化广告公司的产生也是这一时期广告发展的特征之一。自 1841 年帕默在美国费城开办了第一家广告公司之后，广告代理商就成了报刊独家广告经纪人。1860 年由罗厄尔开办的广告公司则更进了一步，成为典型的专业化广告公司，它采用大量购买报刊版面，然后直接转销给广告主的作法从事广告经营活动，付给报社现金时回扣 50%，从此创立了广告佣金制度。1868 年费城创立的“艾尔父子广告公司”开始将经营重点从单线的版面转到为客户服务，站在客户立场，与报社讨价还价，制定广告策略，测定广告效果，其在 1870 年为尼克尔斯·西特德公司制作的广告宣传就是一个成功的例子，这是市场调研的开始。从此，广告商与企业建立了紧密的联系，并使广告起到了行销商品的先驱作用。

3. 广告新技术的应用

及时应用广告新技术，使广告形式多样化也是该时期广告发展的特点。1853 年，在发明摄影不到数年的时间里，纽约的《每日论坛报》第一次用照片为一家帽子店做广告，从此广告开始应用摄影技术作为其传播技术手段。美国第一家最大规模的服装商店创始人约翰·瓦纳把一百英尺长的大招牌悬挂在宾夕法尼亚州到费城的铁路线上，并用汽球、宣传车和实物馈赠等方式作为广告手段。1885 年莱纳铸字机的发明，又进一步推动了报纸广告的发展。1891 年，可口可乐公司在投产五年后首先采用挂历做广告，成了挂历广告的始作俑者。广告专家巴纳姆第一次作了彩票广告，还创造了用水泵压水使水循环的尼亚加拉瀑布模型广告等，大大丰富了广告的表现手段。1910 年，在巴黎举办的一次国际汽车展览会上，第一次出现了用霓虹灯装饰而成的展览馆正门。1911 年，巴黎蒙马特林荫大道的一家时装店，首次安装了霓虹灯广告招牌。

4. 广告理论和广告管理的发展

19 世纪末，西方就有人开始进行广告理论研究。1874 年出版了《广告的历史》一书，1866 年出版了《路牌广告历史》，1898 年，美国的路易斯提出了广告“AIDA”法则，即广告按程序要达到“引起注意”(Attention)、“产生兴趣”(Interest)、“培养欲望”(Desire)、“促成行为”(Action)这样一个目的。此后，又有人对此法则加上了“可信”(Conviction)、“记忆”(Memory)和“满意”(Satisfaction)这样几项原则内容。从而使广告成为一门独立的学科。

同时，广告管理在这一时期也得到了前所未有的加强，如 1911 年美国的 *Printis Ink* 杂志提出了防止虚假广告的广告法草案，经修改后成为美国最早的广告法草案——《普令泰因克广告法草案》；1914 年在美国成立了“销数核计局”，简称 ABC，同年又建立了商业改进局，简称 BBB，负责监督商业及广告的经营。

印刷广告标志着近代广告的开端，而报刊广告由于新技术的应用而迅猛发展，加之专业化广告公司的出现，则标志着广告已成为独立的行业，并专门从事信息传播和咨询服务工作，也标志着近代广告正向着现代广告迈进。

2.1.4 现代广告发展(公元 1920 年以后)

自 19 世纪末到 20 世纪初，是世界经济空前活跃时期。资本主义从自由竞争走向垄断，使海外市场的开辟成为现实。这一方面刺激了当时经济的发展，也同时刺激了对新技术的需要，使新发明、新创造不断涌现，也使资本主义经济走向现代化。尤其是广播、电视、电影、计算机等科技发明成果的广泛应用，也使广告进入了现代化的电气、电子时代，正如《美国新闻史》中所说的：“电台和电视是传播界的革命”。新的广告形式不断产生，广告的传播效益也不断得以提高。

1. 电子媒体的出现和发展

1919 年，美国威斯汀豪斯公司一名工程师设立了试验电台 BXK。1920 年 11 月 2 日，该公司的电台 KDK-A 开始播音营业。1922 年美国第一家商业广播电台 WEAF 正式开播广告业务。1926 年建立的“全国广播电台”NBC 是美国最早的广播网。到 1928 年，全美国广播电台广告营业额已达 1 050 万美元。由于广播广告具有传播快、空间广、价格低等优点，在全世界迅速传开，到 1928 年为止，全世界已有 57 个国家拥有广播电台，听众达 7 500 万人，以后并以每年平均 10%的速度增长。

美国在 1920 年开始试验电视，但世界上第一家电视台是 1936 年在英国建立的。美国到了 1939 年才开设电视台，正式开播商业电视广告是在 1941 年 6 月。经过第二次世界大战期间的停滞，战后的电视广告事业突飞猛进。20 世纪 50 年代美国又首创彩色电视机，截止 1965 年年底，仅美国就有 726 家电视台，其中 578 家为商业电视台，全国 90%左右的家庭拥有电视机。由于电视广告集语言、音乐、画面于一体，一出现便成为最理想的传播媒介，在各广告业中独占鳌头。

2. 户外广告形式创新

自 1923 年霓虹灯广告进入美国后便成为全美最流行的户外广告，20 世纪 30 年代得到普及，20 世纪 60 年代以更多的样式把许多城市打扮成“不夜城”——灯红酒绿，五彩缤纷。由于汽车数量的剧增，车辆广告、路牌广告也得到快速发展，充气后的气球广告、实物模拟广告也不断出现；利用飞机等现代化工具还将广告“立体化”，1913 年由英国空军少校萨维奇开始组织烟雾空中广告试验，1922 年在英国用飞机成功地在空中写下了“Daily Mail”(《每日邮报》)字样的烟雾字广告。美国纽约也曾用 9.1 万个烛光投光机在 50 米上空放射广告，给人以壮观新奇的感受。商店大量兴起立牌、橱窗等“POP”广告，如美国可口可乐公司等。户外广告多以图画、字样为主，对经常来往的行人不断重复宣传，给人印象较深。

除此之外，报刊等印刷广告，也因电子技术的应用而得以迅速发展，广告已成为报纸杂志的生命支柱和收入来源。商品展览会、邮递广告等各种新的广告手段也不断出现，与“报纸、电视、广播、杂志”这四大现代媒体广告共同为现代广告事业增光添彩。

3. 广告意识与广告管理

这一时期对广告理论的研究越来越广泛，分工也越来越细，各种学术专著纷纷出版，大学有关学科对广告也越来越重视，《美国百科全书》和《大不列颠百科全书》中都有了“广告”的条目。人们对广告的意识也越来越强烈。

现代广告公司在这一时期得到了不拘一格的壮大和发展，各种行业性的组织纷纷成立。为加强对广告的监督管理，有的国家颁布了法规法令，有的由广告行业管理。1907 年，英国颁布了第一个《广告法》；1914 年美国国会设立联邦贸易委员会(FTC)对整个广告业进行管理；日本的广告协会都有自己的规章制度，约有 36 个条例。

总之，现代广告事业得到了空前的发展：广告传媒大大增加；表现形式不断翻新，花样层出不穷；广告理论也有突破性发展；广告管理大大加强；广告公司茁壮成长，社会地位越来越高。各发达国家的广告事业在原有基础上都有所发展，美国、日本在广告费总支出等方面雄居前茅；英国的现代广告仍以报纸为主要形式；法国广告比较注重美学和心理学的应用，以突出艺术性著称于世等。

2.2 中国广告简史

2.2.1 中国古代广告的起源和发展

1. 中国古代广告的起源

根据考古学的材料来看，中国进入奴隶社会以后，生产力水平得到较大的提高，如夏代出现了造酒技术，商代奴隶掌握了冶炼和青铜铸造术、纺织术，使社会经济有了较大发展，奴隶主通过掠夺奴隶的农业生产和手工业劳动产品而积累了大量财富，除去自己消耗外，剩余产品就作为商品进行物物交换，从殷墟出土的海贝可以证明商代就出现了商品经济，自然就有了商代的“牵车牛，远股贾”及首都朝歌出现了“九市”后的各种口头广告和实物广告。因此，可以说，由于商代商品经济的萌芽，出现了我国最早的广告。而据《周记》记载，以铭文形式将殷周时代有个叫格伯的售马给栅先一事刻于青铜器上，此铭文可谓是我国最早记录下来的一则广告。

在金文和《尚书》等文献资料中都出现了“百工”一词，说明西周时代的手工业有了很大发展，如《诗经·小雅》中“萋兮斐兮，成是贝锦”的诗句就说明这一时期的织染工艺水平。从大量出土的文物资料看，如1932—1933年在河南浚县发掘了100多个周墓得3 000多贝币来看，说明西周时代就出现了货币，不仅有贝币，还有金属货币——铲币。而且，随着商品交换，利润的魅力为人发现，如《诗经·大雅》记载：“为贾三倍，君子是识”，商品经济到了西周得以明显的发展，“氓之蚩蚩，抱布贸丝”这样的商业活动普遍可见了。随着商业活动的增多，久而久之还形成了固定的商业市场，如西周的“墟市”就具有一定的规模及官府的管理规范了。这一些都有力地推动了西周广告的发展，出现了“箫管备举”这种以箫管为媒介的音响广告；还出现了印刻在古铜器、陶器和漆器上的以简单文字为标志的印文广告，例如山东寿光县出土的西周已侯钟，铭文为“已侯作宝钟”五个字。

春秋战国时期，出现了独立的手工业者和商人阶层，如民间流传的能工巧匠鲁班；弃官经商的越国大夫范蠡，“买贱卖贵，与时争逐”，“十九年中三致千金”，成为富商巨贾。尤其是都市的商业经济发展很快，各国首府城市不仅是政治中心，也是商业贸易中心，如《左传》中“伯死子羊肆”、《庄子》中的“屠羊之肆”提到的“肆”就是专业市场。因此，春秋战国时期的广告形式更加多样，内容更加丰富，不仅有早已为我们所熟悉的《韩非子》一书中记载的“自相矛盾”的故事说的是现场口头叫卖广告、实物广告，有屠贾现场操作、“鼓刀场声”的口头广告、印文标志广告，还出现了悬物广告。《晏子春秋》有一段记载：“君使服之于内，犹悬牛首于门而卖马肉于内也，”这挂在门首做广告的牛头就是悬物广告。悬帜幌子广告，由于固定市场、时间的确立而被商人们所设计使用，最早使用这一广告形式的是酒楼，一般用一块蓝布，上面写(绣)一个白色的“酒”字，高高地悬挂在酒楼的上空。《韩非子·外储说右上》有一段记载："宋人有酤酒者，升概甚平，遇客甚谨，为酒甚美，悬帜甚高"，这高高悬挂的酒旗就是为了招引顾客的注意而起广告作用的。而且，到了此时人们对广告的"宣传技巧"和"心理效果"也有了一定的摸索并用之于广告实践中，如《战国策》载："人有卖骏马者，比三旦立市，人莫之知。往见伯乐曰：'臣有骏马，欲卖之，比三旦立于市，人莫之言，愿子还而视之，去而顾之，臣请献一朝之贾。'伯乐及还而视之，去而顾之，一旦而马价十倍。"这正是广告中典型的名人效应。

从上我们可以清楚地发现，所有这一些广告形式，都还处于一种原始起源阶段，具有一个显著的特点，即利用视觉、听觉作为媒介来传播广告信息，招徕生意。随着文字的产生，才出现了文字广告、悬帜招牌广告，从而改变了口头广告即刻消逝、实物广告难保存的状况，为中国古代广告的发展开创了一块新的天地。

2. 秦汉、三国、两晋、南北朝的广告

公元前221年秦始皇统一中国后，统一货币、度量衡，修驰道、筑长城，这些措施促进和保障了商业经济的发展。而汉代承秦制，据《史记·货殖列传》载："汉兴，海内为一，开关梁，驰山泽之禁，是以富商大贾周流天下，交易之物，莫不通得其所欲。""丝绸之路"的开辟，使中外贸易迅速发展起来，出现了"时天下侈靡趋末，百姓多离农亩"、"夫用贫求富，农不如工，工不如商，刺绣文不如倚市门"的局面和风气。长安城里就有"柳市"、"牛市"、"酒市"、"屠市"、"药肆"等各类专业市场，繁荣热闹之情景正如司马迁所言："天下熙熙，皆为利来；天下攘攘，皆为利往。"魏晋南北朝，农业和手工业得以进一步的发展，各类南、北市场吸引着商人们云集奔波。

秦汉以后，商人们更懂得"生意经"了，知道该如何"运筹策"、"仰机利"、"设智巧"以招徕顾客、对付竞争对手，所以这一时期的商业广告，形式上虽没有多大创新，但内容上却有了更高更深层次的发展。

(1) 口头传说广告的发展。《洛阳伽蓝记》中有这样一个传说故事的记载：北魏时，洛阳有一个僧人在挖掘旧坟时，挖出一个已经死去12年的人，此人叫崔涵。他去一家叫奉终里的棺材铺对老板说："作柏木棺，勿以桑木为桉。"别人问他为啥?他说："我在地下看见一个鬼诉说他是用柏木棺的，可以免受刑罚。可是，鬼卒说，不行，只有全柏木棺才可以免刑。"这位棺材铺老板就把这故事传开了，一时间，洛阳出现了"柏木踊贵"的现象，原来卖不出的柏木棺材成了畅销货。

(2) 开始出现商品品牌广告。汉代以前的商品由于缺乏市场竞争而不注意商品命名——品牌意识。自汉以来，许多商人为了争取主顾，保住市场，就开始以生产该产品的能工巧匠的名字或有关传说故事、历史背景来为商品命名，用来区别自己的商品与众不同。东汉时市场上就有了"韦诞墨"、"左伯纸"、"张芝笔"等文具商品。

(3) 由悬帜广告而延伸出象征物广告。战国时代在酒楼就出现了酒旗飘飘的悬帜广告，到东汉时，市场药肆里又出现了"市中有老翁卖药，悬一壶于肆头"中所说的用葫芦作为药铺广告标志的象征物广告，具有实物广告与悬帜广告的双重优点，既直观形象又易于保存。这一现象的产生可能与东汉时道教的兴盛有关，因为道教中有一门以采药炼丹为手段的长生不老之术，葫芦是他们用来装丹药的常用器具。

3. 隋唐五代的广告

公元 581 年，隋朝建立，由于隋文帝开始了一系列有利于政治、经济发展的措施，使农业、手工业生产有了一定的发展，人口由四、五百万户增加到七百万户，开凿运河，出现了"强宗富室，家道有条"、"中外仓库，无不盈积"的良好经济形势，市场繁荣，"整饬店肆，檐宇为一，盛设帷帐，珍货充积，人物华盛"。公元 618 年唐朝建立后，我国的封建社会到了鼎盛时期，商业繁荣，全国县以上的城镇都有"市"，市场每天从中午开始贸易，日落为止，京都长安是当时世界上最大的商业城市之一，是国内外商人云集的地方。而扬州、广州、泉州等十大都市更是日夜为市，热闹非凡，"夜市千灯照碧云，高楼红袖客纷纷"(王建诗)。随着商业都市的发达，唐朝后期到五代时期，农村集市贸易也得到了很大的发展。"草市"的兴起，反映农村商业经济的活跃，特别是江南沿江要津，成为农村贸易集散的中心。在这种经济发展的商业活动中，商业广告也很活跃，主要形式有：

(1) 印刷广告雏形。汉代蔡伦发明了造纸术，隋朝发明了雕版印刷术，使佛经印刷和日历印刷得以较大推广。在这些印刷物上，还刊印着简单的印刷作坊或经销店铺的名称和地址，虽然它在内容和形式上都比较简单，还没有对商品进行宣传、介绍，但它毕竟标志着我国原始印刷广告的出现。

(2) 图画广告。宋人王谠在《唐语林》里说："江淮贾人，有积米以待踊贵，画图为人，持米一斗，货钱一千，以悬于市。"说的是唐代的扬州市，出现了利用视觉形象来宣传商品的一种新的广告物——图画广告。这自然比文字来得生动，更有吸引力，会收到更大的效果。

(3) 灯笼广告。夜市的出现为灯笼广告的产生创造了重要的条件。隋唐以来，灯笼的发明制作迅速为商人们所广泛利用，不但用于夜市中的照明，还可作商业标志广告，一般是夜间悬挂在店铺的门前，上面写着店铺的名称或写上"酒楼"、"茶馆"、"客栈"等字样。灯笼广告的发明，开创了灯光广告之先河。

(4) 商品展销广告。《旧唐书·韦坚传》记载，天宝年间，韦坚将渭水通往长安的漕舟集于宫苑墙外，供皇帝御览所载各地货物。这一形式大概属于我国最早的商品展销广告了。

另外，隋唐五代时期还出现了招牌广告、招贴广告、旗帜广告，至于"其时卖饧之人，吹箫以自表"的口头叫卖广告、实物广告更是被商人们使用得比比皆是。

4. 宋元的广告

北宋初期，统治阶级采取了一系列安定社会秩序、奖励生产的办法，休养生息，使农业生产、手工业和商业得以迅速恢复和发展，城市人口不断增加，城市商业日益繁荣。这使宋代在生产力的提高、商品交换的扩大、科技文化的进步方面成为我国封建社会承前启后的转折时期，世界著名学者李约瑟说过："这一时期的中国的文化和科学却都达到一个前所未有的高潮"，是"一次'复兴'和一次'商业革命'"。据史料统计，唐代有 10 万户以上的都市只有十几个，到北宋则达 40 个，汴京人口达 150 万～170 万，在当时为世界上最大的特大型城市，农村中也出现了固定的集镇作为交易场所，发展到了近代型的都市集镇。孟元老在《东京梦华录》、张择端在《清明上河图》中都给我们描绘出了当时东京繁华的市场景象。南宋偏安临安之后，江南户口激增，"杭州人烟稠密，城内外不下数十万户，百十万口"。元代的商业经济是在唐宋的基础上发展起来的，一度因战争而破坏了生产力的发展，但很快又开始复苏，从马可·波罗的记述中可见当时的市场也是较为繁荣热闹的。因此，宋元的商业广告形式种类繁多，内容丰富多彩，在广告艺术技巧方面较前朝有较大提高，科技文化的含量增加，广告造型也较新颖美观。

(1) 印刷广告的流行。宋代，造纸和印刷术的发明和应用，是社会进步的又一重大标志。毕昇发明了活字印刷术，大大提高了隋唐时期的雕版印刷效率，为广告提供了新的传播媒介——印刷品。历史资料证明，北宋时期(960—1127 年)济南刘家功夫针铺的印刷铜板为我国现存最早的印刷广告作品，翔实具体、简明扼要、图文并茂，比西方印刷广告要早 300 多年。

(2) 音乐广告。音乐广告是音响广告的发展，用抑扬动听的小调或乐器吹弹做广告，当然会比单调的叫卖声和道具音响吸引人。吴自牧在《梦粱录》中说："今街市与院宅往往效京师叫声，以市井诸色叫卖之声采合宫商成其辞也。"配乐曲歌词，沿街吟唱叫卖。音乐广告在元代比较流行，如元曲中的《货郎儿》曲牌等。

(3) 招牌、招贴广告流行。唐五代就出现了招牌、招贴广告，至宋代便得到很大的发展，都市商店几乎每家都有自己的招牌名称，使用极为普遍；宋元话本的兴起，使娱乐演唱场所大量出现类似于今天海报的各种招贴广告。但从内容到形式都尚处于初级发展阶段，简单朴实。

(4) 装饰广告。装饰广告在两宋市场上是普遍使用的，流行极广，处处可见，这一点不论是从文字资料的记载，还是从张择端的《清明上河图》上来看，都给我们提供了有力的说明。装饰广告是各种工艺美术的综合广告，其技巧性和艺术性都较高。表明宋元广告艺术已经向更高层次上发展了。

(5) 商业广告诗。苏东坡被谪途中曾借宿在一家卖油酥饼的老妪店内，品尝了老妪做的油酥饼后大加赞赏，就为店家写下"纤手搓成玉数寻，碧油煎出嫩黄深，夜来春睡无轻重，压偏佳人缠臂金”的诗句，老妪把它贴在门前广为宣传，生意倍增。我们可以把这首诗看作是中国广告史上第一首商业广告诗，苏东坡为第一位写作商业广告诗的诗人。

而其他原始的广告形式，如口头叫卖、实物、音响、悬帜、灯笼、匾牌等广告，在宋元时代都已发展得相当繁荣。

5. 明清(鸦片战争以前)的广告

明太祖朱元璋建立政权后，采取了加强中央集权的措施和实行休养生息的经济政策，使农业、手工业和商业得以快速发展，出现了资本主义商业经济的萌芽。以杭州城为例，明代时期的繁华程度决不亚于南宋。尤其是明代中晚期商业资本活跃，给都市商业广告的发展创造了有利的条件。到了清康熙以后，资本主义的生产关系尤为显著，至中期，城市贸易最为发达，人们开始明确地认识到广告在商品营销中的作用，人们的广告意识也不断增强，出现了一定的广告理论。

(1) 文字广告在明代大为流行。由于资本主义经济开始萌芽，国外的新思想不断冲击士大夫文人对儒家传统的重义轻利和崇本抑末的思想，使他们敢于面对现实，发挥个人文字专长，为商贾们写文字广告，师范如苏东坡。一是标语广告的兴起，用简短一句话来宣传商家的经营宗旨、范围、商品性质、服务态度，塑造商店形象。如“客栈”、“杏林”、“太白遗风”、“童叟无欺”等。二是对联广告的出现，自五代后蜀主孟昶写出第一副对联“新年纳余庆，佳节号长春”后，对联这一文学形式得以飞速发展和流传。到明代，明太祖有一次微服私访，路遇一户不识字的阉猪人家，就亲笔撰写了一幅颇有广告宣传作用的对联：

双手劈开生死路

一刀割断是非根

成了撰写对联广告的第一人。这一来，无意给商业广告提供了又一种新的形式。

(2) 美术广告得以发展。明代手工业技术相当发达，尤其是晚明时期，书商、画工和雕工三者的结合，使版画艺术得到空前的发展，在全国形成了各种流派，如金陵派、徽派和建阳派。主要运用于插图广告和年画广告。插图广告是指以各类书籍的插图做广告，达到推销各种刊本的目的，以明代后期，万历以后至清代中叶 200 余年间为黄金时代，如闽建书林拱塘金氏绣梓的《新调万曲长春》一册中扉页上就印有一幅十分精美的图案美术广告。年画广告到清代被广泛使用，其中以天津的杨柳青、苏州的桃花坞、山东潍坊的杨家埠为代表，表现方法单纯明快，具有浓厚的装饰画趣味，如清代扬州“八怪之一”的罗聘，1774 年也曾画过一幅商业广告性的利市图叫《荔枝图》。

其他形式的广告在明清两代也都在形式和内容上有了长足的发展，表现手法与制作技巧日趋成熟，为中国的古代广告走向近代作了铺垫与蕴蓄。尤为值得一提的是，到了清代，不仅商人，就连不少士大夫文人对广告在商品流通中所起的作用，也有了比较明确的认识，清人学者王有光在《吴下谚联》卷中讲过："一切生理皆有招牌，字迹端好，金漆装潢，非不声光活现"，为什么？"惟货真价实，伎术奏效，不误主顾，乃得生动"。这不但说到了招牌广告的实质，也说到了一切广告的真谛，认为做生意做广告必须讲究货真价实，必须有熟练的技术及诚恳的服务态度，可谓是我国古代广告史上最早的理论。

纵观我国古代广告的起源和演变，可以看出商品生产和商品交换是广告发展的重要因素和条件，同时，广告的演变也适应当时社会的经济、文化和技术条件，相辅相成，互为促进。

2.2.2　中国近代广告概况

中国近代广告是指鸦片战争爆发(1840 年)至新中国成立前这段时间的广告发展。近代广告无论从内容、形式，还是表现手法、制作技巧上看，都比古代广告有了长足的进步。报刊广告的出现，是近代广告最为显著的标志。

1. 近代广告的媒介发展

(1) 报纸广告。1840 年鸦片战争以后，随着《南京条约》的签订，中国被迫开放了一部分城市为通商口岸，大批外国货涌了进来，其中也带来了西式的报馆和广告。1815 年 8 月 5 日，英国传教士马礼逊和米怜在马六甲创办了第一家中文报刊《察世俗每月统纪传》，该报刊登的"告帖"是我国近代最早的报刊广告。到 19 世纪末，外国人来华创办的中外文报刊约有 200 余家，其中比较著名的中文报刊有《遐迩贯珍》(1853 年创办)、《上海新报》(1861 年创办)、《万国公报》、《申报》(1872 年创办)和《新闻报》(1893 年创办)等。

随着外国人在中国办报活动的开展，国内有一部分有识之士也开始着手办报刊，其中出版时间最长、影响最大的当推王韬于 1874 年 1 月 5 日在香港创办的《循环日报》。1896 年 8 月创刊于上海的《时务报》最高发行量达 17 000 份，创当时新纪录。自 1895—1898 年间，全国创办了 32 种华人报纸，由于资本竞争的加剧，报纸刊数和广告版面迅速增加。1899 年《通俗报》的 6 个版面，广告占了 4 个半版面。这标志着我国近代广告的发展进入了一个新的时期。

辛亥革命以后，全国报刊激增，达 500 家以上，还出现了改组后的《申报》等商业性报刊。也因此而出现了专做为报纸拉广告和卖报纸生意的报馆广告代理人，如 1872 年《申报》广告刊登有"苏杭等地有欲刊告白者，即向该报店司人说明……并须作速寄来该价，另加一半为卖报人饭资。"

(2) 电台广告。1923 年 1 月 23 日，美国人 E·G·奥斯邦与英文《大陆报》报馆合办的"大陆报——中国无线电公司广播电台"在上海开播，这是中国境内的第一座广播电台。不久，美商新孚洋行等相继在上海开办电台，节目中插播广告，出现了我国最早的广播广告。1926 年 10 月 1 日，由中国人开办的第一座广播电台在哈尔滨广播。民间广播电台与政府电台都得以较大发展，解放前，仅上海就有广播电台 45 家。

(3) 橱窗广告。随着近代商业的繁荣，橱窗广告也开始流行。我国最早的橱窗广告是1917年10月20日开业的上海先施百货公司。

另外，还出现了由灯光广告演化而来的霓虹灯广告，最先在我国使用霓虹灯做广告的是英美烟草公司在上海做的红锡包香烟广告。交通广告在当时也是非常盛行的，即在电车、汽车、火车、轮船身上做广告。而路牌广告制作简便、费用低廉、传播面广，也得到较大发展。

2. 广告事业的发展

这个时期，我国广告事业发展较快。一方面，由原先的报馆广告代理人演变成了广告代理商，以后又出现了专营广告制作业务的广告社和广告公司。20世纪30年代，广告公司的兴起是我国广告发展史上的又一个里程碑，仅上海就有20多家广告公司。另一方面不少大企业内部也纷纷开始设立广告部，如华成烟草公司、上海新亚药厂等民族工商企业。同时也出现了一些广告画师专家，如上海擅长水粉画广告的胡伯翔等人。为适应广告业发展的需要，1933年还成立了“上海市广告业同业会”。

对广告的教学和研究在这个时期也开始了。1918年10月北京大学成立的新闻学研究会，把广告作为研究和教学的一项内容。1919年出版的由徐宝璜著述的《新闻学》一书对广告作了专门的论述。1920—1925年，上海圣约翰大学、厦门大学、燕京大学等都开设了广告课。

对广告的管理和社会监督也提到日程上来了。许多报馆的广告简章规定“有关风化及损害他人名誉，或亦近欺骗者，概难照登。”全国报界联合会还通过了《劝告禁载有恶影响于社会之广告案》。

2.2.3 新中国成立后的广告发展

1949年新中国成立，由于经济、政治、社会诸方面的原因，新中国的广告事业在经历了一个长期的曲折过程之后，才得以迅速恢复和发展。

首先针对解放前广告业管理混乱的情况，各级人民政府重视广告管理，相继成立了广告管理机构，制订有关法规，如新中国成立初，天津的《管理广告规则》、上海的《广告管理规则》、重庆的《重庆市广告管理办法》等。并积极改造、创建符合社会主义经济建设要求的广告媒体。北京、上海等83座广播电台在新中国成立不久后就开设广告节目；《北京日报》、《解放日报》、《文汇报》等253种报纸开始创刊、复刊，并刊登广告。

但自1953年实施第一个五年计划后，由于统购包销等经济政策的影响，使广告业日益萎缩，广告公司被大量改组。直至1957年商业部派专员参加国际广告工作者会议后，我国的广告事业才有所转机，并在1958年归纳了社会主义广告的特点应是“政策性、思想性、真实性、艺术性”，统一了思想，提高了认识。1959年8月，在上海召开了21个开放城市的广告会议，制定了“为生产、为消费、为商品流通、为美化市容”的“四为”广告方针。但到了十年文化大革命时期，广告被作为“封资修”的东西被砸烂，广告管理机构解散，许多广告媒体被取缔或限制，广告事业的发展陷于一片空白之中。

1978 年 12 月，党的十一届三中全会以后，迎来了我国广告事业的第二个春天，才是广告事业真正发展的时期。1979 年 1 月 28 日，上海电视台率先播出了中国电视史上第一条商业电视广告，即参桂补酒广告。3 月 5 日，上海人民广播电台第一个恢复了电台系统的广告业务。当年，广东电视台开设广告节目后收入人民币 12 万元，港币 120 万元。

从此以后，全国各地广告公司如雨后春笋般出现。1983 年成立了中国广告协会，1990 年会员单位达 10 951 家，广告营业额达 33 亿元，广告从业人员 12.5 万人。初步形成了以专业广告公司、广告媒介系统和广告制作系统为主的广告经营机构。其中广告媒介系统跟随国际潮流，以报纸、广播、电视、杂志为主，尤其是电视广告一经问世，就在各类广告中独领风骚，影响迅速扩大。电视广告 1979 年初创时广告营业额只有 325 万元，到 1987 年已猛增 50 多倍，达 1.69 亿元。

为了使我国的广告事业健康发展，不断纠正和克服一些不良影响，1982—1987 年间共颁布了 12 个单项广告管理法规，1982 年 2 月 16 日，国务院颁布了《广告管理暂行条例》，1987 年 10 月 26 日，国务院又正式颁布了《广告管理条例》。1994 年 10 月 27 日第八届全国人民代表大会常务委员会第十次会议通过了《中华人民共和国广告法》，自 1995 年 2 月 1 日起正式实施。

自 1995 年我国的广告进入了成熟期。到 1999 年，全国广告营业额已达到 622 亿元人民币。广告业的发展也从“低起点、高速度”向平稳发展过渡，广告公司的力量开始集中，媒体的强势地位也开始弱化。大型广告公司和广告集团出现，并且随广告营业额的增加而数量上升。1997 年，中国前 8 名广告公司的营业额占全国广告公司营业额的 26.05%。一些国外广告公司也进入我国的市场，到 1994 年，外资广告公司已经达到 300 家。

中国广告业自恢复以来，经过 20 多年的发展，取得了令人瞩目的成就。形成了一定的行业规模和分工比较细致的齐全的门类。广告业已成为专门为社会提供广告服务的新兴的高新技术产业。企业的广告意识明显增强，广告制作手段已有很大改善，电视广告制作技术已逐步向国际水平靠近。

2.3 现代广告的发展

2.3.1 中国现代广告

从五四运动，至 20 世纪 30 年代前后，随着帝国主义侵略的步步加深，中国社会进一步殖民地化，民族工商业与洋货展开了激烈的竞争，使广告发展到了一个兴盛的阶段。现代广告不仅是民族资产阶级与帝国主义在经济领域展开斗争的工具，而且在一定程度上也推动了商业经济的发展。从 20 世纪 30 年代初期到抗战前夕，是旧中国广告业的鼎盛时期。

这段时期广告的作用逐渐被社会人士和工商业界所重视，更为积极地以广告来拓宽销路，提高企业和产品的知名度。世界广告业的新技术、新材料不断传进中国，广告媒介更为发达，广告公司业务更为专业化。被称为“十里洋场”的上海已成为各国商人经商的基地，也是旧中国广告业繁荣的缩影。抗日战争爆发后，上海广告业逐渐萧条，上海、南京、汉口的报刊相继内迁。中国共产党主办的《解放日报》、《新华日报》、《人民日报》也刊登各类广告。但目的与资产阶级报刊不同，它主要是为了宣传马列主义思想，扩大党的政治影响。抗战胜利后，原来一些停刊的报纸相继复刊，各种宣传媒介又活跃起来，商业广告逐渐恢复旧观。

1949 年，中华人民共和国成立以后，人民政府对广告业进行了整顿，广告业得到了一定程度的恢复和发展。到了 1953 年，中国开始实行计划经济，广告业因而退出了当时的经济活动。1978 年 12 月，党中央召开了十一届三中全会，提出了“对外开放和对内搞活经济”的政策，社会主义商品经济得以迅速发展，广告也开始恢复。1979 年，被称为中国广告“元年”[①]：

1 月 4 日，《天津日报》刊登天津牙膏厂广告。

1 月 28 日，上海电视台播出了我国第一条电视广告——参桂补酒。

3 月 15 日，上海电视台播出我国第一条外商电视广告——瑞士雷达表。

8 月，北京广告公司成立。

11 月，中宣部下发文件《关于报刊、广播、电视刊登和播放外国商品广告的通知》。

自 20 世纪 80 年代开始，是我国的广告事业大发展的年代。1980 年 1 月 1 日，中央人民广播电台播出建台以来的第一条商业广告。从此中国广告业开始迅速发展。到 1999 年，全国广告营业额已经达到了 622 亿元人民币，广告经营单位 64 882 个，广告从业人员 58.7 万人。到 2003 年，广告营业额达到 1078.68 亿元，比 2002 年增长 19.44%；广告从业人员 871 366 人，广告经营单位达到 101 786 户。[②]

中国广告业 20 年的发展大致可以划分为 3 个时期[③]：1979—1982 年是中国现代广告业的恢复期；1983—1994 年是中国广告业的发展时期；1995 年至今是中国广告业的成熟时期。

从 1979 年中国广告业恢复和发展以来，经历了低起点、高速度的发展态势，形成了数量众多而力量分散的广告公司，而媒体在整个广告产业结构中处于核心和强势地位。20 世纪 80 年代，中国广告业每年以 40%～50%的速度增长。1979 年，我国广告营业额仅为 1 500 万元，而 1992 年就达到 68 亿元人民币。1993 年，广告营业额首次突破 100 亿元大关，达到 134 亿元人民币，比 1992 年增长了 98%。2003 年广告营业额又突破 1 000 亿元大关。中

---

① 丁俊杰. 广告学(二). 武汉大学出版社. 2001. 第 51 页.

② 2003 年中国广告业统计数据分析. 现代广告. 2004(4).

③ 丁俊杰. 广告学(二). 武汉大学出版社. 2001. 53～58 页.

国广告业发展的另一个特征是广告从业人员、广告经营单位数量的飞速增长。中国现代广告业的发展期正是以 1983 年广告营业额比 1982 年增长 56%，广告经营单位比 1982 年增长 56%为开端的。全国广告经营单位的数量从 1983 年的 2 340 家发展到 1994 年的 43 046 家，几乎增长了近 20 倍。而全国广告从业人员 1994 年有 410 094 人，这一方面说明中小规模的广告公司大量存在，另一方面，也说明了人均广告营业额不高，中国广告公司的生产效率不高。由于中国媒介的特殊体制属性，以及政府行政管制赋予媒介的广告资源的垄断性经营，造成了在发展期内媒体的核心和强势地位。

从企业的角度看，中国广告业在这一时期是"黄金时期"。只要做广告就一定有钱赚，"大媒体、大投入、大产出"是广告主的主要思路。广告价格上涨，大制作、高密度投放的地毯式轰炸盛行，这一时期的广告基本上是有效的，也造就了一大批明星企业的成长，如娃哈哈、健力宝、恒源祥、美加净等一批名牌。

中国广告业经过了几十年的发展，到 1999 年，全国广告营业额已达到 622 亿元人民币。

广告的发展也从"低起点、高速度"向平稳发展过渡，广告公司的力量开始集中，媒体的强势地位也开始弱化。20 世纪 90 年代的后半期，广告业的增长速度随经济增长速度的放缓而趋于缓和，广告营业额占国民生产总值的比例已经从 1983 年的 0.04%提高到 1994 年的 0.457%，逐步接近 0.75%～0.8%的平衡点。广告营业额的增长速度开始从发展期的 40%～50%的高速度降到 20%～30%，到 1998 年、1999 年，已经降到 16.4%～15.7%，广告业开始进入相对平稳的发展时期。此时广告公司的数量增长开始明显放缓，1995 年，广告经营单位的增长速度从 12.7%降到 1996 年的 10%，再降到 1999 年的 5.1%。大型广告公司开始出现，广告公司之间的联合趋势也初露端倪，市场集中的指数在平稳上升。1997 年，中国前八名广告公司的营业额占全国广告公司营业额的 26.05%。跨国广告公司通过整合媒介资源正在谋求广告市场的主导权，一些大型的外国广告公司已经进入中国市场。到 1994 年，外资广告公司已经达到 300 家。国际知名的广告公司，如奥美、智威·汤逊、李奥·贝纳、DDB 等已经不同程度地进入中国市场①。媒介市场竞争的加剧造成了强势媒体的弱势化趋势。

1995 年以后，企业花足够的钱去做工广告也未必有效果，因此，策划、创意、策略、品牌成为这一时期企业市场竞争的法宝。广告主开始理性地进行广告的投放，更注重品牌的经营，一批民族品牌开始走向国际市场，如海尔、春兰、澳柯玛、青岛啤酒等。

中国广告业自恢复以来已经走 20 多个春秋。20 年的发展，中国广告业取得了令人瞩目的成就，形成了一定的行业规模和分工比较细致、齐全的门类。广告媒介迅速发展，广告业技术材料的开发和应用取得了初步成果。在服务质量方面，由只为客户提供简单的广告时间、版面，逐步转向以广告创意为中心、以全面策划为主导的全方位优质服务，广告运作水准和专业化程度普遍提高。在广告教育和人才培养方面，初步建立了院校专业教育、

① 何桂讯. 品牌形象策划. 复旦大学出版社. 2000. 126～128 页.

行业管理机关职业教育以及社会培训等多层次、立体化的人才培养体系。同时，在广告学研究领域，积极实践广告理论的本土化，出版了许多理论联系实际、国际规范与本土实情相结合的广告学专业书籍和杂志。在广告管理方面，除了《广告管理条例》和各级政府的广告管理办法之外，1994 年 10 月还颁布了《中华人民共和国广告法》，成立了中国广告协会以及各省市级广告协会等广告行业组织，对规范和促进广告业的发展起到了重要的作用。与此同时我国已经在部分大城市和地区全面推行广告代理制度，使广告业逐步走向科学化、专业化和正规化。

今天，在整个经济发展的大潮中，广告业被列在国家的第三产业发展规划之中，并明确地将广告确定为人才密集、知识密集、技术密集的高新技术产业，这标志着我国广告产业走向全国发展的道路，并向世界广告市场迈进。

2.3.2 以美国为中心的现代广告

19 世纪，由于美国经济的崛起，世界广告的重心由英国转到了美国，广告业向现代广告转化。现代广告的发展形成了世界十大广告市场，依次是美国、日本、德国、英国、法国、意大利、巴西、西班牙、加拿大和韩国。它们在 2000 年的广告总支出分别是 1 343 亿美元、332 亿美元、216 亿美元、158 亿美元、111 亿美元、83 亿美元、69 亿美元、54 亿美元、53 亿美元、53 亿美元[①]。在世界十大广告市场中，美国和日本现代广告的发展具有明显的代表性，下面我们简单介绍一下。

美国是世界上广告业最发达的国家，也是现代广告的发源地。1841 年，伏尔尼·帕尔默在美国费城创办了世界上第一家广告代理公司，并自称“报纸广告代理人”，宣告了广告代理业的诞生。美国的广告公司发展到今天，已经有 150 多年的历史。据不完全统计，美国现在已经拥有大小广告公司 6 000 多家，其中规模较大的有 600 多家，并有多家广告公司在世界广告公司的排名中名列前茅。杨·罗比肯广告公司是美国最大的广告公司，也是世界最大的广告公司之一。纽约是公认的世界广告中心之一，著名的麦迪逊大街集中了 10 多家大型的美国广告公司，是美国广告业的象征。

美国广告的发展是从近代报纸开始的。1704 年 4 月 24 日，美国第一份刊登广告的报纸《波士顿新闻通讯》创刊，刊登了一则向广告商们推荐报纸的广告，其内容是关于报纸的发行量的问题。美国新闻界人士把这条广告称之为推销信息的“盲广告”。尽管如此，美国的广告还是在报纸上迈出了第一步。1729 年，被称为美国广告业之父的本杰明·弗兰克林创办了《宾夕法尼亚日报》。在创刊号的第一版上，刊登的是一则推销肥皂的广告，取代了新闻的重要版面。此广告由富兰克林亲自制作，标题巨大，四周有相当大的空白，开创了报纸应用艺术手法的先例。1833 年 9 月 3 日，本·戴(B.Day)在纽约创办了《太阳报》，

---

① 张更义. 报纸广告事务. 经济管理出版社. 2002. 第 73 页.

因其只卖一美分而被称为“便士报”，出版四个月就成为当时美国发行量最大的报纸。这种报纸的最主要收入来自广告，经营管理企业化，使报纸迅速成为理想的广告宣传媒介。

南北战争后，美国经济的发展直线上升。通讯业的各项发明(电报的完善、海底电缆的铺设、新式印刷机的普及、打字机和造纸术的改进、照相制版的应用、电话的发明)接踵而来，报刊的广告营业额已经占全美广告经营额的 3 / 4[①]。报刊成为一种利润丰厚的行业，有些报纸竟然拿出 3 / 4 的版面刊登广告，企业对广告宣传也日益重视。

这时，美国企业的广告观念已经相当成熟。可口可乐诞生后的百年广告史是一个明显的例证。可口可乐百年的兴盛与其各个时期成功的广告战略密不可分。1886 年，可口可乐刚试产时，一年只有 50 美元的销售额，却拿出 46 美元做广告。到 1892 年正式成立公司时，年销售额只有 5 万美元，而广告费就有 1.14 万美元。可口可乐一直坚持在广告中不对产品做任何夸张的说明，而只表现使人愉快的场景。早期的可口可乐大多以年轻漂亮的女孩为模特，总是出现在月历、托盘以及一些杂志上。广告中说：“没有什么比健康、美丽、富有魅力和充满温柔的女性形象更能使人联想起可口可乐了。”自从电视广告出现以后，可口可乐广告似乎成了青少年的王国。广告中总是以一群年轻漂亮、体格健美的青少年在尽情玩耍为特征，口号是“这就是可口可乐”，把人们带到一个美好的世界。可口可乐公司百年广告哲学是：“广告必须是高级的，必须由社会看起来感到快乐、爽快。广告必须表现出我们公司内外都是被人爱好的态度，这就是我们实际上所做的广告。”[②]

19 世纪末 20 世纪初，垄断资本主义在美国逐渐形成。1900—1903 年的资本主义经济危机爆发，使大批的商品出现了“过剩”问题，企业的经营观念从生产导向型转向销售导向型。企业开始关注消费者和市场，广告业在此形势下日益兴盛起来。

20 世纪 20 年代是美国广告业大发展的年代。一些现代化通讯传播手段应用于广告，使广告业获得了空前的发展。美国商业广播电台创始于 1920 年，1922 年电台开播广告业务。1926 年，出现了全国性的广播网以后，广播广告便盛极一时。1941 年美国创建了电视台，二战后，电视业发展迅速。50 年代以后美国首创彩色电视，使电视广告成为影响面最大的广告手段，从而突破了印刷媒介一统天下的格局。随着广播、电视、电影、录像、卫星通讯、电子计算机等电讯设备的发明创造以及光导纤维技术的运用，广告传播实现了现代化。而广告公司的广告经营活动向着全面智能型、向广告客户提供全面服务的现代广告代理业过渡，推动了一些大型广告公司的不断产生。1923 年，美国最大的广告公司——杨・罗比肯广告公司创立。该公司利用一切可能利用的媒介，为消费品制造业和消费服务业提供全面的服务。20 世纪最初的 20 年里，伴随广告业的繁荣，出现了种种欺骗和虚假的广告宣传，引起了公众对广告的指责，这使美国的广告业进入了一个反省的阶段。美国广告联合会的

① 陈立丹. 世界新闻传播史. 上海交通大学出版社. 2002. 第 176 页.

② 陈培爱. 中外广告史. 中国物价出版社. 第 247 页.

前身美国联合广告俱乐部，领导了一场为广告的真实性和道德性而斗争的运动，主要是反对假药广告的改革运动。1911 年这个联合会为广告制定了道德法规，并且提出了“广告就是事实”的口号。广告行业的杂志《印刷者油墨》制定了一套法规，即是后来著名的《印刷油墨法规》。1945 年，该法规经过修改后被 27 个州确定为广告法，并被另外 17 个州部分地采用。20 世纪 30 年代经济大萧条时期的美国。保护消费者利益的组织纷纷兴起，对工商业的不法买卖行为和欺骗性的广告进行了监督和揭露，向消费者提供公正的情报，这对于提高广告的真实性和准确性起到了积极的作用。

在第二次世界大战时期广告主要是为战争服务。美国广告在发展过程中，不断地在广告观念、手法和经营方式上进行革新，促使广告经营向现代化方向迈进。20 世纪 20～30 年代兴起市场调查研究热潮，帮助广告客户劝诱购买、施展推销术；20 世纪 40～50 年代，则在广告主题上大做文章，USP 策略被广泛推广；到了 20 世纪 60～70 年代进入为产品定位、为企业树立形象的“形象广告时代”；20 世纪 80 年代以后，随着电子媒介的飞速发展与普及，电子计算机形广告、广告策划、广告战略的运用，广告活动普遍走向整体化。进入 20 世纪 90 年代后，整合营销传播成了一种新的趋势。

2.3.3 日本现代广告的发展

目前，日本的广告业高度发达，其规模仅次于美国，居世界第二位。

日本的近代广告是随着“明治维新”发展起来的。1871 年，日本最早的日刊报《横滨每日新闻》创刊，接着《读卖新闻》(1872 年)、《朝日新闻》(1879 年)《时事新报》(1882 年)等各大报刊也纷纷创立，广告量也随之增加。到 1890 年时，报纸总收入中广告费的收入约占 30%左右。

1880 年，日本第一家广告代理商“空气堂组”在东京开业，标志着日本广告代理业的开始。日本有许多著名的广告公司，其中电通、博报堂位于世界十大广告公司或广告集团之列。20 世纪初，资本主义生产方式在日本国民经济中占统治地位，使日本的经济有了较快的发展。与此同时，广告界在名古屋召开了全国广告代理商大会，从此广告代理业成为一个独立的行业。1928 年日本开始研究电视媒介，1939 年电视试验播送成功，为广告发展提供了现代化的传播工具。1940 年，政府制定《日本广告律令》，开始实行对广告的管制。1942 年，在国税法中采用了广告税。

第二次世界大战之前，日本各大报纸广告的版面占报纸版面的 40%以上。第二次世界大战之后，广告随着经济的发展开始复苏。在 1955 年，日本国民总产值为 9.6 兆日元，广告费为 609 亿日元，广告费与国民总值的比例为 0.63%，到了 1972 年，国民生产总值为 90 兆日元，成为 GDP 世界第二大国，而广告费为 8 782 亿日元，上升比例为 0.975%。以后上升比例总维持在 1%左右，可见广告作为一个产业，在日本的经济成长中扮演了多么重要的角色。①

20 世纪 50 年代，日本广告经历的是“商品信息期”；20 世纪 60 年代则是“生活信息期”；20 世纪 70 年代则是“人性的复归”，广告的特点是起用众多的明星；20 世纪 80 年代广告界的特点是广告撰稿人大放异彩，并出现动物形象和卡通形象；20 世纪 90 年代后，日本广告与世界接轨，也朝着整合营销方向发展。

本章小结

本章以“广告是商品生产和商品交换的产物”、“广告是人类信息交换的必然产物”为线索，简要介绍中国和世界广告产生和发展的历史进程。 要求掌握的知识点有：广告发展的历史脉络；广告发展的各个历史时期经济文化背景，具有标志性的广告实践和历史人物；传播技术的发展和经济文化的交流在广告发展中的重要作用；广告发展的历史趋势。

思考题

1. 中国古代广告发展的原因是什么？
2. 现代广告产生在英国，为什么现代广告的发展却是以美国为中心？
3. 通过本章的学习，请你谈谈现代广告发展的趋势？
4. 你认为中国广告应走什么样的发展之路才能与世界广告并驾齐驱？

① 樊志育. 世界广告史话. 中国友谊出版社. 1998. 第 218 页.

第3章
广告学基础理论

教学目标

通过本章学习，熟悉广告传播理论、广告营销理论、广告与消费心理的关系以及广告与社会文化的关系，理解广告学与传播学、营销学等其他学科的融合交叉，在吸收其他学科研究成果的基础上进而形成自己的理论体系的特点，并能在广告的实际操作中有效的运用这些相关理论。

教学要求

知识要点	能力要求	相关知识
广告传播理论	(1) 能够了解广告传播过程 (2) 能够在实际中运用广告传播的各种理论	(1) 广告传播过程的“5W模式” (2) 符号理论 (3) 费斯廷格的“认知不和谐理论” (4) 霍夫兰的说服理论
广告营销理论	(1) 能够了解IMC理论 (2) 能够熟练使用IMC理论分析问题	(1) IMC理论的概念 (2) IMC理论的理论基础以及传播机理 (3) IMC理论的操作要点
广告与消费心理	(1) 能够熟悉这些理论 (2) 能够在实际中运用这些理论	(1) 消费者学习理论 (2) 消费习惯与消费流行 (3) 暗示、模仿与从众行为
广告与社会文化	(1) 能够熟悉广告与社会文化的关系 (2) 能够把广告与社会文化的关系应用到广告的实际创作中	广告与社会文化的关系

案例导入

IBM 重塑辉煌的品牌整合传播

IBM 成立于 1914 年，具有 80 年历史，是全球最大的信息技术公司。IBM 为自己的计算机用于 1966—1969 年间美国阿波罗登月计划而倍感自豪：它曾模仿登月第一人阿姆斯特朗的话(“为个人走了一小步，为人类跨了一大步”)作为广告语：“无论是一大步，还是一小步，总是带动世界的脚步。”

20 世纪 50～80 年代初，世界计算机发展经历了大型电脑到小型电脑的转变阶段，IBM 在此期间一直处于坚如磐石的霸主地位。20 世纪 80～90 年代，个人电脑和网络的时代来临，尽管 IBM 公司率先推出了个人电脑，但由于外部激烈的竞争和内部管理机制问题，IBM 没有了昔日的光环。1990—1993 年，纯收入一路下滑，由 60 亿美元、-30 亿美元、-50 亿美元直至-80 亿美元；同时主产品市场占有率和股价也趋于下跌之势。

1994 年 5 月 24 日，IBM 决定将其全球广告业务全部交给奥美公司，由该公司在全球范围全权负责进行整合营销传播。

首先，对组织结构进行重大改革。将各分支机构改变成为利润中心，同时削减层级，使组织结构分权化、网络化和扁平化，充分发挥各个成员的主观能动性和专业技能。这样，IBM 从“一艘战舰”转变为“一支船队”，更灵活、更有效地面对用户的需求和市场变化。例如，IBM 在大中华地区(包括香港和台湾地区)设有企划推广部，又称“沟通部”，既负责对外沟通又负责对内沟通，其主要职能是强化市场功能，让外界真正了解、熟悉 IBM。在公司对外宣传方面，要求众口一辞(One Voice)，归根结底是三个主题：技术、网络、客户解决方案。其运作模式采取“整合式企业组织传播”，即企划推广部以“总协调师”的角色，综合考虑公司各个部门及有关企业组织传播的需要，据此拟定具体计划，最后做出全方位传播安排。

其次，奥美公司依品牌检验所发现的“真相”及品牌沟通的“核心精髓”，对 IBM 进行“品牌写真”，把 IBM 描述为“你可以信赖的神奇魔力”(因为著名作家亚瑟•C•克拉克《2000 年失落的世界》中有言，任何“堪称为先进的科技与魔术无异”)，以此定义公司组织的每项活动，包括宣传、所有与客户的互动关系，以及公司所进行的每件事和所说的每句话。

IBM 品牌整合传播的中心思想是，在实现与消费者沟通的过程中，以统一的传播目标来运用和协调各种不同的传播手段，使不同传播工具在每一阶段发挥出最佳的、统一的、集中的作用，其目的是协助品牌建立与消费者之间维系不变的长期关系。品牌核心要素与灵魂必须在所有传播中得到一致性运用。IBM 要求广告、DM 以及其他传播，在内容上力求清晰、温馨、感性，不用专门术语，以便抓住消费者的心，并使消费者从中获得价值认同感与意义，传达以“人”而非“科技”为焦点的信息理念．但同时应展现 IBM 的科技特长。

再次，“由外而内”确定传播模式。改变过去那种一味把先进技术向客户“扔”过去，力图将客户“拖”到许多昂贵新产品上的作法，转变为消费者能从不同的产品系列找到适宜自己需要的产品，进而找到一个合适的满足需要方案。因特网兴起为 IBM 振兴带来契机，IBM 将自己定位于“全球性网络提供者”，积极推动网络计算、电子商务等新兴业务。

1997 年初，IBM 在中国发动系列广告运动，其诉求重点在于为 IBM 网络计算机创造知名度，同时宣传阐释网络连接群组软件、因特网的功能及解决方案。首先在上海，以“(IBM 的新一代应用服务器程序 Lotus Domino 让您在浩瀚的网络天地)任意驰骋”广告为开篇，采取逐一展示 IBM 全面系统的网络解决方案在各个行业中的应用前景，采用固定格式(一半为简洁画面点出主题，另一半是说明性文字)，标题是“解决某某之道”。除广告之外，综合运用直销、公关、促销等营销手段，在全球 100 多个国家和地区进行整合传播营销。

IBM 整合传播营销取得了显著成效。1996 年年底．IBM 公司年营业收入达 759 亿美元，纯利润 54 亿美元，股票价格从 3 年前 40 美元飞涨到 175 美元，涨幅高达 4.4 倍。1997 年赢利 62 亿美元，为五年来最高点；在中国 PC 市场占有率居第一。

资料来源：李元宝．广告学教程．人民邮电出版社．2002.

广告学是一门多学科、交叉性、应用性的学科，其发展有着自身的演变规律。在广告学的发展过程中，其内部各有机组成部分的联系也是自然形成的。我们所要做的，就是要发现这种规律，并找到这种联系。本章主要介绍广告学与传播学、营销学、消费心理以及社会文化之间的联系。

3.1 广告传播理论

广告活动在本质上就是一种信息传播活动，所以，传播理论是广告学的基础。当然，众多的传播理论也对广告学产生了重要的影响。

3.1.1 广告传播过程的“5W 模式”

传播过程的“5W 模式”是美国著名学者拉斯韦尔提出的。这是传播学史上第一个提出传播过程模式的学者。1948 年，拉斯韦尔在一篇题为《传播在社会中的结构与功能》的论文中，首次提出了构成传播过程的 5 种基本要素，并按照一定的结构顺序将它们排列，形成了后来人们称之为“5W 模式”或“拉斯韦尔模式”的传播过程模式。这 5 个 W 分别是英语中 5 个疑问代词的第一个字母，即 Who(谁)，says What(说了什么)，in Which channel(通过什么渠道)，to Whom(向谁说)，with What effect(有什么效果)。

拉斯韦尔模式的提出在传播学史上具有重要意义。这个模式第一次将人们每天从事却又阐释不清的传播活动明确地表述为 5 个环节或要素构成的过程，为人们理解传播过程的结构和特性提供了具体的出发点。实际上，后来大众传播学研究的五大领域——“控制研究”、“内容分析”、“媒介分析”、“受众分析”和“效果分析”，就是沿着拉斯韦尔模式的这条思路形成的，而整个广告活动宣传推广的过程也完全体现了传播过程中的“5W 模式”：在广告活动中，广告主及其广告代理公司就扮演着“谁”的角色；而“说了什么”则是广告活动的具体内容；“通过什么渠道”就是媒介所发挥的功能；“向谁说”在广告中就是指广告受众；“有什么效果”则最终由广告效果来体现。

3.1.2　符号理论

符号理论的著名代表之一是查尔斯•莫里斯。在莫里斯看来，符号是一种诱导人作出反应准备的刺激因素。他把接受符号一类刺激的有机体定义为“阐释者”，因符号刺激而以某种方式作出反应的意向称为“阐释素”。任何由符号所指称、能使有机体作出适当反应的事物称为“所指对象”，使得反应得以发生的条件称为“所指含义”。

例如，在经典的条件反射实验中，狗被训练为对作为食物信号的铃声作出反应。当条件性的铃声响起，狗就分泌唾液准备取食。这里，铃声是符号，狗是阐释者，狗的准备取食是阐释素，因为食物本身能使狗完成其目标，因此食物是所指对象，食物的可食用特性是所指含义。

莫里斯还阐述了符号在行为中的作用。他认为人使用符号有 3 种方法，也就是说一个符号有 3 种价值或要素——所指性、评价性和规范性价值。符号的所指性特征把阐释者引向具体的物体或特定的所指对象。换言之，符号是用来指称事物的，符号的评价性特征把阐释者指向所指物体的具体性质，这使得人们对物体作出评价或鉴定。规范性特征则指导人以某些方式作出反应，符号规定了一定范围的方法使得阐释者能对所知的物体或思想作出行动。

在上述狗吃食的例子中，所指性因素把狗引向食物，狗甚至会期待吃到某一类食物；评价性因素告诉狗食物的美味；而规范性因素迫使狗去吃食物。

莫里斯还指出：人类的一切行动以各种方式牵涉到符号和意义。任何行为都包括 3 个阶段——知觉、操作和实现。人通过知觉意识到符号；在操作阶段，人对符号作出阐释并决定如何反应；然后，通过实际的反应实现完成。符号的所指价值在知觉阶段占支配地位，规范性价值在操作中占主导地位，评价性价值则在实现阶段体现。

莫里斯最重要的贡献是把符号用于价值研究。莫里斯揭示了价值在不同事物上的体现及其与符号的关系。有的价值与依从相关，有的价值强调超脱，还有的则与支配相连。从系统理论可以看出，一个系统影响着其他系统，同时也受到其他系统的影响。当一个系统受另一个系统影响时，它被称为依从另一系统；当它影响另一个系统时，它便支配着该系统。超脱状态存在于当一个系统多少具有自主性时。因此，超脱对应于知觉和符号的所指价值，支配对应于操作和规范性因素，而依从对应于实现和评价性价值。表 3-1 总结了这些关系。

表 3-1　行为阶段与意义和价值范围

行为阶段	意义范围	价值范围
知觉的	所指性的	超脱
操作的	规范性的	支配
实现的	评价性的	依从

例如，假设有一天晚上你在看电视，你看到某种新产品的广告，这种产品你没有用过。看广告片是行为的知觉阶段，这时你是超脱的，不过是看看而已，依然维持着原来的状况。但是，在看了以后，你可能会花一些时间想这件事，思索着广告里说的一些东西有什么意义，或许你在考虑这一产品和你有什么关系，这是操作阶段。此后，你经过思考来支配信息，并作出是否去购买的决定，第三个阶段就是实际购买该新产品(实现)，这时你实际上让自己“依从”于该产品，至少暂时如此。

在此过程中的每一步你都在使用符号。在第一阶段，产品被识别，其各种特色被指明。在操作阶段，你决定对此产品采取动作(买或不买)，由此而使用规范性符号。最后，在实现阶段，你发现并表示了对此产品的喜欢与否。

3.1.3　里昂·费斯廷格的“认知不和谐理论”

“认知不和谐理论”又称为“认知不一致理论”，是里昂·费斯廷格多年的研究结晶。费斯廷格认为在态度、知觉、指示和行为这 4 项认知要素中的任何两项间都会具备以下 3 种关系中的一种。第一种是无效的或不相关的关系，第二种是一致的或和谐的关系，第三种是不一致或者说不和谐的关系。当一个要素被认为不应与另一个要素相随时，就产生了不一致性。如果你认为吸烟有害于健康，我们就不会期望你吸烟。对一个人是一致或不一致的东西对另一个人却未必如此，所以，我们必须总是在一个人自己的心理系统中探寻什么是一致的，什么是不一致的。

不一致性越大，就越有必要减少它。比如，一个人的吸烟习惯与他所知道的吸烟的负面效应越不一致，戒烟的压力也就越大。不一致性本身是另外两个变量的结果：认知要素的重要性和不一致关系中所涉及的要素的数量。换句话讲，如果你有几件事相互不一致而且它们对你都很重要，你就会经受更大的不一致性。如果健康对你不重要，那么知道吸烟对你的健康不好可能并不会影响你实际的吸烟行为。

你怎样对付你的这种认知不一致性呢?费斯廷格设想了几种方法。第一，你可以改变一个或更多的认知要素，或许是行为，或许是态度。比如，作为一名吸烟者，你可能戒烟，或者你可能不再相信吸烟有害健康。第二，可以给矛盾的这一边或另一边增加新要素。比如，你可能转而嚼烟草。第三，你可能把这些要素看得没以前那么重要了。比如，你可能认为健康没有思想状态那么重要。第四，你可以寻求一致性的信息，比如阅读烟草公司的研究结果来找到吸烟有好处的证据。第五，你可以通过曲解有关信息来减少不一致性。你可以这样想来达到目的：尽管吸烟要冒健康上的风险，但这还比不上戒烟后体重增长所带来的危害。不管你使用以上哪一种方法，它都会减少你的不一致性并使你对自己的态度、信念和行动有更好的感觉。

另外，认知不一致理论还研究了涉及不一致性可能发生的各种情形，这其中就包括了对决定的研究。

决定已经得到了广泛的研究。作为一项决定的一个结果，一个人经受的不一致性的大小取决于4个变量：

第一个变量就是这项决定的重要性。某些决定(比如不吃早饭)，也许不很重要，因而几乎没有造成什么不一致性，但买辆汽车就可能引起很大的不一致性。

第二个变量是所作选择的吸引力。在其他条件相同的情况下，所作选择的吸引力越小，则不一致性越大。你买一辆外观难看的汽车后所经受的不一致性要比买一辆外观漂亮的汽车所经受的不一致性大。

第三个变量是知觉到的原未选中的选择的吸引力越大，所经受的不一致性也越大。如果你希望自己存的钱是为了去欧洲旅行(未选中的选择)而不是买一辆汽车(已选中的选择)，你就会经受不一致性。

最后一个变量是各选择之间相似或重叠的程度越高，不一致性就越小。如果你在讨论买两辆相似汽车中的哪一辆，并决定了买其中一辆，这不会引起很大的不一致性。但是，如果你是在去买车还是去欧洲旅行之间进行选择，你可能会遇到很大的不一致性。

3.1.4 霍夫兰的说服理论

说服理论是霍夫兰陆军研究及耶鲁传播研究计划的成果。说服理论主要集中于以下两个方面的研究：传播主体(即信源)对说服效果的影响以及增强说服效果的各种说服技巧。

1. 传播主体与说服效果

传播者决定着信息的内容。但从宣传或说服的角度而言，即便是同一内容的信息，如果出自不同的传播者，人们对它的接受程度也是不一样的。这是因为，人们首先要根据传播者本身的可信性对信息的真伪和价值作出判断。可信性包含两个要素：第一是传播者的信誉，包括是否诚实、客观、公正等品格条件；第二是专业权威性，即传播者对特定问题是否具有发言权和发言资格。这两者构成了可信性的基础。

霍夫兰对信源(即传播者)的可信性与说服效果的关系进行了实证考察。1951年，他和韦斯选择 4 项主题——抗组胺药品无医生处方能否试销、美国近期建造实战型核动力潜艇的可能性、钢铁供应不足的责任、电视的普及是否会导致电影院的减少——写成说服性文章，分别冠以可信度高和低两种信源，将它们提示给两组试验对象。试验的目的是在内容完全相同的条件下测试可信度高低对传播效果的影响。试验结果是：除“电视普及对电影院的冲击”1 项外，其他 3 项都明确显示出高可信度信源的说服效果要远远好于低可信度信源。1953年，霍夫兰与凯尔曼又以“如何对待失足少年”为题进行了一次试验。他们将试验对象分成 3 组，分别向他们播放高可信度信源(即一位有声望的法官)、中可信度信源(即在场者中的一位)、低可信度信源(少年时代有犯罪经历，最近因贩毒入狱刚获保释的一位男性)的谈话录音。这次试验的结果进一步证明了信源可信性与说服效果之间的密切关系。

根据这些实证研究的结果，霍夫兰等人提出了“可信性效果”的概念：一般来说，信源的可信度越高，其说服效果就越好；信源的可信度越低，其说服效果就越差。“可信性效果”的概念说明：对传播者来说，树立良好的形象争取受众的信任是改进传播效果的前提条件。

2. 说服技巧与说服效果

说服技巧指的是在说服性传播活动中为有效地达到预期目的而采用的策略方法。具体的说服技巧包括以下一些：

(1)“一面提示”与“两面提示”。对某些存在对立因素的问题进行说服或宣传时，通常会有两种做法：一种是仅向说服的对象提示自己一方的观点或于己有利的材料，称为“一面提示”；另一种是在提示己方观点或有利材料的同时，也以某种方式提示对立一方的观点或不利于自己的材料，称为“两面提示”。这两种方法各有利弊。一般来说，“一面提示”能够对己方观点作集中阐述，主旨明确，简洁易懂；但同时也会给人一种“咄咄逼人”的印象，使说服对象产生心理抵抗。而“两面提示”由于给对立一方以发言机会，给人一种“公平感”，可以消除说服对象的心理反感；但由于同时提示对立双方的观点，主旨变得比较复杂，理解的难度增加，在提示对方观点之时，如果把握不好分寸，反而容易造成为对方作宣传的后果。

(2)“明示结论”与“寓观点于材料之中”。说服性文章构成法的一个问题是，应不应该在文章中得出明确的结论。这是一个古老的问题，在古希腊修辞学中就已有探讨。一般来说，明示结论可使观点鲜明，读者易于理解作者的意图和立场，但同时也容易使文章显得比较生硬而引起读者反感。而文中不作明确结论，仅仅提供引导性的判断材料，将观点寓于材料之中的做法，则给读者一种“结论出自于自己”的感觉，可使他们在不知不觉中接受作者的观点。然而，这种方法容易使文章主旨变得隐晦、模糊，增加理解的难度，有时不容易贯彻作者的意图。根据众多的研究成果，可以得出以下几条一般结论：

① 在论题和主旨比较复杂的场合，明示结论比不下结论的效果要好。

② 在说服对象的文化水平和理解能力较低的场合，应该明示结论。

③ 让说服对象自己得出结论的方法，适用于论题简单、主旨明确或说服对象文化水平较高、有能力充分理解主旨的场合。因为在这种场合，如果再明确提示结论会有画蛇添足之嫌，容易引起说服对象的烦躁或反感而对说服效果产生负面影响。

(3)“诉诸理性”与“诉诸情感”。在开展说服性传播活动之际，以什么方式“打动”说服对象也是影响传播效果的重要因素。人们通常有两种做法：一种是通过冷静地摆事实、讲道理，运用理性或逻辑的力量来达到说服的目的；另一种主要是通过营造某种气氛或使用感情色彩强烈的言辞来感染对方，以谋求特定的效果。

(4) 采用图像。在广告传播中，常见的说服技巧还有采用图像伴随文本信息的方式。在广告传播中之所以如此广泛地采用图像，就在于图像能以下面的方式增强信息的说服力：

① 图像有助于吸引受众注意信息。

② 图像能增进受众对信息内容的学习。

③ 图像引起的正面情感反应可以转移到信息的其他方面。

但是，在使用图像的过程中，要注意图像与说服信息的相关性，另外还要注意受众在信息处理过程中的投入水平。一般而言，当受众投入的注意力较低时，不相关的图像会对态度的改变产生最大的冲击力；当受众投入的注意力较高时，相关的图像会对态度的改变产生最大的冲击力。

(5) 恐惧诉求。运用“敲警钟”(即恐惧诉求)的方法唤起受众的危机意识和紧张心理，促成他们的态度和行为向一定方向发生变化，也是一种常见的说服方法。从行为心理学的角度来看，“敲警钟”的恐惧诉求具有双重功效：①它对事物利害关系的强调可最大限度地唤起受众的注意，促成他们对特定传播内容的接触；②它所造成的紧迫感可促使受众迅速采取对应行动。但是，由于“敲警钟”基本上是通过刺激受众的恐惧心理来追求特定效果的，因而会给受众带来一定的心理不适，如果分寸把握得不好，容易招致自发的防卫性反应，对传播产生一定的负面影响。

著名学者贾尼斯通过试验表明：①就“恐惧诉求”所唤起的心理紧张而言，效果的好坏与诉求的强弱顺序基本一致，即“重度诉求”造成的心理紧张效果最大，“中度诉求”次之，“轻度诉求”又次之；②从说服的最终目的——引起说服对象的态度和行动的变化而言，实验结果却显示了相反的倾向，即“轻度诉求”最佳，“中度诉求”次之，“重度诉求”又次之。所以，在广告传播过程中，使用“轻度诉求”是最佳的方式。

3.2　广告营销理论

广告的终极目标就是为了促进销售，所以广告与市场营销也是密不可分的，而且市场营销在诸多方面对广告产生了深远的影响。也正是因为广告是为促进销售服务的，所以众多广告理论也体现了这一目标。本节主要介绍最有代表性和最为流行的是所谓“整合营销传播”(Integrated Marketing Communications，IMC)。

3.2.1 IMC 概述

在国际营销广告界，关于 IMC 的提法和理论，是从 1993 年美国西北大学舒尔茨教授等人的同名著作出版发行而得到广泛认同、响应并流传开来的。现在已成为营销学、广告学的关键性术语，是 20 世纪 90 年代以来国际上新版相关著述的必涉内容，国内的引介是从 1996 年卢泰宏教授在《国际广告》第 9 期的系统评述文章开始的。

现代广告发展到 20 世纪 80 年代，随着一浪高过一浪的全球化并购浪潮的推涌，新媒体的诞生及其对广告提出传播的新需求，彻底颠覆了人们以往所熟知的一些广告法则或规律，从而使“传播”成为替代“广告”一词的更恰当字眼。IMC 便是在这样的背景下提出来的。

关于“整合营销传播”，美国广告代理商协会(American Association Advertising Agencies，简称 4A)的定义是：一种作为营销传播计划的思想。以消费者为核心重组企业行为和市场 行为，综合协调地使用各种形式的传播方式，以统一的目标和统一的传播形象，传递一致的 产品信息，实现与消费者的双向沟通，迅速树立产品品牌在消费者心目中的地位，建立品牌 与消费者长期密切的关系，更有效地达到广告传播和产品营销的目的。

IMC 更狭义的解释是，美国科罗拉多大学 IMC 研究生教学主任邓肯(Duncan Tom)的说法，他认为 IMC 的基本含义，不过是广告传播活动的一种整体功能大于部分之和的“协同作用”而已。

IMC 更广义的定义是：建立并巩固雇员、消费者、其他利益相关者(如股东)和普通公众之间的相互有利关系，通过发展和协同一种策略性传播计划，使他们能够通过各类媒体保持与公司或品牌之间的积极联系。

可见，IMC 的中心思想是以统一的传播目标来运用和协调各种不同的传播手段，使不同的传播工具在每一阶段发挥出更佳的、统一的、集中的作用，最终强化品牌的整体传播强度和一致性，建立与消费者长期、双向、维系不散的合作关系。其基本要求就是：企业在传播信息时，要“用一个声音去说话”(Speak With One Voice)。

3.2.2 IMC 的理论基础：4C 理论

第二次世界大战后，大规模生产方式带来了制造业的繁荣。密歇根大学麦卡锡所提出的 4Ps(Product，Price，Place，Promotion)理论。基本反映了第二次世界大战后至 20 世纪 50 年代中期之前的市场营销实践。

20 世纪 90 年代初，公司组织结构“权力下移”，家庭小型化，媒体剧增，计算机网络发生革命，消费者生活主权大大增强，人们的价值观和生活方式等都发生了巨大变化，所有这些都使营销方式相应发生根本性变化。在这样的背景下，劳特朋提出了 4Cs 理论，替代传统的 4Ps 理论并成为被人们广泛接受的新学说。其基本观点是：

(1) 把产品(Product)放在一边，赶快研究消费者的需要和欲望(Customer wants and needs)，不要再卖“你能制造的”，而要卖“某人确实想购买的”商品。

(2) 暂时忘掉定价策略(Price)，着重了解消费者要满足其需求所付出的代价(Cost)。

(3) 忘掉流通渠道(Place)，而考虑如何给消费者以购买商品的方便条件(Convenience)。

(4) 放弃促销策略(Promotion)，取而代之以“沟通”(Communication)。

这样，企业营销和广告宣传的基本理念，按照舒尔茨的说法，就由传统的“消费者请注意”，转变为“请注意消费者”，广告传播进入了“整合营销传播”的新时期。广告就成为企业的一种长期投资行为，它所宣传的是大众消费者共同利益的最高点，广告是“受人尊敬的”而不是“施恩于人的”，是寻求“对话”而非“独白”，是能“引发回应”但不是“刻意安排”的。

3.2.3 IMC 传播机理：消费者处理信息的累积模式

关于消费者处理信息的传播学机理，20 世纪 60 年代以来广告界有很多说法，如 1960 年伯罗提出的“皮下注射论”，1971 年施拉姆提出的“子弹论”，1975 年德弗勒与鲍尔·罗基齐提出的“刺激反应”论等，其基本观点都是认为，厂商传递的信息很容易改变人们既有的偏好、经验、观念或消费模式，只要能比竞争者传递更多的信息，就能“俘虏”消费者，填补脑海中的“空白”。

实际上，信息传播的机理可能不是“替代”或“改变”，而是“累积”的方式。在营销信息传播中，产品信息在消费者的脑海中不断储存、回忆和加工处理；这样，信息的“一致性”就成为决定广告信息传播有效性的重要因素。这就对广告传播提出如下要求：

(1) 厂商的产品或服务信息必须清晰、一致而且易于理解，因为消费者采取的是“浅尝式的购买决策”。

(2) 无论信息来自何方，消费者都以同样方式，经由相同的判断过程，融于其既有的观念类别加以处理，因此各种媒体信息应有机结合地加以传播。

(3) 广告传递的信息必须简明、有说服力，把所有形式的营销传播活动整合起来形成强大的冲击力。

(4) 双向传播是建立和维持营销关系不可缺少的因素。

3.2.4 IMC 的操作要点

1. 针对消费者购买诱因研究确定传播策略

广告要想开发出非常新颖、极具说服力的整合性信息，并发展出独特的品牌及其个性以打动消费者，就要对消费者的购买诱因进行调查研究。首先，必须群策群力，全面了解消费者的认知、购买行为、生活形态、心理、价值观等；接下来，要考虑产品特性是否适合本消费群体，对消费者要作出回应；而后，需思考竞争状况，包括有竞争力的利益点、令人信服的理由、品牌的基调和个性、传播执行目标、认知价值、消费者的接触点及调查评估等问题。

2. 应以影响特定消费者行为为出发点来衡量 IMC 效果

与知名——了解——喜欢——偏好——信服——购买的传统信息传播效果测量顺序不同，IMC 效果测量的首要对象是购买行为，即“交易”；若无法测到，再检测有关可测量的消费者承诺行为，如询问售货员、索要说明书等，称之为“兴趣交易”；接下来，再检测品牌关系、态度等。

3. IMC 的执行要在组织上通过结构变革予以保障

基本变革包括三个层次：一是确立“独裁者”即建立传播的中央集权体系，设置“营销传播经理”来规划全面性的传播方案，并整合、控制由公司内外不同功能的传播专家或组织的各种传播活动；二是对原有品牌导向组织结构进行变革，重新建构以市场为导向的新型组织结构；三是对传统品牌管理的具体制度安排做相应的改革和调整。

3.3 广告与消费心理

广告的最终目的是说服目标消费者购买广告中的产品，要达到这个目标，广告就必须了解消费者的消费心理。

3.3.1 消费者学习理论

1. 低认知卷入的理论模式

低认知卷入的理论模式多数是在认知心理学诞生之前提出的，因而在这些理论模式中，保留着认知心理学之前的各种心理学思想或理论观点的痕迹。这些理论模式主要包括了以下几个具体的理论。

(1) 强化理论。强化理论是一种比较早的起源于行为主义观点的态度理论。该理论把态度与环境中存在的诱因或强化物联系起来，认为态度改变就像新习惯的形成一样，其中必然有某种诱因或强化物，这种诱因或强化物通常是某种酬赏，如物质奖励、社会赞许等。在社会学家霍夫兰德、贾尼斯和凯利看来，一个人在对广告传播所要求的态度与自己已有的态度不同时，就会发生两件事：一是他以自己的态度作出反应；二是他按照这一传播所要求的态度作出反应。如果广告中所提供的诱因能促使消费者感到满意，那么消费者就倾向于改变自己原有的态度，接受新的态度；反之，消费者就可能拒绝态度改变。因此，广告能否达到预期的传播目的，在一定程度上就取决于广告是否提供奖励或许诺，以及这些奖励或许诺的大小。

(2) 熟悉性模式。熟悉性模式的基本假设是：广告接触会产生熟悉感，熟悉则引起喜欢。研究者在商标、食物以及诗歌、歌曲的研究中都会发现这种现象，即较为人们熟悉的东西较为人们喜欢。例如，心理学家 C·奥伯米勒曾经随机选用一些音乐旋律作研究，发现受试者对于以前听过的旋律和没有听过的旋律，他们更喜欢前者。这一模式提示了：要让自己的产品为消费者所喜欢，就必须想方设法让消费者先熟悉自己的产品。

(3) 低卷入学习模式。低卷入学习模式最早是由克鲁格曼于 1965 年提出的。克鲁格曼在观察中发现，大多数广告的产品都是低卷入类型的。电视本身也是一种低卷入的媒体，与高卷入的印刷媒体广告相比较，受众对电视广告的认知反应比较少，他们较少把广告与人的生活联系起来。在极端低卷入的情况下，人的知觉防御很低，观众能再认已看过的广告，但不能回忆起内容。

克鲁格曼认为，低卷入广告的呈现会引起观众知觉结构的改变，即商标名称的优势增加或产品特征愈加明显。这种知觉结构的微妙变化，增加了观众另眼看待广告品牌的可能性，并能触发诸如品牌购买的行为事件。然而知觉结构的变化不能直接导致态度的变化。换句话说，知觉结构的变化与态度改变没有稳定的关系，态度是否发生变化只有根据事件的发生才能确定。购买行为的发生是引起与知觉结构的变化相一致的态度变化的前提。

这一理论说明，在广告活动中，配合一些促销活动如赠送样品、免费品尝、产品试用等，让消费者先产生行为变化，这样会大大地促进广告的宣传效果。

(4) 归类评价模式。归类评价模式也是一种比较简单的理论模式。其基本前提是：人们通常会把物体分门别类，在评价一种新的事物时，总是先把事物归入所属类别，然后从记忆中提取出对该类别的态度，并把这种态度强加在类别的新成员上。

根据这一理论，广告的效果要看消费者把产品进行何种归类。广告的作用则是促使消费者把产品作合适的归类。

2. 高认知卷入的理论模式：认知反应理论模式

认知反应模式最早是由认知心理学家 A·格林瓦尔德于 1968 年提出的。后来经过 P·怀特和 R·佩带等加以完善发展。该模式的提倡者认为，在与广告的接触过程中，受众积极主动地卷入信息加工过程之中，他们根据已有的知识和态度对广告信息加以分析评价。认知反应就是发生于传播活动过程之中或之后的积极思考过程或活动。一般来说，认知反应会影响最终的态度改变，甚至成为态度改变的基础。将认知反应模式的基本思想概括起来，即广告接触导致认知反应，认知反应影响态度改变。

3.3.2 消费习惯与消费流行

1. 消费习惯

1) 消费习惯的含义

消费习惯是指消费者对于某类品牌的商品，甚至某种风格的商品长期维持的一种消费的需要，是个人的一种稳定性消费行为。

在日常生活中，人们具有各种各样的消费习惯，每一种消费习惯都要分别消费不同的商品。因此，消费习惯是消费者心理和行为中极为重要的特征，也是人们日常行为的重要反映。它是消费者在长期的生活中慢慢积累而形成的，反过来又对消费者的日常生活构成重大的影响。

2) 消费习惯的指向性

消费习惯具有一定的指向性，这具体体现在：

(1) 对某类型商品的消费习惯。如有的消费者习惯于穿皮质服装，习惯于阅读小说而不是观看电视节目等。

(2) 对某种或几种商品品牌的消费习惯。如长期习惯于购买某种品牌的牙膏等。

(3) 对某种商品风格的消费习惯。如习惯于购买浅色的服装等。

(4) 对商品某种特性的消费习惯。如只喜欢购买高价商品等。

(5) 购买商品时表现的习惯性行为。如只愿意在某一商场购物等。

2. 消费流行

1) 消费流行的含义

消费流行是指消费者在追求时兴事物的消费风潮中所形成的从众化需求，是指一种或几类商品由于其具有的某些特性受到众多的消费者欢迎，在一段时间内广泛流行，这种消费趋势我们就称之为消费流行。

消费流行一般要经历这样几个阶段：①初级阶段。一些具有较高收入的消费者，对于具有特色的产品特别敏感，愿意出高价购买；②模仿阶段。具有特色的商品被少数消费者采用以后，迅速形成其他消费者追求模仿的趋势，市场上该商品供应量和销售量大大增加；③经济阶段。商品在众多的消费者中流行，生产部门和商业企业在这种商品上获得大量利润后，利润开始减少，商品价格降低。这时精明的企业便开始转移，开始开发、生产其他的具有特色的新产品。

2) 消费流行的特点

与一般消费相比，消费流行具有如下特点：

(1) 骤发性。消费者往往对某种商品的需求突然急剧膨胀，迅速增长，这是消费流行的主要标志。

(2) 短暂性。消费流行具有来势猛、消失快的规律。因而常常表现为昙花一现，其流行期往往短则一两个月，长则半年左右。

(3) 一致性。消费流行本身由从众需求决定，使得消费者对流行产品的需求在时空范围内趋向一致。

(4) 集中性。消费流行这种从众化的购买活动在流行产品的流行时间相对短暂的影响下，使得流行产品的购买活动趋于集中，从而易于形成流行高潮。

(5) 梯度性。这是由于消费流行受地理位置、交通条件、文化层次、收入水平等多种因素的影响，所以消费流行呈现梯度性的特征。消费流行总是从一地兴起，然后向周围扩散、渗透。于是，在地区间和时间上形成流行梯度。这种梯度差使得流行产品在不同的时空范围内处于流行周期的不同阶段。

(6) 变动性。从发展趋势来看，消费流行总是处于不断变化中。求新求美是当代消费者重要的消费主题，也是社会进步和需求层次不断提高的反映。这势必引起流行商品不断涌现，从而促使流行趋势不断变化。

(7) 周期性。消费流行尽管具有突发性、短暂性等特点，但同时，由于某种消费倾向自发端于市场到退潮于市场，又有一个初发、发展、盛行、衰老、过时的过程，这个过程就体现了消费流行的周期性。

3) 消费流行的形式

消费流行的形式一般有以下几种：

(1) 滴流。此即自上而下依次引发的流行形式。由社会领袖和上层社会的人们首先采用某种消费方式，然后越来越多的其他层次的人也采用，使之流行起来，成为时尚。

(2) 横流。此即社会各阶层之间相互诱发横向流行的形式。它往往由社会的某一阶层率先使用，而向其他阶层蔓延、普及。

(3) 逆流。逆流即自下而上的流行形式。它是指由社会的下层首先采用，然后向上层逐渐推广而形成时尚。

3.3.3　暗示、模仿与从众行为

1. 暗示

暗示，又称提示，是在无对抗条件下，用含蓄、间接的方式对个体的心理和行为产生影响，从而使个体产生顺从性的反应，或接受暗示者的观点，或按暗示者要求的方式行事。

在消费活动中，消费者因受暗示而影响其购买决策及行为的现象是极为常见的。实践证明：暗示越含蓄，其效果越好。因为直接的提示形式易使消费者产生疑虑和戒备心理；反之，间接的暗示则容易得到消费者的认同和接受。

2. 模仿

模仿是指仿照一定榜样做出类似动作和行为的过程。消费活动中的模仿是指当消费者对他人的消费行为认可并羡慕、向往时，便会产生仿效和重复他人行为的倾向，从而形成消费模仿。

在消费领域中，模仿是一种普遍存在的社会心理和行为现象。可供模仿的内容极其广泛，从人们的着装、发型、饮食习惯到使用的家具，都可成为消费者模仿的对象。分析消费活动中的模仿行为，大致有以下几个特点：

(1) 模仿行为的发出者即热衷于模仿的消费者，对消费活动大都有广泛的兴趣，喜欢追随消费时尚和潮流，经常被别人的生活方式所吸引，并力求按照他人的方式改变自己的消费行为和消费习惯。

(2) 模仿是一种非强制性行为，即引起模仿的心理冲动不是通过社会或群体的命令强制发生的，而是消费者自愿地将他人的行为视为榜样，并主动努力地加以模仿。

(3) 模仿可以是消费者理性思考的行为表现，成熟度较高，也可以是消费者感性驱使的行为结果。消费意识明确的消费者，对模仿的对象通常经过深思熟虑，认真选择；相反，观念模糊、缺乏明确目标的消费者，其模仿行为往往带有较大的盲目性。

(4) 模仿行为的发生范围广泛，形式多样。所有的消费者都可以模仿他人的行为，也都可以成为他人模仿的对象，而消费领域的一切活动，都可以成为模仿的内容。

(5) 模仿行为通常以个体或少数人的形式出现，因而一般规模较小。当模仿规模扩大，发展成为多数人的共同行为时，就衍生为从众行为或消费流行了。

3. 从众行为

从众行为是指个体在群体的压力下改变个人意见而与多数人取得一致认识的行为倾向。与模仿相似，从众也是在社会生活中普遍存在的一种社会心理和行为现象。

消费者从众行为的特点主要有：①从众行为往往是被动接受的过程。许多消费者为寻求保护，避免因行为特殊引起的群体压力和心理不安而被迫选择从众；②从众行为现象涉及的范围有限。就总体而言，消费者的行为表现形式是多种多样、各不相同的。这是由消费活动的个体性、分散性等内在因素决定的。所以，在通常情况下，让大多数消费者对所有的消费内容都保持一致行为是不可能的，也就是说，从众行为不可能在所有的消费活动中呈现出来；③从众行为发生的规模较大。从众现象通常从少数人的模仿、追随开始，继而扩展为多数人的共同行为。多数人的共同行为出现后，又刺激和推动了更大范围内的更多消费者做出相似的消费行为，从而形成更大规模的流行浪潮。

3.3.4 增强广告效果的心理策略

广告要达到预期的效果，就必须在计划、设计、制作和传播的全过程中重视对消费者心理活动规律与特点的研究，巧妙地运用心理学原理，增强广告的表现力、吸引力、感染力和诱导力。要增强广告的效果，主要可以采用以下策略。

1. 引起注意的策略

注意是增强广告效果的首要因素。只有首先引起注意，消费者才能对广告的信息内容接受和理解。在广告传播中，可以采取以下策略来引起消费者对广告的注意。

(1) 加大刺激的强度。刺激达到一定的强度，即刺激量要大于人的感觉阈限值，才能引起人的注意。而且在一定范围内，刺激物的强度越大，人对这种刺激物的注意力就越集中。因此，在广告设计中，应该特别注意对色彩或光线、字体或图案等的综合运用，以达到强化信息的影响程度、引起高度注意的效果。

(2) 加大刺激物元素间的对比。刺激物各元素间显著的对比也容易引起人的注意。在一定限度内，广告中刺激物各组或部分的对比度越大，人们对刺激物所形成的条件反射也就越明显。因此，在广告设计中，可以有意识地处理各种刺激物的对比关系和差别。

(3) 力求刺激的新奇。相同或相近的刺激接受过多，消费者会慢慢变得迟钝起来，但罕见的、奇异的、一反常态的事物，却能给人以较强的刺激力度。广告刺激的新奇性通常还表现在其形式和内容的更新上。一个很有经验的广告主在宣传产品时，往往不是集产品的各种性能或特点于一幅广告中长期不变，而是在相继推出的广告中不断变化地介绍其产品的不同特性，以期达到保持广告新奇性的目的。

2. 增进情感的策略

消费者的情感状态直接影响着他们的购买行为导向。积极的情感体验，如满意、愉快等能够促进消费者的购买欲望，促进购买行为，而厌烦、冷漠等消极的情感体验则会抑制消费者的购买行为。因此，广告要促进购买，首先要有助于促进消费者形成以下积极的情感。

(1) 信任感。广告通过传播要能激发起消费者对所宣传产品的信赖心理。消费者对广告的信任是产生购买欲望的前提。如果不存在值得信任的广告内容，则无从谈起要购买广告所宣传的产品。

(2) 安全感。消除消费者对商品的不安全心理，增强心理安全感是广告宣传的重要内容。广告应该让消费者感到产品安全可靠，并有助于增进人体健康。

(3) 亲切感。广告宣传要设身处地地为消费者着想，以表现出对消费者的关心、爱护，或者创造一种温馨的意境，从而给人以亲切感，使消费者加深记忆，达到增加信任的目的。

(4) 好奇感。好奇感即好奇心理，它是人们认识事物、探求真理的一种内在驱动力。广告若能利用这一心理，激发消费者的好奇感，就能有效地吸引消费者的注意，大大提高广告的实际效果。

3. 增强记忆的策略

记忆是人脑对过去感知过的事物的反映。对广告信息的记忆是消费者认知、判断、评价商品以及作出购买决策的重要条件。因此，在广告的设计和传播中，有意识地强化消费者的记忆是非常必要的。经常采用的强化消费者记忆的策略主要有以下几种。

(1) 减少材料数量。记忆的效果与广告材料的数量有一定的依存关系。在同样的时间内，材料越少，记忆水平就越高。所以，广告的文案应力求简洁、精炼，尤其是广告标题要短小精悍。

(2) 适当加以重复。重复是加深记忆的重要手段，消费者对广告的记忆往往不是一次就能完成的，而是需要经历多次重复的过程。广告可以在有关信息中的关键部分加以重复，也可以在同一传播媒体上反复播放同一广告，还可以通过不同媒体重复同一广告，以达到强化消费者记忆的目的。

(3) 增进理解。理解是记忆的前提。通常，消费者只有对理解了的事物才能深刻记忆，所以广告要根据消费者记忆的特点，善于化抽象的事物为具体的形象，尽量发挥形象记忆的优势。同时，通过深入浅出的说明来增进消费者的理解。

3.4 广告与社会文化

广告本身就是人类社会和文化发展的产物。广告作为一种文化样式，它是社会文化的重要组成部分。广告与社会文化的关系主要体现在以下几个方面。

3.4.1 反映与利用关系

广告在一定程度上反映了社会文化，尤其是反映了传统文化当中的某一部分，同时也利用了传统文化的一部分来进行广告创作，其具体现为以下几个特点。

1. 反映孝亲感情

中国传统文化是一种伦理型文化，渊源于以血缘关系为纽带的宗法社会，经过以孔子、孟子为代表的儒家加以总结、倡导，得到发扬光大。孝亲是中国伦理的本位，是儒家倡导的人道的根本。中国家庭与社会的伦常秩序的建立，是以对父母家长的亲与孝为起点的，孝亲为源，忠君为流。在历史上，孝亲的实质作用是巩固家庭关系与社会关系的伦常秩序，在等级的关系基础上达到人与人关系的和谐有序，孝亲曾经被作为阶级统治的工具而加以利用。但是，孝亲作为一种道德观念，其本来意义是提倡敬养父母、尊敬长辈、敬爱老人，对于社会有着和谐人伦的积极意义，对于每一个中国人都是一种挥之不去的情愫。有些广告主就是利用孝亲感情在广告上做文章，让广告反映孝亲感情，从而拉近广告与受众的心理距离，最终让受众接受广告。比如“雕牌”洗衣粉就成功地利用了孝亲感情：妈妈下岗了，还没上学的女儿对妈妈很孝顺，也很心疼妈妈，于是在妈妈出去找工作时，女儿便替妈妈洗衣服：“妈妈说雕牌洗衣粉只要一点点就可以洗很多衣服。”这个广告曾经使受众深受感动，也使雕牌洗衣粉的知名度大大提升。

2. 反映家国意识

强烈的家国意识是中华民族文化心理的一个显著特征。所谓强烈的家国意识是指中国人对于家庭、家乡、国家的观念特别强烈、浓重，甚至将其提升到了本体地位。中国传统文化是从“农业-宗法”社会土壤中生长出来的伦理型文化。农业社会及农业经济赖以生存的基础是家庭，宗法社会也是以血缘关系纽带维系的家庭为依托的，而古代中国又是农业和宗法二位一体的社会，因此，在民族文化心理中，家庭的观念特别浓重。由于宗法社会家国同构、君父同他的关系，家庭观念又被不断扩展、辐射为家族观念、家乡观念、国家观念。于是中国人称自己的家乡为父母之乡，继而认同自己的祖国为父母之邦，形成了热爱家乡、热爱祖国的优良传统。恋家、思乡、爱国之情不仅表现在历代文人雅士的诗文之中，更积淀在中国广大民众的心灵深处。“孔府家酒，叫人想家”就是紧紧抓住思乡情绪来做广告，从而使产品迅速打开了市场。

3. 反映尚礼风俗

“礼”是中国传统文化内涵的重要组成部分，中国素称礼仪之邦。中国礼仪文化从西周总结三代习俗，制定了完备的礼仪制度以后，从来都没有间断自己的发展，而且还不断扩大自己的领域，贯通古今。中国的礼仪文化，渗透到了中国人的社会行为、日常生活和思维观念的方方面面，成了无法割舍的“情结”，对中华民族的自我意识产生了深刻的影响。直到今天的中国人，不管见识了多少东洋和西洋文化，明白了多少竞争和生存的道理，但是在遇事对人、中外交往时，还是要讲礼仪，以保持中国风格，弘扬民族传统。在中国的社会生活中，人们很重视具有突出意义的人际交往关系。在礼的精神、观念和行为准则的制约下，社会各阶层人士在人际交往中无不以礼相待，保持和睦友善。“尚礼风俗”在当今的广告中也有充分的体现，比如“脑白金”的“今年过节不收礼，收礼只收脑白金”的广告词，就反应了中国人的尚礼风俗。

4. 反映趋吉心理

趋吉心理是指人们的一种避邪求吉的心理。在中国的历史上，吉祥文化一直绵延不绝，而且不断丰富发展，有物体吉祥、行为吉祥、文字吉祥和数字吉祥等多种表现形式。如人头马的“人头马一开，好事自然来”的广告词，就充分反映了人们的趋吉心理。

5. 反映养生观念

中国人历来讲究养生之道。以老子、庄子为代表的道家和产生于东汉的道教，对中国养生观念的形成起着重要作用。道家追求长生不老，主张通过养生、避世、清心等方式达到祛病延年的目的。而许多营养保健品的广告就是抓住了人们的养生观念来大做文章的。

3.4.2 制约关系

广告在反映社会文化的同时，还要受到社会文化的制约，这主要体现在以下几个方面。

1. 广告受特定宗教信仰的制约

宗教信仰是某些受众特有的，也是社会文化的重要组成部分之一。而宗教信仰对于信仰宗教的人来说，是神圣不可侵犯的。例如，1998 年日本索尼公司为了在泰国推销收录机，煞费苦心地想出一个高招：用释迦牟尼做广告。在电视广告上，这位佛祖安详侧卧、双目闭拢，进入物我两忘的境界，不一会儿画面上的索尼收录机就放出美妙音乐，佛祖居然凡心萌动，全身随音乐不停摆动，最后睁开了双眼。日本商人本想借此广告大肆宣扬自己的产品，岂料在佛教之邦的泰国，这则广告差点毁了索尼公司。泰国人对释迦牟尼十分虔诚，人们认为这则广告对佛祖是个莫大侮辱，因而愤怒至极。泰国当局不得不通过外交途径向索尼公司提出抗议，此时索尼公司才恍然醒悟，停播了这则广告并表示歉意，至此广告风波方告平息。

2. 广告受特定风俗习惯的制约

每个民族尤其是少数民族，都有自己特定的风俗习惯。做广告时，这些特定的风俗习惯是不可违背的。

3. 广告受特定受众的接受习惯的制约

受众一般都有自己的接受习惯。比如，少年儿童就比较偏重于接受与自己兴趣相一致的信息，而老年受众在广告媒体的选择上或许就更可能偏重于广播或报纸，他们对媒体的偏好直接影响到他们的接受习惯。所以，在制作、发布广告时，必须考虑到受众的接受习惯。

3.4.3 促进关系

广告并不只是一味地反映社会文化。它在反映社会文化的同时。还会潜移默化地促进社会文化的发展。在时尚文化的形成与发展过程中，广告所起的促进作用尤其明显。

1. 时尚文化的特点

(1) 时代性。时尚是特定时代的“话语”模式。它是所处时代当下的社会政治、经济、文化、社会风尚等在人们的语言、行为、生活方式等方面的反映，因此极具“当代”特色。

(2) 迅速性。迅速崛起、蔓延，又在短期内衰退、消逝，这是时尚的特性。昨天还沉浸在彼一时的时尚中，今天此一时的时尚又接踵而至了。时尚如风车一般运转，变化之快令人目不暇接。在传媒高度发达的信息社会，由于信息源增多，信息量增大，时尚的兴衰速度就更快。

(3) 下行性。在大多数情况下，流行与时尚的走向是自上而下的趋势。就发源地而言，时尚总是从经济文化发达的地区率先产生，然后向其他不发达地区辐射，从城市走向农村。比如，时装就是在城市成为时尚后才继而在农村流行起来。

(4) 周期性。“风行一时”是时尚，“风水轮流转”也是时尚。时尚尽管短暂易逝，但其生命力并不一定永远终结，流行过的时尚在一定的社会条件及文化心理的支持下又会卷土重来。复古在今天又成为城市新人类的一种追求，如老爷车、挂钟等也成为一种时尚。当然，时尚变迁的这种周期性并不是简单的重复，重复的是时尚的载体形式，不同的是时尚的内在意蕴。因为时尚在实质上毕竟是属于当代的，因此时尚的周期性只是一种貌似的复归或轮回。

2. 广告引导时尚文化

现代广告在倡导时尚、引领潮流方面的功绩是有目共睹的。作为时尚文化的一个要素，现代广告以其对时尚的高度敏感便经常能在整个社会意识到来之前就率先将一种潮流表现出来，使自己成为“新生活方式展现新价值观的预告”，并倡导出一种全新的消费时尚与生活时尚。

当广告以大量的、不断重复的传播和突出的渲染，展现商品的迷人魅力时，这些新的信息很快便切入到了消费者的认知结构中，改变了他们旧的消费观念，激发了新的消费需求和消费指向，并使之成为一种内在的驱动力，把欲望与需要转换为社会参与的途径，迫使同一认知环境中的人们不断地去适应、追随，从而最终形成新的时尚。

3. 广告传播与普及时尚文化

时尚文化的传播与普及同样也离不开广告这一强有力的工具。广告不仅倡导了时尚，而且还责无旁贷地为已经形成的时尚充当“传声筒”，大有一种不使时尚推广普及直至进行到底决不罢休的执著。

广告报道着时尚，演绎着时尚，评说着时尚，他以高度的日常性传播，使受众处在一种强有力的时尚文化环境和认知空间中，从而不断地推进着流行时尚市场的发展。受众通过广告传播了解了最新的流行是什么、普及的范围如何、社会评价的程度怎样等，广告已经名副其实地成为受众获取时尚文化信息的过滤网。

4. 广告巩固与延续时尚文化

时尚的易变性、周期性的特点告诉我们，时尚在产生、传播并达到高潮后会急转直下走向消失。时尚周期的长短直接关系到广告主的利益，因此，广告主都在作着“留住时尚的努力”。利用广告巩固业已形成的时尚，并在前一时尚的基础上通过内容更新、题材转换、形式变革等一系列手段，带出另一个相关的时尚，甚至使其再度走向新一轮的高潮，从而达到尽可能延续时尚的目的，这是广告对时尚文化的又一个作用。

本章小结

本章旨在通过对与广告学密切相关的学科理论的详细而全面的介绍，使学生对广告的理论基础有一个清楚而全面的认识，并能在实践中综合运用这些相关理论，从而提高广告的实际效果。

本章内容有广告传播理论，包括广告传播过程的“5W模式”、符号理论、费斯廷格的“认知不和谐理论”和霍夫兰的说服理论等。

广告营销理论，重点需要掌握的是整合营销传播(IMC)，包括IMC的概念、理论基础、传播机理以及操作要点。

广告与消费心理的关系，包括消费者学习理论、消费习惯与消费流行、暗示、模仿与从众行为以及增强广告效果的心理策略。

最后是广告与社会文化的关系，主要从反映与利用关系、制约关系以及促进关系的等几个方面阐述了两者之间的关系。

思考题

1. 请结合实际谈谈广告与传播的关系？
2. 在广告的实际操作中有哪些关于市场营销的技巧或理论可以运用到广告中来？
3. 你如何看待消费者在广告中的位置？
4. 广告与文化可以脱离吗？阐述你的理由。

第4章 广告组织

教学目标

通过本章学习，了解广告组织的各种类型，理解不同类型的广告组织之间的区别，准确把握企业广告组织、专业广告公司、媒体广告组织以及广告团体的概念、职能和任务。

教学要求

知识要点	能力要求	相关知识
企业广告组织	(1) 能够了解企业广告组织的基本状况 (2) 能够识别不同企业广告组织的组织结构	(1) 企业广告组织的概念 (2) 企业广告组织的职能 (3) 企业广告组织的任务
专业广告公司	(1) 能够了解专业广告公司的基本状况 (2) 能够在专业广告公司的不同岗位上任职	(1) 专业广告公司的概念 (2) 专业广告公司的职能 (3) 专业广告公司的任务
媒体广告组织	(1) 能够了解媒体广告组织的职能和不同媒体广告组织的性质 (2) 能够了解不同媒体广告组织与该媒体的影响	(1) 媒体广告组织的概念 (2) 媒体广告组织的职能 (3) 媒体广告组织的任务
广告团体	(1) 熟知各种不同广告团体的性质 (2) 能够比较中外广告团体的不同	(1) 广告团体的职能 (2) 不同广告团体的情况

案例导入

◆奥姆尼康——全球规模最大的广告与传播集团

全球广告业收入排名：第 1 位

下属主要公司：天联广告(BBDO)、恒美广告(DDB Worldwide)、李岱艾(TBWA)、浩腾媒体(Optimum Media Direction，OMD)

创建于 1986 年的奥姆尼康集团(Omnicom Group)是全球性营销传播业的战略性控股公司，业务涉及广告、营销服务、专业传播、互动数字媒体与媒体购买服务等，旗下拥有天联广告(BBDO)、恒美广告(DDB Worldwide)、李岱艾(TBWA)和浩腾媒体(OMD)等著名广告业服务品牌。2002 年集团以 75 亿美元的总收入居全球业界首位。

天联广告(BBDO)—全球第 3 大广告代理公司(2002)。1991 年，BBDO 与新华社下属的中国联合广告总公司(CNUAC)合作，成立天联广告有限公司(BBDO 持股 51%)进入中国市场。

恒美广告(DDB Worldwide)，2002 年全球第 8 大广告代理公司。

李岱艾(TBWA)，2002 年全球第 10 大广告代理公司。

浩腾媒体(OMD)，总部位于纽约，是全球最大的媒体购买公司之一，服务于奥姆尼康下属的天联、恒美和李岱艾三大广告代理商。1999 年，浩腾媒体中国公司在天联、恒美和李岱艾 3 家广告公司媒介部门联合的基础上合并而成。

◆Interpublic——美国第二大广告与传播集团

全球广告业收入排名：第2位

下属主要公司：麦肯•光明、灵狮、博达大桥、盟诺、万博宣伟公关、高诚公关

Interpublic Group of Companies(IGC)自 1999 年以来为与奥姆尼康和 WPP 竞争，对外频繁收购。2002 年 11 月，Interpublic 下属的全球最大专业从事媒体广告谈判的盟诺公司(Magna)成立中国公司，这家掌控着为年广告投放量为 400 亿美元的公司预计在中国市场投放约 20 亿美元。

麦肯•光明：全球仅次于电通的第二大广告代理公司，是 Interpublic 集团内第一家具备明确国际拓展政策、率先收购二线代理公司品牌以实现市场业务多元化的广告商。不包括专业市场公司，麦肯 2002 年收入 12 亿美元，排名全球第 2 大广告代理公司。

1991 年，麦肯与光明报业集团在北京合资成立麦肯•光明广告有限公司，次年在上海、广州成立分公司，构成了其在 131 个国家 191 家广告代理网络中的一个重要结点。

◆WPP——英国最大的广告与传播集团

全球广告业收入排名：第 3 位

下属主要公司：奥美(Ogilvy & Mather，O&M)、智威汤逊(J Walter Thompson，JWT)、

电扬、传力媒体、尚扬媒介、博雅公关、伟达公关

年收入 58 亿美元的 WPP 集团迫于市场压力，积极开展对外并购。继 2000—2001 年接连吞并扬雅(Young & Rubicam，世界排名 14 位，2002 年收入 4.42 亿美元)和 Tempus 广告集团后，2003 年又以极低的价格买下 Cordiant。WPP 旗下拥有 60 多家传播服务公司，业务囊括了市场研究、公共关系、互动行销、视觉管理和咨询等领域。

继 2002 年 6 月集团旗下的奥美公关购并中国公关公司北京西岸，组成西岸奥美信息咨询服务公司(此举使奥美成为在中国最大的公关公司)后，WPP 又于同年 11 月收购上海广告有限公司(曾是中国最大的广告公司)25%股权。上海广告公司总经理郭丽娟指出，根据 WTO 协议，2003 年后合资广告企业将可以由外资控股；2005 年后外商可建立独资公司，这必将吸引更多的跨国集团进入，市场竞争将更为激烈。

2003 年 3 月，WPP 下属广告公司之一，即拥有“亚洲最佳创意公司”美誉的新加坡百帝广告(Batey Ads，1997 年加入 WPP)中国办事处在上海开业；WPP 同期在华开业的子公司还有上海同盟广告公司。由此看来，WPP 集团正以“松散”的管理模式全力推进其中国业务。

2003 年 6 月，广告界传出重要消息：全球第 3 大广告集团 WPP 在与第 4 大广告集团“阳狮”及主要债权人“赛伯乐”(Cerberus)的竞标中胜出，以 4.45 亿美元收购陷入财务危机的 Cordiant(全球第 9 大广告集团，旗下“达比思广告”即 Bates Worldwide，曾为 M&M's 巧克力策划“只溶在口，不溶在手”的广告)。至此，WPP 的广告客户将涵盖喜力啤酒、亨氏食品、诺基亚、罗氏制药、辉瑞、福特汽车、英美烟草、美国运通、AT&T、格兰素史克、IBM、雀巢、联合利华和菲利浦－莫利斯等超大型跨国公司的知名品牌。

资料来源：名道公共传播研究所

广告组织是指从事广告经营或其他广告活动的经济组织或社会团体，主要包括企业的广告部门、专业广告组织、媒体广告组织、广告团体组织(广告协会、广告学会)等，本章将详细介绍广告组织的各种类型，以及不同类型广告组织的概念、职能、任务、组织结构等重要内容。并通过实例分析使大家更好地了解不同广告组织的特点。

4.1　广告组织概述

4.1.1　广告组织的概念

广告组织是指从事广告经营或其他广告活动的经济组织或社会团体。广告组织是广告经营活动的机构，是广告行为的主体，一切广告活动都是由一定的广告组织来承担完成的。为了使广告活动能够有序、协调的进行，必须要有一定的机构和人员来组织和协调。这些

机构主要包括企业的广告部门、专业广告组织、媒体广告组织、广告团体组织(广告协会、广告学会)等。

4.1.2 广告组织的发展

1. 国外广告组织的发展

1869 年，在美国的费城，N·W·艾耶父子创立了具有真正专业广告公司意义的广告公司，即“艾耶父子广告公司”。该公司经营的重点从单纯的报纸版面转到为客户服务，为客户制做广告，帮助客户制定广告策略，并特别注重广告效果。

20 世纪初期，专业广告公司的发展十分迅速。美国广告业自开始便首当其冲，引领广告专业公司发展大潮，产生了一大批著名的广告公司。在 20 世纪 20 年代末开始的经济大萧条时期，广告公司做了大量工作，对使美国工商企业摆脱经济萧条起到了极其重要的作用。因此，在世界上形成了以美国为核心的广告公司行业群体。

美国广告业的发展带动了世界范围的广告业的活跃和发展。从广告业态势来看，从第二次世界大战以后，在世界上出现了以美国为核心领导，西欧和日本为重要主体的世界广告业的大发展。

20 世纪 70、80 年代，随着通用汽车公司、福特公司等众多跨国公司的经营范围走向全球，广告公司伴随着这一趋势也走向了世界。比如，1984 年，美国 DDB 广告公司承接了 11 个国家刊播大众汽车的广告。DDB 驻 11 个国家的分公司在按总部要求完成这项业务的同时，还承担着当地许多的广告业务。在 20 世纪 80 年代的兼并风潮中，美国不少广告公司与其他国家的广告公司合并或加盟大广告集团，从而变得更加国际化。例如，智威·汤逊公司和奥美广告公司加入 WPP 集团。1991 年世界最大的 4 个巨型广告集团公司已经形成，它们是 WPP 集团、英特帕布力克(Interpublic)公司、萨奇集团和奥姆尼康集团。跨国巨型广告集团公司的形成，有利于广告公司节省经营费用，也便于避免同行业客户的业务冲突，以获取更大的利润。巨型广告集团公司还有条件对媒体版面集中购买，掌握主动权。

随着世界经济一体化，跨国公司往往愿意选择有全球经济实力的跨国广告公司代理广告业务，以利于集中调控。如可口可乐公司多年来一直将麦卡恩·埃里克森广告公司作为全球代理。

西方发达国家衡量广告公司经营的一个重要尺度是老客户是否流失，新客户能否争取到。长达几十年的合作关系，一向是广告公司和企业界极为重视的，但在越来越激烈的生存竞争面前，广告公司稍有不慎，就难以充分地将广告信息完全传播出去，而广告刊登以后如果抓不住消费者，客户自然就会对广告公司的能力产生怀疑，他们只要发现有一点不利的迹象，或是某个电视广告效果不尽如人意，或是刊登在报纸、杂志上的广告没能引起消费者的注意，这些顾客就会毫不顾念几十年的长期合作关系，重新寻找新的广告公司。客户总是希望广告公司能使他们的营业额持续上升，盈利增加。

2. 中国广告组织的现状

从国内看，广告公司的发展面临很多困难。一是由于现代广告业的发展在我国的时间不长，虽然广大消费者对广告的认识和理解有了一定的提高，但还不深刻。某些企业仍旧存在“酒香不怕巷子深”的老观念，或者浅尝辄止，有些企业则无力承担高昂的广告费用。二是广告代理制还未得到全面的推行。三是在广告公司自身发展还处于年轻时代，广告创作水平还有待提高，广告公司的规模和能力都不能适应市场经济发展的需要，还应在市场大潮中不断磨练，增长才干，积累经验，逐步成熟和完善起来。

4.2　企业广告组织

4.2.1　企业广告组织的概念

企业广告组织是指工商企业在内部设置的广告业务机构，专门负责企业的广告业务活动，如广告组、广告部等。

虽然只是工商企业在内部设置的广告业务机构，但企业广告组织同样具备电脑设计制作、平面设计、市场调研、广告策划、宣传推广、文化传播等能力。企业广告组织一般下设市场部、设计部、制作部、摄影部等部门。

4.2.2　企业广告组织的职能和任务

1. 编制广告计划

广告计划项目主要包括：广告目标、广告策略、广告预算、广告设计与制作、广告管理措施等。

2. 实施广告计划

有 3 项主要任务：

(1) 根据营销目标和广告目标精心设计和制作广告。

(2) 根据营销策略及时恰当地发布广告。

发布广告有 3 种情况：委托广告公司发布；委托广告媒体组织发布；企业利用自己的媒体物发布。

(3) 进行有效的广告管理，做好广告宣传各项工作。

3. 测评广告效果

一则广告能否引起消费者的注意，是否有助于提高广告品牌的知名度，引起消费者对广告品牌的好感，最终达到推销广告产品的作用，这是每一个广告主在广告刊播前都十分关心的一个重要问题，而在广告刊播后，或整个广告战役结束后，广告主们也都急切地想知道自己从广告中得到了什么，是否达到了预期的广告目标，自己为该广告战役所花的大笔投资是付之东流还是有所回报，而广告效果测评正是帮助广告主决定是否要刊播该广告或其广告投资是否值得的一个主要途径。

一般来说，广告效果的测量需要聘请专门的调查研究公司或专业研究人员来进行。因此，对广告经理来说，需要了解、决定的不是用什么方法测量，而是测量什么，以及何时进行测量，其主要内容如下。

1) 决定测量内容

在广告的沟通过程中，广告代言人、广告信息、广告媒体等对广告效果起着重要的影响作用，而这些因素或变量又是广告主可以控制、操纵的，因此，有必要对其中每一个变量进行检验，以便对其中的不利因素做出及时纠正。

广告代言人作为一种广告信息来源，对广告效果有着重大影响。广告代言人是否可信，广告代言人对目标受众是否具有吸引力、影响力，广告代言人的形象与广告产品形象是否一致等，都对广告效果有着直接影响，因而必须加以测量。例如，一个啤酒广告用了一个价值不菲的明星，但测试结果却表明，该明星无助于引起受众对广告的更多关注，广告主便撤换了该明星。又如，某电影明星或球星最初可能是一个极好的代言人，但由于各种原因，他对广告受众的吸引力、影响力会逐渐减少，这时，如果仍使用该明星做代言人，就会降低广告效果。因此，应随时检验广告代言人对广告效果的影响。

广告信息的内容及信息的诉求方式是影响广告效果的重要因素，因而是广告评估的一项主要内容。在广告前测中，可以从消费者的角度测量广告信息说了什么，说得是否清楚，广告信息中是否提供了广告受众最关心的内容等。例如，一个新品牌啤酒的广告有没有提供任何能引诱消费者尝试该产品的理由。广告刊播后或广告战役结束后测量的内容有：广告受众记住了多少产品信息，他们对广告信息的相信程度，是否记住了广告活动口号或广告品牌。

对广告媒体的测量主要包括以下几个方面的内容：①测量不同媒体或媒体工具的广告效果，以决定哪一个媒体最有效；②测量不同广告频次的广告效果，以确定最佳广告频次，减少广告浪费；③测量不同媒体时间表对广告效果的影响。例如，是连续刊播广告效果好还是分散刊播广告效果好；对礼品做广告是一年四季做广告好还是集中在春节等礼品购买季节做广告好。随着媒体时间的购买费用不断增长，这是需要广告主重视的问题；④要测量广告的总结果以评价广告是否达到了预期的目标。可根据事先确定的广告目标，以消费者的反应变量为指标测量广告战役的最终结果。根据这个结果，就可以决定如何进一步做广告，下一个广告战役的目标是什么，目标市场是否要改变等。

2) 决定测量时间

上述测量内容有些需在广告正式刊播前测量，有些需在广告战投进行中或广告战役结束后测量。研究人员可根据测验目的决定测量时间。

根据测量时间不同，广告效果测量可分为广告前测、广告中测及广告后测。

广告前测就是在制定了广告草案后，在广告战役实际展开之前对其进行检验。这种测验主要在实验室中进行，也可以在自然情境中进行。主要目的有两个：一是诊断广告方案中的问题，避免推出无效、甚至有害而无益的广告；二是比较、评价候选方案，以便找出最有效的广告方案。

广告前测的主要优点是：第一，能以相对低的费用(与事后测验相比)获得反馈。此时，广告主还未花大量的钱刊播广告，事前测验可以帮助广告主及时诊断并消除广告中的沟通障碍，有助于提高广告的有效性。第二，预测广告目标的实现程度。例如，如果广告战役的主要目标是提高品牌的知名度，就可在事前测验中加以测定。

广告前测的缺点在于：广告前测大都是在受测者看了一次广告后进行的，无法测出他们接触多次广告后或在其他营销活动配合情况下的广告反应。因此，所测的是个别广告的效果，而不是广告战役的效果；此外，事前测验延误时间。许多广告主认为：第一个占领市场会给其带来压倒竞争者的独特优势，因此，他们常常为了节省时间，确保这种地位而放弃测量；最后，事前测验效果与实际效果往往不一致。例如，否定诉求广告在事前测验中往往分数不佳，而其实际效果可能颇为成功。相反，幽默、轻松、娱乐性广告的事前测验结果往往比实际效果好。因此，对广告前测的结果还要加以分析。

广告中测就是在广告战役进行的同时，对广告效果进行测量。主要目的是测量广告前测中未能发现或确定的问题，以便尽早发现问题，及时加以解决。这种测验大多是在实际情景中进行的。

当今媒体费用昂贵，营销状况不断变化，市场竞争日益激烈，在广告战役的进行中，常常会发生一些意想不到的情况，影响原定的广告方案。因此，越来越多的广告主十分重视在广告战役进行中对其广告的效果进行测量、评估，以便及时调整广告策略，对市场变化尽早作出反应。

广告中测的主要优点是，同广告后测相比，它能及时收集反馈信息，依据这些信息能发现广告沟通中的各种问题，并能迅速有效地加以纠正。同广告前测相比，广告前测是在人为的情境中、在较小范围内进行的，而广告中测是在实际市场中进行的，因而所得结果更真实、更有参考价值。

广告后测就是在整个广告战役结束后对广告效果加以评估。它是根据既定的广告目标测量广告结果。因此，测量内容视广告目标而定，包括品牌知名度、品牌认知、品牌态度及其改变、品牌偏好及购买行为等。

在美国，广告后测几乎成为广告主和广告公司的惯例。如同广告中测，广告后测也是在自然情境中进行的。其作用主要是：第一，评价广告战役是否达到了预定的目标；第二，为今后的广告战役提供借鉴；第三，如果采用了几种广告方案，可对不同广告方案的效果进行比较。

从广告效果测量的目的看，广告前测、广告中测与广告后测的最太差别在于，前测、中测的作用在于诊断，以找出并及时消除广告中的沟通障碍；而广告后测的作用则是评价广告刊播后的效果，目的是了解广告实际产生的结果，以便为今后的广告活动提供一定的借鉴。

3) 如何做好广告效果的测评

第一，选择好测验样本(即受测者)。首先，测验样本中的受测者必须是该广告产品的目标消费者。如果以非目标市场中的消费者为测验对象，测验结果对广告主是毫无价值的。例如，用成人受测者来评估儿童产品的广告，或以工薪阶层的消费者为受测者，测试高档服装广告的效果都是不合适的。其次，受测者必须达到一定的数量。如果参加测验的人数量太少，测验结果很难说明问题。

第二，制定恰当的测量指标。一个广告是不是有效，在很大程度上取决于所使用的测量指标。而测量指标又取决于广告目标或测量目的。广告目标不同，所选定的评估标准也不同。如果广告的目标是让消费者知道这种新产品，那么，评估标准就是目标消费者对广告品牌的知晓度。如果广告的目标是提高目标消费者对广告品牌的好感，那么，评估标准就是消费者对这个广告品牌的态度。

第三，做好事前—事后测量。所谓事前—事后测量是指一种测量程序。即在广告正式刊播前进行广告前测，了解目标消费者在开展广告战役之前对广告品牌的了解程度与所持的态度。在广告战役结束后，再进行广告后测，并将后测结果与前测结果相比较，两个结果之差便是整个广告战役的效果。如果没有事前测验，就无法确定广告后测的结果是早已存在的效果，还是广告战役带来的效果，也无法确定广告战役的效果到底有多大，广告战役是否成功。事前—事后测验能较好地解决这一问题。例如，一个广告战役结束后的测验结果表明，目标市场中广告品牌的知晓度达到 80%，如果没有广告前测，就无法确定这一广告战役是不是成功。如果事前测验表明，在广告战役前，广告品牌在目标市场中的知晓度是 16%，则可认为这个广告战役是非常成功的。因此，如果计划进行广告后测，必须事前进行广告前测。

4.2.3 企业广告组织的领导体制

1. 经理或总经理直辖型

这种形式的广告组织作为企业的重要部门之一，与企业生产、销售、财务等部门并列，由总经理直接领导。

2. 销售经理管辖型

这种形式的广告组织作为企业的下级机构，直接归负责营销的经理管辖。

3. 广告部集权型

这种形式的广告组织，将广告部门作为一级下属机构，向上直接对总经理负责，向下则统管各分公司的全部广告工作。

4. 广告部分权型

大型企业的各个分厂和分公司都设立广告部，并且广告部只负责分厂和分公司的广告业务。

北京公交广告有限责任公司是北京市公共交通总公司所属的大型专业广告公司，成立于 1992 年，注册资本人民币 4 000 万元，固定资产 2.6 亿元。拥有 16 000 余部公交车体，5000 余个候车亭灯箱，2000 多平方米户外路牌等雄厚的媒体资源，以及美国威特 3360 大型彩色喷绘机等先进的广告印刷设备。十年中公司为众多国内外知名企业提供持续、优良的广告服务，并与多家知名代理公司保持良好合作关系。2001 年 1 月公司与北京巴士股份有限公司在上海证券交易所成功上市。2003 年公司在全国户外广告公司综合排序列第 29 位，并被中广协评为中国一级广告企业，评为北京市守信企业。

资料来源：北京公交广告有限责任公司网站(http://www.bjgjad.com)

4.3 广告公司

广告公司是专门从事广告经营和制作的机构，致力于创造性的广告宣传活动，包括广告公司、广告代理商和广告制作部门。

4.3.1 广告公司的职能与任务

广告公司是广告主和消费者之间的桥梁和纽带。

1. 承接广告

向广告主承接广告。

2. 广告调研与计划

调查研究广告客户所生产的同类产品的市场供求、价格、销售渠道、国家经济政策、市场环境、同类产品广告的竞争情况，在此基础上明确广告如何实施广告活动。

3. 广告制作

需要专门的人才和设备，为企业设计和制作出上乘的广告作品。

4. 选择广告媒体

媒体是发布广告信息的物质手段，应根据广告主的要求和产品的特点及媒体自身状况，合理选择适当的广告媒体，使其效果最好，费用最低。

5. 广告管理

广告要产生好的效果，不仅要提高广告作品质量，而且离不开广告管理。如搞好广告预算，降低广告费用，以尽可能低的广告成本获得最大的广告效果。

4.3.2 广告公司的机构设置与职能划分

具有一定规模的广告公司，应设置客户服务部、创意部、媒介部、和市场调查部等业务主要部门，在组织机构设置健全的基础上，还必须对各有关部门进行明确的职能划分，把责、权、利落实到具体部门。这样，才可能在分工明确的基础上实现各负其责、协调运行、相互制约和相互促进的职能。

1. 客户服务部的职能和人员配备

客户服务部的任务主要是开拓客户并保持联络，并且还应与公司内其他各部门保持密切的联系。客户服务部是直接与客户发生接触的专职部门，负责接洽客户，协调广告客户与广告公司间的关系。在广告公司接触到一位客户时，首先由客户服务部作初步接洽，向广告客户提取有关必须的资料，如产品知识、市场情况、广告费预算及市场计划等。客户服务部在对这些资料加以整理后，会同其他有关部门，研究这些资料，制定出初步的广告计划方案和工作日程，并分由各部门执行。在广告活动进行过程中，客户服务部还负责与广告客户的联络工作和信息反馈，通报有关市场调查结果和广告活动进展情况。同时，还代客户负责对广告的设计、制作和实施过程进行监督。因此，广告公司的客户服务部在职能上扮演双重角色，对外代表广告公司的整体利益，对内则代表广告客户的利益。此外，在广告公司内部，客户服务部还应承担公司的公共关系方面的工作(在无公关部的情况下)。

客户服务部主要工作是与客户联络及制定创意指导。重点人物是客户主管(DCS)，其下按不同客户划分为不同的客户总监(AD)、副客户总监(AAD)、客户经理(AM)及客户主任(AE)。客户服务部的人员岗位职责划分为：

(1) 部主任全面负责客户部的行政和业务管理工作，负责客户服务管理。对上，直接向总经理或副总经理负责，汇报工作；对下，检查业务组主管或营业主管的工作；并负责与比较重要的客户保持接触和联系或洽谈、引见。负责选聘、任用和考核客户服务人员。

(2) 业务主管或经营主管全面负责所在经营组或业务组的业务工作和日常行政工作。对上，向部主任负责，汇报工作；对下，检查客户主任工作。还负责与较高层次和地位的客户企业决策人员、市场销售主管或市场经理保持接触，负责新业务的开发、调查，并发展原有业务。

(3) 客户主任向部主任或业务主管负责汇报工作。负责按照所代理的客户的广告计划和广告预算开展业务活动，为公司争取盈利。参与制定客户市场销售政策、发展广告目标和策略，并负责向客户简述广告的创作意图，介绍创作初稿，汇报工作进展。此外，还参与拓展新的业务。

(4) 客户经理负责部分文件的拟写，负责向上级主管或客户介绍广告初稿，负责较小客户的业务洽谈和接触。

(5) 业务员负责与客户的业务联络，送稿复审确认和审核制作的校样稿。在出席客户会议时，负责会议记录，并提交会议纪要。一般没有决策权，而是在其他人员的指导下开展工作。要求对广告制作和媒介等很熟悉。

(6) 业务协调员主要负责协调广告工作的进展，与创作人员和制作人员保持联系。督促检查各工作环节的衔接和完成，以保证按广告计划完成工作进程。负责保持与客户的日常事务性联系，代埋有关文秘工作。在必要时，有权直接重新安排工作。

2. 广告创意部的职能和人员配备

广告创意部门的任务是负责广告的创作、设计和制作。他们对广告客户部和市场调查部提供的有关资料和意见加以分析，依照广告计划的要求，配合消费者的心态，完成创意方案，然后会同客户部门和调研部门，制定出整套广告方案，供客户审核，并在客户审核同意后进行制作，包括拍片、配音、印刷或摄影、绘画等。

这一部门一般又可具体地细分为创意文稿、美工、摄影和制作合成等专职小组或专职人员，各负其责。创意人员搞创作意图，文稿负责广告内容的撰写，美工负责广告绘画和版式设计，摄影人员负责广告摄影、摄像，而制作合成人员则专门负责广告稿的合成制作，包括校对、印刷、配音制作等。

创意部负责构思及执行广告创意。重点人物是执行创意总监(ECD)，其下会视乎人手而分为若干组，每组由一至两位创意总监(CD)或副创意总监(ACD)带领，其中一位是文案出身，另一位是美术出身，但也有不少人身兼两职。其工作除构思广告外，还负责指导及培训下属。

创意总监下会有不同的小组，每小组由一位文案(CW)及一位美术指导(AD)组成。基本上两人会共同构思广告。由于美术指导的执行工作一般都较繁复，所以大都有一位助理美术指导(AAD)协助。有经验的文案及美术指导将会晋升为高级文案(SCW)及高级美术指导(SAD)，但工作与以前大同小异。

创意部还包括电视制作(TV Production)、平面制作(Print Production)、画房(Studio)及平面统筹(Traffic)4 个小部门。电视制作部设有监制(Producer)，负责电视广告的统筹，但实际上广告拍摄由广告制作公司负责。平面制作部设有平面制作经理(Print Production Manager)，主要负责跟进平面广告的印制工作。画房设有绘图员(Visualizer)、计算机绘图员(Computer Visualizer)、正稿员(Artist)等职位。平面制作统筹(Traffic Coordinator)则负责统筹平面制作事宜。

创意部门的人员岗位责任划分为：

(1) 广告创意部主任全面负责创作部的行政管理和业务管理，控制广告创作水平。监督和保障创作人员按广告计划工作日程和广告预算标准进行工作，负责向创作组和创作人员分配工作任务，重点督促和保证广告策略的实施。有权选聘、任命和考核创作人员。参与新业务的广告创作。对总经理或副总经理负责。

(2) 创作组的组长负责文稿组或美工组的业务领导，代理创作部主任履行某些职责，总揽广告创作的全面工作，直接向创作部主任负责。撰稿员通常负责为一组特定的客户工作，负责广告文稿的构思。参加客户会议，并在必要时直接向客户介绍工作进展。负责所有媒介广告的文稿编写工作，必要时参与促销活动，要求能够理解、实施、解释市场策略和广告策略，能与美工、导演密切合作。现阶段，分工已发展到细分专职广告业务和专职广告文案的阶段。撰稿助理在撰稿员的指导下，为一些较小的广告活动进行文字工作，实施撰稿员的广告构思，发展广告策略。在必要时，参加小客户的客户会议。要求能按广告预算开展一个广告活动。美工导演同撰稿员一样，通常为特定的客户工作，负责广告画面构思，负责导演电视广告，必要时，亲自进行摄影和绘画。要求能理解广告策略。美工导演助理负责落实美工导演的构思，必要时进行绘画。美工一般不负责摄影及导演，而设有专职导演、摄影师、摄像师。创作助理员负责协调创作部(组)工作的正常进行，帮助创作人员完成广告的创作，收藏创作稿件和创作资料，帮助打印其他人所撰写的文稿。必要时，与有关政府部门联系，以取得广告的电视播映许可。

(3) 印刷制作组的组长全面负责公司内有关报刊等印刷广告的制作工作。负责与有关制作单位洽谈业务，并对各种印刷技术的采用加以指导和提出建议。领导正稿员的工作，并对部主任直接负责，汇报工作。正稿员负责落实美工导演的设计草图和撰稿员的初稿。高质量地制做广告正稿，寄给报社、杂志或印刷厂，负责广告的美工技术处理。美工负责把美工导演的初步创意变成视觉上的具体图案，要求有快速绘画的才能。排印负责各种字体设计的选择和排版。要求熟悉印刷业务，并能很好地理解各种广告设计与各种字体运用的关系。校对负责印刷清样的文字校对工作，修正版面的印刷错误和文字错误。制作助理负责安排和料理广告制作材料的供应，保证广告工期和制作质量。作为制作经理的助手，向其报告工作。必要时，参加广告制作。

(4) 影视广告制作组的组长全面负责公司内有关电台、电视广告的制作工作。负责与有关制作公司洽谈。制作经理负责电台电视广告的制作监督、保证其按广告计划日程工作，并按预算标准完成广告片制作。演员选派负责挑选、面试用于广告摄制的演员和模特儿，向他们布置具体的要求，保证他们穿戴好合适的服饰，准时到场。制作助理负责为制做广告准备材料和道具，保证广告按期完成，保证广告质量。创意指导负责为创作部出主意或提出创意设计或构思的意见。

3. 媒介部的职能和人员配备

媒介部门的任务是根据广告计划，制定广告活动的媒介策略，负责媒介的选择，并负责与有关媒介单位接洽和联络。在广告实施过程中，负责对广告的实施进行监督，检查印刷质量或播放质量。在广告实施后，代理媒介单位向客户要求收取广告费。媒介部主要为客户建议合适的广告媒体(如电视、报纸、杂志、海报、直销等)，并为客户与媒体争取最合理的收费。重点人物是媒介主管(Media Director)，下设媒介主任(Media Supervisor)及媒介策划(Media Planner)等。

媒介部人员的岗位责任划分为：

(1) 媒介部主任向总经理负责。全面负责媒介部门的行政管理和业务管理工作，负责控制媒介计划和媒介定位，与各媒介单位洽谈合作条件，全盘负责媒介部门的盈利。负责并参与开发新的客户和新的广告业务，为新的广告业务开介绍会，并亲自准备或拟写材料。要求了解媒介的最新发展，掌握媒介计划，能够使用电脑管理，创作有发展潜力的关于新媒介的广告电脑程序。

(2) 媒介经理负责几个业务小组的工作和管理，代理部门主任的大部分职责。重点是代理其媒介方面的职责，研究重要的媒介策略的采用，与高级客户保持联系，并负责与媒介代表洽谈。

(3) 媒介组组长负责一个业务组的媒介计划和媒介定位工作，参与向客户介绍媒介情况，参与媒介代表的洽谈，但不涉及或很少涉及一些特殊的媒介业务。

(4) 媒介计划员在媒介组组长或经理的领导下工作，负责执行已经制定的媒介策略和负责指定的客户业务。研究引用一些较为简单的媒介策略。

(5) 媒介助理按媒介计划的要求，联系并取得媒介定位确认，兼做媒介部门一般性工作。

4. 市场调查部的工作职责和人员配备

市场调查部的任务是按照广告活动的要求，对目标市场开展调查，为广告主和广告公司制定广告计划，提供有关市场潜力和市场环境的背景材料，并就有关问题向广告主和广告公司提供咨询意见和建议，为广告决策以至广告主的市场决策提供客观依据。其人员岗位责任划分为：

(1) 市场调查部主任负责调查部的行政和业务管理，负责市场调查计划的制订，负责向总经理或客户企业高级人员汇报调查结果，提出市场策略建议和广告策略建议。

(2) 课题组组长负责某一客户的广告调查工作的计划，监督调查计划的实施。负责向部主任提出调查报告，向客户汇报调查结果和提出有关建议。

(3) 调查员负责根据调查计划进行具体调查方案的拟订，开展调查活动，并根据调查结果进行分析研究，提出调查报告、市场策略和广告策略建议，并向客户汇报有关市场调查经过和市场调查情况，介绍调查结果。

(4) 记录员协助调查员工作，负责有关文案调查资料、实地调查资料的收集和整理，负责记录有关谈话内容，提交谈话纪要，并负责有关打字、速记等工作。

(5) 资料组组长和资料员负责收集、整理、编辑、汇总有关市场调查资料和档案资料，建立市场调查档案。

总之，广告调研部门的工作任务，是按照广告活动的要求，开展目标市场调查，为广告决策以及广告主的市场决策提供客观依据。这要求广告调研人员具有丰富的专业知识和技能，了解广告产品的各项基本性能，并能够把握市场的变化趋势和市场调查程序，具有一定水平的文字写作能力。

此外，除业务部门外，广告公司一般还有财务、后勤等管理部门和后勤支援部门。

4.3.3 广告公司的任务

作为专业的广告公司主要有以下任务：

(1) 为广告主进行广告调研。

(2) 研究广告主产品特点，找出其独特之处。

(3) 研究影响广告主产品销售的各种因素(外形、品牌、商标、价格等)。

(4) 了解媒体的传播性能、特点、受众面、价格。

(5) 进行全面的广告策划。

(6) 实施广告计划(设计、制作、确定媒体及发布方式等)。

(7) 为广告主进行广告跟踪和广告效果测定。

(8) 协助广告主进行广告促销活动。

(9) 为广告主提供有关信息，以便广告主确定经营方针。

(10) 提高其他服务(拟定宣传资料、承办展览布置等)。

4.3.4　专业广告公司的地位和作用

在广告代理制度得以发展并日趋完善之后，专业广告公司的功能越来越齐全，所发挥的作用也越来越大。他们为企业进行广告调查、广告策划和进行广告创作，并为广告的发布选择合适的媒介。专业广告公司承担着广告信息的加工、处理任务，是联系广告主和广告媒介之间的桥梁和纽带。对广告主而言，他们代理广告主的广告业务，为广告主节省大量的人力、物力和财力；而对于媒介而言，他们代理媒介寻找广告主，并在广告发布之后代理媒介向广告主收取广告费用。

【案例】

阳狮集团——法国最大的广告与传播集团

全球广告业收入排名：第 4 位

下属主要公司：阳狮中国、盛世长城、李奥贝纳、实力传播、星传媒体

1926 年创建的阳狮集团(Publicis Groupe SA)在 20 世纪 90 年代中后期，通过一系列并购迅速跻身全球性广告与传播集团之列。2000 年 6 月该集团以价值 19 亿美元的股票平稳收购盛世长城(Saatchi & Saatchi)，加强了集团的美国业务；2002 年 3 月，对广告集团 Bcom3(由李奥贝纳和达美高于 1999 年合并成立)30 亿美元的收购及入股电通 17%，使阳狮进一步巩固了在美、日的市场份额。然而此项交易也导致了达美高(D'arcy)在华客户光明乳业、上海家化、多普达手机(DOPOD)和南孚电池等转投奥美、天联和电通等 4A 公司怀抱。实力传播与星传媒体(Starcom MediaVest Group，2002 年以全球 217 亿美元的承揽额位居最大的品牌传播公司之列，在 76 个国家设有 110 个办事处)的组合，使阳狮成为世界第一大媒体策划与购买商。2002 年，阳狮以 27 亿美元的总收入排名全球第 4 大广告与传播集团。

鉴于 Cordiant 被 WPP 收购，阳狮集团董事长兼 CEO Maurice Levy 于 2003 年 6 月表示有意收购Cordiant在媒体策划与购买公司实力传播25%的股份(目前市值约为7 500万英镑)。

1998 年，阳狮集团通过收购在华港资广告公司恒威(Ad-Link)，在国际广告与传播集团中最晚进入中国市场。

资料来源：名道公共传播研究所

4.4　媒介广告组织

企业的广告越来越频繁地通过新闻媒体发布，媒体广告组织已经成为广告主发布广告的主要渠道。因此，各媒体单位都成立了自己的广告组织。广告媒介中发展最早的大众化传播媒介是报刊，媒介广告组织最早也在报刊部门出现。早期的报刊广告是由广告主起草，

送交报刊发行单位的编辑审定，不设广告专职部门，也没有专职广告人员。随着商业的发展，报刊广告数量增多，而且开始讲究排列，注重广告效果。为了加强管理，提高广告作品水平，报刊单位开始出现专职的广告组织。在广播、电视、报纸和杂志四大媒介发展起来后，这些媒介单位也相应地设立了媒介广告组织，并且日臻完善和复杂化，成为这些媒介组织的有机组成部分。

4.4.1 媒介广告组织的机构设置

媒介广告组织因其广告业务规模不同，其机构设置有的比较精简，有的则发展得很完善，职能齐全，机构也很复杂。

1. 报纸

报纸广告组织的机构设置制度一般有两种类型：

(1) 列举制。在报社总编辑下设编辑部、广告部、发行部、印刷业务部等各主要业务部门。编辑部负责报纸各版面的编辑出版，在广告业务上则负责为广告安排版面。发行部专门负责报纸的发行、收订以及发行事务的安排、发行渠道的组织、报纸的发放等。印刷业务部则负责报纸的印刷事务，包括与印刷厂的联系工作、印刷时间安排和印刷计划安排，并监督印刷工作，检查印刷质量。报纸的广告部是专门负责报纸广告业务的职能部门。它承担广告业务的接洽、签约、设计制作和实施发布等工作，并对外来的广告作品负责编辑、检查审核和安排发布时间与版面的事宜。大型的报纸单位一般还在广告部下设调研、艺术、分类广告、策划、普通广告、娱乐广告、广告编辑、校对、分发、印刷监制和出纳等专业小组，分别负责广告的调研、策划、设计制作、实施发布和财务管理等专业业务。

(2) 综合制。为一般小报社所采用，在总编辑下设编辑部，编辑部内设广告组，其下再设编辑、营业、分类广告等专业小组。

2. 杂志

杂志广告部门也同报纸一样，根据机构大小、业务量多少而设置。

小型杂志社由于其业务量较小，一般不单独另设广告机构，由编辑、美工和发行人员兼办广告业务。大型杂志社一般有一套与大型报社相类似的机构设置。总编辑室下设编辑组、美工组、印刷业务组、发行组和广告业务组等专业小组。编辑负责文字编排，而美工则负责美工设计和杂志版式设计，他们都在一定程度上参与广告的编排制作工作。尤其是美工组，杂志广告的版式设计、图画创作一般由他们去完成。印刷业务组负责杂志的印刷事宜。发行组专门负责发行。广告组则负责广告业务的联系接洽、签约、策划和设计制作，以及广告实施发布等事宜，其工作量也相当可观。

3. 广播

由于业务量相对较大，一般广播媒介单位的机构设置都很健全，有独立的广告部。在广告部下设业务、编辑、导演、录音、制作合成、财务等。并按工业、农业、商业、外贸等设立专业小组，负责接洽业务、制做广告和实施发布等工作。

4. 电视

电视媒介单位的广告机构设置基本与广播单位相同，但多了摄影、摄像、美工人员等。

4.4.2　媒介广告组织的工作任务

媒介广告组织的工作任务，主要是负责发布广告、设计制做广告和搜集广告反馈。

1. 发布广告

广告媒介是实施广告的工具和手段，是传播广告信息的载体。他们的主要任务就是发布广告。广告的来源主要有两方面：一是直接受理广告客户的广告；二是广告公司代理承揽的各项广告业务。媒介广告部门与本地或外地的广告公司签订合约出售一定的广告版面或广告时间，以便各广告公司有计划地安排版面或时间发布广告。

2. 设计制做广告

广告媒介单位在接受广告任务时，一部分广告已制作成广告作品，只是负责安排版面或时间。但有的广告客户只提供广告资料和广告要求，须由广告部门负责策划、设计和制作。如报纸、杂志、广告的文稿撰写、美工设计；电台、电视广告的脚本撰写、演员排演、录音录像、拍摄、剪辑等。

3. 收集广告反馈

广告媒介部门在发布广告之后，往往收到许多人来函来电，提出查询或投诉，媒介广告部门应定期整理，向广告主反映，加强与广告主或广告代理公司之间的联系，及时掌握广告反应，稳定广告客户的信心。

如北京未来广告公司作为中央电视台(以下简称 CCTV)所属唯一全资广告公司，是中央电视台探索专业频道经营、面向市场多元化经营的重要平台，公司经营收入占到 CCTV 年度总收入的 20%。公司独家代理经营着众多优质和最新央视媒体资源：包括 CCTV-5 体育频道、CCTV-8 电视剧频道、CCTV-12 社会与法频道，CCTV-1《东方时空》、《今日说法》栏目，CCTV-2《健康之路》栏目，央视国际网站等。公司成立于 1992 年，坚持“以市场为导向，以客户为中心”的服务理念，1997 年以来，连续 6 次被北京市工商局评为“重合同、守信用”单位。面向未来，公司进一步强化“客户导向”，从客户需求出发，不断完善服务流程，深化客户服务，并与中国最具实力的广告公司建立战略合作关系，共同致力于实现客户利益，为品牌搭建强势传播平台，与客户共成长。公司连续 4 年位居本土广告公司第 1 位，2004 年广告经营额达到 17 亿元，并且正努力朝着综合服务型国际化广告公司发展。

4.5 广 告 团 体

4.5.1 广告团体的概念

广告团体是指民间性质的广告行业协会组织或学术组织，如广告协会、广告学会、广告业联谊会和广告业联合会等。随着国际广告事业的发展，近十几年还出现了地区性国际广告组织和全球性国际广告组织。此外，一些较为专业性的团体，如广播业、电视业、报纸业、杂志业等事业的广告协会、广告学会组织也相继出现。其他如美术、摄影、包装装潢、电影、戏剧等艺术性团体，也与广告团体有密切联系。

4.5.2 广告行业协会

广告行业协会是从事广告业务、学术研究或其他与广告业有密切关系的组织和人员自愿联合组成的，设协会会长和副会长、理事会，在理事会下设秘书处，主持日常事务工作，秘书处由秘书长、副秘书长及秘书人员组成，其主要任务是负责协会对外联络和协会同会员间的联络。

广告行业协会的任务一般是代理政府对广告行业的管理，执行行业自律，开展对外联络，协调会员间的工作，统一对外口径，以求广告行业的共同发展。同时开展行业内的业务合作和技术交流，帮助会员广告公司提高业务水平和经营管理水平。此外，还以协会名义开展对外活动，加强国内、国际广告业务交流，组织会员参加或主持召集国际会议等。

广告行业协会的活动一般与其任务相关。此外，还召集年度会议，研究和讨论广告协会的活动方针、计划和总结工作等。

1. 中国广告学会

中国广告学会成立于 1982 年，是我国第一个全国性的广告学术团体，由全国广告艺术人员、业务人员、科研人员、教育工作者、广告专营企业、兼营单位、大专院校广告科系等组成的群众团体。它在国家工商行政管理局的指导下进行工作，并有自己相应的任务。

2. 中国广告协会

中国广告协会属于工商系统的国内广告公司的行业协会组织，成立于 1983 年。它在国务院有关部门的指导下，对全国广告经营单位进行指导、协调、咨询服务活动。

3. 中国对外贸易广告协会

中国对外贸易广告协会是经贸系统的外贸广告公司的行业协会组织，成立于 1981 年。

4. 国际广告协会

国际广告协会英文简称 IAA(International Advertising Association)。它创建于 1938 年，当时称为出口广告协会，1954 年改名为国际广告协会。IAA 是由美国人托马斯·阿斯威尔召集另外 12 名美国做出口广告的人发起成立的。最高机构为世界代表大会，下设理事会、执委会、秘书处等机构。IAA 是一个全球性的非政府组织，会址设在美国纽约，有 61 个分会和 20 个准分会，分布在世界 92 个国家和地区，现有 98 名公司会员，64 名团体会员，3600 多名正式会员。IAA 由主席、副主席、执委会、理事会、理事长、秘书处、秘书长、地区总监、分会、分会会长、会员组成，主要活动有两年一次的 IAA 世界广告大会，每年一次的 IAA 理事会会议以及 IAA 亚太地区分会会长会议。

IAA 的宗旨是把广告、公共关系、销售促进、广播、市场调查等有关的从业者及有兴趣的人们联合起来，交流经验和情报，提高世界广告和行销技术水平，组织国际会议和专题展览，研究国际广告发展的新趋势、新技术、新方法；提高广告业务水平，促进会员间的信息及学术交流，开展广告教学活动；制定广告自律规则，协调会员间及各方面的关系，其经费来自会员会费、广告和出版物的收入等。主要刊物有《国际广告协会航空通讯》(双月刊)、《国际广告协会情报摘要》(双月刊)、《比较广告》。

1987 年 5 月，中国正式加入 IAA，并成立 IAA 中国分会。IAA 目前与我国广告界合作良好，关系正常。IAA 中国分会的国内主管部门是国家工商行政管理局，分管部门是中国广告协会。国家工商行政管理局副局长惠鲁生是现任 IAA 中国分会会长，同时担任 IAA 理事会理事。

5. 美国广告代理商协会

4A 是美国广告代理商协会(American Association of Advertising Agencies)的简称。它成立于 1917 年的美国圣路易斯，是全世界最早的广告代理商协会。美国 4A 定有协会自律规则《实践标准和创作守则》，以此约束会员公司遵守广告道德准则。4A 在 1995 年全球营业额前 25 位的广告公司中，公司总部设在美国的占 15 家。它们都是美国 4A 广告公司，并且协会成员承担了全美 70%～80%的广告业务量。

本 章 小 结

本章主要介绍了广告组织的不同类型，首先详细分析了专业广告公司的基本情况，首先介绍了专业广告公司的概念、职能和任务，并分析了专业广告公司的组织结构，各部门的职能，方便学生对专业广告公司内部职位有详细的了解。其次介绍了企业广告组织、媒体广告组织的概念、职能和任务，并通过具体的实际例子来总结有关广告组织的理论知识，最后介绍了广告团体的基本情况。

背景知识

一年一度的中国广告行业盛会中国广告论坛 2007 年 3 月 30 日正式拉开帷幕。本届广告节第一次走出北京，在新建成的中国广告行业总部基地——上海嘉定工业区举行。中国广告协会副秘书长孙英才先生主持了本届论坛开幕式，中国广告协会会长杨培青女士、秘书长时学志先生和上海市嘉定工业区副区长费小妹女士以及来自北京、上海广告协会的领导共同出席了本届广告论坛的开幕式，上海工商管理局副局长发来贺电。杨会长在开幕式上致发言辞时表示，本土广告公司要努力学习国际广告公司的运营方式，但是本土广告公司要避免因此可能出现的弊端，所以本土广告公司要提高自身素质，在探索中求发展，抓住机遇，合理利用资源发展广告行业。在谈到广告论坛时，杨会长说：广告论坛不应仅限制于学术的讨论，应从多方面认清广告行业的现状及发展方向。最后，嘉定工业区副区长费小妹女士就嘉定的历史及发展现状向到会的各方代表做了简单介绍，并且表示支持创意产业的发展，即不管对在上海嘉定建立中国广告行业总部基地的认定和对长远发展的态度，还是对来中国广告行业总部基地(上海嘉定)投资办公的广告公司机遇的优惠政策，最终的目的都是把嘉定工业区建成中国广告人的家。

思 考 题

1. 以某专业广告公司为例说明专业广告公司组织结构。
2. 解释企业广告组织的概念、职能和任务。
3. 通过调查总结某媒体广告公司的基本经营情况。
4. 熟悉各广告团体的基本区别。

第5章 广告运作规律

教学目标

通过本章学习，了解广告代理制度产生和发展的基本情况、广告环境的基本内涵，广告信息的具体要求以及广告预算的作用和意义，熟悉代理制能够有效实行的基本条件、广告运作环境的监控因素、广告信息评价的主要标准以及广告预算编制的影响因素，掌握广告信息的诉求策略、诉求手法以及广告预算的编制方法。

教学要求

知识要点	能力要求	相关知识
广告代理制度	(1) 能够了解广告代理制度的产生和发展 (2) 能够熟悉广告代理制的一般运作内容	(1) 艾尔父子广告公司 (2) 国际通行的广告代理费用比率
广告环境	(1) 能够识别广告的环境因素 (2) 能够根据广告环境制定广告策略	(1) 广告环境的构成因素 (2) 广告环境的监控因素
广告信息	(1) 能够制定广告信息评价的标准 (2) 能够识别和运用不同的广告诉求策略 (3) 能够识别和运用不同的广告表现手法	(1) 信息评价标准 (2) 信息诉求策略 (3) 信息表现的方法
广告预算	(1) 能够进行广告预算的编制 (2) 能够进行广告预算的分配	(1) 广告预算的编制方法 (2) 广告预算的分配原则和方法

案例导入

诺基亚——移动通讯的巨人，是世界最大的手机生产厂商，创造了“财富神话”。诺基亚销售量已连续几年居全球第一，去年市场占有率达到 37%，是摩托罗拉的 2 倍多。诺基亚认为，它的“成功秘诀”是“品牌效应”。在 2001 年诺基亚花了 9 亿美元用于广告宣传，这个数字为其销售额的 3%，接近营业利润的 20%。它带来的效果是，诺基亚被国际品牌咨询委员会评为世界第五大最有价值品牌，是前十名中唯一的非美国公司——它来自芬兰，而它的主要竞争对手摩托罗拉和爱立信则被远远地抛在了后面，前者为 66 名，后者为 36 名。

目前，中国是诺基亚的第二大手机市场，诺基亚每年生产的手机约有 10%在中国销售。诺基亚今天在中国取得的巨大成功，除了诺基亚产品功能优秀的原因外，广告策略也发挥了正常重要的作用。

中国消费者普遍认可诺基亚的广告语“科技以人为本”。科学的主体是人类，如果科技应用不能为人类带来价值的话，再尖端的科技也是无效的。所以，诺基亚“以人为本”，致力于个性化的观念受到人们的欢迎。“科技以人为本”的理念也启发了其他手机，比如康佳的广告语“创意科技，沟通无限”，中兴通讯的“自由生活，源于科技”，即有模仿诺基亚之嫌。因此单论广告语，诺基亚就已胜人一筹了。

目前，中国手机广告竞争已进入白热化。如果广告不能刺激消费者对品牌名称的记忆，那么手机电视广告就相当于日复一日的烧钱。但诺基亚的广告创意则不同凡响，它能让受众过目不忘。比如诺基亚 8210，定位于“生活充满激情”，它的广告是：一位西装革履的男士在接听手机之后，立刻充满激情，纵情奔跑在繁华的街道上，他不顾旁人惊异的眼光，脱掉了束缚他的西装、领带和衬衫，把它们抛向空中，然后忘情一跃，跳入水中。端庄的淑女把电梯当作她狂热的舞台，穿着盛装的女郎在雨中翩翩起舞。这则广告推出后，随即在全国刮起了激情人生的旋风。

它的广告制作上乘，每一幅画面都是亮丽的风景，与产品所贯彻的精品路线保持了一致。比如诺基亚 8850，它运用精致的摄影画面来诠释它的内涵，即给人“非一般尊崇享受”。消费者在欣赏诺基亚产品的同时，也从它的电视广告中得到了美的享受。

此外，诺基亚广告语言朴素平实，没有华丽的辞藻，没有煽情的语言，而很像一个人平静地述说着自己的人生经历，人们特别愿意接受。特别是广告结尾，当诺基亚以一贯的深沉、坚毅说：“诺基亚，科技以人为本”时，不知感动了多少人。所以说，诺基亚广告的艺术表现力，确实有知名品牌独有的风范。

启示：半路出家的手机企业——诺基亚，深谙世界各国的环境，纵横于世界市场，不乏精彩之笔。在诺基亚的核心理念上，始终坚持“以人为本”，并且也就是凭借“以人为本”的经营理念，用精彩的广告营销传播计划，成功地完成了中国行动。诺基亚的成功说明好的广告需要好的运作，运作好广告离不开对于广告运作环节的熟悉和掌握，同时要持之以恒地向受众传递一个有效的信息。

资料来源：诺基亚：广告策略理念以人为本，中国营销传播网，2006 年 09 月 26 日.

广告的发展离不开经济社会的发展，同时广告在这个发展中形成了自己独特的运行规律，对于这些规律的认识和掌握有利于我们有效地开展广告经营行为。本章将详细介绍广告代理制度、广告环境、广告信息和广告预算等方面的内容，通过这些介绍，让我们能够对广告的运行有一个清晰的认识，并能掌握其中的一些规则。

5.1　广告代理制度

广告代理制度是指广告代理方(广告经营者)在广告被代理方(广告主)所授权范围内开展一系列的广告活动，也就是在广告主、广告公司与广告媒介三者之间，确立广告公司为核心和中介的广告运作机制。它是国际通行的广告经营与运作机制。广告业现代化的主要标志之一就是在整个产业结构中，广告代理公司处于中心和强势地位，有“强媒体弱公司”的说法。广告代理制度的最终确立与实施仍是我国广告业今后努力发展的方向和基本趋势。

5.1.1　广告代理制度的产生与发展

伴随着社会经济的发展需求和广告业自身发展的内在要求，广告代理制从最初的萌芽——广告代理店演变成为现代的能够为客户提供系统而又全面的综合服务，其间经历了漫长的岁月。

早期的广告代理，从属于报业。17 世纪末，美国报业有了较大的发展。至 1830 年，美国已有 650 份周刊，65 家新闻日报刊登广告，但由于广告量少，媒体收入普遍不足。再加上当时的信用制度还不健全，广告公司无法判定企业支付广告费的能力，而媒介逐一向广告主追缴广告费很不经济；广告尺寸、排版、字体都不统一，也没有统一的价格标准和折扣标准，这些都成为企业与媒介沟通的障碍。1841 年，沃尔尼•B•帕尔默(Volney B Palmer)创办了广告代理史上第一家广告公司，为各种报纸统一给企业兜售广告版面，并从中抽取 25%的佣金，广告文字及广告设计工作仍由报刊承担。从而首先开启了广告代理业的先河，进入广告代理史上单纯的媒介代理阶段。广告代理制产生的根本原因是能够在混乱的市场环境中，为媒介降低成本，规避风险，帮助企业利用媒介进行廉价而有效的宣传。

1865 年，乔治•P•罗维尔在波士顿创办了与今天的广告代理公司更为相似的媒介掮客公司。他与百家报纸签订了版面代理合同，收取报社 25%的佣金，再把版面分成小的单位零售给广告主，获利丰厚。1869 年，罗维尔又出版了《美国报纸导读》，公开发表美国和加拿大报纸的估计发行数量，并向广告代理商和广告主提供各报的版面价格，为广告主选择媒介提供了参考依据。罗维尔所从事的广告版面的买卖业务虽然仍是单纯的媒介代理，但比早期的广告代理又进了一步。因为它正式摆脱了报社附庸的地位，减轻了媒介经营广告的风险，初步具备了真正意义的广告代理性质。

1869 年，弗朗西斯•W•艾耶(Francis W Ayer)开办了“艾尔父子广告公司”。其经营重点从单纯为报纸推销广告版面，转向为客户提供专业化的服务。他站在客户的立场上，向报社讨价还价，帮助客户制定广告策略与计划，设计与撰写广告文案，建议与安排合适的广告媒介，同时，艾尔父子广告公司还实行“公开合同制”，规定广告代理店为广告主和广告媒介提供服务，其代价是将真实的版面价格乘以一定的比例作为佣金，进一步将广告代理佣金固定为 15%。这一制度于 1917 年在美国得到正式确认，并一直沿用至今成为国际惯例。广告历史学家称艾尔父子广告公司为“现代广告公司的先驱”。这一时期独立的、服务专业化与多样化的广告代理公司的出现，广告主与广告公司的代理关系以及广告代理佣金制度的建立与确认等，都标志着现代意义上的广告代理制度的真正确立。

自艾尔父子广告公司奠定广告代理制度的基本形态之后，经过约半个世纪的发展，即到了 20 世纪 30 年代以后，专业意义上的广告代理制在美国基本形成，并相继在广告业比较发达的日本、美国、法国等国家和地区普及，逐渐成为国际通行的广告经营机制。广告公司也开始全面代理广告主的广告活动，在广告主授权的权限范围内，完成有关环节的各项工作，包括市场调查、广告策划、广告设计与制作、广告文案撰写、广告发布、广告效果测定等一系列服务项目。广告公司的广告代理方案获得广告主的认可并付诸实施的时候，可以从事代理广告的媒介刊播费中获得 15%的媒介代理佣金，在制作过程中各项支出总额的基础上获得 17%的加成。

广告代理制度的确立与实施，确立了广告公司在广告运作中的中心地位，对广告公司的实力与水平提出了更高的要求。随着经济全球化趋势的日益加强，广告经营的国际化、规模化成为必然。同时，由于现代高科技，特别是信息通讯技术的不断发展，也使得全球性的广告媒介和全球性的广告运作有了可能。自 20 世纪 70～90 年代，西方很多大型广告公司相继实施了规模化经营的发展战略，走上了国际化发展的道路。国际化、规模化的广告经营，大大降低了广告成本，增强了广告公司的活力与实力。在全球化的背景下，大型的跨国公司往往愿意选择那些有全球经营能力的跨国广告集团代理广告业务，以利于集中调控。20 世纪 80 年代末，3M 公司重审了它与 60 多个零散的广告公司之间的业务关系之后，决定将广告业务交给 3 家广告代理公司代理。可口可乐公司多年来一直将广告业务交由麦卡恩•埃里克森广告公司全球代理。李奥•贝纳广告公司 40 多年来一直是菲利浦•莫里斯公司唯一的全球广告商。有些企业正效仿它们，试图将广告业务委托给一两家大型跨国广告公司。飞利浦公司选择了奥美和 DMB 公司作为全球广告业务的主要代理。雀巢公司与 6 大广告公司协作，它们是奥美、麦卡恩•埃里克森、林斯特、智威•汤逊、帕布里西斯和 BBD 广告公司。广告业务集中化的结果，使越来越多的广告开支集中到大型跨国广告公司的手中。

进入 21 世纪，整合营销传播成为广告公司的努力方向，对广告公司的全面代理能力也提出了更高的要求，广告代理的业务范围又进一步扩展。综观国际广告代理制的发展，有以下 3 点是应该特别关注的。

1. 广告代理制的发展经历了一个由媒介代理向专业服务代理发展并不断调整的过程

广告代理制是广告业在市场经济条件下，经过长期的发展和激烈的竞争逐步形成的，被普遍认为是广告市场规范化和正规化的标志，而美国广告代理制的实行是世界广告代理业的开始。

广告代理制的发展是一个过程，因为最原始的广告代理制是媒介代理，只有在市场竞争越来越激烈，媒介环境越来越复杂的时候，现代意义上的第三方独家代理模式的广告代理制才逐渐普及。从媒介代理向综合代理的转变，并不是依据人们的主观意愿而转变的。这种转变是在媒介竞争的日益激烈和市场不断成熟的过程中逐渐完成的，并且它是由广告业所生存的媒介环境和市场环境决定的。

2. 广告代理制的真正执行需要完整系统的法律规范体制保证

按照国际惯例，广告公司为客户代理媒介广告，一般向广告主收取由媒介返还的 15%的代理佣金。但是这个固定佣金的比例一直以来都是广告主争论的焦点。广告主认为媒体的刊播费越高，广告公司所得的佣金应越多，为了谋求自身利益，广告公司就会倾向使用更为权威和价格高昂的媒体；广告公司和媒体还有可能通过私下协商，说服广告主支付更高的广告费用。为此，一些国家的广告管理机构和广告行业自律协会通过制定法律，禁止广告公司和媒体之间的“私下协商”，同时建议使用协商佣金制或实责制，即不必把固定佣金固定在 15%。尽管各国广告费用的计算存在较大差异，但是广告公司和广告主在费用问题上的分歧在扩大，并且已经成为目前国际广告市场上不能回避的问题。

随着广告业的繁荣发展，各国的法律规范和行业自律也在逐渐完善，并在广告代理制的发展过程中发挥着积极的作用，规范着广告活动的主体，制约并平衡着广告业生态环境。各国政府、广告界和消费者组织也经常适时修改旧的广告管理法规，制定新的法规和管理办法，并加强了舆论监督。同时，各国均有自己的广告自律组织，如美国有广告审查委员会、广告协会、广告代理业协会、广告联盟；英国有广告业务标准委员会、英国广告客户联合会、广告从业人员学会等；日本有全日本广告联盟等。这些广告行业的自律已经成为世界各国广告管理体系及其重要的组成部分，也是保证代理制贯彻执行的基础。

3. 广告代理制的导入是一个创新的过程

广告代理制确实对广告行业的规范化和专业化发展起到了巨大的推动作用。在广告业发展到一定阶段时，应该逐渐导入广告代理制。但是，广告代理制并不是只有一种模式，并不是导入广告代理制就能使整个行业达到国际先进水平。不同的国家和地区广告业发展的环境不同，阶段不同，所以，在导入广告代理制的同时，必须要结合自己的情况进行模式创新，绝对不能照搬照抄其他国家和地区的模式。

5.1.2 广告代理制的内容

广告代理制主要包括广告公司的客户代理和媒介代理、代理服务的业务范围以及代理佣金制等内容。客户代理和媒介代理，构成了广告公司代理业务的主要范畴。广告代理制突出了广告代理公司在广告运作中的中心地位和作用。

广告代理具有双重代理的性质：一方面它全面代理广告主的各项广告活动。在广告代理制度下，广告主必须委托有广告代理权的广告公司代理其广告业务，不得与广告媒介单位直接联系发布广告(分类广告除外)，这样可以有效保证广告主的广告投入的效益。另一方面它又代理媒介的广告时间，销售广告的版面，为媒介承揽广告业务。也就是说媒介单位不能直接面对广告主承揽广告的发布、设计和制作等业务，这些活动都应该归属于广告公司的业务范畴。

广告公司在双重代理、双向服务的过程中，其劳动收入主要来自为媒介出售广告版面的广告时间而获得的佣金。按照国际惯例，代理佣金的比率为：大众传播媒介的佣金比率是广告刊播费的15%，户外媒介的佣金比率为16.7%。在我国，承接国内广告业务的代理费为广告刊播费的10%，承办外商来华广告的代理费为广告刊播费的15%。

国际广告界在收取广告制作费方面也有一定的标准，即广告主除了如数提供给广告公司各项广告制作支出外，还要给广告公司1.65%的加成，这是对广告公司代理其广告制作活动的报酬。而这也正好与媒介代理佣金一致。

虽然广告公司的代理佣金主要来自媒介，其15%的媒介佣金比例也是固定的，但这容易引起广告主的不满，因为对于广告公司而言，媒介传播广告的总费用越高，广告公司的代理收入就越多。为缓解双方矛盾，此后又出现了协商佣金制、实费制、议定收费制、效益分配制等收费制度。

(1) 协商佣金制。就是广告主与广告公司经过协商确定一个小于15%的佣金比例，广告公司在得到媒介15%的佣金后，将超出协议佣金比例的部分还给广告主。这在一定程度上保护了广告主的利益，主要适用于媒介支出费用较大的广告代理业务。

(2) 实费制。就是按照广告公司实际的成本支出和劳务支出计算其广告代理费用。广告公司依据实际支出的凭证向广告主如实报销，并按照各项业务所花费的时间获取相应的劳务报酬。同时广告公司在获得媒介 15%的代理佣金后，须向广告主如实报告，并退回超过其劳务费用的部分。但如果其所获得的媒介代理佣金低于劳务费，则由广告主补齐所缺部分。

(3) 议定收费制。实际是实费制补充形式，就是广告主与广告公司针对具体个案，在对广告代理成本进行预估的基础上，共同商定一个包括代理酬金在内的总金额，由广告主给广告公司一次性付清。此后在实际运行过程中，广告公司自负盈亏，与广告主无关。议定收费制可以避免广告主与广告公司之间可能引发的付费纠纷。

(4) 效益分配制。就是广告公司可以按一定的比例从它所代理广告的实际销售额中抽取相应的利润，但如果广告不能促进销售，则得不到利润回报。这就将广告代理的权利和责任紧紧捆绑在一起，使广告公司必须承担广告代理活动的风险。

5.1.3　实施广告代理制的条件与意义

一方面，全面实施广告代理制的必要条件是需要有与之相匹配的完善的市场经济环境和成熟的广告市场环境。没有经济的繁荣，没有发达的市场经济体制和良好的行业环境，广告代理制就不可能顺利推行；另一方面，广告公司自身的状况和能力优势能否成功是实施广告代理制的决定性因素。

广告代理制的实施，牵涉到广告市场中广告主、广告公司和广告媒介这 3 个主题。而在以广告代理制为基础的广告经营机制中，广告公司处于广告市场的主导地位，从本质上说，广告公司是实行广告代理制的中心环节。

广告公司要从事广告代理活动，首先必须获得有关政府管理部门的认可，并取得合法的代理资格，才能在规定的范围内从事相应的广告代理活动，即广告公司代理广告业务必须得到广告主或广告媒介的认可与委托。其次，提高广告公司自身的代理能力是增强其竞争力的唯一途径，而高水平的各类广告专业人才、精良的广告制作设备和先进有效的内部管理机制是实现这　途径的有力保障。再次，具备充足的流动资金和雄厚的经济实力是媒介代理的前提。

当前，我国正大力发展社会主义市场经济，这有利于广告业的长足发展，有利于广告代理制的全面实施。但同时我国的市场经济体制还未发育成熟，全面推行广告代理制的市场经济环境还不完全具备，在广告业高速发展的背后，也存在着一些阻碍广告业规范的消极因素，其中最大问题就是广告主、广告公司、广告媒介三者之间的关系还没有真正理顺，分工不明确、广告行为不规范、行业结构不合理等问题，并使广告经营秩序混乱。

因此，广告代理制的实施，有利于促进广告行业的科学化、专业化的建设，有利于提高广告业的整体水平和消除行业间的不正当竞争，明确广告主、广告公司和广告媒介各自的权利和义务。所以只有真正全面推行国际通行的广告经营机制——广告代理制，才能使广告市场的 3 个主体各司其职，各就其位，充分发挥广告业对经济发展的巨大促进作用，使我国广告业朝着健康、规范的方向发展；而本土广告公司在我国加入世界贸易组织后，在面临着跨国广告公司、国际性传播公司、营销顾问公司等业内、业界间的激烈竞争时，只有不断提高自身实力，改变服务观念和方式，从零散运作转向集约运作，从经验型服务转向专业化和科学化服务，才能在资本力量和专业化服务的新一轮洗牌中不被淘汰出局。只有这样，我国广告才能迅速地适应并融入国际大市场中，顺利地实现与国际市场的接轨，并在激烈的国际竞争环境中求得生存与发展。

5.2 广告运作的环境

5.2.1 广告运作环境概述

如果把人类社会视为一个大系统，社会信息传播产业则是支撑这个社会大系统运行的子系统之一，而广告是传播子系统的一个重要组成部分。只有进入广告的环境，才能真正了解广告。

1. 广告运作环境及其构成

广告是一个较小的产业，它处在一个广阔的社会环境和传播环境之中。无论是整个广告产业的发展还是具体广告活动的推行，都无法脱离它所处的外部的社会大环境、社会信息传播环境以及广告产业自身内部现实条件的制约。广告是商品经济的产物，它是随着商品经济的出现而出现，随着商品经济的发展而发展的。经济发展的内在需求是广告兴衰最重要的决定因素，企业经营观念和市场竞争态势的变化推动着广告策略的演进。企业从“产品导向”转向“消费导向”的变化，带来了现代广告策略从“产品情报诉求”阶段向“生活情报诉求”阶段的发展。广告是科学技术发展的产物，随着传播科技发展其传播形态、功能也跟着演变、发展。科技为广告传播提供必要物质技术条件，同时也强化了广告的社会影响力。广告是社会文化发展的产物，其内涵也随着人类文明社会的发展进步而不断演变、深化和丰富。任何广告主体都在具有一定文化背景的社会中发展，任何广告本体，都在一定的社会生活和文化背景中产生，并且在其中发生作用，而广告作用的客体——广告诉求对象，也总是处于一定的社会中，有其特定的生活方式和文化背景。因此，无论是广告产业，还是具体广告活动都是特定广告环境的产物。

由于研究角度不同，广告环境有时是泛指整个广告产业存在和发展所处的世界，更确切地说是指这个世界上一切影响广告产业发展的社会因素。有时则是特指影响、制约具体广告活动的具体的特定社会环境。如具体广告活动面对的特定的市场、消费者、传播环境、时间、空间以及其他一切对广告活动策划、创意、实施等具有影响的因素。泛指层面的广告环境不仅是直接影响广告产业发展进程的最重要因素，而且其影响力还可以到达具体的广告活动。特指层面的广告环境则只是相对具体的广告活动而言，它是进行广告战略决策市场调研的重要对象。无数企业、产品的特定广告环境之和就构成影响整个广告产业发展的广告环境。

由此可见，广告环境是由以下 2 个层次的各影响因素所构成：第一层(内层)是由传播体制、传播媒体、广告产业、广告主、广告对象及竞争品牌等因素构成的广告的传播环境。第二层(外层)是由社会的经济、科技、文化、政治、法律等因素构成的广告的一般社会环境。

2. 广告与环境的互动关系

在广告生态环境中，广告主通过对广告投资，提供各种有利条件，提出预期的传播目标等，对广告起着促进的主导作用。广告专业代理公司、传播媒体通过媒体的特有功能和专业智力资源的投入，主要对广告起增强效能的作用。其他社会环境、传播环境因素主要是对广告起调整、制约的作用。任何环境因素的变化都将对广告产生有利或不利的影响，特别是广告消费者态度、行为的变化必将引发广告调整等相应的变化，以适应新的环境。广告是在众多环境因素的影响作用下发展，是一般社会环境和传播环境综合作用的结果。其中，一般社会环境发挥着更大的作用，它不但从根本上决定广告传播环境，而且还直接影响着广告的生存和发展。

一方面，广告受到特定的社会经济、文化等环境因素的影响，是反映特定的社会存在的一面镜子；另一方面，广告本身就是社会经济、文化的一个组成部分，对整个社会发生着潜移默化的巨大影响。今天，广告已经成为市场营销的重要手段，是大众传播媒体传播的重要内容之一。从数量、规模、覆盖等方面衡量，广告传播的影响力已相当大，其对环境的作用也越来越明显地显现出来。广告收入已成为大众传播媒体生存、发展最主要的经济支柱，成为媒体经营最主要的问题。它每天都在影响着消费者的消费观念、购买行为和消费习惯，影响着市场竞争的态势和格局，影响着企业的经营和发展，在社会的经济、文化生活中扮演着相当重要的角色。随着企业和消费者对广告的依赖程度的加深，广告对经济、文化生活的影响作用也越来越大。

3. 广告的监控环境因素

因为广告有重要社会影响力，所以历来是社会高监控对象。对广告进行监控，主要是通过法律政令、舆论监督、行业自律、消费者监督 4 种途径来实现。

(1) 法律政令。它一般由立法机构、政府主管制定，并指定专门的机构监督执行，通过政府或者执法机关对违法行为进行评判和处罚，是整个社会对广告进行控制的一种途径。

(2) 行业自律。广告行业的自律是广告行业对业界的所有机构和人员的有关广告的行为进行控制的一种途径。一般由广告协会、广告公司、广告媒介部门、广告主的广告部门依靠自我监督来执行。虽由业界自己制定，但一旦通过，就相对独立于广告活动和广告主体之外，成为监控广告活动的社会环境的要素之一。

(3) 舆论监督。它指的是公众舆论的监督，公众舆论监督是群众监督一种形式，一般由公众自发行动，并通过代表公众舆论的新闻媒体把它反映出来并推动和实施有效监督。

(4) 消费者监督。消费者包括广告信息消费者和广告产品消费者，消费者是广告直接的作用对象，随着广告在他们消费生活中影响的日益重要，随着消费者的觉醒、消费者运动的兴起，为维护自身利益，提出了对广告进行监督的要求。消费者监督是由公众自发或通过各种消费者权益保护组织来实现。

5.2.2 中国的广告运作环境

中国大陆的现代广告业起步于 20 世纪初，兴起在 1979 年党的十一届三中全会以后，特别是小平同志南巡讲话之后的 10 年，我国广告行业出现了突飞猛进的发展。20 年来，我国国民生产总值年增长 10%，而广告的平均年增长率则达 50%。尤其是 1992—1994 年期间，年平均增长率接近或超过 100%。目前，已初步形成一个年经营额达 600 多亿元人民币的新兴信息产业。20 年来，我国广告产业的发展取得了举世瞩目的成就，但也存在一些不容忽视的问题，其中最主要的问题是广告产业结构和行业总体水平偏低。广告专业公司数量偏大、规模偏小、结构不尽合理；大量中、小广告公司仍然处于劳力密集，知识、技术较低，距离所谓的“知识密集、技术密集、人才密集”还有相当大的距离。总之，目前中国广告业还处于发展阶段，这种较快发展还将持续一个相当长的时期。但中国广告业走向国际化，是不可逆转的趋势。

20 世纪 90 年代，由于以网络为代表的新传播科技的冲击，中国市场日益国际化，在眼花缭乱的变革中，传播媒体以及传播环境的变化让人始料不及，中国广告传播社会环境发生的变化主要表现为：

1. 媒体格局的变化

大众媒体“独大”的地位已动摇，新的媒体生态已经形成。“一网打尽”已是过时的神话，广告投放的效果被明显稀释。媒体数量越来越多，大众传播出现向大众化、个性化方向发展的趋势。每个媒体所覆盖的受众群体虽越来越小，而每个受众接触的媒体数量却越来越多，其选择的自由度也越来越大。

媒体的种类越来越多。目前用于广告的媒体已不下 100 种。从英国人申请鸡蛋广告媒体专利到中国的自行车广告，从“国际互联网”的兴起到国际性“竞技运动”的火爆，新兴媒体令人目不暇接。四大媒体的格局已一去不复返。如果单纯从广告发布量衡量，广播、杂志的地位早已被其他媒体所取代。在整合营销传播观念日益普及的今天，面对越来越昂贵的媒体广告费用，厂商对能与消费者直接沟通的 DM、SP、PR、Event 等精细有效的沟通方式更为青睐，其费用的增长速度，也已明显高于传统媒体广告费用的增长。

2. 广告活动的变化

广告传播运作正向整合营销传播运作方向发展。国际性竞技运动成为整合一切媒体的媒体之王，而奥运会及世界杯足球赛则是王中之王，并成为亿万人所瞩目的媒体。国际著名企业、高科技企业成为整合营销传播的领头羊。

广告传播关系正由传统的“单向”朝未来的“互动”方向发展。并且网络广告的兴起和发展，网络技术运用使广告互动成为可能。

广告沟通语言的变化，被称为“新人类”、“新新人类”的年轻族群，是“影像的一代”，其沟通语言以音效、象征、符号、图像等为特征；网络传播使广告从内容到表现形式发生巨大变化，这对厂商的传播技巧是个严峻的挑战。

广告活动的新变化也进一步加快了营销传播费用大量流向传统广告媒体以外的其他沟通方式上，因而传统广告正面临变革与发展的新课题。

3. 广告观念的变化

广告是市场经济的产物，受整个市场经营观念影响，广告价值观念日益趋向于“市场营销”向“社会营销”模式过渡。具体表现在：

(1) 从竞争中心观念向消费者中心观念变化。消费者是广告系统的起点和终点。现代广告已走向消费导向时代，广告战略的制定要想着消费者，以消费者为出发点。真正高明的广告策略不是和同行业进行恶性竞争，而是致力于挖掘顾客真正需要的产品价值。

(2) 从广告策划观念向整合营销观念变化。20 年来，我国广告已从没有策划，到强调必须策划、整体广告策划，再到今天的整合营销传播策划，表现出越来越强的整体、系统的思维发展趋势。

(3) 从促销观念向品牌观念变化。企业已逐渐认识到卖出产品是一时的，只有品牌才是永久的。广告观念已开始从推销服务的短期行为，转向为企业形象，产品品牌形象服务，转变为企业永续发展战略服务的长期的、战略性行为。

(4) 从说服观念向沟通观念变化。传统广告注重说服力在促进销售功能上的作用，强调的是广告主对消费者的影响。而今天，人们已认识到广告不能仅仅是为了推销产品，建立企业和消费者之间的良好互动沟通关系，才是广告更为基本、更为重要的任务。

5.2.3 发展趋势对广告人才的要求

21世纪的广告产业的面貌将由21世纪特定的社会发展需要以及特定的社会发展环境所决定。

(1) 21 世纪是知识经济的世纪，随着各高新科学技术的推广与应用及商品科技含量的提高，使科技信息在广告传播中所占的分量将越来越重。因广告业是属于信息咨询产业，所以各高新技术特别是计算机、互联网络等信息技术手段的应用将引起这一产业的变革，并决定广告产业的竞争力。广告业为适应市场对各种高新技术开发、应用推广的需要，也为适应本产业新一轮竞争的需要，迫切需要懂高新科学技术的广告人才大量出现。

(2) 世界技术更新的周期，从 19 世纪的平均 25 年，20 世纪初的平均 20 年，20 世纪 50 年代的平均 15 年，到现在已为平均 8 年左右。我国 20 世纪 80 年代初引进的广告信息理论，在20世纪70年代的西方已称之为“极其古典的理论”。世界经济、文化也从来没有像今天这样瞬息万变，日新月异。其变化的速度更快、幅度更大、影响更为深远。科技、经济呈现的“加速”发展趋势，不但迫切需要加强广告学科前沿领域知识的教育，更需要培养出具有不断追求新知和创新精神，敢于面对挑战，充满创造活力的广告专业人才。

(3) 当今科学技术的发展使学科更加细密化，同时学科之间的交叉、融合逐渐成为主流。科学技术的综合性程度越来越高，迫切需要发展新型学科、交叉学科和边缘学科。科学技术的交叉、综合发展趋势同样发生在广告与其他相关学科，相关产业之间。因此对综合型传播人才的需求也将越来越大。

(4) 世界变得越来越小，国际竞争日趋激烈，国与国之间的相互依存性不断加强，合作、交流更显重要。全球市场一体化的发展，要求中国的开放程度更高，更需要能够胜任国际市场营销、国际传播的广告人才。

(5) 市场竞争发展到以营销战略为核心的竞争阶段。单一的促销广告服务已不能满足客户的需要，而整合营销传播观念已逐渐被广泛接受和运用。战略性竞争需要广告专业人才，广告公司要想提供全面营销策划服务，就需要具有更高的能整合驾驭各种传播手段和媒体能力的广告人才。

由此可见，社会的发展迫切需要广告教育培养出能适应高新科学技术发展的，懂应用传播、懂经济、懂社会的，具有整合驾驭各种传播手段和媒体能力的，能适应全球一体化发展趋势的，及能胜任国际市场营销并富有创新精神与活力的广告人才。他们应成为：能够迎接新技术革命挑战的新人，能够参与全球竞争与合作的新人，能够主动适应、积极推进甚至引导一系列社会变革的新人。只有这种“新人”，才能决定21世纪中国广告产业发展的面貌。

5.3 广告信息

广告信息指的是以广告作品为主要载体，旨在推销产品、劳务或观念的符号和消息。广告信息一般由内容、创意、符号三大要素构成。其中：内容是广告信息的内涵；创意是广告的表现方式；而符号包括语言、图像、音响三种类型的符号，为广告的表现形式。在任何广告中，内容和符号是不可分的，即内容是通过一定符号来表现、来传达的，符号也代表着一定的信息内涵。而一则广告的完美程度和生命力的强弱却决定于创意。所以说优秀的广告必定是内容、创意和符号形式的完美、有机的统一体。

5.3.1 广告信息内容的前提和具体要求

1. 确定广告信息内容的前提

广告内容是广告所表现的信息内涵，是广告为达到某种目的而要说明的思想与概念。

在广告信息构成的三大要素中，广告信息内容处于中心地位。而创意和符号(语言、图像、音响)这两种要素都应为广告内容的表现服务。广告信息内容的确定是广告信息策略制定的关键步骤，具有重要意义。

从信息内容来看，广告信息必须受制于企业及其产品。从广告竞争的角度看，广告信息必须具有鲜明的个性和良好的识别性。从传播方式来看，广告信息又必须适应相应的传播媒体。从接受对象来看，广告信息还必须要针对消费心理。从社会监控看，广告信息必须符合社会伦理，为法规所允许。因而，对广告信息创作原则的探讨与把握，应该从营销战略的协调性、广告竞争的独特性、传播媒体的适应性、消费心理的针对性以及社会伦理 5 个方面着手。

(1) 广告信息必须是能满足实现广告战略目标需要。广告战略是在宏观上对广告活动的统筹与规划，对广告活动的各个环节具有目标上的导向作用。而广告内容作为广告战略的体现，必须围绕着广告战略，并根据服务于广告战略的广告信息策略来确定其信息内容。具体来说，广告信息内容的取舍、创作要按照不同的目标市场、不同的广告对象、不同的广告目标以及不同的广告策略来确定相应的广告内容。总之，广告信息必须以广告战略为中心来确定广告内容。

(2) 广告信息必须具有鲜明的个性和良好的识别性。个性是指广告信息内容所具有的独特性，具体指广告信息内容所宣传的产品、劳务、企业、观点与同类事物相比所具有的与众不同的特点。广告信息内容的确定，应该按照产品定位的原则，突出产品对消费者的独特利益和特殊承诺，以引起消费者的兴趣与欲望，最终促成其购买行为。有个性才有良好识别性，也才有可能在今天信息爆炸的时代使自己的广告信息摆脱沉没于信息大海的命运，争取脱颖而出并为目标公众所接受。

(3) 广告信息内容必须适应相应媒体的要求。广告信息是通过一定的媒体而到达消费者，而消费者的媒体接触习惯不会因某个广告信息在应用传媒上的特殊而改变。所以应考虑主要传播媒体对广告信息内容表现传达效果的制约，只有适应媒体，才能保证有良好的表现传达效果和传播扩散效果。

(4) 广告信息内容必须能适应消费心理，满足消费者对消费信息的需求。消费心理是指消费者的心理需要和购买动机，广告信息要适应消费者的需要特点，就必须根据消费心理需要和购买动机进行信息内容的取舍、创作，只有这样才能最大限度发挥广告的沟通、说服和促销功能。

(5) 广告信息内容必须符合广告法规和伦理。广告信息内容历来都是广告法规监控对象，策划创意人员一定要熟悉有关广告信息内容及表现等方面的限制或规定，并自觉遵守社会道德规范。

2. 广告信息内容的具体要求

在广告信息内容的确定、取舍过程中，满足实现广告战略目标需要、具有鲜明个性和适应消费心理、满足消费需要只是大前提，是宏观上的把握。在具体操作中还必须满足以下要求：

(1) 鲜明突出的广告主题。广告主题是广告信息内容所表达的中心思想，好的广告一般集中地表现某一中心销售主题，不需提供太多的产品信息，以免冲淡广告效果。因此，在广告信息的创作中，不一定面面俱到，而应该突出重点。主题鲜明才能满足广告战略的需要，才能将广告纳入战略整体中去。

(2) 客观真实的广告诉求。广告诉求是广告为达到某种目的而传达给接受者的信息与要求。在广告信息的创作中，诉求内容必须客观真实，明确具体。只有诉求内容真实才能取信于消费者，广告诉求才能真正起作用。

(3) 行之有效的广告承诺。广告承诺是广告信息对消费者的利益许诺。一则广告，一定要向消费者表明购买此产品所带来的利益与好处，要突出产品的优点和特点，以及这种产品能为消费者解决的实际问题。只有具有明确的承诺，才能激发消费者的购买欲望，进而促成其购买行为。

(4) 简洁单纯的广告形式。因一则广告只能在有限的空间、时间内与大众接触，因此它在内容上要尽量简洁，在表现上要尽量单纯。又因其所能受到读、视、听的时间极为短暂，因此在广告画面的结构布局或电台、电视脚本的构成及影片的构成等方面上非简明不可。

5.3.2 广告信息内容的确定与评价方法

1. 信息内容的确定方法

(1) 归纳法。在科学的研究方法中，归纳法是一种最基本的研究方法，是指通过个别反映一般，即用有代表性的事实作论据来证明论点的推理方法。归纳法用于广告信息内容的确定时，应通过广泛调查消费者、用户的看法、意见而归纳出诉求点。

(2) 演绎法。在社会科学研究方法中，演绎法是指以普遍性原则为前提，推出特殊结论，即用人们已知的事理论据来证明论点的方法。如依据产品不同生命周期的理论，在产品导入期，广告的首要任务就是为产品迅速建立广泛的知名度。在成长期，广告目标应从建立知名度转向提高认知度和建立品牌偏好。在这种普遍性原则的指导下，许多产品广告在导入期应多以反复传达产品名称、商标或生产企业为主要内容，在成长期则应以产品优势、品牌形象为主要内容。这就是演绎法在广告信息确定上的运用。

2. 信息内容的评价方法

广告信息内容的评价要以消费者为出发点，进行预先测试，以形成消费者判断和购买选择的正常评价。进行预先测试必须创造一个正常的试验环境。正常的环境应具有以下特点：一是参加试验的个人应该是该产品广告的受众对象或目标市场的代表；二是给予进行试验的广告的注意力应与正常广告完全相同，即应采用同样的媒体和形式(颜色、内容和后期制作技术)。

例如，某社会公益组织寻求一种广告主题，来为其防治天生生理缺陷的事业募捐，在一次征求意见的会上搜集了几种信息。一群年轻父母被要求根据感兴趣的、独特的和可信的程度给每个信息打分评级，每项满分为 100 分。如有一问题是："每年有 50 万未出生婴儿因天生缺陷而死"，根据感兴趣、独特性和可信性所得分分别为 70，60 和 80；而另外一题是："你的孩子出生时可能就有天生缺陷"，则根据感兴趣、独特性和可信性得分为 58，50 和 70。结果表明，前一个信息优于后者，比较适合被用于广告的内容。

5.3.3 广告信息的评价标准

广告的策划创意人员必须对各种可能的信息进行评估。美国广告专家特沃特(Twedt)认为，广告信息应从满意性、独特性和可信性这 3 个方面来衡量。信息，首先必须表达有关产品使人感到满意或有兴趣的东西；其次还必须表现出某些独特的或与众不同的东西，而不是同类产品中每个品牌都具有的东西；最后，信息必是可信的和可以证实的。

1. 广告信息必须具备吸引力

广告信息传播与其他信息传播相比较，广告传播没有固定的、优势的传播关系，广告主与受众之间也没有固定的传播渠道，没有固定的编码，受众也没有承担接收广告信息的义务，而且广告传播还常常伴随竞争信息的干扰，可以说广告传播是一种处于高噪音状态下的传播，广告传播者与对象公众之间的沟通往往是偶然性的。因此，对象公众接受来自信源的广告信息编码，首先取决于对象的注意力。

广告信息要传播，首先必须考虑扩大广告信息接受的概率，增加信息抵达对象消费者的机会，使偶然性转化为必然性。而要想在无数信息中使预期的对象公众接受到广告信息，就必须提高信息发布的注目程度，使其一出现就得到对象公众的注意，引发他们的兴趣，因为吸引力的大小是进一步决定广告传播效果产生的基础。

2. 广告信息必须具有信服力

广告信息发布者对消费者发出的是广告信息而不是指令，是没有任何约束力的，而且与新闻、艺术等传播信息方式与受众契约关系不同，它是一种付费的自我传播行为，公众历来对广告信息就存有戒心。因此，广告信息必须要具有很强的信服力才有被公众接受的可能。而信服力来自真实性、可靠性及信息表达水平等因素。所以广告的力量，从根本上说，是来自于真实。只有真实的广告，才能得到受众的信赖，才能在广大的受众中建立起弥足珍贵的信誉。而不真实的广告，也就是虚假的广告，它以害人作为起点，最后则以害己而告终。因此，广告文案撰稿人应当像保护自己的眼珠一样保护广告的真实性。真实性是优秀和比较优秀的广告的本质属性。它所体现的是广告诉求内容与商品(服务)本质的直接或间接的吻合。在此有必要加以说明的是这样两点：

(1) 衡量广告是否真实，应着眼于审视广告诉求内容与商品(服务)本质的关系。以丰田汽车的广告为例，丰田汽车的质量有目共睹，在全世界有着较高的市场占有率。这就是事情的本质。据此而将广告诉求处理为“有路必有丰田车”，这并不为过。如果丰田汽车质量很差，在市场上根本没有销路，却还在那里做上述广告诉求，就毫无真实性可言。

(2) 广告诉求内容与商品(服务)本质的吻合，可以是直接的，也可以是间接的。直接方式的吻合，是在广告中提供令人信服的事实。下面以上海申花电器的一则广告为例：

比萨塔会倒吗？

闻名遐迩的意大利比萨塔建成于公元 1350 年，在建成初期就开始倾斜。于是，600 多年来，不断有人在问：它会倒吗？它什么时候倒？它怎么还不倒？上海申花燃气热水器诞生至今，已赢得上海燃气热水器第一品牌的荣誉。尽管，不断有人在问：它外观轻巧吗？它的性能可靠吗？它能装在浴室里吗？

点评：比萨斜塔会倒吗？这是存在于人们心中的一个担忧，而事实上比萨斜塔历经 600 多年依然没有倒下，证明了人们这种担忧的不必要。该广告以此来间接说明申花燃气热水器有着与比萨斜塔一样的生命力，这种方法说理轻松，同时也具备了很强的说服力。

资料来源：张华工. 广告策略. 大连理工大学出版社. 2006.

(3) 广告信息必须具有感召力。广告信息传播的作用就是要引导社会生活中某项活动按广告主的意图发展，实现广告影响社会大众态度、行为的目的。然而这种传播活动如果既没有正式的组织渠道，又没有指令性权威，要达到这样的目标是十分困难的，因此广告信息就必须要具有十分强烈的感召力。感召力的大小是来自广告信息使对象公众满意的程度。这种满意来自广告信息能很好地适合他们的需求，满足他们的需要，在消费的满足中潜移默化地吸收认同广告信息的内容。由于广告信息的这种感召力作用于人的内在愿望，调动人的主观能动性，启发人们的自觉行动，因此，有时会比指令性信息的作用还大。

5.3.4 广告信息的诉求策略

广告诉求是围绕广告主题通过作用受众的认知和情感层面，促使受众产生购买动机。作用于认知层面的理性诉求和作用于情感层面的感性诉求成为广告诉求的两种最基本的策略，并此基础上，同时又产生了作用于受众的认知和情感的情理结合诉求策略。

1. 理性诉求策略

理性诉求策略指的是广告诉求定位于受众的理智动机，通过真实、准确、公正地传达企业、产品、服务的客观情况，使受众经过概念、判断、推理等思维过程，理智地做出决定。这种广告策略可以做正面表现，即在广告中告诉受众如果购买某种产品或接受某种服务会获得什么样的利益；也可以做反面表现，即在广告中告诉消费者不购买某种产品或不接受某种服务会对自身产生什么样的影响。这种诉求策略一般用于消费者需要经过深思熟虑才能决定购买的商品或服务，如高档耐用品、工业品、各种无形服务等。在广告诉求中进行理性传达，往往是向受众传达彼此具有很强逻辑关系的信息，利用判断推理来加强广告的说服力。

Intel 奔腾处理器报纸广告(得“芯”应手篇)，首先在文案的开始就下了一个判断：微机需要快速的处理器，然后指出奔腾处理器正是符合这个条件的处理器，接着又强调它的优点，最后肯定，要想提高工作效率，奔腾处理器是必然的选择。由于前面所有信息之间关系明确，因此最后的结论显得顺理成章。若采用理性诉求策略，一般应向受众提供较为全面的商品信息，即可采用“两面法”进行诉求，如一则汽车的广告，“这种汽车的车门扶手太偏右了一点，所以用起来不太顺手，但除此之外，其他方面都很好”，全面的介绍、坦诚的态度，可能更易激发顾客的购买。

2. 感性诉求策略

感性诉求策略指广告诉求定位于受众的情感动机，通过表现与企业、产品、服务相关的情绪与情感因素来传达广告信息，以此对受众的情绪和情感带来冲击，诱发购买动机。具体来讲，感性诉求所传达的情感通常有以下几种：

(1) 爱情。包括爱情的真挚、坚定、永恒及爱情所赋予人们的幸福、快乐、忧伤等。如“铁达时”手表的广告语：“不在乎天长地久，只在乎曾经拥有”。

(2) 亲情。包括家庭之爱、亲人之爱及由此而带来的幸福、快乐、思念、牵挂等，如台湾统一企业的广告(母亲节篇)，正文是：“只要真心付出，就是最大的快乐! / 用妈妈的爱和关怀， / 连结屋檐下的每一颗心， / 爱自己的家， / 也爱天空下的每一个家， / 让妈妈的笑容更加灿烂! / 统一企业提醒您， / 真心付出，把爱分享!”

(3) 乡情。包括与此相联系的对故乡往事的怀念，对故乡景物的热爱等。

(4) 同情。主要是对弱者和不幸者的同情。如台湾一家慈善机构希望人们捐献骨髓的一则广告：“……救人一命，无损已身 / 那个人可能就是你 / 台湾地区每年有急切需要骨髓捐赠的血癌病患 / 你是他们唯一生存的希望”。

(5) 生活情趣。利用日常生活中大部分人都有切身感受的生活情趣体验进行诉求，包括悠闲、乐趣、幽默等。如轩尼诗 V•S•O•P 的广告语：“世上无绝对，只有真情趣”。

(6) 个人的其他心理感受。包括满足感、成就感、自豪感、归属感等。如桑塔纳 2000 的系列广告：“并非所有的人都能赢得这样热烈的欢呼”。

3. 情理结合诉求策略

感性诉求和理性诉求各有优势，也各有欠缺。理性诉求策略在完整、准确地传达商品信息方面非常有利，但由于注重事实的传达和道理的阐述，又往往会使文案显得生硬枯燥，进而降低了受众对广告信息的兴趣。感情诉求策略贴近受众的切身感受，易引起受众的兴趣，但由于过于注重对情绪和情感的描述，往往会掩盖商品信息的传达。因此，在实际的广告策划中，时常将两种诉求策略结合起来，以求得最佳的说服效果。如瑞典 Volvo 汽车的报纸广告(放心篇)，就非常完美地将理性内容——Volvo 汽车最突出的安全性能信息与感性内容——驾驶 Volvo 汽车令人倍感安全及增添驾驶者的自我满足感结合起来，既传达了准确客观的信息，又能引发受众的情感，可以说是一则典型的情理交融的广告。

5.3.5 信息的表现手法

广告内容需要借助一定的表现形式来传达，作为广告表现形式基本成分的表现手法，经过 100 多年的发展，已十分丰富，呈现出多姿多彩的面貌，因本书篇幅有限不可能一一罗列，只能选择几种常用的手法进行介绍：

1. 写实

写实是广告表现的基本手段，它直观、朴实地传达商品信息，给受众以真实可信之感，它通常以逼真、生动、诱人的写实手法来表现商品的质感和效用。如我们经常在广告画面上欣赏到泡沫升腾的啤酒、皮脆肉嫩的炸鸡，这些广告表现的主体通过写实画面令人垂涎欲滴。这种直观具象的表现策略忠实地再现了诉求商品的品质及外观特点，像结构、色彩、质地、数量、体积等，诱发了触觉、味觉、嗅觉等联想的感受，具有鲜明的写真、纪实性。

2. 比较

这种策略是通过广告商品与其他商品的比较来显示其独到之处，在比较中提高商品的身价，以达到在消费者心中建立商品超群形象的目的。如庄臣婴儿洗发水的平面广告，广告画面中有两个婴儿头像，一边的婴儿满头肥皂泡，因肥皂泡进入眼睛，使得孩子声泪俱下，婴儿下方有一块香皂；另一边的婴儿虽然也是满头泡沫，但却笑容满面，下方有一瓶“不刺激眼睛”字样的庄臣婴儿洗发液。通过比较，清晰地表达了主诉商品的优越性。

3. 权威

利用有影响力的人物或事件来推荐证明产品的性能或利益的广告诉求方式。这种信息传递方式可以增加消费者的信任，敦促人们的购买行为，这就是权威暗示策略。美国“派克”笔一贯采用权威策略进行广告表现，并常常结合重大的历史事件，使“派克”带上历史感的色彩，成为人类文明进步的一个见证者，1988 年 1 月 3 日苏联《莫斯科新闻》上的“派克”笔整版广告，标题为“笔比剑更强”，画面是 1987 年底两国首脑里根和戈尔巴乔夫用派克笔签署销毁中程导弹条约的大幅照片。

4. 示范

示范是通过实物的实际表演、操作、使用、品尝等方式来证实商品的品质优良、功效良好。示范又可分为正面示范和反面示范。正面示范是按正常的使用方法来证实商品的好处；反面示范则是有意识地进行破坏性试验，以此证实商品的耐用性和安全性。如在一次广州商品交易会上，安阳家用电器总厂厂长为向中外客商展示该厂生产的吹风机的可靠质量，在会场内抓起一个吹风机又摔又踢，摔打之后，经测试，损耗率竟完全在规定的指标内，因此人们对产品质量的担心疑虑随之烟消云散。

5. 比喻

比喻是利用人们所熟知的事物作类比，使人们产生联想，加深对商品的认知。日本三菱重工为开拓中国市场，在其电视广告中引用了鉴真和尚东渡日本传播中国文化的史实，暗喻中日源远流长的友谊，加深人们对三菱重工的好感。

6. 幽默

采用幽默时通过逗笑的方式，使广告内容戏剧化、情趣化，在轻松愉快的心情下接受广告内容的诉求方式。幽默广告的回忆率高，这在国外不少研究中已得到证明。在广告表现中，针对适当的广告商品，若能成功运用谐趣和幽默，使受众报以发自内心的一笑，有一种美的享受和愉悦时，那么，沟通就可能从此开始，广告的效力也开始发挥。如获 1990 年度欧洲广告大奖的一家天然气公司的电视广告，镜头开始，浴室中传来淋浴喷头哗哗的洗浴声，一个特写，一头白白的北极熊正戴着浴帽，眯着眼睛，站在花洒喷头下享受着热水带来的舒适。镜头一切换，年轻的夫妇正在外出旅游，说明主人不在家。晚上，卧室里灯光柔和，天然气取暖器燃烧正旺，整个房间充满了春天的气息，一身洁白、毛发蓬松的北极熊正舒服地靠在床上，手中拿着一本书在阅读。情趣盎然、幽默诙谐的广告将天然气这一理性商品，表现得如此有趣、温馨。

7. 警示

警示策略是通过对不幸遭遇的运用和引证，引起人们的警觉，督促人们听从广告的劝导，避免不幸的来临。如东宝肝泰片以脂肪肝诱发肝硬化等对人体造成的威胁，引发人们对自身肝脏器官健康状况的警觉；而舒肤佳香皂则以人们日常生活中接触感染细菌较多的状况，来提醒人们，为保证全家健康，请用具有独到杀菌功效的舒肤佳。

8. 文娱

利用文艺娱乐形式进行广告表现，可以增加广告的趣味性和吸引力，也能在一定程度上增强广告的记忆度。如小霸王学习机曾利用轻松活泼的拍手歌形式来做广告："你拍一，我拍一，小霸王出了学习机；你拍二，我拍二，游戏娱乐在一块儿；你拍三，我拍三，学习起来很简单；你拍四，我拍四，包你三天会打字；你拍五，我拍五，为了将来打基础!"从产品问世的信息、到它对孩子的益处及其方便性，全都融入朗朗上口的歌词中，于是这首拍手歌很快在儿童中流行起来。其他如戏剧、相声、歌曲、故事等文艺形式，也已被运用于广告表现之中。

9. 叙事

美国加州兰丽公司编撰“兰丽绵羊油”广告，用一个富有传奇色彩的故事，突出了产品的效用，吸引了受众的注意。广告画面是用细线条画成的一只手和几只羊。标题是：很久以前，一双手展开了一个美丽的传奇故事！这则广告出现在报纸上，同时有一本带有英文说明的画册，等待受众来函索阅。画册上的故事说：在很久很久以前，一个很遥远的地方，有一位很讲究美食的国王。在皇家御厨中，有一位技术高超的厨师，他所做的餐点极受国王的喜爱。有一天，国王忽然发现餐点不如以前好了，将厨师叫来一问，原来厨师那双巧手忽然变得又红又肿，这样当然做不出好的餐点来了。国王立即让御医为厨师医治，却示能治愈，厨师不得不离去。厨师流浪到森林中一个小村落，帮一位老人牧羊。他常常用手摸羊身上的毛，渐渐发觉手不疼了。后来他又帮老人剪羊毛，手上的红肿也渐渐消失了。最后他欣喜地发现自己的手痊愈了。于是他离开老人返回京城，正遇皇家贴出告示招聘厨师。于是他蓄须前往应征。他所做的餐点，极获国王欣赏。他知道自己的手已恢复了过去的灵巧。当他被录用时，剃了胡须，大家才发现他就是过去的大厨师。国王召见他，问他的手是如何治好的。他想了想说，大概是用手不断整理羊毛，获得了无意中的治疗。根据这一线索，国王让科学家们详加研究。结果发现，羊毛中含有一种自然的油脂，有治疗皮肤病的功能，提炼出来后，国王将其命名为“兰丽”。

5.4 广告预算

广告是市场竞争中有效的武器，同时也是企业进行品牌建设的重要手段。广告作为企业营销活动中的重要工具，需要安排相应的资金投入来确保其活动的顺利开展，同时也需要根据具体的情况进行广告资金的筹划和管理以实现企业的营销战略目标。本节围绕广告预算的概念、方法以及管理等方面的问题进行了探讨。

5.4.1 广告预算的涵义

广告预算是广告主在一定期限内对广告活动预计投入的资金数量的计划，它包括了计划期内从事广告活动所需资金的总量、资金的使用方向以及使用的具体方法。广告预算是广告计划的重要组成部分，同时也是确保广告活动能按照计划顺利执行的基础。

广告预算按照不同的标准可以划分为多种类型。按照计划期限的长短可以分为长期预算、中期预算和短期预算，5 年以上的预算一般称之为长期预算，3 年的预算称之为中期预算，1 年的预算称之为短期预算；按照广告对企业产品品牌的涵盖情况分为企业广告预算和单一品牌广告预算；按照投放的媒体差异分为电视广告预算、报纸广告预算、杂志广告预算、网络广告预算等；按照广告覆盖的区域分为地区性广告预算、全国性广告预算以及境外广告预算。总之，按照不同的标准划分，广告预算有多种类型，但不论广告预算采用哪种标准进行划分，都要保证企业广告计划的有效执行，保证整个预算在企业财务体系的有效监控之下。

现实中，对于广告预算究竟是属于费用还是属于投资，不同的人和不同的企业有着不同的看法，但越来越多的人倾向于广告预算属于投资之说。持这种观点的人认为广告费用作为销售成本的一部分，只是表象，从深层次上来看，广告投入可以为企业带来丰厚的利润回报，具有利润率很高的特征。轻视广告不利于企业开展营销工作，但过于迷信广告，就会导致广告预算编制过大，不仅造成企业有限资金的无效，同时也会使得企业忽视营销的其他基础工作，不利于企业稳健的发展。

通过编制广告预算，可以合理地解决广告费与企业利益之间的关系。对一个企业而言，广告费用既不是越少越好，也不是多多益善。广告活动的规模和广告费用的大小，应与企业的生产和流通规模相适应，在发展中求节约。在正常的情况下，商品的销售量与广告的相对费用是成反比的。由于广告促进了商品销售，也就促使了生产成本和销售成本的降低，并且其中还包括单位广告成本的降低，由此可见，广告宣传费用的投入是根据其利益产生的。但是从经济学的角度来考察，任何现实投入都存在着边际产出的问题。也就是说，广告的费用投入同样应该适度，过度的投入不但不会使投入产出比增加，相反还会引起投入产出的降低，从而使产品的生产和流通成本增加。把广告费用的支出当作一种浪费，这是一种浅见；而只管做广告，不管其经济效益，盲目投入广告费，也是一种愚蠢的行为。因此，科学地制定广告预算，掌握适度原则，是为实施有效的广告宣传所要求的。

5.4.2　影响广告预算的因素

广告预算的编制是一项复杂的工作，受到很多因素的影响。一般来说，影响广告预算编制的主要因素有产品因素、企业战略因素、企业实力因素、竞争对手因素以及品牌地位因素。

1. 产品因素

产品是影响广告预算编制的基础因素，广告预算要结合产品的具体情况来制定。从实际来看，快速消费品的广告投入要远远大于生产资料产品的广告投入。此外，产品间的广告费用分配，取决于产品所处的生命周期的某一个阶段。一般而言，处在引入期和成熟期的产品，其广告费应多于成长期、饱和期和衰退期的广告费。

2. 企业战略目标因素

企业在不同的时期其战略目标可能会有所不同。有的企业在度过快速发展期进入平稳期后，或战略从快速争夺市场转向稳定市场后，其广告的投入可能就会有所减少，进而应加大与顾客、销售商良性关系的建设和维护。有些企业如宝洁公司，将其战略从多品牌经营转向强品牌经营，着力在全球大力打造几个销售超 10 亿美元级的品牌，在其选中的几个品牌如飘柔等上加大了广告的投入力度。因此，企业广告预算的编制与企业的战略目标紧紧相连。

3. 企业实力因素

广告预算的高低，受企业财力、技术水平、生产能力和人员素质等因素的影响。大公司、大企业的广告投入比小公司、小企业要高很多，这是非常正常的情况。

4. 竞争对手因素

市场竞争，关系到企业的生死，任何企业都不能掉以轻心。竞争越激烈，对广告费的投入相对应增多一些；竞争的激烈程度不高，则广告费可以少一些。在广告竞争中，即使竞争对手增加微弱的广告预算，其他企业为与其抗衡，也会迅速做出反应。

5. 品牌的市场地位

产品品牌的市场地位也影响到企业的广告预算。一般而言，保持现有的市场占有率的广告费用远远低于用于扩大市场占有率的广告费用。如果品牌属于领导性品牌，因为它有成熟的销售网络，有较高的品牌知名度和美誉度，老顾客对产品品牌的忠诚是领导型品牌独具的一种经营优势，其广告宣传活动的目的只是为了维持顾客的重复购买，这就决定了企业没有必要再进行大规模的广告推广了。

5.4.3 广告预算编制方法

进行广告预算的方法有很多，每种方法都有自己的优势和不足，都存在自己的使用条件，因此企业在进行广告预算编制的时候要根据具体的情况进行方法的选择。

1. 销售额百分比法

销售额百分比是以一定期限内的销售额的一定比例计算广告费用总额，这是一种运用范围最广的广告预算编制方法，具有操作简单科学的特点。这种方法根据形式、内容的不同，又可以将其分为两种：

第一种是上年销售额百分比法，这是以上一年度所达成的实际销售额的一定比例来安排本年的广告预算的一种方法。这种方法的优点是确定的基础实际、客观，广告预算的总额与分配情况都有据可依，不会出现大的失误。企业在运用这种方法时可以参考近几年的销售趋势，按一定比例来调整下一年度的广告预算，以适应企业发展的需要。

第二种是计划销售额百分比法，这是以本年度拟计划完成的销售额的一定比例来确定本年度广告预算的一种方法。这种方法适合企业的发展要求，但也具有一定的风险。在市场上，有许多因素都是未知的，这些因素对企业经营活动的影响有可能是突发性的，预测在本质上是对事物发展趋势的一种理性推断，而突发性因素常常具有破坏性，它们改变事物的发展规律，使市场处于无序状态。例如，当经济不景气时，再多的广告宣传也无法改变产品销售下降的趋势，在这种情况下，执行广告预测计划就是一种“非理性”经营行为。

采用销售额百分比法，将广告费用投入直接与产品销售效果相联系，体现了广告主对广告在产品销售中的地位有着深刻的认识。但其先天不足就是广告成了销售的结果，而不是一种主动促销的措施。其结果就是市场景气，销售上升时，广告经费就增多；而市场萎缩，产品滞销时，广告投入反而减少，这样不仅不利于刺激消费者的购买欲望，反而会抑制企业的发展从而使得企业陷入一个恶性循环中。但这种简单易行的方法还是会受到很多广告主的欢迎。

2. 销售单位法

销售单位法是以每单位产品的广告费用来确定计划期广告预算的一种方法。这种方法以产品销售单位为基础来计算，比如可以以一件、一台、一打等为计算单位。通过这种方法也可以随时掌握企业广告活动的效果。其计算公式如下：

广告费用总额=上年度广告费用÷上年度产品销售数量×本年度计划产品销售数量

或　广告费用总额=单位产品分摊的广告费用×本年度计划产品销售数量

销售单位法对于经营产品比较单一，单位产品利润较薄或者专业化程度比较高的企业来说，非常简便易行。相反，对于经营多种产品的企业，这种方法会比较繁琐，不实用，并且灵活性较差，没有考虑市场上的变化因素。

3. 目标达成法

这种方法是根据企业的市场战略和销售目标，先具休确立广告的目标，再根据广告目标要求采取所需要的广告战略，制定出广告计划，然后再进行广告预算。这一方法比较科学，尤其对新上市产品发动强力推销是很有益处的，还可以灵活地适应市场营销的变化。因广告阶段不同，广告攻势强弱不同，所以费用可自由调整。在采用目标达成法进行广告预算匡算时要遵循以下步骤：

首先，要明确通过广告活动实现什么目标，是企业或者品牌的短期目标还是长短期目标或是长期目标与短期目标相结合。

其次，要确定广告覆盖的范围和要达到的持久影响力。如果企业需要达到一个较高的广告覆盖范围和较长久的影响力，相应就要投入较高的费用，反之就较少。

最后，要对不同的媒体以及广告展露频次对目标受众的影响程度进行预测，并以此为基础进行预算的确定。

从理论上看，目标达成法具有严密的计算程序，其结果具有较高的科学性，但在具体的实施过程中难免会存在一些问题。广告目标一般分为 4 个层次：知名——了解——确认——行为，这 4 个层次是递进关系，越到后面，广告目标的实现越困难，而且广告目标的实现与广告的展露之间并与必然联系，因此广告费用的确定就碰到了问题。

美国市场营销专家阿尔卡特·费雷将目标达成法的操作程序归纳为 7 个步骤，具体情况如下：

(1) 确定广告主在特定时间里所要达到的营销目标。

(2) 确定企业的潜在市场并勾画出市场的基本特征，包括：值得企业去争取的消费者对广告产品的知晓程度，以及他们对产品所持有的态度；现有消费者购买产品的情况。

(3) 计算潜在消费者对广告产品的知晓程度和态度变化情况，以及广告产品销售增长状况。

(4) 选择恰当形式的广告媒体，以提高产品的知名度，改变消费者对产品所持有的不利于产品销售的态度。

(5) 确定广告暴露频次，制定恰当的广告媒体策略。

(6) 计算为达到既定广告目标所需要的广告暴露频次。

(7) 计算实现上述暴露频次所需要的最低广告费用，这一费用就是广告主的广告预算总额。

4. 竞争抗衡法

竞争抗衡法是以竞争对手的广告费用来确定本企业足以与之抗衡的广告预算的方法。这种方法采用紧跟或者超越其主要竞争对手广告投入的手段，使得本企业在竞争中不落于下风。成功运用竞争抗衡法的前提是充分掌握主要竞争对手的广告投入资料及其经营中的有关信息。这些资料信息的掌握需要企业建立强大的情报信息系统。其具体的计算方法又有两种，一是市场占有率法，一是增减百分比法。市场占有率法的计算公式如下：

$$广告预算=\frac{对手广告费用}{对手市场有率}\times 本企业预期市场占有率$$

增减百分比法的计算公式如下：

广告预算=(1±竞争者广告费增减率)×上年广告费(注：此法费用较大，采用时一定谨慎。)

5. 量力而行法

量力而行法是根据企业自身的经济实力来确定广告费用总额的方法，这种方法是按照企业财政上可能支付的剩余来设定广告预算安排。在量力而行法下，企业一般会在不超出自己的支付能力情况下进行广告活动，但在特殊情况下，企业可能会负债进行广告活动，以期在市场上得到更高的回报。这种方法适用于一般财力的企业，但此法还要考虑到市场供求出现变化时的应变因素。

6. 任意增减法

任意增减法是企业以前一计算期的广告费用为基础，根据市场和企业的实际变动对本期需要投入的广告费用进行适时调整的方法。考虑的变动因素包括：竞争因素、市场增长因素、国家政策因素以及企业自身的财务变动情况。这种方法计算简便，具有很强的灵活性，较适合于小企业。

5.4.4　广告预算的分配

企业选择合适的方法确定了广告费用总额以后，就要按照制定的广告计划进行广告预算的分配，将广告费用具体落实到预算的每一个项目中去。广告预算的分配包括两个层次的意思：一是不同产品广告预算的分配，二是一种产品一次广告活动中各个环节的预算分配，但有的企业考虑广告预算分配时，是将二者结合起来，即按照企业全年广告活动的各个环节来分配预算费用。广告预算的分配主要有以下几种方法：

1. 按照广告商品分类

现代企业很少只生产单一产品，绝大多数都要进行多种产品的生产、销售，所以在广告预算的分配中就会有差异。影响不同产品广告预算分配的因素有产品的生命周期、利润率、销售量、市场占有率、市场范围和市场竞争状况等。

(1) 产品的生命周期。产品处在不同的生命周期阶段，其所需广告费用也不同，如图 5.1 所示。

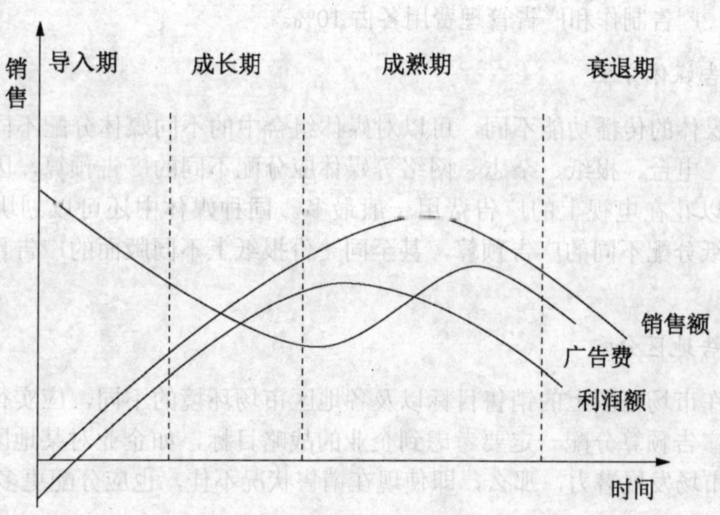

图 5.1　产品生命周期与广告费开支的关系

在产品初上市时需要大量广告费用，而进入衰退期后，广告费用逐渐减少直至停止广告活动。

(2) 利润率。如果产品的利润率高，那么在安排广告费用时可以多些，如果产品利润率较低，由于没有足够的盈利作为支撑，广告的投入就相应地减少。

(3) 销售量。根据一般规律，投入的广告费用与销售量之间保持着一致的变化关系。销售量大的产品作为企业的主力产品往往会投入较大的广告预算以维持甚至提高其销售量，相反，对于销量小的产品，企业往往在广告费用分配时不会被特别注重(企业的战略性产品或处于投入期的产品例外)。

(4) 市场占有率。市场占有率高的产品，其分配到的广告费用应该高一些；市场占有率低，广告的费用当然就低。但一种产品在特定市场的市场占有率有一个饱和点，达到了这一点，就不能期望用增加广告费来提高产品的市场占有率。

(5) 市场范围。如果产品只在一个相对较小的区域内销售，就只需要在局部地区做广告，广告投入量不大即可覆盖；如果市场范围扩大，从一地一市扩大到省，再到几个省区乃至全国，其广告覆盖区域越大，投入的广告费就越多。

2. 按照广告环节分配

一次完整的广告活动，包括广告调查、广告计划、广告制作、广告发布等环节，按照每一个环节所需费用来分配广告预算也是常采用的方法。

对于整体广告活动来说每个环节虽然都是重要的，但在广告预算的分配上却不能“一视同仁”，而应各有侧重。一般来说，广告发布时，广告媒体的费用最高，要占总广告预算的 80%左右，广告制作和广告管理费用各占 10%。

3. 按照广告媒体分配

根据广告媒体的传播功能不同，可以对媒体组合中的不同媒体分配不同的广告预算。比如，对电视、电台、报纸、杂志、网络等媒体应分配不同的广告预算，因电视的传播功能比较大，所以花在电视上的广告费用一般最多。同种媒体中还可以划块分配，比如报纸，不同的报纸分配不同的广告预算，甚至同一份报纸上不同版面的广告预算分配也应有所差别。

4. 按照广告地区分配

根据产品在市场范围上的销售目标以及各地区市场环境的不同，应实行不等的广告预算分配。这种广告预算分配一定要考虑到企业的战略目标，如企业对某地区极为重视，认为该地区极具市场发展潜力，那么，即使现在销售状况不佳，也应分配更多的广告预算。

5. 按广告时间分配

广告计划的时间不同，广告预算的分配也不同。长期的广告计划有年度广告费的分配，而年度广告计划则有季度、月份的广告费的分配。

商品销售额随季度不同也有变化。把握这种规律性，就可以适时地分配适当的广告费用。把握广告的最佳时机，是企业在竞争中取胜的重要砝码。

6. 按照广告对象分配

按照广告计划中的不同广告对象进行分配，如按社会团体用户、工商企业用户和最终消费者等，进行广告预算的分配。一般，以最终消费者为对象的广告活动，占广告预算的比重比较大，团体、企业、中间商则少些。

5.4.5 广告预算的管理

从某种意义上讲，广告预算实际上就是一个行动方案，这个方案一旦制定，就标志着广告活动的正式开始。为了保证广告计划的顺利实施，也为了能达到预定的广告目标，就必须对广告预算进行严格的管理。

广告预算的管理是建立在明确广告计划的基础上的，如果没有明确的广告计划，不清楚广告目标，就不可能合理分配广告预算，更谈不上对广告预算进行有效管理。所以，广告预算使用合理与否的标准是每一笔广告预算费用的使用是否有利于广告目标的实现。

广告预算管理的内容就是以这个标准去衡量广告预算的执行情况和纠正执行中的失误。从广告预算费用的使用过程来看，管理行为是和广告活动同时开始的，在广告播送的每一个环节，只要有广告费用的使用，就有广告预算的管理。从这个角度来看，广告预算管理的内容又是很广泛的。

有效的管理需要有明确的组织机构。广告预算的管理需要有明确的组织机构或专人负责。企业自营广告业务需要有专门组织或专人负责管理广告预算，企业委托广告公司代理时，除了代理商进行预算管理外，企业也要有效地监督广告预算的使用。

对广告预算进行管理的目的是及时发现失误并加以纠正，保证广告目标的实现。这就要求在广告活动中，特别是在广告发布过程中，要建立及时、畅通的信息反馈系统，根据反馈的信息(如媒体效果不理想、竞争对于改变战略等市场形式的变化)及时调整广告预算的投入方向和数量，避免广告预算的浪费。

本 章 小 结

广告代理制度是指广告代理方(广告经营者)在广告被代理方(广告主)所授权范围内开展一系列的广告活动，也就是在广告主、广告公司与广告媒介三者之间，确立以广告公司为核心和中介的广告运作机制。它是国际通行的广告经营与运作机制。

广告作为一种社会活动，它时刻受到社会大环境的影响。广告环境与市场营销学中所分析的营销环境保持了一致，作为企业来讲，应该充分认识到广告运作与环境之间的互动，自觉置身于法律政令、行业条例、舆论以及消费者的监督之下，并要敏感地把握环境变化给企业带来的机会和挑战。

广告信息指的是以广告作品为主要载体，旨在推销产品、劳务或观念的符号和消息。

广告信息要为实现企业的广告目标而服务，同时也要注意受众的特点和社会文化和伦理，因此广告信息的确定具有十分复杂的过程。在确定信息的过程中首先要明确广告信息应具有的鲜明突出、客观真实、简洁单纯的要求，采取归纳、演绎的方法来确定。为了掌握广告信息的有效性还要进行吸引力、信服力、感召力方面的评价。广告信息要有效传递到受众，可以采取作用于认知层面的理性诉求和作用于情感层面的感性诉求这两种最基本的策略。广告内容需要借助表现形式来传达，作为广告表现的基本手法，比较常见的有写实、比较、权威、示范、比喻、幽默、警示、娱乐等，掌握这些手法是制定行之有效的广告表现策略的基本条件。

广告预算是企业和广告部门对广告所需费用的计划和预算，是广告主进行广告宣传活动、投入资金的使用计划。广告预算对企业是否能顺利执行整个营销计划有着十分重要的作用。在广告费用的预算中要注意把握产品、企业战略、企业实力以及市场竞争等因素的影响，采取有效的广告编制方法如销售百分比法、销售单位法、竞争抗衡法等对广告量力而行。此外，还需要对广告费用进行合理分配，并按照一定的要求来加强对广告预算的管理。

思 考 题

1. 广告代理制度经历了怎样的产生和发展过程？
2. 广告代理制的基本内容有哪些？
3. 实施广告代理制的意义有哪些？
4. 什么是广告环境？其监控因素有哪些？
5. 现阶段我国的广告环境发生了哪些方面的变化？
6. 广告信息的内容和具体要求是什么？
7. 广告信息的评价标准是什么？
8. 广告信息的诉求策略有哪些？
9. 广告信息的表现手法有哪些？
10. 广告预算编制受哪些因素的影响？
11. 广告预算的编制方法有哪些？

第6章 广告策划

教学目标

通过本章学习，了解广告策划的概念和特征，理解广告策划的目标，明确广告目标的含义、特征、类型。掌握广告策划的市场调查、广告战略制定、广告策略制定、广告预算和公共关系、促销协调等主要内容。掌握广告策划书的撰写。

教学要求

知识要点	能力要求	相关知识
广告策划	(1) 了解广告策划的内容 (2) 能够进行广告策划设计 (3) 掌握广告策划书的撰写	(1) 广告策划的概念 (2) 广告策划的特征 (3) 广告策划的目标
广告目标	(1) 能够了解企业进行广告的不同目的 (2) 能够帮助企业进行广告目标制定	(1) 广告目标的概念 (2) 广告目标的特征 (3) 广告目标的类型

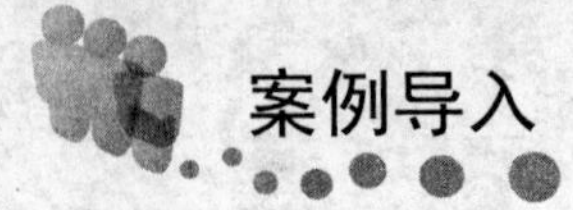

案例导入

王老吉，“防火”让自己火起来

——王老吉1亿到10亿营销全案

凉茶史话

历史和文化是产品潜在的最大卖点。

凉茶是广东、广西地区的一种由中草药熬制、具有清热祛湿等功效的“药茶”。在众多老字号凉茶中，又以王老吉最为著名。王老吉凉茶创始于清道光年间，至今已有175年，被公认为凉茶始祖，有“药茶王”之称。到了近代，王老吉凉茶更随着华人的足迹遍及世界各地。

20世纪50年代初，王老吉药号被分成两支：一支归入国有企业，发展为今天的王老吉药业股份有限公司(原羊城药业)，主要生产王老吉牌冲剂产品(国药准字)；另一支由王氏家族的后人带到香港。在中国大陆，王老吉的品牌归王老吉药业股份有限公司所有；在中国大陆以外有凉茶市场的国家和地区，王老吉的品牌基本上为王氏后人所注册。加多宝是位于东莞的一家港资公司，由香港王氏后人提供配方，经王老吉药业特许在大陆独家生产、经营红色罐装王老吉(食健字号)。

2003年，来自广东的红色罐装王老吉(以下简称红色王老吉)，突然成为央视广告的座上常客，销售一片红火。但实际上，广东加多宝饮料有限公司在取得“王老吉”的品牌经营权之后，其红色王老吉饮料的销售业绩连续六七年都处于不温不火的状态当中。直到2003年，红色王老吉的销量才突然激增，年销售额增长近400%，从1亿多元猛增至6亿元，2004年一举突破10亿元！

红色王老吉究竟是如何实现对销售临界点的突破？让我们把镜头拉回到2002年。

割据一方

红色王老吉拥有凉茶始祖王老吉的品牌，却长着一副饮料化的面孔，让消费者觉得“它好像是凉茶，又好像是饮料”——这种认知混乱，是阻碍消费者进一步接受的心理屏障。而解决方案应是，明确告知它的定义、功能和价值。

在2002年以前，从表面看，红色王老吉是一个活得很不错的品牌，销量稳定，盈利状况良好，有比较固定的消费群。但当企业发展到一定规模以后，加多宝的管理层发现，要把企业做大，要走向全国，他们就必须克服一连串的问题，甚至连原本的一些优势，也成为困扰企业继续成长的原因。

而在这些所有困扰中，关键有以下几个问题：

(一) 当“凉茶”卖，还是当“饮料”卖

在广东，传统凉茶(如冲剂、自家煲制、凉茶铺等)因下火功效显著，消费者普遍当成“药”服用，无需也不能经常饮用。而“王老吉”这个具有上百年历史的品牌成了凉茶的代称，可谓说起凉茶就想到“王老吉”，说起“王老吉”就想到凉茶。因此，红色王老吉受品牌名所累，并不能很顺利地让广东人接受它作为一种可以经常饮用的饮料，销量大大受限。

另一方面，红色王老吉口感偏甜，按中国“良药苦口”的传统观念，广东消费者自然感觉其“降火”药力不足，当产生“祛火”需求时，不如到凉茶铺，或在自家煎煮。

而在加多宝的另一个主要销售区域浙南，主要是温州、台州、丽水三地，消费者将“红色王老吉”与康师傅茶、旺仔牛奶等饮料相提并论，没有不适合长期饮用的禁忌。加之当地在外华人众多，经他们的引导带动，红色王老吉很快成为当地最畅销的产品。企业担心，红色王老吉可能会成为来去匆匆的时尚，如同当年在浙南红极一时的椰树椰汁，很快又被新的时髦产品替代，一夜之间在大街小巷消失得干干净净。

(二) 无法走出广东、浙南

在两广以外，人们并没有凉茶的概念，甚至在调查中有的消费者说“凉茶就是凉白开吧？”，“我们不喝凉的茶水，泡热茶”。教育凉茶概念的广告费用显然惊人。而且，内地的消费者“降火”的需求已经被填补，大多是吃牛黄解毒片之类的药物。

作为凉茶困难重重，作为饮料同样危机四伏。如果放眼到整个饮料行业，以可口可乐、百事可乐为代表的碳酸饮料，以康师傅、统一为代表的茶饮料、果汁饮料更是处在难以撼动的市场领先地位。而且红色王老吉以“金银花、甘草、菊花等”草本植物熬制，有淡淡中药味，对口味至上的饮料而言，的确存在不小障碍，加之 3.5 元/罐的零售价，如果加多宝不能使红色王老吉和竞争对手区分开来，它就永远走不出饮料行业列强的阴影。

这就使红色王老吉面临一个极为尴尬的境地：既不能固守两地，也无法在全国范围推广。

(三) 企业宣传概念模糊

加多宝公司不愿意以“凉茶”推广，限制其销量，但作为“饮料”推广又没有找到合适的区隔，因此，在广告宣传上也不得不模棱两可。很多人都见过这样一条广告：一个非常可爱的小男孩为了打开冰箱拿一罐王老吉，用屁股不断蹭冰箱门。广告语是“健康家庭，永远相伴”，显然这则广告并不能够体现红色王老吉的独特价值。

重新定位

再次定位的关键词是：传承、扬弃、突破、创新。

2002 年年底，加多宝找到成美(广州)行销广告公司。加多宝的本意，是拍一条广告片来解决宣传的问题。可成美经过认真研究发现，王老吉的核心问题不是通过简单地拍广告就可以解决的——许多中国企业都有这种短视的做法——关键是没有品牌定位。红色王老吉虽然销售了7年，其品牌却从未经过系统定位，连企业也无法回答红色王老吉究竟是什么，消费者更不用说，完全不清楚为什么要买它——这是红色王老吉的品牌定位问题。这个问题不解决，拍什么样的广告片都无济于事。正如大卫·奥格威所说：一个广告运动的效果更多的是取决于你的产品定位，而不是你怎样写广告(创意)。经过深入沟通后，加多宝公司最后接受了建议，决定暂停拍摄广告片，委托成美先对红色王老吉进行品牌定位。

品牌定位，主要是通过了解消费者的认知(而非需求)，提出与竞争者不同的主张。具体而言，品牌定位是将消费者的心智进行全面研究——研究消费者对产品、红色王老吉、竞争对手的认知、优劣势等。又因为消费者的认知几乎不改变，所以品牌定位只能顺应消费者的认知而不能与之冲突。如果人们心目中对红色王老吉有了明确的看法，最好不要去尝试冒犯或挑战，就像消费者认为茅台不可能是好的“威士忌”。所以，红色王老吉的品牌定位不能与广东、浙南消费者的现有认知发生冲突，才可能稳定现有销量，为企业创造生存以及扩张的机会。

加多宝并不了解消费者的认知、购买动机等——如企业曾一度认为浙南消费者的购买主要是因为高档、有“吉”字喜庆。为了了解消费者的认知，研究人员在进行二手资料收集的同时，对加多宝内部、两地的经销商进行了访谈。

研究中发现，广东的消费者饮用红色王老吉的场合为烧烤、登山等活动，原因不外乎“吃烧烤时喝一罐，心理安慰”、“上火不是太严重，没有必要喝黄振龙”(黄振龙是凉茶铺的代表，其代表产品功效强劲，有祛湿降火之效)。而在浙南，饮用场合主要集中在“外出就餐、聚会、家庭”，在对于当地饮食文化的了解过程中，研究人员发现该地的消费者对于“上火”的担忧比广东有过之而无不及，座谈会桌上的话梅蜜饯、可口可乐无人问津，因为它们被说成了“会上火”的危险品(后面的跟进研究也证实了这一点，发现可乐在温州等地销售始终低落，最后可乐几乎放弃了该市场，一般都不进行广告投放了)。而他们评价红色王老吉时经常谈到“不会上火”，“健康，小孩老人都能喝，不会引起上火”。可能这些观念并没有科学依据，但这就是浙南消费者头脑中的观念，这也是研究需要关注的“唯一的事实”。

这些消费者的认知和购买消费行为均表明，消费者对红色王老吉并无“治疗”要求，而是作为一个功能饮料购买，购买红色王老吉真实动机是用于“预防上火”，如希望在品尝烧烤时减少上火情况的发生等，真正上火以后可能会采用药物，如牛黄解毒片、传统凉茶类治疗。

再进一步研究消费者对竞争对手的看法，则发现红色王老吉的直接竞争对手，如菊花茶、清凉茶等由于缺乏品牌推广，仅仅是低价渗透市场，并未占据“预防上火”的饮料的定位。而可乐、茶饮料、果汁饮料、水等明显不具备“预防上火”的功能，仅仅是间接的竞争者。同时，任何一个品牌定位的成立，都必须是该品牌最有能力占据的，即有据可依，如可口可乐说“正宗的可乐”，是因为它就是可乐的发明者。研究人员对于企业、产品自身在消费者心智中的认知进行了研究。结果表明，红色王老吉的“凉茶始祖”身份、神秘中草药配方、175 年的历史等，显然是有能力占据“预防上火的饮料”的。

由于“预防上火”是消费者购买红色王老吉的真实动机，显然有利于巩固加强原有市场。是否能满足企业对于新定位的期望——“进军全国市场”，成为研究的下一步工作。通过二手资料、专家访谈等研究，一致显示，中国几千年的中药概念“清热解毒”在全国广为普及，“上火”、“祛火”的概念也在各地深入人心，这就使红色王老吉突破了地域品牌的局限。

至此，尘埃落定。首先明确红色王老吉是在“饮料”行业中竞争，其竞争对手应是其他饮料；品牌定位——“预防上火的饮料”，其独特的价值在于——喝红色王老吉能预防上火，让消费者无忧地尽情享受生活：煎炸、香辣美食、烧烤、通宵达旦看足球……

这样定位益处有 4 个：

(1) 利于红色王老吉走出广东、浙南。

由于“上火”是一个全国普遍性的中医概念，而不再像“凉茶”那样局限于两广地区，这就为红色王老吉走向全国彻底扫除了障碍。

(2) 利于形成独特区隔。

同时，王老吉的“凉茶始祖”身份也是“正宗”的保证，是对未来跟进品牌的有力防御，而在后面的推广中也证明了这一点。肯德基已将王老吉作为中国的特色产品，确定为其餐厅现场销售的饮品，这是中国大陆目前唯一进入肯德基连锁的中国品牌。

(3) 将产品的劣势转化为优势。

淡淡的中药味，成功转变为“预防上火”的有力支撑；

3.5 元的零售价格，因为“预防上火的功能”，不再“高不可攀”；

“王老吉”的品牌名、悠久的历史，成为预防上火“正宗”的最好的证明。

(4) 利于加多宝企业与国内王老吉药业合作。

正由于红色王老吉定位在功能饮料，区别于王老吉药业的“药品”、“凉茶”，因此能更好促成两家合作共建“王老吉”品牌。目前两家企业已共同出资拍摄一部讲述创始人王老吉行医的电视连续剧——《药侠王老吉》。

成美在提交的报告中还明确提出，为了和王老吉药业的产品相区别，建议加多宝是国内唯一可以生产红色王老吉产品的企业，宣传中尽可能多地展示包装，多出现全名“红色罐装王老吉饮料”。

由于在消费者的认知中，饮食是上火的一个重要原因，特别是“辛辣”、“煎炸”食品，因此成美在提交的报告中还建议在维护原有的销售渠道的基础上，加大力度开拓餐饮场所，在一批酒楼打造旗舰店的形象。重点选择在湘菜馆、川菜馆、火锅店、烧烤场等。

凭借在饮料市场丰富的经验和敏锐的直觉，加多宝董事长陈鸿道当场拍板，全部接受该报告的建议，果断下令立即根据品牌定位对红色王老吉实施全面、大规模地推广。

“开创新品类”永远是品牌定位的首选。一个品牌如果能够将自己定位于强势对手所不同的选择，其广告只要传达出新品牌信息就行了，而效果往往是惊人的。红色王老吉作为第一个预防上火的饮料推向市场，使人们通过它知道和接受了这种新饮料，最终红色王老吉就会成为预防上火的饮料的代表，随着品牌的成长，自然就会拥有最大的收益。

广告传播

希望使品牌占领消费者的情感，就需要在洞察其心理需求的基础上，运用各种传播手段把产品的价值点不失真地传递到消费者的心智中。

明确了品牌要在消费者心智中占据什么位置，接下来的重要工作就是要推广品牌，让它真正地进入人心，让大家都知道品牌的定位，从而持久、有力地影响消费者的购买决策。

成美为红色王老吉制定了推广主题“怕上火，喝王老吉”，在传播上尽量凸现红色王老吉作为饮料的性质。在第一阶段的广告宣传中，红色王老吉都以轻松、欢快、健康的形象出现，强调正面宣传，避免出现对症下药式的负面诉求，从而把红色王老吉和“传统凉茶”区分开来。

为了更好地唤起消费者的需求，电视广告选用了消费者认为日常生活中最易上火的五个场景：吃火锅、通宵看球赛、吃油炸食品薯条、烧烤和夏日阳光浴，画面中人们在开心地享受上述活动的同时，纷纷畅饮红色王老吉。结合时尚、动感十足的广告歌反复吟唱“不用害怕什么，尽情享受生活，怕上火，喝王老吉”，促使消费者在吃火锅、烧烤时，自然联想到红色王老吉，从而决定购买。

红色王老吉的电视媒体选择从一开始就主要锁定覆盖全国的中央电视台，并结合原有销售区域(广东、浙南)的强势地方媒体，在2003年短短几个月内，一举投入4 000多万元，销量迅速提升。同年11月，企业乘胜追击，再斥巨资购买了中央电视台2004年黄金广告时段。正是这种急风暴雨式的投放方式保证了红色王老吉在短期内迅速进入人们的头脑，给人们一个深刻的印象，并迅速红遍了全国大江南北。

在地面推广上，除了用传统渠道的POP广告外，配合餐饮新渠道的开拓，为餐饮渠道设计布置了大量的终端物料，如设计制作了电子显示屏、灯笼等餐饮场所乐于接受的实用物品，免费赠送。在传播内容选择上，充分考虑终端广告应直接刺激消费者的购买欲望，将产品包装作为主要视觉元素，集中宣传一个信息：“怕上火，喝王老吉。”餐饮场所的现场提示，最有效地配合了电视广告。正是这种针对性的推广，让消费者对红色王老吉“是什么”，“有什么用”有了更强、更直观的认知。目前餐饮渠道业已成为红色王老吉的重要销售、传播渠道之一。

在频频的促销活动中，同样注意了围绕“怕上火，喝王老吉”这一主题进行。如最近一次促销活动，加多宝公司举行了“炎夏消暑王老吉，绿水青山任我行”刮刮卡活动。消费者刮中“炎夏消暑王老吉”字样，可获得当地避暑胜地门票两张，并可在当地度假村免费住宿2天。这样的促销，既达到了即时促销的目的，又有力地巩固了红色王老吉“预防上火的饮料”的品牌定位。

同时，在针对中间商的促销活动中，加多宝除了继续巩固传统渠道的“加多宝销售精英俱乐部”外，还充分考虑了如何加强餐饮渠道的开拓与控制，推行“火锅店铺市”与“合作酒店”的计划，选择主要的火锅店、酒楼作为“王老吉诚意合作店”，投入资金与他们共同进行节假日的促销活动。由于给商家提供了实惠，红色王老吉迅速进入餐饮渠道，成为主要推荐饮品，同时加多宝可以根据现场的特点布置多种实用、有效的终端物料。在提升销量的同时，餐饮渠道也已成为广告传播的重要场所。

这种大张旗鼓、诉求直观明确的广告运动，直击消费者需求，及时迅速地拉动了销售；同时，随着品牌的推广进行，一步步加强了消费者的认知，并逐渐为品牌建立起独特而长期的定位——真正建立起品牌。

红色王老吉的巨大成功，根本原因在于企业借助了行销广告公司的力量，发现了红色王老吉自身产品的特性，寻找到了一个有价值的特性阶梯，从而成功地完成了王老吉的品牌定位。对中国企业而言，没有什么比建立品牌更重要的了。而要建立一个品牌，首要任务就是品牌的定位，因为它是一个品牌能否长久生存和腾飞的基石。

资料来源：张旭. 销售与市场(案例版).

广告策划是在广告调查基础上围绕市场目标的实现，是制定系统的广告策略、创意表现与实施方案的过程。本章将介绍企业的广告目标，分析企业广告的特征以及各种不同的类型，本章还将重点详细地介绍广告策划的内容、广告策划书的书写方法。通过本章学习，我们将能掌握广告策划的方法以及广告策划书的撰写。

6.1　广告策划的含义及特征

6.1.1　广告策划的含义

广告是企业直接对目标消费群和公众进行说服性沟通的主要工具之一。企业想最大限度地提升企业的销售业绩和品牌实力就需要投放广告，只有制订出符合市场规律的广告策略才能有效提升企业的销售业绩和品牌实力。进行广告活动，必须事先进行策划。

1. 广告策划的含义

广告策划是在广告调查基础上围绕市场目标的实现，制定系统的广告策略、创意表现与实施方案的过程。成功的广告策划应该紧扣广告目标，充分有效地利用内外部资源，并通过创造性劳动而形成市场方案。广告策划的流程展现广告策划的结构、程序和实际操作过程，是广告策划的主体。做好广告策划会对企业达成营销目标提供有效的支持。广告策划是决定广告活动成败的关键，在广告活动中具有相当重要的地位和特殊的重要意义。没有经过精心策划的广告大都是盲目的，不会取得什么实际效果，更无法取得经济效益，只有经过精心策划的广告才能取得良好的效果。因此，广告策划是广告工作中一个必不可少的和极为重要的步骤。

广告策划一般有两种：一种是单独性的，对一个或几个广告的策划；另一种是系统性的，具有较大的规模，是为同一目标而做的一连串各种不同的广告运动的策划，也就是整体广告策划。整体广告策划是广告业专业化水平不断提高、专业功能不断完善和广告代理制度的发展完善化的结果，是现代广告活动的必然发展趋势。它从市场调查开始，根据消费者的需求，对企业产品的设计进行指导，协调企业组织以消费者的需求为中心的生产活动，并通过广告促销推销企业的产品。同时，根据消费者对产品的反应，组织信息反馈，为企业下一步的生产和产品开发提供进一步的信息服务和信息咨询。因此，整体广告策划是一个“市场调查——消费者需求——产品设计——促销——消费者反应——信息反馈——新产品的设计开发或产品改进”的过程，也是为企业生产和经营的各个阶段提供信息服务的过程。

目前，整体广告策划已为国际上许多大型企业和大的广告公司所采用。

2. 要做好广告策划需要做好以下 3 点

(1) 做好广告策略。广告策略是全部广告活动的方向，是把产品或服务的利益或问题解决方案的特征等广告信息传达给目标市场的手段。企业所制定的广告策略强调的重点 如果不能满足消费者的需求，就不能解决消费者的问题或无法提供消费者所期望的利益，那么广告就会失败。所以要做好广告策略就要非常了解产品及服务，确认目标市场，把利益或问题的解决方案提供给你所描述目标对象的人，对广告所传递的信息要有一个额外推销要点来支持策略，在进入广告策略表现阶段时要确定采取什么样的技巧把信息做最佳的表达。

(2) 使广告策划富有创造性。企业在广告策略确定后，创意就成为广告的灵魂。现在社会人们面对大众媒介中大量的广告信息，要想达到有效而简单的记忆方法是不容易的，所以我们要达到最终的宣传效果，就要做出富有创意的广告。我们看到的成功的广告有很多，它们之所以成功就是因为广告具有很强的创意点，使人们很容易记忆。

(3) 把握好时效性。企业在广告策划活动中有些策划是非常好的，但由于企业在市场操作过程中，在时效上的拖延，导致企业丧失了很多与市场同类产品的品牌竞争取胜的机会。

6.1.2 广告策划效果衡量标准

广告策划效果衡量的标准有以下三点：

(1) 该策划是否促进了该项商品(产品或服务)的销售。

(2) 该策划是否增强了该项商品的美誉度、知名度与忠诚度。

(3) 该策划是否反映了品牌长期的规划策略，促进了品牌价值提升。

只有完全达到以上 3 个标准才能确认该广告策划达到了宣传的效果，三者缺一不可。

由此可见，企业要成功地策划一则广告，必须做大量的实际工作，只靠脑子偶尔灵机一动是不能做出一个成功的广告策划的。成功的广告策划应该是对企业及其产品有个全面认识，对市场进行深入的调查与研究，并通过策划的主题、策略、诉求、创意表现、促销效果、品牌树立、社会文化等诸多方面来完成传播，来达到既定的目的，只有这样才能做出成功的广告策划。

6.1.3　广告策划的特征

广告策划作为一个动态的系统过程，具有如下的特征：

(1) 指导性。广告策划是对广告整体活动的策划，策划的结果就成为广告活动的蓝图，所以广告策划对整体广告活动具有指导性，它指导广告活动中各个环节的工作以及各个环节间的关系处理。

(2) 目的性。广告活动具有清晰、确定的目的性，广告必须围绕一定的广告目标展开，通过选择适当的广告媒体，将广告活动中的各个单元的功能结合起来，设计创造出新颖别致的、有较强吸引力的创意作品，选择恰当的时间和地点开展宣传活动，只有这样才能取得良好的效果并达到广告策划的最终目的。

(3) 整体性。广告策划是超前的指导性活动，是对整个活动的谋划，广告策划作为一个整体，是由若干相互联系和相互作用的要素所构成的有机系统，它涉及广告活动的方方面面，策划时一定要考虑周到，对各个单位之间的相互关系和相互作用进行协调，从而保持系统整体的最优状态。

(4) 科学性。广告策划综合运用经济学、美学、新闻学、心理学、市场调查、统计学、文学等学科的研究成果，以较少的广告预算取得理想的宣传效果，从而提高企业的知名度、美誉度。

(5) 预见性。从广告程序上看，广告策划是在广告活动开始之前进行的。广告活动中所涉及的广告目标、对象、媒介、预算、设计、制作等都必须事前确定。因此，在进行广告策划中要考虑到各方面的因素，要特别注意做好调查研究工作，对企业生产与营销，市场环境与机会，竞争对手的状况等，都要胸中有数，确保广告策划的主观性与客观性相一致。同时还要对广告活动中可能遇到的问题和各种困难作出充分的估计，准备好解决问题和克服困难的措施，确保广告目标的实现。

(6) 动态性。广告策划是一个不断发展变化的活动。随着经济的不断发展，生活水平的不断提高，消费结构的不断变化，消费者对产品的态度也不断变化，企业的生产与商品在市场中的位置也是不断变化的，广告策划因必须顺乎这种不断变化的趋势，而处于一种不断变化、发展、适应创新的动态发展之中。

6.2 广告目标

广告目标策划即是对广告运动所要达到的境地或效果的预先筹划，也是在对消费者分析、市场分析和产品分析之后选择确定恰当的广告目标。无目标的广告策划是毫无意义的策划。选择恰当的广告目标是制定广告战略和各种策略的基础，是广告运动获得成功的关键。

6.2.1 广告目标的特征

广告目标是广告运动所追求的目的。广告目标和企业的广告目的既有相同相通的方面，也有明显的差异。每个企业在做广告时必须根据自己的具体情况来确定具体的广告目的，但一切广告的最根本的目的都是为了扩大销售。广告目标不仅包含着所要达到的目的，而且还着重揭示广告运动的方向，提出衡量效果的标准。广告目标具有以下特征：

1. 整体性

对企业而言，广告目标是企业整体营销目的的有机组成部分，广告目标必须符合企业总体目标的要求，并且应该与其他目标协调统一，以促成企业整体目的的实现。

2. 长期性

一般来说，广告目标是广告运动的长期的、稳定的目标，不能随意改变。因此，确定广告目标应从广告运动的长期性着眼，不宜就一时一事来考虑。尽管在一段时间内可以确定相应的短期目标，但短期目标必须服从于广告的战略目标。

3. 方向性

广告目标是广告运动的核心，各个部分的广告活动都要围绕广告目标来进行，都要为广告目标的实现服务，广告运动的各种策略的制定也都要服从和服务于广告目标。广告目标的方向性和统帅作用，显示出广告目标的策划和确定具有重大的战略意义。

4. 标准性

对广告活动的效果加以衡量，这是广告管理工作由低水平向高水平转变的标志。广告目标提出了衡量广告效果的标准，并且广告目标是可以检验的，如通过企业销售量、市场的占有率、消费者对企业和产品的态度、企业和产品的知名度等检验广告目标的实现情况。

6.2.2 广告目标与行销目标两者的区别

(1) 销售对销售信息。一般而论，行销目标均根据销售和利润加以界定，而广告目标通常根据送达目标受众销售信息或以达到某种传播效果加以制定。

(2) 现时效果对迁延效果。行销目标通常都以单一特定期间为衡量标准，例如以一年为期。但广告在许多情况下有迁延效果，也就是广告费用投资于本年度，但其结果则可能延后才能发生。

(3) 有形结果对无形结果。行销目标通常以具体措施说明，如销售单位、销售或利润、配销达成量、店中货架陈列空间等，而广告目标则往往难以如此具体，可能包括像态度转变、意见改变、心理反应等。因此，以数字具体测定此种相当模糊的广告目标会非常困难。

6.2.3　广告目标的类型

1. 行动目标

广告活动是针对商品购买者和购买影响者所进行的一种劝说性的传播活动。因此广告目标可以根据广告所引起消费者的行动或反应，而细分为直接行动目标与间接行动目标。

(1) 直接行动目标是指广告运动促使消费者产生直接反应的目标，也就是希望通过广告运动促使消费者产生某种即时行动。

(2) 间接行动目标是指广告运动并不要求获得消费者的直接购买反应与行为，而是希望消费者知道市场上有某公司产品的存在，了解该产品的特点与价值，一旦消费者有所需要，就会认牌购买这种商品，其目的在于刺激消费者长期的商品需要。

2. 信息目标

广告运动的目标可以依据商品广告所表现内容的性质，而细分为告知性目标、劝说性目标与提醒性目标。

(1) 告知性目标是将某类产品的特性、用途与消费者的利益等基本情况告诉给消费者；它一般是配合产品生命周期的早期阶段而实施的广告目标，其目的在于开发消费者对该商品的基本需求。

(2) 劝说性目标是告诉消费者该品牌产品优于其他品牌产品的独到之处，而劝导、说服消费者购买该品牌的产品。

(3) 提醒性目标是以提醒消费者了解品牌商品的存在及该商品的特色，其目的是维持商品的销售或扩大后期商品消费者的购买。

3. 传播目标

广告运动还可依据广告信息给予消费者行为的影响过程，而细分为认知性目标、知识性目标和态度性目标。

(1) 认知性目标是使消费者知道该产品及其品牌的存在。它一般是配合产品生命周期的早期阶段而实施的广告目标，其目的主要是引起消费者对该产品的注意。

(2) 知识性目标是让消费者了解该产品的特点、用途、使用方法及带来的利益。它一般也是配合产品生命周期的早期阶段而实施的广告目标，其目的是向消费者传播商品知识。

(3) 态度性目标是让消费者需要该产品或决定购买该产品。它一般是配合产品生命周期的成长期或成熟期阶段而实施的广告目标，其目的是让消费者对于企业的品牌或产品产生某种有利的态度。

6.2.4 广告目标的选择

广告目标的选择应区别情况考虑。一般情况下，经常选用的广告目标有：

(1) 扩大商品的认知率。这一目标主要适用于新产品，其性能、质量好，开发潜力大，需要广告协助进入市场。

(2) 提高产品的知名度、信任度，扩大市场的占有率。该目标适用于成长期的产品，耐用品。

(3) 提高商品的信誉，保持原有市场。运用于成熟期、衰退期的产品广告。

(4) 改变或增强消费者的观念，引导消费者的行动，扩大市场。适用于更新换代产品、新产品等广告。

(5) 树立企业形象，提高企业信誉。适用于商业企业和其他有发展前途、有实力的企业。

(6) 建立企业与社会的友谊和情感，建立良好的公共关系，促进企业的发展。

(7) 增进与经销商的关系，扩大销售渠道。

(8) 消除误解，改变形象，打破销售障碍。主要适用于产品或服务虽好，但消费者或经销者存有误解等情况。

(9) 配合特定的销售活动。如为展销会做广告，营业现场广告等。

(10) 增强职工对企业的责任心和自豪感。

【案例】“八仙”牌系列速冻食品、宁波汤圆广告策划书——广告目标

宁波汤圆以精白水磨糯米粉为皮，用猪油、白糖、黑芝麻粉为馅，汤圆皮薄而滑，白如羊脂，油光发亮(如图 6.1 所示)。

图 6.1 宁波汤圆

1. 企业目标

通过一系列广告宣传促销等活动，使“八仙”牌系列速冻食品(宁波汤圆为主)在浙江省范围内(宁波为主要市场)顺利推出，并逐渐形成一定的品牌知名度，成为速冻食品市场尤其是宁波的速冻食品市场的一枝新秀，与“五丰”、“龙凤”、“思念”等同分得较大的市场份额。

2. 根据目前市场实际情况可达到的目标

使“八仙”在各类速冻食品中脱颖而出。

市场占有率超过“思念”，并力争赶上“龙凤”。

使“八仙”成为“五丰”、“龙凤”、“思念”三大品牌强有力的竞争对手。

3. 本次广告活动的目标

本次广告活动为一年，通过广告、促销整合行销方案，力争在这一年内使“八仙”的品牌认知度达到60%～70%。

一年内使“八仙”的市场占有率达到20%左右。

注：上述广告目标所针对市场主要指江浙市场特别是宁波市。

资料来源：叶文，4A酒吧网，http://www.4A98.com，2006年5月6日.

6.3　广告策划的内容

一般来说广告策划的内容主要有市场调查、广告战略制定、广告策略制定、广告预算和公共关系、促销协调等。

6.3.1　市场调查

随着商品经济的发展，产品的种类日新月异，怎样才能了解消费者需要什么产品，又怎样使消费者在众多的商品中选购你的产品，这些问题的解决完全取决于市场调查。从市场调查中可以清楚地了解到消费者的需要，了解你的产品是否符合这种需要，也可以了解消费者对产品是否有好感。生产者只有对消费者充分了解，才能生产出受消费者欢迎的、符合消费者需要的产品。而广告策划，可以通过市场调查，对消费者和产品进行研究，对产品市场进行研究，为企业了解消费者情况，了解产品是否符合消费者需求和是否具有市场竞争能力等提供帮助。

市场调查对消费者的研究，主要调查其需求动机和购买特征。通过市场调查，了解消费者的年龄、性别、收入、职业分布和家庭情况，研究消费者的需求特点和消费心理特征，以及生活方式、文化环境对消费者购买行为的影响，从而确定消费者的需求方向和心理嗜好。

产品研究的主要内容，主要包括产品生产、产品外观、产品体系、产品类别、产品利益、产品配套和产品生命周期。产品生产调查主要包括产品的生产历史、生产过程、生产设备、工艺和原材料的使用，目的在于掌握广告产品的工艺过程和质量情况。产品外观研究主要了解产品的外形特征、规格、花色、款式、质感、装潢等，以及同类产品相比有何优点。产品体系研究主要了解广告产品在相关产品中所处的地位，以便于对市场进行预测。产品类别研究主要了解产品是属于生产资料或生活资料中的哪种类型，以便于制定广告计划。产品利益研究产品的突出功能和能给予消费者的特殊利益，这是确定广告宣传重点的依据。产品配套研究主要了解产品使用的生活环境，以便于选择广告体裁。产品生命周期研究则主要了解产品处于其生命周期的哪一阶段，从而可以制定相应的广告策略。

基本市场研究的内容，分为市场竞争调查和市场环境调查两项内容。

市场竞争调查主要了解广告产品的供求历史和现状，调查广告产品的市场容量、市场潜力、广告产品的市场占有率、竞争对手的市场销售情况、广告产品和竞争产品各自的销售政策、广告策略和销售渠道。

市场环境调查主要了解目标市场所在地的人口、经济、风尚等情况，了解当地的政治经济形势、社会风尚和文化习俗。

在市场调查阶段，主要了解企业、产品、市场和消费者的基本情况，并在此基础上开展广告研究和分析，剖析企业的优势、产品的特性和行销记录，分析市场营销资料、竞争状况和企业或产品的市场竞争能力，找出存在的问题，并提出改进意见。对消费者的需求状况、消费特征和消费动机等进行解剖，找出消费者的需求热点和潜在需求，从而为企业进行产品改造和新产品开发提出咨询意见。同时，还必须对产品市场环境进行详细的了解，研究市场的环境因素对产品市场的影响，分析在产品销售中充分利用环境因素的有利方面突破市场封闭的可能性，为企业对产品的外观、色泽、造型、包装装潢、商标、图案等能唤起消费者的情感联想的因素进行改进而提供意见和建议。

【案例】“八仙”牌系列速冻食品、宁波汤圆广告策划书——市场调查

1. 目标市场几个主要问题

企业主要需要解决的问题：通过前期的市场调研，根据观察访谈以及问卷数据统计的结果，已对目前宁波速冻食品的消费群体的消费习惯、消费心理等有了一定的了解。接下来，作为一个新推出的品牌，就很有必要对整个市场进行细分，区分消费者的共性特征以及不同消费者的不同需求，忽略那些根本不考虑速冻食品的消费者，找出适合本企业、本产品的目标消费群，并确定合理的目标市场策略，以本产品特有的优势，如传统、正宗、口味好等吸引一批注重口味以及注重宁波传统特色的消费者，争取他们对产品的认知，并促使他们产生购买行为。

(1) 机遇与挑战。目前市场上真正正宗的宁波汤圆寥寥无几，甚至根本没有，企业可以凭借自身优势利用这一问题作为突破口。但在宁波市场上，有一部分品牌已利用其知名品牌的优势占领了很大一部分市场，主要如“五丰”、“龙凤”、“思念”等，“八仙”要在 1 年内赶上它们，是一个较大的挑战。

(2) 进行目标市场策略决策的必要性。要解决上述的问题，就必须对市场进行细分，找出产品特定的消费群体。

2. 市场细分

对冷冻食品的目标消费者进行划分，就必须从消费者的年龄、家庭状况、性别、生活方式、消费心理及品牌选择标准等因素上考虑，将全部消费者划分为不同群体。

首先从年龄以及家庭状况来看：

16～20 岁	21～30 岁	31～40 岁	41～50 岁	51 岁以上
• 未婚 • 同父母生活 • 很少自己购买速冻	• 未婚 独立生活 饮食重方便 速冻食品	• 已婚有子女 • 自制食品 • 出外就餐 • 方便食品 • 速冻食品	• 已婚有子女 • 自制食品 • 出外就餐 • 方便食品 • 速冻食品	• 已婚有子女 • 自制食品
	• 已婚 自制食品 速冻食品 方便食品			

由上表可以看出，16~20 岁的消费群体虽然是食用速冻食品，但并不是购买者，而 51 岁以上的消费群体一般都是自制食品，因而这两个年龄阶段的人可以不做考虑。21～30 岁、31～40 岁、41～50 岁这 3 个年龄段都食用速冻食品并且是购买者，可以作为目标消费者群体。

从这 3 个年龄段的消费群体的消费心理来看：

年龄	21～30 岁	31～40 岁	41～50 岁
生活方式	现代生活方式	现代与传统一体的生活方式	较传统的生活方式
消费心理	对于传统特色食品的概念不重	较喜爱传统特色食品	较喜爱传统特色食品

由上可以看出，21～30 岁这一年龄段的群体对于是否宁波传统特色食品的观念并不重，而 31～40 岁，41～50 岁这两个年龄段就比较喜欢宁波传统特色小吃，由于“八仙”是以宁波正宗汤圆为主打市场，因此这两个年龄段也就成了比较主要的消费群。

从性别上来看：

性别＼年龄	31～40 岁	41～50 岁
男	工作较忙 购买较少	工作较忙 购买较少
女	职业妇女兼家庭妇女 购买较多	以家庭妇女为主 购买较多

由上表可以看出，在中国一般的传统家庭，都存在“男主外，女主内”的观念，虽然现代女性在是家庭主妇的同时也是职业妇女，但这些中年妇女仍是速冻食品的主要购买者。

从选择品牌的影响因素上来看：

影响因素	品牌响	味道好	价格低	包装好	品种多
百分比	30.7%	65.4%	12.2%	10.7%	11.8%

从表中可以看出，消费者在选购速冻食品时，最重要考虑的是口感，因此，注重美味的消费者也是要重点争取的。

从宁波市民对宁波汤圆的认可度上来看：

对宁波汤圆的喜爱程度	喜欢	不喜欢	随便	没吃过
百分比	54.5%	11%	29.2%	5.2%

可以看出，宁波市民对于宁波汤圆还是非常喜爱的，因此“八仙”可以将这一部分喜爱宁波汤圆的人作为重点消费群体，并以此为重要诉求点。另有 29.2%的人对宁波正宗汤圆这一食品的关心度不高，也可以将其作为目标消费群，以宁波传统正宗汤圆的定位劝其购买。这是我们产品定位的重点，而这部分细分出来的消费人群是重点的广告诉求对象。

在完成市场调查、研究和分析之后，下一步的任务就是制定广告策略，决定产品的诉求重点和广告表现方式及广告表达手段，并制定出广告计划书。

资料来源：叶文，4A 酒吧网，http://www.4A98.com，2006 年 5 月 6 日.

6.3.2 广告战略制定

1. 广告战略制定的内容

(1) 目标。根据产品的销售战略，确定广告目标，决定做什么广告，达到什么目的。

(2) 确定广告对象。根据产品研究和市场调查结果，确定产品的推销对象，决定谁是产品的消费者。

(3) 确定产品利益诉求重点。根据产品的主要特点，确定对消费者的有利之处，决定广告诉求重点。

(4) 突出产品的主要特点和能使消费者得到好处的明显理由，从而决定诉求方式。

(5) 根据产品的特性和与众不同的好处，决定广告表现。

2. 制定广告战略时，应该注意的几点要求

(1) 广告战略必须适合销售计划和意图，不能分道扬镳，二者要密切配合。

(2) 应保持合理的目标，不要贪大求全，不要急功近利。

(3) 战略要容易操作，善于运用，内容要明确简练，便于记忆、掌握和运用，而不应有引起误解的可能。

(4) 要有单一的诉求重点，出色的意念往往很简单。如果产品的各个方面都是重要的，但对消费者来说，某些特点比其他特点更重要，则应集中在这些更重要的特点上。一切应以消费者为中心。

(5) 确定经营或销售目标。确定在广告之后对消费者做什么，是稳定老顾客，还是争取新顾客发生偏好转移，转而购买广告产品，希望有什么样的新顾客。

(6) 判定市场来源，是发展新顾客，还是争取购买其他产品的顾客转而购买本广告产品。也就说，是开拓新市场，还是争夺旧市场的占有份额。

(7) 了解销售对象。为了向最可能成为买主的消费者进行广告宣传，必须注意消费者的年龄、收入、阶层等，要了解并考虑各类消费者对产品的态度和使用情况。

(8) 应向消费者作出有意义的承诺和保证。

(9) 应树立产品独有的和别具一格的形象，而不要与竞争者雷同或类似。

(10) 突出产品的实质性优点。

(11) 战略应该是他人没有用过的，要出奇制胜。

(12) 没有充分的理由，不应随意改变战略。

(13) 优质产品是好的广告策划的前提。广告的唯一目的，就是为优质产品树立其应有的品牌形象，从而使消费者对产品产生信任，指牌购买。

6.3.3　广告策略的制定

整体广告策划的成功，一半在于战略，另一半在于战术，也就是广告策略。广告策略是如何进行广告活动的具体方式方法。

广告策略有产品策略、市场策略、媒介策略和广告实施策略四项内容，但其主要部分是选择媒介、制订媒介计划。

在广告策划中，对产品和市场进行定位之后，广告媒介的选择就成为关键。制订媒介计划，就是如何选择最有效的媒介，并且充分地使用媒介达到广告的战略目标，把广告费用使用在准备开展业务或者扩大销售的目标市场上。这是使销售战略具体化的措施之一。

制定有效的媒介计划，必须首先明确目标。在确定媒介目标时，主要围绕着对象、时间、地点、次数和方式这5项广告要素考虑问题。

(1) 确定广告对象。要根据市场调查资料和广告战略，确定具体的广告对象是什么人，说明对象的基本情况，如年龄、性别、阶层、职业、文化程度、家庭状况、购买习惯等，越具体越好，决不能笼统、含糊。这样才能明确广告对象，选择有效的媒介。

(2) 确定广告宣传时间。根据产品定位考虑所宣传的产品是日常消费品还是高档耐用消费品或其他产品，是季节性产品还是长年销售产品，销售旺季是什么时候。广告应该根据商品的特性，选择最佳销售时间。同时，还必须掌握这样的原则：广告时间必须安排在人们决定购买的时候。这样，广告才能取得最佳效果。

(3) 确定广告地点。根据市场定位，确定广告的对象所在地，决定在哪里做广告。

(4) 确定广告的次数。是根据广告战略和广告预算要求，决定把产品信息传递给广告对象的次数和频率。

(5) 决定广告的方式，确定用什么方法把信息传递给宣传对象。

这些都是广告策划的任务，计划怎么样来完成这些目标，并说明为什么要这么做，详细说明之所以作出这种选择的理由。

【案例】 活力28洗衣粉的广告策略

1. 广告目的

经过今年的广告攻势，在珠江三角洲消费者心目中，初步建立活力28的知名度与好感度。并且能够在广东洗衣粉市场中站稳脚跟，与高富力分割市场。

2. 广告分期

(1) 扩销期(1993年4~6月)，主要任务是吸引消费者对活力28的注意；培养零售店主的推荐率，初步树立产品形象，引导消费者使用了解超浓缩产品，在2002年的基础上扩大市场。

(2) 强销期(1993年7~10月)，深度引导消费者，塑造对产品的信赖感与好感，分割市场。

(3) 补充期(1993年11月~春节)，以各种软性活动，在淡季维持产品的热度，为来年的再次销售高潮作准备，树立完整的产品形象。

3. 诉求重点

(1) 高品质。
(2) 超浓缩。
(3) 超强去污。
(4) 无泡去污。
(5) 静态去污。
(6) 柔顺作用。
(7) 省时、省力、省水、省电。

(8) 一比四。

4. 策略建议

1) 系列报纸广告

设计系列的各款报纸广告，以供随时使用。

主体广告，直接宣传产品，常年刊播。

(1) 从商品角度切入。

① 真正的实力派，不会释放气泡。

② 因为能力太强，它常被冷落。

③ 多出来的“时间”？

(2) 从生活角度切入。

① 洁净来自“一小撮”。

② 先生们应该为太太做的事。

③ 告别“搓揉岁月”。

④“懒人”新招。

2) 重新拍摄CF

强化对超浓缩概念的灌输，以简明的说服性、示范性为主，引导消费者，使之从心理上接受超浓缩产品。

3) 设计POP

设计精巧的店头展示，或悬挂，或招贴，或摆设。随着铺货一起发放给零售店主，并督促或帮助其张贴。扩大知名度，直接促成购买。

4) 重视广告歌曲的效果

在广东，电台一直拥有相当的城市及乡镇、农村的听众，而且媒体价格便宜。所以，委托专业词、曲作家，设计一首广东人易听、易记、易于传唱的广告歌，长期播放，将易于进入千家万户。

5) 促销活动

可以根据产品在市场中的不同时期分别对待。

扩销期

名称：派发

目的：与消费者面对面接触，造成一定的声势。

办法：选择一些重点片区作为派发区。给消费者寄去邮包，包中有一只样品袋和一封信，信中说明产品的各项优点，并请试用。或者由推销员直接分送。

强销期

名称：第二次派发

目的：与消费者深度接触，建立好感，打开一些新的片区。

办法：与上期同，给消费者的信可稍作改动。

补充期

名称：赠送“生活小窍门”手册

目的：进一步肯定活力28超浓缩的作用，并使活力28品牌深深铭刻在妇女们心中。

办法：编印精美的小册子，内容包括：正确使用活力28、活用活力28、生活小窍门等。在报纸或女性常看的杂志上刊发广告，附兑赠券，剪下寄回即免费赠送小册子。

资料来源：中国企划网，http://www.cnqiw.com，2003年6月19日.

6.3.4 与公共关系和促销活动的配合

在整体广告策划工作中，除了市场调查、广告战略和广告策略的制定之外，还必须谋求企业公共关系和促销活动的配合。因此，企业的公共关系计划和促销活动计划也是整体广告策划的重要内容。

公共关系在国外已经受到普遍重视，发展神速。许多大企业都设立公共关系部门，通过各种方式及传播手段将本企业的形象传播给各界，树立并提高本企业的形象。广告公司在策划广告活动时，也多利用公共关系来配合广告活动，成为广告活动的一个组成部分。如新闻发布会、记者招待会，采访或专访、企业报道、宴会、发奖仪式、技术交流会、座谈会和赞助大型文体活动等，通过各种传播媒介扩大广告的影响，达到对广告的支援作用。

促销活动，就是利用有利时机，配合广告活动，进一步强化广告活动的进行，起到扩大宣传、直接促进销售的作用。主要形式有：展览会、展销会、订货会、产品专柜、品尝会、赠饮、表演、海报、立牌、有奖销售、赠送纪念品等。这些活动对于广告主来说，是直接的促销手段，也是广告活动中必不可少的重要组成部分，同样需要予以精心策划。

6.3.5 广告策划的程序

1. 成立广告策划小组

广告策划是一项集体活动，不可能由一个人完成，因此必须成立广告策划小组，成员主要是以下人员：业务主管、策划人员、文案撰稿人员、美术人员、市场调查人员、其他业务人员等。其中业务主管、策划人员、美术人员最为重要。

2. 向各职能部门传达任务

策划小组根据企业的要求，进行初步协商，向有关部门如市场调查部、媒介部、策划部、设计部等初步下达任务，做好前期准备工作。

3. 具体策划

策划小组在市场调查的基础上，进行分析和研究，找出存在的问题，提出改进意见，并找出消费者关注的热点和消费者潜在需求，为企业改进产品经营提出咨询意见。

4. 制定广告策划书

在完成调查研究，确定广告目标形成广告策划方案后，应将广告策划的一切结论编拟成完整的广告策划书，并将结果和建议提供给广告主。

6.3.6　广告策划的意义

广告是一种促销手段，它推动人们去购买商品、劳务或接受某种观点。广告力图使人们了解自己的需要，并促使他们为满足这种需要而购买商品，帮助他们改善生活条件。在商品推销的过程中，商品的品牌是消费者选择的依据，也是商品品质的标志。对厂商而言，品牌是商品的一部分，也是厂家的无形资产，尤其是进入“印象购买”时代之后，企业家逐渐认识到，推销商品成功的秘诀在于建立商品品牌的声望和印象，因此，他们在进行广告活动时，都把建立和加强商品品牌的印象作为广告策划的中心。广告策划由于其周到的市场竞争意识和全面的通盘考虑功效，可以通过组织系统的、以商品品牌为中心的广告活动，迅速树立商品的品牌印象，创造有竞争力的“品牌先锋”，从而开拓市场和占领市场。同时，通过对广告活动的统一运筹，可以节约广告费用，提高广告效益。此外，由于广告策划能为企业提供全面的信息咨询服务，对企业的生产和产品开发提供指导性意义，因此，也有利于改善企业的经营管理，提高企业的竞争力。

6.4　广告策划书的撰写

在完成广告调查、研究和分析、制定出广告策略并确定广告目标之后，应将广告策划的结果形成广告计划，撰写成广告策划书。

6.4.1　广告策划的内容

完整的广告策划书一般包括八个方面的内容：前言；市场分析；广告战略；广告对象；广告地区；广告战术；广告预算及分配；广告效果预测。

1. 前言

在广告计划书的前言中，应详细说明广告计划的任务和目标，必要时还应说明广告主的营销战略。

2. 市场分析

主要包括 4 个方面的内容：企业经营情况分析、产品分析、市场分析和消费者研究。应该根据产品研究的结论，说明广告主的产品所具备的条件；再根据市场研究的结论与市场中同类商品的情况列表作一一比较，并指出消费者的爱好和偏向。如有可能，提出产品改进和产品开发建议。

3. 广告战略

根据产品定位和市场定位研究的结果和广告层次研究的结论，列明广告策略的重点。说明用什么方法使商品在消费者的心目中建立深刻而难以遗忘的印象；又用什么方法刺激消费者产生购买兴趣；用什么方法改变消费者的使用习惯，使消费者改变品牌偏好，改为使用广告主的商品；用什么方法扩大广告产品的销售对象范围；用什么方法使消费者形成购买习惯。

4. 广告对象

根据定位研究可计算出广告对象有多少人、多少户。根据人口研究结果列出有关人口的分析数字，如人口总数，人口地区分布，人口的年龄、性别、职业、文化程度、阶层、收入等的分布和构成，求出广告诉求对象的数字，说明他们的需求特征、心理特征、生活方式和消费方式等。

5. 广告地区

根据市场定位和产品定位研究结果，确定市场目标，并确定目标市场的选择，说明选择理由和地区分布。

6. 广告战术实施细节

根据广告战略中所列的重点，详细说明广告实施的具体细节：

在报纸媒介方面，说明选择哪一家或哪几家、选择理由、刊登的日期、次数和版面，并说明每次刊登的面积大小。

杂志媒介，同样说明选用的媒介单位、选用理由、刊登次数、每一次的面积和刊发日期。

电视媒介，选择哪一家电视台、哪一个频道或哪几个频道，分别选择什么时间播放，说明选择的理由、计划播映次数、每次播映的时间长短、广告片的形式和播映日期。

广播电台，说明选用的媒介单位、插播还是专题、播出时间和日期、选用的理由，以及计划播出次数和每次播出时间的长短。

说明促销活动的举办日期、地点、方式、内容及赠品、奖品等，说明举办的理由和主持人。

选择其他媒介，如海报、招贴、售点广告、邮寄广告、传单和说明书等，均应说明印制的数量和分发方式、分发日期等内容。在选用多种媒介时，对各类媒介的刊播如何作交叉配合，亦需加以说明。

7. 广告预算及分配

根据广告策略的内容，详细列出媒介选用情况、所需费用(按媒介单位的顺序，分家列出)、每次刊播的价格。最好能编成表格。

8. 广告效果预测

该部分主要说明在广告主同意照广告计划实施广告活动的前提下预计可达到的目标。这一目标应以“前言”部分规定的任务为准则。

6.4.2 广告策划书撰写应注意的问题

广告策划书在撰写时还有一些需要注意的具体问题：

首先，广告策划书中所制定的大政方针，应符合市场变化的需要，以保证广告活动的有序和广告目标的准确。

其次，广告策划作为一个整体，还要注意各子系统及各具体环节之间的联系与操作。

最后，广告策划书在编制时应注意突出重点，抓住企业营销中所要解决的核心问题，深入地进行分析，提出可行的相应对策。要防止用散文式文笔去描述策划书，造成浮躁或不实在的感觉。策划书编制也不可长篇大论，辞不达意，哗众取宠。

总之，要以简洁朴实、具体实用、针对性强为原则，让人一下子抓住策划书的主要内容，并一目了然。

本章小结

本章首先介绍了广告策划的概念和特征，其次介绍了广告策划的目标，其中包括广告目标的含义、特征和类型。广告策划的内容这一部分作为本章的重点，主要介绍了企业如何进行市场调查、广告战略制定、广告策略制定、公共关系促销协调等。最后介绍了广告策划书的撰写，并提供了实例蓝本。

背景知识

全球策划业发展现状与趋势

近年来策划业在世界范围发展很快，经历了前所未有的长期高速增长，从1980年到2001年的20多年的时间里，世界策划市场年均增长12%。2001年全世界策划市场规模达到1140亿美元，在日益激烈的竞争环境下，策划业领先的大公司更加注重观念的创新和方法的领先，以及策划方案的有效执行和策划效果的评价，在服务手段、技术方法、服务模式等方面有了较大的发展。美国策划业收入在全球最高，其次是西欧、日本和加拿大。

影响全球策划市场发展的主要因素如下。

1. 支撑全球策划市场的主要驱动力

由于持续产生的需求和新兴市场的发展等各种市场因素的影响，策划服务市场将持续增长和发展。虽然每个地区的主要驱动力有所差异，但全球策划市场的主要驱动力包括以下内容。

(1) 企业合并和并购。

(2) 市场管制逐步解除和私有化进程的推进。

(3) 企业业务流程重组。

(4) 新技术的快速应用。

(5) 全球一体化进程的促进。

(6) 市场自由化趋势。

(7) 经济发展前景乐观。

(8) 资本市场的有利条件。

2. 影响全球策划市场发展的主要阻力

用于策划服务方面的开支对策划服务市场影响很大，并在全球各地区差异也很大。影响全球策划服务市场的因素主要包括：全球经济增长放慢或下滑、政治不稳定、突发事件和法律方面的限制。

全球策划市场机会

1) 行业机会

从全球看，金融服务业、银行业、制造业和通信业是策划服务业的最大市场。增长空间最大的是金融服务业、银行业、通信、零售和商务业。

2) 地区机会

亚太地区将是未来几年世界策划服务市场增长最快的地区，其中韩国、泰国、中国大陆和香港地区都表现出了策划市场持续增长的趋势。拉美地区也将成为策划服务市场增长较快的地区，其中以墨西哥和巴西最为突出。在欧洲，来自政府的投资策划有望增加，企业并购策划、重组策划仍将保持增长势头。

3) 细分市场机会

未来几年，全球商业和IT战略方面的策划服务增长最快。由于全球合并和并购增多，变革管理和合并、并购方面的策划有较大的市场空间。策划机构竞争成功的关键因素在全球范围内，通过对策划服务取得成功的大量竞争因素分析，一些研究机构建议策划机构在发展中应特别关注下列因素：

(1) 提供策划服务的深度和广度。提供整体解决方案正成为最终用户优先考虑的重点之一。整体解决方案包括策划、开发、实施、维护和支持。然而，整体方案的提供者认识到一站式服务并不能为客户带来长期竞争优势。因此，对于提供整体解决方案的策划机构，必须具有更深层次的专门技术，扩大所提供服务的范围。这主要通过机构的成长、协作和联合，以及兼并来实现。如 IBM 全球服务业务部(商业创新服务公司前身之一)2000 年 7 月并购了在市场研究和营销策划方面领先的 Arago 策划公司；2001 年 4 月并购了在 4 个行业有丰富经验的 Mainspring 战略策划公司；2002 年 7 月又收购了普华永道策划公司。这一系列的并购大大增强了 IBM 的策划服务能力，其 2002 年第四季度收入同比增长 17%。

(2) 多样化的价格策略。在现代经济条件下，策划机构正在尝试各种价格模式，包括固定时间／固定价格模式、风险／收益共担模式和股权支付模式。

(3) 强化与最终用户的关系。策划顾问应该努力与客户建立一种战略伙伴关系，包括最终用户董事会的决策者、行业专家和站在客户角度的战略专家。

(4) 相互促进的合伙或合作机制。另一个影响策划市场的因素是主要经济强国的经济状况。

一些分析机构认为美国经济速度的减缓不会全面影响未来几年全球的企业购买 IT 策划服务规模。但策划市场将在短期内受到冲击。实际上这种冲击已经产生影响，有数据显示 2003 年全球策划市场规模将与 2002 年持平，市场增长率几乎为零。另一方面，企业策划服务支出的结构变化将引起策划服务细分市场格局重新分配。

管理策划面临重大挑战：20 世纪 80 年代和 90 年代初期的全球经济衰退，曾引起了人们对管理策划前景的质疑甚至否定。不过，随着经济好转，策划业的“钱袋”又迅速恢复到原来的水平。然而，近几年的情况使管理策划不得不认真对待所面临的挑战。

① 挑战之一：定单减少。

② 挑战之二：市场转移。

③ 挑战之三：客户策划能力提高。

虽然面临这些挑战，但并不意味着管理策划穷途末路，这些策划公司中拥有常年积累的强大的知识体系和大量经验丰富的人才。在这些挑战面前，公司必须做出抉择，至少未来策划市场格局将大大不同于以往。

随着世界经济一体化和国际合作的加强，以及世界经济复杂性和不确定性的增加，策划机构将会在各个领域发挥越来越重要的作用，全球范围内的策划业将面临更好的发展前景和更广阔的发展空间。

思　考　题

1. 什么是广告策划？它有哪些特征？

2. 什么是广告目标？它有哪些特征和类型？

3. 广告策划包括哪些内容？

4. 日本某公司生产的一种高档化妆品，准备在 2007 年进入中国内地销售，之前要进行大规模的广告宣传，请你为该公司做一个广告策划，并写出广告策划书。

第7章 广告创意

教学目标

通过本章学习，了解广告创意的含义、广告定位、广告主题、元素等概念，理解广告创意和广告定位的重要性，掌握常见的广告创意方法，掌握广告定位方法，并熟悉和运用广告创意表现方法。

教学要求

知识要点	能力要求	相关知识
广告创意原理	(1) 理解广告创意的内涵 (2) 了解广告创意的前提和特征 (3) 掌握广告创意的过程	(1) 广告创意的概念 (2) 广告创意的特征 (3) 广告创意的过程
广告定位	(1) 理解并准确分析身边的产品广告定位 (2) 能够进行广告产品定位	(1) 广告定位的概念 (2) 广告定位理论 (3) 广告定位方法和依据
广告创意方法	(1) 能够为产品确定最佳广告主题 (2) 能够运用广告创意方法	(1) 广告主题的概念 (2) 广告主题的确定方法 (3) 常见的广告创意方法
广告创意表现	(1) 能够理解广告表现和广告创意的关系 (2) 能够运用常见的广告表现方式	(1) 广告表现的含义 (2) 广告表现方式

案例导入

奔驰S系列汽车被广泛认为是全世界最优秀的款式。奔驰新款SLK跑车的创意曾经赢得法国戛纳国际广告节的大奖。

平面广告的内容：一辆漂亮的SLK型敞篷汽车停靠在路边，周围没有一个人，只看到经过奔驰车的道路左前方，有着数道深深的刹车痕迹(如图7.1所示)。

图7.1　奔驰SLK广告

在色彩的运用上此则广告巧妙利用了明暗对比。画面的左上半内容是黑色阴影中停靠在路边的三辆汽车，在黑色阴影和一前一后的黑色轿车的衬托下，银白色的奔驰SLK无疑成为视觉焦点，汽车标志也就一目了然；画面右下方是反衬着灰白色的柏油路面，在灰白的背景下，数道黑色的刹车痕清晰可见。画面的巧妙用色和构图凸显出了广告重点信息。同时，消费者在初看到广告时，脑海里也许会打个问号，停下来思考“Why”，奔驰旁边的刹车痕是怎么回事，略微思考后会会心一笑：原来由于它吸引了其他驾驶者的注意力，使他们不由得刹住车停下来看个究竟，久而久之，刹车痕一道又一道地留在了道路上。

此则广告没有文案，仅有一个奔驰标志和“新款 SLK”一行字。奔驰的魅力在这一静一动、一明一暗的创意比较中，让受众心领神会，过目不忘。优秀的创意；构图和色彩运用带来的视觉冲击力；与产品良好的关联性；诉求点的明确单一让此则广告获得了四十四届戛纳广告金奖。

读完这则案例后，读者可以试想，如果能够不依靠文字、标题的解释，仍然可以将创意和信息清楚地表达出来，可以肯定这创意一定是简洁而鲜明的。

广告创意是广告创作中的一个重要部分，广告人和广告学者将创意生动地比喻为广告的灵魂。广告创意是考虑如何充分、艺术性地表达广告主题。广告大师大卫·奥格威曾说过这样一句话："如果广告活动不是由伟大的创意构成的，那么它只不过是三流作品而已。"这充分说明了广告创意的重要性。通过本章的学习，要正确理解广告创意，学习广告定位，掌握常见的广告创意方法，以便能创作出富有创意的优秀广告。

7.1 广告创意原理

7.1.1 什么是广告创意

创意，在英语中以"Creative、Creativity、Ideas"表示，是创作、创制的意思。20 世纪广告界三大旗手之一的广告大师大卫·奥格威指出："要吸引消费者的注意力，同时让他们来买你的产品，非要有很好的特点不可，除非你的广告有很好的点子，不然它就像很快被黑夜吞噬的船只。"奥格威这里所说的"点子"，就是创意的意思。

詹姆斯·韦伯·扬在《产生创意的方法》一书中对于创意 (Ideas) 的解释在广告界得到了比较普遍的认同，即"创意完全是各种要素的重新组合。广告中的创意，常是有着生活与事件'一般知识'的人士，对来自产品的'特定知识'加以新组合的结果"。

广告创意是广告人员在对市场、产品和目标消费者进行市场调查分析的前提下，根据广告客户的营销目标，以广告策略为基础，对抽象的产品诉求概念予以具象而艺术表现的创造性的思维活动。

7.1.2 广告创意的前提、特征

1. 广告创意的前提

广告定位是广告创意的前提。广告定位先于广告创意，广告创意是广告定位的表现。

广告定位解决的是"做什么"，广告创意解决的是"怎么做"，只有弄明白做什么，才可能知道怎么做。一旦广告定位确定下来，怎样表现广告内容和广告风格才能够随后确定。由此可见，广告定位是广告创意的开始，是广告创意活动的前提。

2. 广告创意的特征

广告创意必须具备以下几个特征：

(1) 广告创意要以广告主题为核心。广告主题是广告定位的重要构成部分，即"广告什么"。广告主题是广告策划活动的核心，每一阶段的广告工作都要紧密围绕广告主题而展开，不能随意偏离或转移广告主题。

(2) 广告创意要以广告对象为基准。广告对象是指广告活动所有的目标公众，即广告商品的目标顾客，是广告定位中"向谁广告"的问题。广告创意除了以广告主题为核心之外，

还必须以广告对象为基准。有的放矢，广告创意要针对广告对象，要对广告对象进行广告主题表现和策略准备，否则就难以收到良好的广告效果。

(3) 广告创意要新颖独特。广告创意的新颖独特是指广告创意不要随意模仿其他广告创意，人云亦云只能步人后尘给人雷同和平庸的感觉。只有在创意上新颖独特才会在众多的广告创意中一枝独秀、鹤立鸡群，从而产生感召力和影响力。

(4) 广告创意要以情趣生动为手段。广告创意要将消费者带入一个印象深刻、浮想联翩，开怀大笑、难以忘怀的情境中去，就要采用情趣生动的表现手段，既能吸引消费者注意力，又能引发消费者共鸣。

(5) 广告创意要形象化。广告创意要基于事实，提炼出主题思想与广告语，并且从表象、意念和联想中获取创造的素材，形象化的妙语、诗歌、音乐和富有感染力的图画、摄影，融会贯通，构成一幅完美的广告作品。

(6) 广告创意是原创性、相关性和震撼性的综合体。原创性是指广告创意的不可替代性，它是旧有元素的新组合。相关性是指广告产品与广告创意的内在联系，是既在意料之外，又在情理之中的会意。

例如，1996 年 6 月戛纳国际广告节上获得广告大奖的由日本电·扬(Dentsu Youg & Rubicam)创作的“VOLVO 安全别针”，每一个人看过之后都会过目不忘。正如美国评委 Gary Goldsmith 所言：“它是一幅仅有一句文案(一辆你可以信赖的车)的广告——纯粹的视觉化创意。我认为我们所看到的一些最好的东西，都是传递信息很快，并且很到位，它无需费神去思考或阅读。”(如图 7.2 所示)

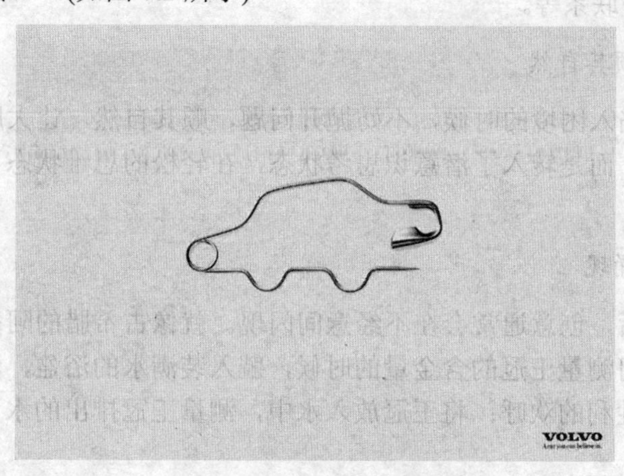

图 7.2　Volvo 汽车广告

因此，广告创意必须巧妙地把原创性、相关性和震撼性融为一体，才能成为具有深刻感染力的广告作品。

7.1.3 广告创意的过程

广告创意有时也被称为是灵感，灵感不是虚无缥缈的东西，灵感是创作欲望、创作经验、创作技巧和创作情景的综合产物。创做广告要善于发现和运用灵感。

詹姆斯·韦伯·扬在《产生创意的方法》(*A Technique for Producing Ideas*)一书中提出的产生创意的方法和过程在我国广告界颇为流行。

总体来说，广告创意的产生过程主要有以下五个步骤：

1. 收集原始资料

首先要收集相关的原始资料，包括特定资料和一般资料。

(1) 特定资料。指与产品、企业、目标顾客有关的资料。要进行广告创意首先必须了解广告产品的特点，产品的 SWOT，产品所属的企业，以及产品目标顾客的特点、需求、消费心理和消费习惯等。

(2) 一般资料。指广告策划者在生活中积累的方方面面的资料，包括对社会流行文化的感知，社会经验的积累等。

2. 咀嚼、消化资料

咀嚼、消化资料就是理解和思考的过程，依据创作者的创作经验和方法，对资料进行深入思考，例如资料与广告主题的关联性，资料中可提取的有价值的“广告元素”，资料与消费者生活的紧密联系等。

3. 抛开问题、顺其自然

当问题思考到陷入困境的时候，不妨抛开问题，顺其自然，让大脑放松，其实问题并没有被真正的抛开，而是转入了潜意识思考状态，在轻松的思维状态下，等待灵感的突然闪现。

4. 创意的突然涌现

经过深思熟虑后，创意通常会在不经意间闪现。就像古希腊的阿基米德，一天晚上，当他苦思冥想该如何测量王冠的含金量的时候，躺入装满水的浴盆，看着水从浴盆的四周溢出时，他发出了胜利的欢呼：将王冠放入水中，测量王冠排出的水量，就能够确定王冠的含金量。

木工鼻祖鲁班一直在苦苦思索什么工具可以轻松地切割木材，一天他的手不小心被几片草叶割破，鲁班没有把注意力放到自己的伤口上，而是很惊奇地去观察为什么柔软的草叶可以割破皮肤，当发现草叶的锯齿状叶边后，鲁班灵感闪现发明了锯子。牛顿在被树上落下的苹果砸到脑袋后发现了万有引力定律，这就是灵感、创意的突然涌现。但这个涌现一定是在前面 3 个步骤的基础上产生的。

当然，产生的创意还要经过细致检验，检验其可行性和可操作性，并最终选定创意。

5. 创意的实际应用

选定创意，并将创意应用到实际的广告策划中。

从第一步与第五步的关系来看，收集原始资料是创意产生的基础。创意的产生，要经过足够的前期积累，并且这种积累越丰富，思维碰撞产生的火花就越多，创意产生的机会也就越大，这种积累对个人来说是一项与时共进的长期工作，要求：其一，对世界上所有的问题都应该抱有一种兴趣；其二，广泛浏览各门学科中所有的资讯。当一个创意小组面对某个广告课题时，短期内的定向积累是不可缺少的。一旦深入广泛地研究产品与其消费者关系之后，几乎都能发现在每种产品与某个消费者之间都存在着某种相关联的特性。这种相关联的特性就可能促使创意的产生。

7.2 广 告 定 位

广告定位是广告创意的前提，关于广告定位，广告人叶茂中有个形象的说法：“所谓定位，就是把满脑袋的头发拔得只剩一根，在风中摇摆。”这剩下的最后一根头发无疑是所有目光的聚焦点。还有广告人提到广告定位时，提出这样一个问题：“现在有一颗子弹，是瞄准一只鸟将其击落，还是对着一群鸟放一枪，惊飞所有的鸟呢？”答案当然是不言而喻的，只有瞄准靶子，才能收获到预期目标。

现在的消费者面临着日益丰富的消费选择，企业间的竞争越来越激烈，消费者的消费行为越来越理性，消费观念也在不断完善。企业始终在思考，如何让消费者在众多的商品中毫不犹豫地选择自己的商品，企业如何对产品进行明确的市场定位，如何才能树立鲜明的市场形象，并将这个形象长时间地保留在消费者脑海中，而广告创作者又是如何将企业的这一定位巧妙地利用广告来展现。

7.2.1 广告定位的含义

广告定位就是指广告主通过广告活动，使企业或品牌在消费者心目中确定明确位置的一种方法。

定位理论的创始人艾·里斯和杰·特劳特在 1972 年提出了广告定位的概念，指出：“定位”是一种观念，它改变了广告的本质。定位从产品开始，可以是一种商品、一项服务、一家公司、一个机构，甚至于是一个人。但定位并不是要你对产品做什么事，定位是你对未来潜在顾客的心智所下的功夫，也就是把产品定位在你未来潜在顾客的心中。所以，你如果把这个观念叫做“产品定位”是不对的。因为你对产品本身，实际上并没有做什么重要的事情。

广告定位是现代广告理论和实践中极为重要的观念，是广告主与广告公司根据社会既定群体对某种产品属性的重视程度，把自己的广告产品确定于某一市场位置，使其在特定的时间、地点，对某一阶层的目标消费者出售，以利于与其他厂家产品竞争。广告定位的目的就是要在广告宣传中，为企业和产品创造、培养一定的特色，树立独特的市场形象，从而满足目标消费者的某种需要和偏爱，为促进企业产品销售服务。

7.2.2 广告定位理论的发展

广告定位理论的发展共经历了四大阶段。

1. USP 阶段

在 20 世纪 50 年代左右，美国的罗瑟·瑞夫斯提出广告应有“独具特点的销售说辞——Unique Selling Proposition(USP)，他主张广告要把注意力集中于商品的特点及消费者利益之上，强调在广告中要注意商品之间的差异，并选择好消费者最容易接受的特点作为广告主题。

在 20 世纪 50 年代末期，随着产品时代被市场营销时代所代替，确立“独具特点的销售说辞”变得日益困难。但是 USP 理论中的基本思想则被随后的广告思潮所汲取。因而，直至今日许多广告人给 USP 赋予诸多的现代意义，为当代广告活动所采用。

独特的销售主张(USP)采用的要点是：

(1) 每一则广告必须向消费者说一个“主张”。

(2) 让消费者明白购买广告中的产品可以获得什么具体利益，而这种利益是其他竞争产品所不具备的。

(3) 广告所强调的主张必须强有力，必须聚集到一个点上，集中打动和吸引消费者来购买相应的产品。

2. 形象广告阶段

从 20 世纪 60 年代以来，西方经济发达国家的生产得到迅速发展，新产品不断涌现，同类产品在市场上竞争十分激烈。许多广告人通过各种广告宣传和促销手段，不断为企业提高声誉，开创著名品牌产品，使消费者根据企业的名声与印象来选择商品。

在这个时期，涌现出一大批著名的广告人，他们的广告思想都以树立品牌形象为核心，并在客观的广告实践基础上，推动了企业营销活动的开展。这一时期最具代表性的人物就是被称为“形象时代建筑大师”的大卫·奥格威，其形象广告的基本要点是：

(1) 塑造品牌形象是广告最主要的目标。广告就是要力图使品牌具有并且维持一个高知名度的品牌形象。

(2) 任何一个广告都是对品牌的长期投资。从长远的观点看，广告必须为维护一个好的品牌形象，而不惜牺牲追求短期效益的诉求重点。

(3) 由于同类产品的差异性在减小，而品牌之间的同质性却在增大，所以消费者选择品牌时所运用理性的就越少，因此，描绘品牌的形象要比强调产品的具体功能特征更重要。

(4) 消费者购买时所追求的是“实质利益＋心理利益”，对某些消费群来说，广告尤其应该重视运用形象来满足其心理的需求。

3. 广告定位阶段

1969 年艾·里斯和杰·特劳特在美国《产业行销杂志》(*Industrial Marketing Magazine*)上写了一篇名为《定位是人们在今日模仿主义市场所玩的竞赛》的文章，并使用了“定位”(Positioning)一词。

广告定位阶段自 20 世纪 70 年代初期产生，到 80 年代中期达到顶峰，其广告理论的核心一直是使商品在消费者心目中确立一个位置。正如艾·里斯和杰·特劳特所指出的：广告已进入一个以定位策略为主的时代，“想在我们这个传播过多的社会中成功，一个公司必须在其潜在顾客的心智中创造一个位置。”“在定位的时代，去发明或发现了不起的事物并不够，甚至还不需要。然而，你一定要把进入潜在顾客的心智，作为首要之图”。

4. 系统形象的广告定位

进入 20 世纪 90 年代后，世界经济日益突破地区界限，发展成为全球性、世界性的大经济。企业之间的竞争从局部的产品竞争、价格竞争、信息竞争、意识竞争等发展到企业的整体性企业形象竞争，原来的广告定位思想，进而发展为系统形象的广告定位。

这种广告定位思想，变革了产品形象和企业形象定位的局部性和主观性的特点，也改变了 20 世纪 70～80 年代广告定位的不统一性、零散性、随机性，更多地从完整性、本质性、优异性的角度明确了广告定位。

系统形象广告定位，最初产生于美国 20 世纪 50 年代中期，发展于 20 世纪 60～70 年代，成熟于 20 世纪 80～90 年代。这种广告形态不但在欧美，而且在亚洲也产生了划时代的影响。当代世界上著名企业，其经营管理过程中都已经在系统形象广告领域做了大量的工作，促进了企业经济效益和社会效益的大幅度提高。

7.2.3 广告定位的意义

1. 正确的广告定位是广告宣传的基准

企业的产品宣传要借助于广告这种形式，但“广告什么”和“向什么人广告”，则是广告决策的首位问题。

在现实的广告活动中，不管你是否具有意识，是否愿意都必须给拟开展的广告活动进行定位。科学正确的广告定位对于企业广告战略的实施与实现，无疑会带来积极的、有效的作用，而失误的广告定位必然给企业带来利益上的损失。

2. 正确的广告定位有利于进一步巩固产品和企业形象定位

现代社会中的企业组织在企业产品设计开发生产过程中，根据客观现实的需要，企业必然为自己的产品所针对的目标市场进行产品定位，以确定企业生产经营的方向，企业形象定位又是企业根据自身实际所开展的企业经营意识、企业行为表现和企业外观特征的综合，在客观上能够促进企业产品的销售。无论是产品定位还是企业形象定位，无疑都要借助于正确的广告定位来加以巩固和促进。

3. 准确的广告定位是说服消费者的关键

一个消费者需要的商品能否真正引起其购买行为的出现，首先就要看广告定位是否准确，否则，即使是消费者需要的商品，由于广告定位不准，也会失去促销的作用，使许多真正的目标对象错过购买商品的机会。在现代社会中，消费者对商品的购买，不仅是对产品功能和价格的选择，更是对企业精神、经营管理作风、企业服务水准的全面选择，而企业形象定位优良与否，又正是消费者选择的根据之一，优良的企业形象定位，必然使消费者对产品产生“信得过”的购买信心与动力，促进商品销售。

4. 准确的广告定位有利于商品识别

在现代营销市场中，生产和销售某类产品的企业很多，因而造成同类产品的品牌多种多样，所以广告主在广告定位中要突出的是自己品牌的与众不同，使消费者认牌选购。

消费者购买行为产生之前，需要此类产品的信息，更需要不同品牌的同类产品信息，广告定位所提供给消费者的信息，其中很多为本品牌特有性质、功能的信息，有利于实现商品识别。广告定位告诉消费者“此类产品的有用性”，更告诉消费者“本品牌产品的与众不同性”。

5. 准确的广告定位是广告表现和广告评价的基础

在广告活动中，广告表现必须以广告定位为基础进行广告视听觉表现，广告表现要以广告定位为目标与导向，体现出广告表现服务于广告定位的思维逻辑。

一则广告的好与坏、优与劣，要以表现广告定位情况来进行分析和评价，因为对广告所进行的评价，实际上是对广告表现及产生的社会效果的评价，广告表现是以广告定位为核心展开工作并对广告表现进行评价，归根结底就是对广告定位的评价。也就是说，评价广告，首先要依据广告是否表现出准确的广告定位思想，是否比较准确地表现出广告定位的主题，而不能单纯围绕广告表现形式而大发议论。准确的广告定位既是广告表现的基础与基准，又应该是广告评价的前提基础之一。

7.2.4　广告定位理论的应用

1. 广告定位的心理分析

20 世纪 70 年代艾·里斯和杰·特劳特提出“定位”概念，并建立了完整而系统的广告定位思想体系，被国外广告界认为进行广告定位的最基本的思想。在广告定位的背景分析上，艾·里斯和杰·特劳特提出以下思想。

(1) 研究潜在顾客心理是广告定位的出发点。

① 消费者只看他们所期望看到的事物。广告要创造消费者内心所期望的产品或服务，使消费者达到一种内在的满足。相反，如果广告创造了与人们期望不相符的东西，就会使其产生一种严重的失落感，被推销的产品就会陷入困境。

② 消费者的商品记忆储存有限。艾·里斯和杰·特劳特称“人类的心智是一个完全不够大的容器”，哈佛大学心理学家米勒博士(Dr. George Miller)的研究也指出，一般人的心理不能同时与 7 个以上的单位打交道，所以广告商品要想在顾客有限的记忆库里储存自己的信息就必须要有明确的广告定位。

③ 人们心理上存着等级和阶梯。把产品在心智上划分等级。一个竞争者要想在市场上占有一席之地或提高市场占有份额，要么驱逐上方的品牌，要么把自己的品牌与其他企业的品牌位置发生关联。在开发或上市一种新产品时，如果告诉潜在顾客此产品“不是什么”，胜过告诉他“它是什么”。正如当第一辆汽车问世时，当时称之为“不用马的马车”(‘orseless’ arriage)，这一名称使社会公众把新观念的位置与当时存在的运输形式相联系。

在开展广告定位工作时，必须牢牢记住，定位并不是改变产品本身。如果说到改变的话，它确实在改变，只是改变的是名称、价格及包装，实际上对于产品本身则完全没有改变。所有的改变，基本上都是在做着修饰的作用，其目的是在潜在顾客心中得到有利的地位。

(2) 有悖于消费者心理的具体定位失误分析。

① 挑战一个在同类产品中雄踞“第一”的品牌意味着失败。某种产品已经在消费者心中盘踞着“第一”或“领导者”的地位，其他不同品牌的同类产品从正面进行广告定位与其竞争，无疑是以卵击石，产品很难在这个市场上站住脚。即使实力雄厚的企业在开发的新产品与市场上占据“领导地位”的企业产品面对面地竞争时，都冒着极大的风险，以至于出现重大损失，甚至于有更好的商品品质也往往难以去动摇“领导者”的地位。

② 高品质的并非一定能够击败对手。从一般常识来看，一个产品拥有比同类其他产品更高的品质就应该会击败对手，但事实并非如此。在市场竞争激烈的今天，“好酒也怕巷子深”。

③ 品牌推广并非都能够成功。当某一品牌在其同类产品领域获得成功之后，该品牌在

随后向其他领域推广的过程中并非都会成功。

④ 高科技并非会真正带来极大成功。艾·里斯等认为“假如在心智中没有空隙，即使在研究室中有伟大技术的成功，结果也要失败”。

⑤ 不适当的名称选择导致失败。“名称是把品牌吊在潜在顾客心智中产品阶梯的挂钩，在定位时代中，你要做的最重要的营销决策，便是为产品取个名称。”在一般人看来，名称不过是一种代号、一种称谓，它与成功或失败没有多大关系。但是，越来越多的事实证明名称与成败有密切关系。

⑥ 不要夸大产品利益，尝试向每个消费者宣传自己的产品。在企业和产品并不多的以前也许可以，但是在今天，由于产品的竞争十分激烈，到处都会有太多的竞争者，你想八面玲珑赢得胜利将会十分困难。要想在竞争的环境中求胜，就必须在市场中开拓明确的、最适合的位置，即使会受到某些损失，你也要这样做下去。

也就是说，广告要定位，要指向某一类特别消费群体，而不是所有的消费者。在广告定位中要时刻牢记：“用步枪瞄准最佳潜在顾客来射击的方法，远比用猎枪散弹希望打几个全部市场的方法要好得多。计划者一定要知道谁是目标市场并直接和他们说话。”“试图用一个策略去传达给太多的人或向太多的人说话实在是一项风险。试图对一个更广大的市场夸张一项利益，希望借以吸引更多的人士几乎永远是一种错误。”

2. 艾·里斯等的广告定位思想

在艾·里斯和杰·特劳特著的《广告攻心战略——品牌定位》一书中，详细地论述了广告定位的方法。

1) 建立领导地位

德国动物心理学家 K.Lorenz 提出了“印遗现象”说。他发现新生动物与其天生的动物妈妈间第一次相见后，仅需数秒钟的时刻，这幼小的动物就能辨识其母亲。对于一般的人来看，也许认为一切鸭子看起来都是一样的，然而，不管你怎样把鸭群混组，即使孵化仅一天的幼鸭，也会认出它的妈妈。但是，那也不一定十分确定，假如“印遗现象”的过程，受到一条狗、一只猫、甚至一个人所代替的干扰，无论这个生物的外形如何，这只幼鸭仍会认为代替者是其天生的妈妈。

艾·里斯等基于此理论，指出：第一家占据人心智中的公司都是难以驱逐出去的，因而企业要在公众心目中树立“领导者”地位。一般来讲，最先进入人脑的品牌，具有很多的优势。“最先进入人脑的品牌，平均而言，比第二的品牌在长成的市场占有率方面要多1倍。其第二的品牌比第三的又会多1倍。而此种关联是不易改变的。”

在历史上，IBM 并没有发明计算机，计算机是兰德公司(Sperry-and)所发明。然而 IBM 是第一个在潜在顾客心智中建立计算机位置的公司。可口可乐的典型广告是“只有可口可乐，才是真正的可乐”。在这种情况下，其他同类商品都成为模仿“真正的可乐”，而可口可乐成为衡量其他的可乐标准。

2) 跟进者的定位

在某类商品的市场上，已经有了“领导者”，这就使后来的企业处在“跟进者”地位。“跟进者”可能在此类产品上最早研制，但由于在进入消费者心智时晚了一步，也就成为了在市场上晚于“领导地位”的产品。跟进者要想在市场上站住脚，一般应该重新寻找自己在市场上的位置，即“寻求空隙”。

① 空隙大小定位。

② 高价位的空隙。

③ 低价位的空隙。

④ 性别空隙。

⑤ 年龄空隙。

⑥ 时段空隙。

⑦ 区域和群体定位的空隙。

3) 比附的定位

当某一品牌在同类产品中居于“领导地位”时，可以建立“比附”位置(‘Against’ osition)，以确定比附于“领导者”的地位。

在美国的租车公司中，赫兹为最大，艾飞斯巧妙地把自己比附于赫兹公司，自己不是第一，但尽早占据了第二的位置，广告文案是：艾飞斯在租车行业里只是第二，那为什么还要选择我们？因为我们更加努力。艾飞斯 13 年来直线亏损，然而在承认了自己是第二之后，转机就发生了，他们开始赚钱，并确立了自己的行业地位。艾飞斯在租车业，汉堡王(Burger King)在速食业，百事在可乐型饮料业，所遵从的正是这种比附定位策略。

4) 重新为竞争定位

在市场经济发达的国家或地区；每类产品都处于过剩的坏境中，一个公司要用广告打通通向人心智的途径，寻找一个空隙并非容易之事。由于能填补的空隙过于稀少，公司必须学会把竞争者们占据在人心智中的位置重新定位，创造一个新的次序。而一旦试图把一个新的观念或产品移入人的心智中，就必须先把一个旧的移出去才行。在建立新的定位次序时，会与旧的观念或产品产生冲突。冲突本身有可能使一个企业一夜成名。

7.2.5　广告定位依据

广告的定位依据主要有产品广告定位和企业广告形象定位。

1. 产品广告定位

广告产品定位是通过广告让产品在消费者心目中留下鲜明的印象，例如功能、质量、用途等。总体来分主要有两大类：产品实体定位和产品观念定位。

1) 实体定位

所谓实体定位就是在广告宣传中突出产品相关的新价值，强调本品牌与同类产品的不同之处以及能够给消费者带来的更大利益。实体定位又可以区分为市场定位、品名定位、品质定位、价格定位和功效定位。

(1) 市场定位。市场定位就是指把市场细分的策略运用于广告活动，确定广告宣传的目标。

广告在进行定位时，要根据市场细分的结果，进行广告产品市场定位，而且不断地调整自己的定位对象区域。只有向市场细分后的产品所针对的特定目标对象进行广告宣传，才可能取得良好的广告效果。例如强生就在广告中诉求强生是婴儿用品的专业生产商。

(2) 品名定位。任何产品都有一个名称，但并不是随机地选定一个名称都可以的。企业在选定产品名称时很讲究一种吉祥和顺口，例如娃哈哈，体现出产品给孩子带来的开心快乐；金利来，体现的好运和钱的滚滚而来，符合消费群体的吉利心理；帮宝适，体现产品帮助父母给宝贝孩子带来更多的舒适等。

在现代社会中，企业开发和生产的不仅仅是产品实体本身，而也是在创造一种文化现象，这就要求产品的名称与文化环境相适应。同时，产品名字是企业与顾客最直白的沟通，好的品名应该能给顾客带来美好的联想，同时易记，朗朗上口。

(3) 品质定位。在现实生活中，广大消费者非常注重产品的内在质量，而产品质量是否卓越决定产品能否拥有一个稳定的消费群体。很多广告把其产品定位在品质上，取得了良好的广告效果。

值得注意的是，几乎每家企业都会用不同的方法表明产品的优良品质，但什么样表现方法能更好地表现产品的品质，能更好地引起消费者注意呢？有的企业采用比较的方法，比较不同产品产生的不同效果；有的企业采用示范的方法，示范产品的使用前后不同的效果。

(4) 价格定位。把自己的产品价格定位于一个适当的范围或位置上，以使该品牌产品的价格与同类产品价格相比较时更具有竞争实力，从而在市场上占领更多的市场份额。

通常价格定位重点是两种档次的定位，一种是树立低价形象，体现产品的价廉物美，例如巧手洗衣粉就在广告中使用一个猪型储蓄罐的形象表现自己的经济实惠；另一种是树立高档形象，吸引高消费阶层的关注，例如黑人牙膏在牙膏市场里的高价位高档次形象。

(5) 功效定位。这是指在广告中突出广告产品的独特功效，使该品牌产品与同类产品有明显的区别，以增强竞争力。广告功效定位是以同类产品的定位为基准，选择有别于同类产品的优异性能为宣传重点。美国七喜汽水的广告宣传，就以不含咖啡因为定位基点，以显示与可口可乐等众多饮料的不同。海尔洗衣机在广告宣传中诉求自己的“十档水位选择”，省水省电，准确抓住了消费者心理。

2) 观念定位

观念定位是在广告中突出宣传品牌产品新的意义和新的价值取向，诱导消费者的需求，重塑消费者的习惯心理，树立新的价值观念，引导市场消费需求的变化或发展趋向。例如现在市场上除螨的商品比比皆是，但回首 20 世纪 90 年代的时候，人们根本不知道螨虫是什么，也没有除螨的需求。于是企业在广告宣传中开始宣传这样的新观念：皮肤的发痒、长疙瘩、起痘等现象根据科学研究表明是因为螨虫的原因，出现这些症状后，消费者需要做的是除螨。当这个观念随着广告宣传深入人心后，除螨的商品开始占领市场。

观念定位在具体应用上分为逆向定位和是非定位两种。

(1) 逆向定位。逆向定位是利用有较高知名度的竞争对手或相关企业的声誉来引起消费者对自己的关注、同情和支持，以达到在市场竞争中占有一席之地的广告定位效果。当大多数企业广告的定位都是以突出产品的优异之处的正向定位时，我们应采取逆向定位反其道而行之，利用社会上人们普遍存在的同情弱者和信任诚实的人的心理，反而能够使广告获得意外的收获。

例如日本的 NEC，在向市场推出打印机的时候，是个名不见经传的企业，为了能吸引消费者的注意力，应进行这样的广告宣传：NEC 打印机，配合 IBM 电脑使用，效果将更好。

(2) 是非定位。是非定位就是企业打破既定思维模式下的观念体系，创立一种超乎传统上理解的新观念，人为地将自己的产品和竞争对手区分开来，这既是广告的定位方法之一，也是企业设置行业壁垒的有效方法之一。例如四川成都的白家高记粉丝在做广告宣传时，广告播放接近尾声，总传出一个小女孩稚嫩的声音“不是方便面”，将速食粉丝和方便面进行区分，给消费者留下深刻印象。

2. 企业形象广告定位

企业形象是组织的识别系统在社会公众心目中留下的印象，是企业物的要素和观念的要素在社会上的整体反应。

现代企业形象的理论是以 CIS 理论，即理念识别(Mind Identity)、行为识别(Behavior Identity)和外在表征识别(Visual Identity)所构成的企业识别系统(Corporate Identity System)为基本理论框架，企业形象广告定位应该围绕理念识别、行为识别和外在表征识别展开。

1) 理念识别(即 M I)的定位

理念识别是企业的核心和统帅。一般来说，不同的企业，经营理念是不同的，理念识别的定位也是不一样的。不同的理念识别不仅决定着企业的个性特征，而且还决定着企业形象层次的高低与优劣。

(1) 经营宗旨定位。经营宗旨是企业的经营哲学，它主要包括经济观、社会观、文化观。经营宗旨的定位事实上是企业的自我社会定位。经营宗旨的定位类型大体可分为三类：第一类是经济性，它突出的是企业经济效益。第二类是经济社会型，它讲求经济效益和社会效益并重，或者把重心偏重于社会效益。第三类是经济、社会、文化并重型，它既讲求经济效益，也要求社会效益，亦十分注重对人类社会的文化贡献。

(2) 经营方针的定位。经营方针是企业运行的基本准则。从社会性的角度来看，不同的行业，在经营方针的选择和确定上都具有一定的倾向性。而这种倾向性往往是由企业生存发展环境所决定的。在为企业经营方针定位时，既要注意行业自身的特点又要注重经营方针的指导性。

(3) 经营价值观的定位。企业的经营价值观是企业文明程度的标志，反映出企业的文化建设水准。正确的企业价值观，对内能够产生巨大的凝聚力，对外可以激发出强有力的感召力。经营价值观的定位，一旦经广告传播，会使企业的形象连同它的口号，深入到公众心目中。

例如飞利浦企业的广告口号："让我们做得更好"，体现了企业对产品质量、服务等不懈的追求精神，获得了消费者的认可。

2) 行为识别(即 BI)的定位

企业行为识别定位具体表现为：实力定位、产品形象定位、经营风格定位、企业经营行为定位和文化定位。

(1) 实力定位。实力定位是指在广告中突出企业的实力，其中主要是展示企业生产技术、人才、营销和资金，企业过去现在和未来等方面的实力。

(2) 产品形象定位。产品形象定位是以突出企业的主要产品或名牌产品在同类产品中，具有的优势和特质，而这种优势和特质与企业整体形象的优势与特质具有某些方面的融合性，即具有企业整体形象的鲜明代表性。例如"麦当劳从不卖出炉后超过 10 分钟的汉堡包和停放 7 分钟以后的油炸薯条"，充分体现初期严格的食品生产、销售的操作规范。其经营活动从一定程度上反映出麦当劳的产品形象。

(3) 经营风格定位。经营风格定位是在广告中重点宣传销售人员乃至全体员工的管理水平、经营特点和风格，其目的是使企业从众多经营同类产品的企业中脱颖而出。经营风格定位即在广告中突出高层决策者、经营管理者、技术人员，如美国麦当劳广告："Q、S、C+V(即品质、服务、清洁和附加值)"，就很好地把麦当劳的经营风格体现出来了。

(4) 企业经营行为定位。企业经营行为定位是指通过把企业经营管理活动在广告中进行定位宣传，把企业经营行为、企业社会责任感传递给社会公众，以达到赢得支持和赞誉的效果。例如农夫山泉的"阳光工程"：消费者购买一瓶农夫山泉，就有一分钱捐献给贫困山区的学校，用于给学生购买体育器材。

(5) 文化定位。文化定位就是在广告中突出、渲染一种具有个性的、独特的文化气氛，其目的是使公众自然而然地为其所吸引，从而树立起企业在公众中的形象。

文化定位是使广告的内容不仅显示商品本身的特点，更重要更关键的是展示一种文化，标示一种期盼，表征一种精神，奉送一片温馨，提供一种满足。日本企业在中国销售中，更加刻意追求中华民族文化的认同感，如丰田、三菱、日产三家汽车公司的广告语：“车到山前必有路，有路必有丰田车”；“有朋远方来，喜乘三菱牌”；“古有千里马，今有日产车”。3 家汽车厂商都巧妙地引用了中国人非常熟悉的三句话，增强了广告的感染力和渗透力。

3) 外在表象特征(VI)的定位

企业的外在表象特征又被称为企业的视觉识别或企业的感觉识别，它是企业的静态识别符号，是对企业形象具体化、视觉化的直观传达形式，其传播力量和感染力量最为直接和具体。

企业外在表象特征的定位要遵循以下几个原则：

① 以 MI 为核心，即企业标志的设计应以有效地传达企业理念、企业文化为目标，否则便混同于一般的商标。

② 应遵循情感性设计原则，即以充满人情味的作品来使消费者接受与认可，以此缩短企业与公众的情感与心理空间距离。

③ 应遵循民族化与国际性相结合的原则，只有是民族的东西，才可能成为世界的东西。

④ 遵循化繁为简的原则，标志设计应该追求简洁明了和单纯化。在企业的各类标志的设计中，还要注意标志的可读性与辨识性，标志所属企业的独特个性，标志为国际社会认知的通行性，标志为其他相伴产品顺利推广的适应性和标志民族习俗相融的习惯性。

在进行企业外在表象特征的定位时，要根据企业长远发展需要，考虑到各种因素的影响，尤其是不能以社会经济环境和企业微观环境以及社会历史发展等客观因素的变化随意更改标志系统，更不能够因为决策层人士的变动而随即更换。在我国众多类型的企业外在标志系统中，中国银行的标志可谓成功之作，由于其定位工作的扎实细致严谨完善，自 20 世纪 80 年代出现至今越来越显示出其独特之处和可行性。

麦当劳快餐连锁店“M”作为其标志，颜色采用金黄色，它像一扇打开的黄金双拱门，象征着欢乐与美味，象征着麦当劳的“Q、S、C &V”(品质、服务、清洁和价值)，像磁石一般不断把顾客吸进这座欢乐之门。在麦当劳的“摇篮篇”广告中一个小婴儿坐在摇篮里，每当摇篮荡高时小婴儿就开心地笑，每当摇篮低回时小婴儿就露出哭脸，一哭一笑的交替让人忍俊不禁，同时又产生好奇。原来因为摇篮荡到高处时，透过窗户小婴儿可以看见他喜爱的麦当劳的户外广告牌——大大金黄色的“M”这个大人小孩都熟悉的标志(如图 7.3 所示)。

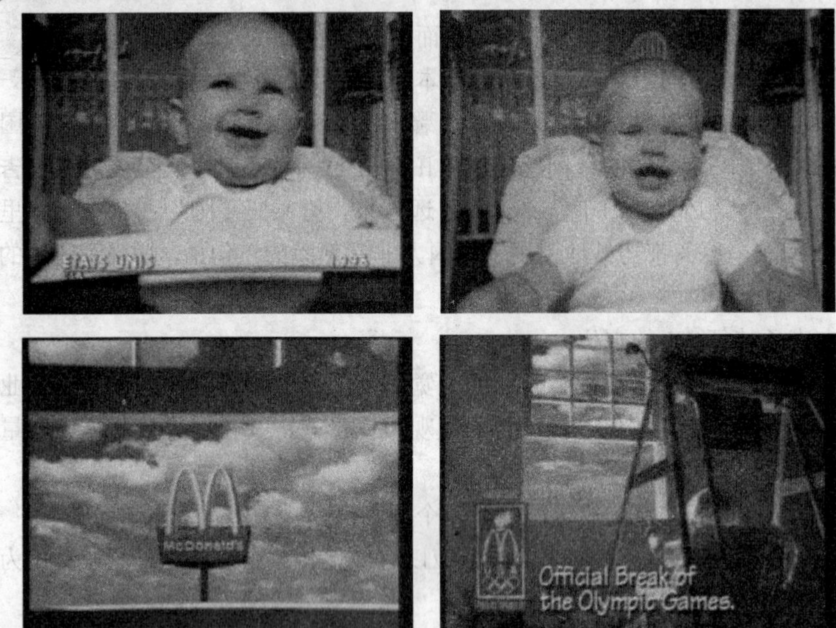

图 7.3 麦当劳“摇篮篇”广告

7.3 广告创意方法

广告创意不是大脑的任意思考，而是围绕着一个核心展开的思维活动，这个核心就是广告主题。广告主题是在明确广告目标，详尽了解企业和产品信息，准确分析并把握广告对象的消费心理及消费习惯后确定的最终广告诉求重点。广告主题是广告的中心思想，是广告主与目标顾客的沟通点。为了达到预期广告效果，广告人员必须在商品或企业中找出最重要的部分加以诉求，广告主题是广告创意展开的基点，是成败的关键。

7.3.1 广告主题

1. 广告主题的含义

有的学者认为广告主题就是指广告中提出的劝诱广告受众的购买理由。对于同一件商品或同一个服务，消费者有许多购买理由。例如，在买一辆汽车的同一消费行为上，有的消费者看重汽车带来的出行便利性，有的消费者看重工作效率的提高，有的消费者看重汽车给自己带来的生活品质的提高，有的消费者看重通过汽车体现自己的社会地位……不同的购买理由导致同一个购买行为，广告人要在详尽的调查后，找出最能打动目标顾客的有说服力的购买理由，有效地刺激消费者的购买欲望，实现顾客沟通。

有的学者认为广告主题是指从广告商品的众多信息个性中提炼出来的能引发消费者共鸣的广告诉求点。每一件商品都有自己的许多产品属性，例如，鞋这种商品，顾客在购买时可能会考虑到的属性有：原材料、品牌、耐磨性、透气性、柔软度、颜色、款式等。企业要通过比较企业与竞争对手的产品属性，调查、分析并把握目标顾客的需求，了解顾客最关注的属性是什么，在广告中用创意来表现并引发消费者共鸣。

2. 广告主题三要素

企业在选择广告主题时，主要考虑 3 个要素：广告目标、信息个性和消费心理。

1) 广告目标

广告目标是广告主题确立的出发点。不同的广告目标不同，新产品上市时广告目标是迅速提升产品的知名度，提升市场占有率；当销售节点，例如节假日到来时，广告目标是通过广告与销售行为的结合，在短期内大幅度提升产品的销售量。企业首先要明确自己的广告目标，明确广告主题的出发点。

2) 信息个性

信息个性是指广告中与众不同的宣传信息，是指广告调查中提炼出来的众多广告产品属性中的与众不同的属性。即在众多的属性中挑选出最能打动消费者的企业优势产品属性。例如美国的皮鞋“无声小狗”，刚投放市场时以式样作为广告主题，效果不佳，通过调查后发现，42%的消费者注重鞋的舒适度，32%的消费者注重鞋的耐穿性，16%的消费者注重鞋的样式，于是重新投入广告，将舒适和耐穿作为广告主题，销售量马上提升。

3) 消费心理

消费心理是企业开展广告活动必须要分析的重要内容，广告要仔细分析目标顾客心理，只有迎合并准确把握了目标顾客的消费心理，才能引发消费者共鸣。不同的目标顾客群体有着自己典型的消费心理，例如儿童的活泼好动，好奇心重，青年人的动感时尚和个性化，中年人的面子思想，老年人对健康的关注等。

3. 广告信息构成

广告信息是广告中广告受众最终感知到的视觉、听觉、心理等多方面信息，主要由直接信息和间接信息构成。

1) 直接信息

直接信息是广告中受众感观可见的图形、符号、文字等。例如图 7.4 的果汁饮料广告中，能看到的直接信息是：一串上吊的香蕉、一瓶某品牌果汁饮料和一句广告语：冰箱已是它的地盘，活着还有什么意义。

图 7.4 果汁广告

2) 间接信息

间接信息是广告中广告受众接收感观信息后，通过大脑思考理解后所获得的广告信息。在图 7.4 中，通过思考，广告受众得到的间接信息是广告体现了果汁饮料的新鲜天然。消费者在香蕉和果汁之间选择了新鲜天然好喝的果汁饮料，香蕉在伤心之余只好上吊啦，让广告受众哈哈一笑的同时，理解了广告主题，并激发了购买欲望。

4. 如何确定广告的主题

准确地找到广告主题是广告人的重要工作内容。

1) 从消费者对产品的关心点出发

广告主题的确定首先必须明确总体原则是从消费者的关心点出发。消费者对商品的关心点、需求和购买动机直接决定了广告主题的寻找方向。

2) 列出广告要点式

广告要点式就是广告产品所有能被诉求的属性，列出要点式后再逐一筛选，直至最终确定广告主题。例如汽车的广告要点式可以罗列出：速度、安全性、耗油量、价格、舒适性、内部噪声、内部空间、刹车性能等。

沃尔沃汽车公司是北欧最大的汽车企业，也是瑞典最大的工业企业集团，世界 20 大汽车公司之一。沃尔沃在进行广告投放时，详尽罗列出广告要点式，最终选择了企业最大的优势：安全性作为诉求重点，因为在美国公路损失资料研究所曾评比过 10 种最安全的汽车，沃尔沃荣登榜首，同时消费者在购买汽车时安全性常常是首要考虑因素。

广告要点式可以从以下几个方面作为考虑的出发点。

(1) 产品实体因素。产品实体因素主要考虑广告产品的原材料、生产特点、外观等因素。

① 原材料。通过分析企业产品的生产原材料，寻找可采用的卖点。例如农夫果园的广告语：“农夫果园，喝前摇一摇”，简单的“摇一摇”动作充分体现了果汁饮料的真材实

料，同时农夫果园在广告中诉求自己是混合果蔬饮料，含有番茄、草莓、山楂等果肉纤维，即表明了产品的营养性，也调动了消费者的购买欲望。

② 生产特点。通过分析企业的产品生产技术、生产工艺、生产流程等，找出值得诉求的生产特点。例如乐百氏矿泉水的广告语“27 层层层净化”正是体现了矿泉水的生产工艺。27 层其实并不是一个工艺的确数，却充分体现了乐百氏矿泉水的纯净(如图 7.5 所示)。

图 7.5　乐百氏矿泉水广告

在生产特点的诉求上，更巧妙的是广告大师霍普金斯创作的一则喜立滋啤酒广告，广告语是“喜立滋啤酒瓶是经过蒸汽消毒的”。懂得啤酒生产的人都知道，其实所有啤酒品牌的啤酒瓶都是经过蒸汽消毒的，但事实是次要的，重要的是别人从来没这样说过，喜立滋抢先说出来了，效果就显得不同凡响，消费者听到广告语后得出的结论是其他厂家的啤酒瓶没有经过蒸汽消毒，喜立滋啤酒更卫生、更放心、更健康。广告推出后，喜立滋啤酒由原来的市场第五位迅速跃升为第一品牌。

③ 外观。分析产品独特的外观特点可作为广告诉求主题。

例如，可口可乐公司一直在诉求自己的玻璃瓶外观，将这个经典的造型深深印在消费者心目中。可口可乐饮料的包装很有讲究，20 世纪初，一位玻璃厂的青年工人设计了一个仕女身型的玻璃瓶，可口可乐公司老板坎德勒十分欣赏该玻璃瓶的设计，一是瓶子造型美观，如亭亭玉立的少女，人见人爱；二是瓶子容量恰到好处，刚好一杯；同时，因它造型巧妙，从外表看上去给人多于一杯容量的印象；此外，这个瓶型易于握紧，不像其他瓶子那么易于从手中滑落。于是花费 600 万美元将其专利买下，投入生产，作为可口可乐饮料的包装用瓶，瓶上印有可口可乐的商标、品名，独特的造型突出了可口可乐的独特形象，对可口可乐的流行起到了重要作用(如图 7.6 所示)。

(2) 产品使用情况。产品使用情况包括产品的用途用法、使用效果、消费者反应等要素。

① 用途用法。产品的新颖独特的用途用法也可成为广告宣传主题。例如在中国的感冒药市场，企业都在争相宣传疗效的时候，“白加黑”感冒药在广告中宣传感冒药的新吃法：

白天服用白片，晚上服用黑片，并提出响亮的广告口号：“白天服白片不瞌睡，晚上服黑片睡得香”，解决了消费者对感冒药带来的副作用的困扰，成功地占领并扩大了市场。

图 7.6　可口可乐广告

② 使用效果。产品的良好使用效果是消费者选择商品的重要考虑因素，广告可以运用各种方法诉求产品的良好使用效果。例如汰渍洗衣粉，在广告中利用对比法诉求洗衣粉新配方更好的去污净白效果，两个盆子、两件同样脏的衣服，一件用汰渍旧配方洗衣粉洗涤，一件用新配方洗涤，比较洗后效果，新配方洗衣粉将衣服洗得又白又香，那么新配方的洗衣效果就不言而喻了。

③ 消费者反应。在广告中展现消费者的使用反应，间接表现产品的良好使用效果。例如大宝 SOD 蜜的广告，各行各业的人士在广告中用几句简单朴实的对话表达出大宝良好的护肤效果：

“最近你老公气色不错啊！”

“他呀，天天都用我的大宝 SOD 蜜！”

“吸收特别快，挺舒服的！”

“哎！又用我的啊？你的呢？”

“都让我老爸给用了。”

“我跟我女朋友说，你也去弄瓶贵点的呀，哎，人家就认准大宝了！”

“大宝啊？不错！价格便宜量又足，我们一直都用它！”

“干我们这行的，天天在外面跑，风吹日晒的，有了大宝啊，嗨！还真对得起咱这张脸！”

"大宝，明天见。"

"大宝啊，天天见。"

(3) 产品的价格、档次。消费者的消费心理各不相同，有的属于价格敏感型，喜欢低价实惠，有的抱着名牌心理，认为价高质优，还能体现自己的成就和社会身份地位。广告可以分析产品的价格档次，进行相应诉求。

(4) 企业因素。企业因素包括企业的经济实力、企业所处的行业地位、企业文化等。

3) 挖掘、创造产品价值

当罗列广告要点式时，如果直观的产品价值不够具备吸引力，那么广告可以挖掘和创造产品价值，以此来吸引顾客。

① 刺激需求。消费者需求的产生主要由外部刺激和内部刺激两种原因产生。

内部刺激主要是因为生理、心理的原因，例如饿了、冷了、精神压力太大等刺激使消费者产生对外界事物的欲求。

外部刺激主要是消费者接收到的各种外界信息，例如时尚潮流的转变、专家的指导建议、企业的广告宣传等。

② 打破消费者的观念障碍。由于消费者对企业及产品的不了解，有时候会存在消费的观念障碍，企业需要利用广告来打破观念障碍，引导消费购买。例如百事可乐当初在澳洲销售的时候，由于当地消费者对百事可乐产品的不了解而产生误解，导致产品销售惨淡。企业通过详尽市场调查发现，消费者产生的误解主要是：百事可乐是化学原料制成，含有咖啡因；褐色是色素；含有防腐剂，所以不易饮用。针对这样的消费观念障碍，百事分别制作投放了两则广告。

第一则广告：树上结着褐色果子，果子落地变成了一瓶瓶百事可乐，广告语：口渴的人都相信清凉舒畅的百事可乐，在您最需要的时候带给您欢乐舒畅。欢乐来自天然的饮料：可乐子、香草豆、焦糖和蔗糖，还有纯净的水。大家都信赖百事可乐，来一瓶。

第二则广告：几株树上结着不同颜色的果子：黄色、绿色、红色、褐色。突然褐色果子落地，变成一瓶百事可乐。广告语：我是可乐子，它们都是我的朋友，您认为，它们是天然的，因为它们生长在树上。我生长在可乐子树上，也是新鲜天然的果子。百事可乐用我制成，一样新鲜纯净。百事可乐是褐色的，因为我是褐色的，您一定喜欢纯净天然的百事可乐。

第一则广告通过诉求产品的原料成分，消除了百事可乐是化学制剂的误解。第二则广告则通过拟人的手法，让一颗可乐子告诉消费者百事可乐是天然的饮料，消除了褐色和含有防腐剂、咖啡因的误解，两则广告的共同主题就是新鲜天然。在广告推出后，百事可乐成功打开了澳洲市场。

4) 运用逆向思维，把负价值转为正价值

产品的正价值是指产品给消费者带来的好处和利益，负价值是指产品给消费者带来的伤害和弊端。例如洗衣粉可以洁净衣物，但会伤害家庭主妇的双手皮肤；啤酒给人带来清凉舒畅，但同时“液体面包”也会使饮用过多的人长出“啤酒肚”。广告可以运用逆向思维，巧妙地将消费者头疼的产品负面价值变成产品卖点。例如立白洗衣粉广告，大家都记住了“立白洗衣粉，不伤手的洗衣粉”；美国雷布斯啤酒的广告语是：有好口味，但不会有大腰围；一则洗涤剂的广告语是：对油污毫不留情，对您的双手却呵护备至。

5. 优秀广告主题的标准

同一产品可以选择出许多广告主题，但是优秀的广告主题应该符合以下几点：

(1) 真正满足消费者需求。广告主题应该和消费者需求相吻合，产品的卖点就应该等同于消费者的需求点。

(2) 角度与众不同。广告主题要吸引消费者注意，角度应该与众不同，说别人没有说过的，用别人没有用过的方法。

(3) 产品的个性化特征。广告主题应该是产品的众多属性中的个性化属性，这样才能展示出产品的独特优势。

(4) 保持一致性和连贯性。一个好的广告主题如果成功占领了市场，就应该保持一致性和连贯性，长期占有广告产品在消费者心目中已占有的位置，不要轻易发生改变，除非是因为这个广告主题已经失去了号召力。例如海飞丝洗发水推出了多年的广告，为了推陈出新，洗发水里不断添加新的养发物质和成分，但广告主题始终是“去屑”。

7.3.2 广告创意的含义和原则

1. 广告创意的含义

广告创意(Creative/Idea)的含义表述很多，常见的表述是广告创意指通过一定的艺术构思，把广告主题准确、充分、集中地表现出来的创造性思维活动。有的广告人认为广告创意指创造性思维的运用，即寻找新鲜的、熟悉的、简洁的“旧元素”(刺激物)来替代那些用惯的旧元素。

例如，获得全国第五届(1997 年)广告作品展全场大奖的舒眠乐平面广告，利用生活中熟悉的枕头元素，广告语：“失眠的痛苦只有自己知道，您应该拥有平静而舒畅的睡眠”。广告画面的焦点集中在两个造型有别的枕头上，一只是皱巴巴的枕头，借喻主人辗转反侧的情形，表现失眠的痛苦，一只是平整饱满的枕头，借喻主人使用舒眠乐后可以获得平静、舒畅的睡眠。两只普普通通的枕头，简单对比、联想自然、容易理解、又不失含蓄委婉的味道，能较好地引起失眠者的共鸣(如图 7.7 所示)。

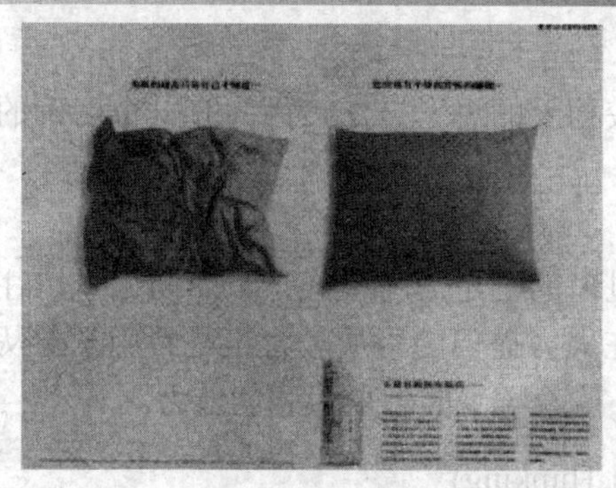

图 7.7　舒眠乐广告

2. 创意原则

对于“什么是好的广告？”这个问题，广告大师大卫·奥格威在其代表作《一个广告人的自白》中将其概括为 3 种意见：客户认可的广告就是好的广告；消费者和广告界都将其作为是一件可钦可佩的杰作而长久不忘的广告是好的广告；广告佳作是把广告诉求对象的注意力引向产品，消费者看了广告不是说：“多么妙的广告啊”，而是说“我从来没有听说过这种产品，我一定要买它来试试。”仔细思考后，显然第三种意见才是好广告的真正含义。

广告创意的原则主要有独特性和实效性两个原则。独特性就是广告创意应该是别人没有做过的，与众不同的，能够帮助产品从众多的产品中脱颖而出。实效性就是企业最注重的广告效果是经济效果，广告创意应该能够激发消费者的购买欲望，消费者看了广告后，应该说“我从来没有听说过这种产品，我一定要买它来试试”，从而给产品带来销售推动，提升企业的经济效益。

7.3.3　广告创意方法

1. 垂直思考法(Vertical Thinking)

1) 含义

垂直思考法又称直接思考法、逻辑思考法，即按照一定的方向和路线，运用逻辑思维的方式，对问题进行一定范围内的纵深挖掘的思考方法。

在工作和生活中，最常用的思维方式就是垂直思考法，即问题——答案(因——果)对应，这是在长期的生活和学习过程中养成的。这种思维方式最常见，典型的例子是数理化等自然科学的因果关系非常清楚，逻辑性很强，是一种线型关系，不会有什么偏差。不过，在现实的工作中，往往一个问题可能有多种答案。例如从 A 地到 B 地，路线就会有好几种选择，最短的直线距离不一定就是最佳行程，因为还有堵车、路况等因素。

2) 优点

垂直思考法是一种比较稳妥的思考方法，因为有一个明确的思考方向，思考结果不会发生偏离。

3) 缺点

采用垂直思考法，在过多的既定思考模式下，容易偏重以往的经验、模式，从而受到经验框架的束缚。我国现在大力提倡的素质教育正是希望学生从传统教育模式的框架束缚中跳出来，培养发散思维，培养学生的想象力和创造力。

2. 水平思考法(Horizon Thinking)

1) 含义

水平思考法又称为横向思考法，指在思考问题时打破思维定势，向着多方向、多方位发展，通过转换思维角度和方向来重新构建新概念的思考方法。垂直思考法是因果一一对应的关系，而水平思考法是有很多可能性的、多元化的思维方式，能够启发思维，激发创造力，从而得到更全面、有新意的思考结果。

爱德华·德·波诺(Edward De Bono)是世界公认的首屈一指的创造性思维大师，他提出现行的教育方法只注重知识的传授，忽略了思考能力的启发。在代表作《六顶思考帽》中，爱德华以白、红、黑、黄、绿、蓝六种颜色的帽子，指代人承担的六种不同的角色或进入的不同的视界。在思考同一个问题时，爱德华说要尝试至少带上六顶不同的帽子，即从六个不同的角度视界出发思考，这样就有机会碰撞出各式各样的新主意。

2) 优点

水平思考法可以培养不同的思考方式、引导注意力；简化思考方式、变换思考形态；集中思考力量、多角度看问题，增加看问题的广度和深度。

3. 头脑风暴法(Brain Storming)

1) 头脑风暴法含义

头脑风暴法又称智力激励法、BS 法，是由美国创造学家 A·F·奥斯本于 1939 年首次提出，1953 年正式发表的一种激发创造性思维的方法。智力激励法是一种通过会议的形成，让所有参加者在自由愉快、畅所欲言的气氛中，自由交换想法或点子，并以此激发与会者创意及灵感，以产生更多创意的方法。

2) 头脑风暴法的基本程序

头脑风暴法力图通过一定的讨论程序与规则来保证创造性讨论的有效性，由此，讨论程序构成了头脑风暴法能否有效实施的关键因素，从程序来说，组织头脑风暴法关键在于以下几个环节：

① 定议题。一个好的头脑风暴法从对问题的准确阐明开始。因此，必须在会前确定一个目标，使与会者明确通过这次会议需要解决什么问题，同时不要限制可能的解决方案的

范围。一般而言，比较具体的议题能使与会者较快产生设想，主持人也较容易掌握；比较抽象和宏观的议题引发设想的时间较长，但设想的创造性也可能较强。

② 会前准备。为了使头脑风暴畅谈会的效率较高，效果较好，可在会前做一点准备工作。如收集一些资料预先给大家参考，以便与会者了解与议题有关的背景材料和外界动态。就参与者而言，在开会之前，对于要解决的问题一定要有所了解。会场可作适当布置，座位排成圆环形的环境往往比教室式的环境更为有利。此外，在头脑风暴会正式开始前还可以出一些创造力测验题供大家思考，以便活跃气氛，促进思维。

③ 确定人选。一般以 8～12 人为宜，也可略有增减(5～15 人)。因与会者人数太少不利于交流信息，激发思维；而人数太多则不容易掌握，并且每个人发言的机会相对减少，也会影响会场气氛。只有在特殊情况下，与会者的人数可不受上述限制。

④ 明确分工。要推定一名主持人，1～2 名记录员(秘书)。主持人的作用是在头脑风暴畅谈会开始时重申讨论的议题和纪律，在会议进程中启发引导，掌握进程。如通报会议进展情况，归纳某些发言的核心内容，提出自己的设想，活跃会场气氛，或者让大家静下来认真思索片刻再组织下一个发言高潮等。记录员应将与会者的所有设想都及时编号，简要记录，最好写在黑板等醒目处，让与会者能够看清。记录员也应随时提出自己的设想，切忌持旁观态度。

⑤ 规定纪律。根据头脑风暴法的原则，可规定几条纪律，要求与会者遵守。如要集中注意力积极投入，不消极旁观；不要私下议论，以免影响他人的思考；发言要针对目标，开门见山，不要客套，也不必做过多的解释；与会者之间相互尊重，平等相待，切忌相互褒贬等。

⑥ 掌握时间。会议时间由主持人掌握，不宜在会前定死。一般来说，以几十分钟为宜。时间太短与会者难以畅所欲言，太长则容易产生疲劳感，影响会议效果。经验表明，创造性较强的设想一般要在会议开始 10～15 分钟后逐渐产生。美国创造学家帕内斯指出，会议时间最好安排在 30～45 分钟之间。倘若需要更长时间，就应把议题分解成几个小问题分别进行专题讨论。

3) 头脑风暴法成功要点

一次成功的头脑风暴除了在程序上的要求之外，更为关键是探讨方式，心态上的转变，概言之，即充分，非评价性的，无偏见的交流，具体而言，则可归纳以下几点：

① 自由畅谈。参加者不应该受任何条条框框限制，放松思想，让思维自由驰骋。从不同角度，不同层次，不同方位，大胆地展开想象，尽可能地标新立异，与众不同，提出独创性的想法。

② 延迟评判。头脑风暴，必须坚持当场不对任何设想作出评价的原则。既不能肯定某个设想，又不能否定某个设想，也不能对某个设想发表评论性的意见。一切评价和判断都要延迟到会议结束以后才能进行。这样做，一方面是为了防止评判约束与会者的积极思维，

破坏自由畅谈的有利气氛；另一方面是为了集中精力先开发设想，避免把应该在后阶段做的工作提前进行，影响创造性设想的大量产生。

③ 禁止批评。绝对禁止批评是头脑风暴法应该遵循的一个重要原则。参加头脑风暴会议的每个人都不得对别人的设想提出批评意见，因为批评对创造性思维无疑会产生抑制作用。同时，发言人的自我批评也在禁止之列。有些人习惯于用一些自谦之词，这些自我批评性质的说法同样会破坏会场气氛，影响自由畅想。

④ 追求数量。头脑风暴会议的目标是获得尽可能多的设想，追求数量是它的首要任务。参加会议的每个人都要抓紧时间多思考，多提设想。至于设想的质量问题，自可留到会后的设想处理阶段去解决。在某种意义上，设想的质量和数量密切相关，产生的设想越多，其中的创造性设想就可能越多。

4) 会后的设想处理

通过组织头脑风暴畅谈会，往往能获得大量与议题有关的设想。至此任务只完成了一半。更重要的是对已获得的设想进行整理，分析，以便选出有价值的创造性设想来加以开发实施。这个工作就是设想处理。

头脑风暴法的设想处理通常安排在头脑风暴畅谈会的次日进行。在此以前，主持人或记录员(秘书)应设法收集与会者在会后产生的新设想，以便一并进行评价处理。

设想处理的方式有两种。一种是专家评审，可聘请有关专家及畅谈会与会者代表若干人(5 人左右为宜)承担这项工作。另一种是二次会议评审，即由头脑风暴畅谈会的参加者共同举行第二次会议，集体进行设想的评价处理工作。

5) 避免误区

头脑风暴是一种技能，一种艺术，头脑风暴的技能需要不断提高。如果想使头脑风暴保持高的绩效，必须每个月进行不止一次的头脑风暴。

有活力的头脑风暴会议倾向于遵循一系列陡峭的“智能”曲线，开始动量缓慢地积聚，然后非常快，接着又开始进入平缓的时期。头脑风暴主持人应该懂得通过小心地提及并培育一个正在出现的话题，让创意在陡峭的“智能”曲线阶段自由形成。

头脑风暴提供了一种有效的就特定主题集中注意力与思想进行创造性沟通的方式，无论是对于学术主题探讨或日常事务的解决，都不失为一种可资借鉴的途径。唯需谨记的是使用者切不可拘泥于特定的形式，因为头脑风暴法是一种生动灵活的技法，应用这一技法的时候，完全可以并且应该根据与会者情况以及时间、地点、条件和主题的变化而有所变化，有所创新。

4. 两种互逆的手段

创意的高妙之处就在于如何出人意料地把各种旧元素拼组成新的图景(在广告上，图景即是对主题的展现)，表现不同的主题。因此，作为创意的基本训练，可采用两种互逆的手段。两种互逆的手段就是首先主观尝试用同一个元素去表现尽可能多的不同的主题，然后再尝试逆反过来，选定同一主题，尝试用尽可能多的不同的元素来展现。

1) 元素的含义

元素是消费者在广告中最终感觉、认知到的符号：人或物、图像或声音，以及各种人工符号等。如图 7.8，Jeep 车的广告中就利用了一个简单的元素——车钥匙来体现吉普车的翻山越岭的性能。

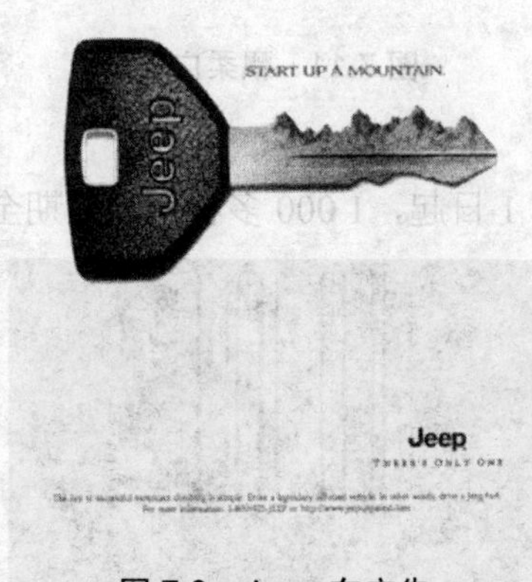

图 7.8　Jeep 车广告

2) 两种互逆的手段思维训练

① 同样的元素(或与其他辅助元素搭配)，可以表现哪些不同的主题？“以不变应万变”，就是这项训练的意义所在。

例如：元素——条形码(如图 7.9 所示)。

主题：珍惜森林资源

广告文案：该国的森林资源已告售罄(如图 7.10 所示)。

图 7.9　条形码

图 7.10　公益广告

柔顺

广告文案：有以上产品标志的，您就知道飘柔有多么柔顺(如图 7.11 所示)。

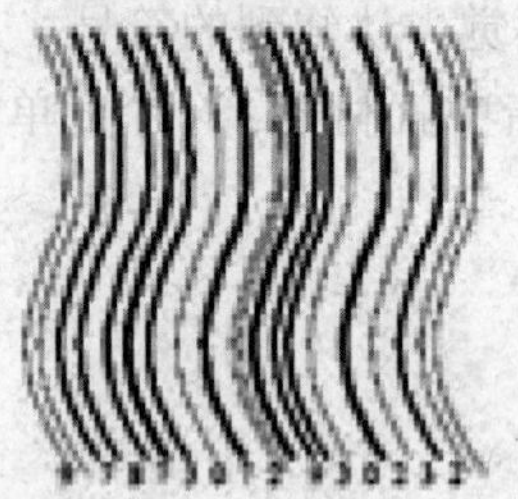

图 7.11　飘柔广告

降价

广告文案：从 2002 年 5 月 1 日起，1 000 多种商品长期全线降价(如图 7.12 所示)。

图 7.12　超市广告

保护知识产权

广告文案：头脑有价(如图 7.13 所示)。

图 7.13　公益广告

争创中国名牌

广告文案：立民族志气，创中国名牌(如图 7.14 所示)。

图 7.14　公益广告

② 同样的广告主题，可以用哪些不同的元素展现出来？“广告贵在对品牌不断投资，要坚持品牌原有的精髓与个性。”这是本项训练的意义所在。

同一主题——新鲜

不同元素：竹笋

广告文案：新鲜，与生俱来(如图 7.15 所示)。

图 7.15　纯生啤酒广告

香蕉

广告文案：冰箱已是它的地盘，我活着还有什么意义(如图 7.16 所示)。

橘子皮

广告文案：都乐百分百，新鲜每一天(如图 7.17 所示)。

图 7.16　果汁饮料广告

图 7.17　都乐广告

草坪(如图 7.18 所示)

广告文案：新鲜才有活力。

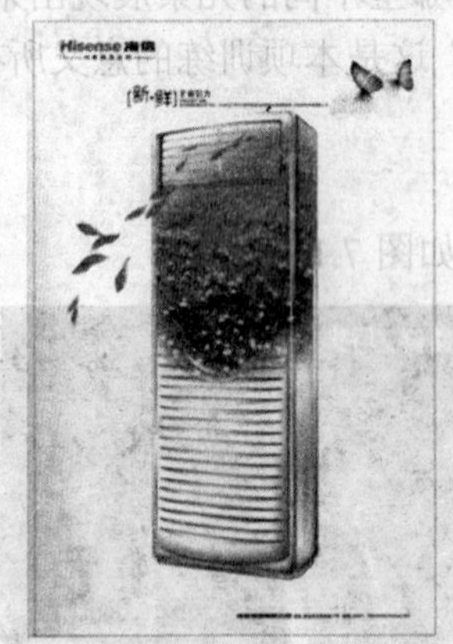

图 7.18　海信空调广告

花生(如图 7.19 所示)

广告文案：新鲜花生造好油。

图 7.19　花生油广告

3) 训练

训练的过程就是激发创意人思考、思考、再思考，搜寻、搜寻、再搜寻的过程。在这个过程中，有意识地把握、控制自己的思维方式是关键。

7.3.4　优秀广告创意的标准

什么样的广告创意是优秀的创意，广告界一直众说纷纭，戛纳国际广告节主席罗杰·哈切尔先生在 1995 年首次来中国宣传戛纳广告节时，根据他本人多年担任广告节评委的经验，给中国的广告人们提出了这样的广告创意标准。

1. 简洁

优秀的广告创意是简单明了的，并非深奥难懂，广告的目的就是与顾客进行有效的沟通，沟通的内容和方式都要简洁。

2. 贴近生活

广告既是一门科学也是一门艺术，艺术来源于生活，广告应该是贴近生活的。广告中描绘的场景应该是顾客生活中最熟悉的场景，描述的情感是顾客内心真实的情感，广告卖点正是顾客关心的产品优点，这才能引发顾客共鸣，说服顾客购买，实现广告目的。

3. 表达人性

情感营销是 21 世纪流行的营销方式，强调企业应该将与顾客建立的关系，从传统的“买与卖”的关系变成是长期稳定维系不散的朋友式的情感。所以广告应该表达人性，在广告中诉求情感：亲情、友情、爱情，引发情感共鸣，继而获得顾客对产品、企业的认同感。

4. 富于幽默

广告大师迪波斯说过一句话：没有幽默卖不出去的东西。顾客在看广告时开心一笑，愉快的情感体验会增加对广告和产品的好感，所以广告要尽可能富于幽默，给顾客带来快乐。

5. 更好地与产品相结合

创意是天马行空的，应注意更好地与产品相结合，通过广告真正表达产品的最佳卖点，和顾客更好地沟通。

7.4　广告创意表现

广告表现是广告创作与广告制作共同形成的，最终与广告对象见面，并说服或影响其购买行为的广告形式，具体表现形式就是广告作品，广告表现在整个广告活动中占有极其重要的位置。

7.4.1 广告表现

1. 广告表现的含义

广告表现是指将广告创意概念进行符合特定媒体语言的再创造，完成特定的信息编排与传达效果的创意执行过程。广告表现是现代广告运作中的关键环节，决定了最终的广告作品形态，也在很大程度上决定着最终的广告效果。

但值得注意的是，正是由于广告表现如此明显而直接，使很多人产生一种错觉，即只要抓好广告表现就可以了。广告是一个系统，每一个环节都非常的重要，不可以单纯地认为只要有较高的艺术水平的创作人员就可以做出成功的广告表现。

2. 广告表现在广告活动中的作用

广告表现在广告活动中起着至关重要的作用，主要表现在以下几个方面。

1) 广告表现对广告创意的影响

广告表现使用的手段直接影响广告创意的说服力，有好的广告创意，还需要使用恰当的广告表现来展现创意；广告表现所选取的表现视角关系到创意的排他性，同时广告表现的作业水准能够为广告创意增值。

2) 广告表现对广告目标的影响

广告表现的效果直接决定了广告目标是否能够顺利实现，同时在既定的广告目标下，要选择适当的广告表现方法。

3) 广告表现对广告效果的影响

因为广告表现决定了最终的作品形态，广告表现可以说在很大程度上决定着广告效果，但是广告效果的形成是由诸多因素构成，例如广告主题的正确选择，广告创意的新颖独特等。

7.4.2 广告表现与广告创意的关系

广告创意对广告表现具有的推动和引导作用，使二者之间形成了正相关的作用力和反作用力。广告创意主要发掘与广告诉求相关的题材与表现元素，是广告传达的第一步即“What to say”，而决定用什么形式去传达，就是“How to say”则为广告表现的任务。

1. 广告表现与广告创意的依存关系

如何将特定的概念转化为具体媒体上的信息形态。如何依靠具体媒体的传达特性，运用各种信息元素及其组合方式将创意转化成广告作品即创意视觉化过程。

2. 广告表现与广告创意的互动关系

广告创意与广告表现的互动关系，体现在广告表现不仅为创意找到最佳的表现语言、营造最有魅力的氛围，还应该对丰富的艺术表现形式进行准确选择，使广告创意得到最单纯、最简洁的诉求途径。

7.4.3　成功广告表现应具有的特征

成功的广告表现应该具备以下的特征：

(1) 广告能立刻引起注意。广告表现通过运用视觉、听觉等各种元素的刺激迅速引发消费者注意。同时广告要引导消费者的视线去注意广告的主要部分，突出广告主题。

(2) 广告的主要部分必须容易被记忆。广告表现应该是贴近生活，简单易懂的，容易被消费者理解和记忆。

(3) 广告能引起预期的联想和感觉，达到广告创意的目的。广告表现必须为广告目标服务，并且准确体现广告创意。

(4) 广告应灵活选择和运用广告表现策略，广告表现应与广告诉求点相统一，并且符合特定媒体的特性，充分利用各种不同媒体的优点，实现最佳的广告效果。

7.4.4　广告表现方式

1. 理性诉求广告策略

理性诉求广告策略是指广告采用理性的说服方法，有理有据地直接论证产品的优点，让消费者用理智去判断和选择。理性诉求型表现方式常见的类型包括：信息展示、逻辑推理、实证演示、比较、推荐等。理性诉求围绕广告诉求的主题，作用于广告受众的逻辑思考。

例如经常看到的牙膏广告中利用鸡蛋、贝壳等元素，一半抹上牙膏一半不抹，在浸泡一段时间后，拿出来一敲，不抹的半边很容易敲碎，有牙膏保护的半边很坚固。这就是典型理性诉求方法，利用小试验有理有据地说明牙膏对牙齿的保护功能。

2. 感性诉求广告策略

感性诉求广告策略是指采用感性的手法，让消费者从情感上产生共鸣，继而认同产品。亲情、友情和爱情，三大感情主题经常在感性策略中巧妙地运用，实现企业和消费者更好地情感沟通。

例如光明牛奶的广告口号：“喝光明牛奶，体会家的味道”，将牛奶和家联系起来，在产品中融入浓浓的家的温暖。

3. 推荐式广告策略

推荐式广告策略也叫威信策略，指利用人们对专家、明星、社会名流的尊敬、崇拜、模仿等心理，在广告中让专家来推荐产品，让明星和社会名流来代言产品的方法。

例如众多品牌的影视娱乐、体育明星的代言，牙膏广告中的医学博士，食品广告中的营养专家等。

4. 同一广告策略

同一广告策略是指在广告中利用形象化的比喻手法，运用水平思维，依靠其他具有相同属性的简单易懂的事物来表达广告主题。

例如方便面的广告要表现热辣口味，为了让人们能通过简单的视觉元素感受到热辣主题，运用同一策略，用酷似一团火的方便面来表现，巧妙而贴切地表现了广告主题(如图 7.20 所示)。

图 7.20　方便面广告

5. 幽默广告策略

幽默广告策略是指在广告中运用幽默的语言、情节，夸张的动作、表情等，传达广告信息，激发广告对象的情趣，使广告体现出风趣、亲切的一种广告策略。广告大师迪波斯曾说：“巧妙地运用幽默，就没有卖不出去的东西”，愉悦的广告体验能让消费者对产品产生喜爱的消费态度，从而促进购买。

例如一则渔具的广告语：我们的钓鱼竿，连鱼看了都喜欢，你还犹豫什么。一则交通广告的广告语是：请司机注意，本城一无医生，二无医院，三无药品。

6 悬念广告策略

悬念广告策略是利用并激发消费者的好奇心，吸引更多的注意力和消费关注。尤其是新产品推广，悬念策略往往能产生较好的广而告之效果。

例如爱多 VCD 在广州推向市场的时候，在《羊城晚报》上打了 3 天的半版广告，广告内容只有 2 个字：爱多，吸引了广州市民的好奇和关注，大家一时间都在好奇：爱多是什么？第 4 天，广告多了 3 个字母：爱多 VCD，广州市民恍然大悟，同时也记住了品牌名。悬念的使用帮助企业迅速提升了产品知名度，并打开市场。

7. 比较广告策略

比较广告策略是指在广告中进行对比，以表现产品的优点和长处。常常进行的表现方式有同种类、同功能产品间的对比和同一产品使用前后效果的对比。

同种类、同功能产品间的对比，例如电池广告中，一群可爱的玩具在同一起跑线上向终点跑去，很多玩具都因为电量耗完停在了路途上，只有小白兔成功来到终点，打开一看原来用的是某某品牌电池。值得一提的是，在使用这种对比法时要注意《中华人民共和国广告法》中第十二条明确规定：广告不得贬低其他生产经营者的商品或者服务。所以要注意使用比较方法，不可触犯法律。

同一产品使用前后效果的对比，例如化妆品广告，使用前的皮肤和使用后的皮肤对比，产品效果不言而喻。

本章小结

本章详尽讲述了广告创意的相关知识，全章共包括 4 节内容：广告创意原理，广告定位，广告创意方法和广告创意表现。

要理解广告创意的含义、前提、特征和广告创意过程，即广告创意的内涵，广告创意的前提和特征，以及广告创意的具体过程。

广告定位，包括广告定位的含义，广告定位理论的发展，广告定位的意义，广告定位理论的应用和具体的广告定位方法。

广告创意方法，包括广告主题的含义和确定，广告创意的原则，常见的广告创意方法，优秀广告创意的衡量标准。

广告创意表现，包括广告表现的含义和作用，广告创意和广告表现的关系，以及广告表现的方式。

为了体现高职与实务的特点，本章重点在于广告创意的相关实务知识，在学习时，重点把握以下知识点：理解广告创意的内涵，掌握广告创意的方法，学会常见的广告定位方法，掌握常见的广告表现方法。通过学习，读者能够对市场中的具体产品进行准确的广告定位，启发和训练思维，进行产品广告创意，并设计初步的广告创意表现。

思 考 题

1. 如何理解广告创意的含义？
2. 如何选择最佳的广告主题？
3. 广告表现和广告创意的关系？
4. 利用两种互逆手段的创意思考方法，进行广告创意锻炼。

第8章 广告制作

教学目标

通过本章学习，了解广告文案的基本概念、广告文案与广告创意的关系、广告创作的原则以及广告结构的组成部分，熟悉广告文案的类型、广告文案创作的过程、各种广告媒体的基本特点，掌握广告文案的诉求策略、广告标题的写作、广告正文的写作、广告标语的写作、不同媒体形式广告文案的创作等。

教学要求

知识要点	能力要求	相关知识
广告文案	(1) 能够区分不同类型的广告文案 (2) 能够用创作原则指导文案的创作 (3) 能够按照正确步骤创作文案	(1) 广告文案的各种类型 (2) 广告文案创作的三个原则 (3) 广告创作的过程
广告结构	(1) 能够区分广告文案的四个部分 (2) 能够设计有效的广告标题 (3) 能够撰写有效的广告正文 (4) 能够设计有效的广告标语	(1) 广告标题写作 (2) 广告正文写作 (3) 广告标语写作
广告制作实务	(1) 能够掌握各种形式广告的基本特点 (2) 能够设计和制作多种媒体广告	(1) 报纸广告制作 (2) 杂志广告制作 (3) 广播广告制作 (4) 电视广告制作 (5) 户外广告制作 (6) 网络广告制作

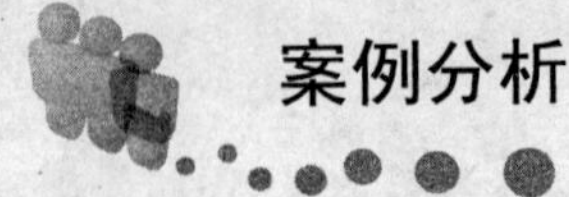

案例分析

农夫山泉：农夫山泉有点甜

每当提起农夫山泉，消费者脑海中首先闪现的是那句出色的广告语“农夫山泉有点甜”，这句广告语，首先在农夫山泉一则有趣的电视广告中提到：一个乡村学校里，当老师往黑板上写字时，调皮的学生忍不住喝农夫山泉，推拉瓶盖发出的砰砰声让老师很生气，说：上课请不要发出这样的声音。下课后老师却一边喝着农夫山泉，一边称赞道：农夫山泉有点甜。于是“农夫山泉有点甜”的广告语广为流传，农夫山泉也借“有点甜”的优势，由名不见经传发展到现在饮水市场三分其天下，声势直逼传统霸主乐百氏、娃哈哈。

为什么农夫山泉广告定位于“有点甜”，而不是像乐百氏广告那样，诉求重点为“27层净化”呢？这就是农夫山泉广告的精髓所在了。首先，农夫山泉对纯净水进行了深入分析，发现纯净水有很大的问题，问题就出在纯净上：它连人体需要的微量元素也没有，这违反了人类与自然和谐的天性，与消费者的需求不符。这个弱点被农夫山泉抓个正着。作为天然水，它自然高举起反对纯净水的大旗，而它通过“有点甜”正是在向消费者透露这样的信息：我农夫山泉才是天然的，健康的。一个既无污染又含微量元素的天然水品牌，并且与纯净水相比，价格相差并不大，可想而知，对于每个消费者来说，他们都会做出理性的选择。

但事实是，农夫山泉在甜味上并没有什么优势可言，因为所有的纯净水、矿泉水，仔细品尝，都是有点儿甜味的。农夫山泉首先提出了“有点甜”的概念，在消费者心理上抢占了制高点，其思维敏捷令人叹服。

农夫山泉发展到这一地步，已经相当不错了，但农夫山泉并没有固步自封，它继续高扛天然水的大旗，把与纯净水的战争进行到底。1999 年 6 月，农夫山泉在中央电视台播出衬衣篇广告说：“受过污染的水，虽然可以提纯净化，但水质已发生根本变化，就如白衬衣弄脏后，再怎么洗也很难恢复原状。”广告一经推出，立即引起轩然大波，同时挑起了天然水与纯净水的争论。2000 年 4 月，农夫山泉突然隆重宣布“长期饮用纯净水有害健康”的实验报告，并声称从此放弃纯净水生产，只从事天然水生产，俨然是消费者利益的代言人。农夫山泉对纯净水的挑战，遭到了纯净水厂商的激烈反击，甚至诉诸法律。这一系列事件的发生，引来了媒体和公众的兴趣，形成了轰动效应。而作为众矢之的的农夫山泉却暗自庆幸，因为有更多的人知道了它含有微量元素而不同于纯净水。

农夫山泉乘胜追击。2000 年 7 月中国奥委会特别授予养生堂为 2001—2002 年中国奥委会合作伙伴，养生堂拥有了中国体育代表团专用标志特许使用权，从此农夫山泉广告与奥运会挂上了钩，并邀请了孔令辉、刘璇做代言人，农夫山泉品牌形象再一次得以发扬光大。

启示：饮用水市场的同质化竞争迫使养生堂不能常规化运作农夫山泉矿泉水，于是出现了案例中所记述的情形。从这个案例中，我们发现农夫山泉根据产品的特点针对市场需求提炼了一个非常吸引人的广告标语“农夫山泉有点甜”，并针对这个广告语开发了一系列的广告文案，进行了高强度的投放。此外，农夫山泉还主动挑起了纯净水和矿泉水之争，更好地诉求了“农夫山泉有点甜”这句广告标语，取得了极大的成功，短时间内进入中国饮用水前三甲之列。

资料来源：农夫山泉：广告策略远胜一筹，中国营销传播网，
http://www.emkt.com.cn/2006 年 9 月 26 日.

一则完美的广告创意需要依托一个有效的表现形式，这个形式就是广告的文案。广告文案决定了广告主信息传递的效果，因此，没有出色的广告文案，就不会有良好的广告效果。同时，在广告的传递中，广告的制作也起到了至关重要的作用。本章将详细介绍广告文案创作的一般方法、广告文案的主要结构和主要媒体广告的制作方法。

8.1　广告文案创作

8.1.1　广告文案概述

1. 广告文案的定义

广告文案是广告策划者按照广告主的意图以及广告目标的要求，用文字的形式将广告宣传的内容表达出来的一种方式。广告的内容基本上是由文字和画面两部分构成，其中文字部分就是广告的文案。广告文案由标题、正义、附文、广告语 4 个部分组成。

2. 广告文案的分类

1) 根据广告的目的分

广告文案可分为商业广告文案和非商业广告文案

(1) 商业广告文案写作。即关于商业广告作品中的全部的语言文字部分的写作。是为了达到商业性赢利的目的而进行的广告运作中的一部分。它包括产品促销广告文案写作、形象广告文案写作和观念广告文案写作。

(2) 非商业广告文案写作。即为了说服公众关注某一社会问题、公益问题或政治问题等而进行的广告文案写作。非商业广告文案的目的不是赢利，而是将某一观念向受众进行传播以改变或消除某种不良观念。

2) 根据不同的广告发布媒介分

广告文案可为 6 种：　印刷媒体广告文案、电波媒体广告文案、户外广告文案、展示广告文案、销售现场广告文案、网络广告文案。

(1) 印刷媒体广告文案写作。是为通过印刷媒体传播的广告文案所进行的写作。根据印刷媒体本身的特点，又分为大众印刷媒体和其他的印刷广告文案写作两种类型。大众印刷媒体广告文案写作包括极纸广告文案写作和杂志广告文案写作两种，且前者所占份量最多。其他的印刷媒体广告文案写作包括直邮、招贴、产品介绍手册、企业介绍样本、产品样本等文案写作。

(2) 电波媒体广告文案写作。是为通过电波媒体传播的广告文案所进行的写作。在目前的情况下，电波媒体广告文案写作包括广播、电视广告文案写作，两者虽同属于电波媒体但却有重要区别。广播广告文案写作以声音作为文案写作的研究对象，电视广告文案写作以声画合一为双重的研究对象。

(3) 户外广告文案写作。是为通过户外广告媒体(包括霓虹灯、路牌等广告媒体)所传播的广告文案所进行的写作。

(4) 展示广告文案写作。是为通过展示媒体传播的广告文案所进行的写作。展示广告媒体主要指的是那些供展览会、交易会等场所使用的看板、展示板等。

(5) 销售现场广告文案写作。指为通过销售现场媒体传播的广告文案所进行的写作。销售现场广告媒体包括商店的装饰、现场展示橱窗、售货柜台等。

(6) 网络广告文案写作。是为在网络上发布的广告文案所进行的写作。网络广告在目前阶段，多为旗帜广告、图标广告及简介体广告形式。

3) 根据不同的信息因素分

广告文案可分为企业广告文案、产品广告文案、服务广告文案、公共事务广告文案。

(1) 企业广告文案写作。

① 企业形象广告文案写作。其直接目的是建立一个被公众所称赞的良好的企业形象。在写作中，以传达企业正面的信息，有效地建树和表现企业的良好形象为主要工作。

② 企业认知广告文案写作。企业通过广告向受众传达某些基本的信息，其目的是希望受众能够对这些信息有所了解。

③ 企业公关广告文案写作。企业通过它向外界传达企业自身的某种理念、对社会问题的意见和看法、对公众的关怀，传达企业自身在公众问题上所做的一切努力。建立企业与公众及其相关者之间的和谐关系。

④ 企业事务广告文案写作。以企业的事务性的信息作为传达的主要信息。其内容为企业的招聘、迁址、更名等企业日常发生的、需让外界知晓的信息。它是企业事务处理中的一个重要的组成部分，同时也是企业塑造自身形象的好机会。

(2) 产品广告文案写作。

① 消费品与工业品广告文案写作。消费品广告文案的信息主体是产品中的消费品，所面对的广告受众是消费品的消费者。工业品广告文案的信息主体是工业用原料或产品等，其诉求对象一般是生产性或经营性机构和企业的主管人员。

② 产品处于不同阶段的广告文案写作。导入期：是为导入期的产品打开市场而进行的写作。其目的是使本来一无所知的产品成为目标消费者所熟悉的、并在较短的时间之内产生好感和购买行为的产品，写作时着重于对新信息的侧重表现。成长期：此类广告侧重于对信息的进一步深化表现，巩固和发展前期广告在消费者心目中所建立的产品形象和产品的利益诉求。同时，又根据产品的发展情况，为潜在的消费者提供新的有效信息，以加深产品印象，进一步扩大产品的知名度和好感度，促进产品市场占有率。成熟期：主要目的是提醒消费者的重复消费。因此，在延续前面两阶段的广告形式和广告特点的基础上，发展广告形式的变化性，以形式的新颖来对受众产生有效刺激。

(3) 服务广告文案写作。其所传播的信息主体是服务。因为服务所具有的即时性特征，使服务广告文案写作的难题是，它必须为无形的产品塑造出一个有形的形象来，它要在人们尚未接受真正的服务之前，就进入一种特定的服务氛围之中，它要将一种不能留存的感觉留存下来，并且对目标消费者产生一种渗透性的诱惑。

(4) 公共事务广告文案写作。其所传播的信息主体是公共事务。公共事务广告的发布者和前面三种状况均不同，上至国家政府，下至公益组织。这类广告文案写作的内容范围非常广泛，只要是有关的社会问题，要引起公众注意的问题都可成为它的内容。

4) 根据广告文案不同的自身结构分

广告文案可分为：单则广告文案、系列广告文案。

(1) 单则广告文案写作。单则广告文案写作的主要特点是，运用一则广告作品的反复表现和重复诉求，来达到相对一个阶段的广告目的。

(2) 系列广告文案写作。系列广告由多个单则广告组合而成的。一般情况下，我们将由两则单则广告以上组合起来的广告序列，称之为系列广告作品。因此，系列广告文案是由两则单则广告文案以上的广告文案的组合。

5) 根据不同的诉求方式分

广告文案可分为：感性诉求广告文案、理性诉求广告文案、情理配合广告文案。

(1) 感性诉求广告文案写作。以感性诉求方式，对受众的情感与情绪因素进行对应性诉求的广告文案写作。这类写作试图通过对受众的情感和情绪系统的作用，使他们产生情感倾向和情绪的正向变化，接受广告信息并产生相应的消费行为。感性诉求方式一般运用于注重情感因素和附加价值、消费情绪化的受众，适宜于对日用消费品、化妆品以及时尚或流行表现的产品类型的文案表现。

(2) 理性诉求广告文案写作。以理性诉求方式，对受众的理性进行对应性诉求的广告文案写作。这类写作以对企业、产品或服务的客观、理性、重于实证的诉求，来说服受众成为产品的消费者。它的写作特点是论据充分、说理明晰，有很强的逻辑性和理性力量。

(3) 情理配合广告文案写作。将感性和理性两种诉求方式进行有机地配合表现的广告文案写作。在感性诉求与理性诉求方式基础上的文案写作，各有其利与弊。这类写作的目的，是为了排除感性方式在说理性和实证性上的不足、理性方式在情感性和附加价值体现的不足而产生的。这种写作能够避开两种方式在单一状态中的不足，而应将两者的优势结合起来，最大限度地加强广告信息的趣味性和说服力。

3. 广告创作的原则

1) 真实性原则

广告一定要真实地进行信息的传递，真实性是广告文案写作的首要原则。

① 广告文案文本最直接地与受众产生联系。在广告运动中，广告文案与广告作品中的其他要素一起，作为广告活动的“代言人”，站出来和受众对话。人们通过它的介绍和推荐来认识企业、产品和服务，产生情绪对应，对是否接受某种服务形成选择意向。这个代言人所说的话真实与否，将在很大程度上决定着受众是否能得到真实、准确的信息，能否产生符合真实状态的对应情绪，能否产生正确的消费意向。因此，只有符合真实性原则的广告文案才是符合“以人为本”的广告理念。广告文案人员诚实地表现真实的广告信息，是对受众的最好的服务形式。

② 广告文案写作的最终目的是为了说服和诱导消费者产生消费行为。这个目的以广告文案等组成的广告作品的发布为中介。广告者借助广告作品宣传产品的功能、特点，期望得到消费者的消费。这个目的使得广告文案的写作具有完全的功利性。而一旦广告者为了功利的目的而放弃了对消费者的道德责任，不真实的广告文案便会充斥广告空间，为了一己的目的而让众多的消费者遭殃。这对于经济的真正发展、对繁荣广告市场、对满足消费者的身心需要，都是十分有害的。从这个意义上讲，真实性原则是对于广告特性所可能带来的负面效应的一个强有力的遏制者。

③ 广告文案文本经由媒体得到广泛传播并能产生双重效应。广告文案经由不同的媒体传播，传播范围具有相当的广泛性。这个广泛性与它作为一种文化产品所具有的双重效应一起，会产生广泛的、双重的影响。双重效应即经济效应和社会效应。有效广告可以引导或带动消费者产生物质与文化的双重消费。在产品特点、优点真实基础上的消费当然是广告人梦寐以求的结果，也是对社会经济发展的强有力的推动。但如果是基于虚假信息前提下的广告文案所造成的消费热潮，将会对消费者和社会经济环境的稳定产生不良后果，会造成对不良生活方式的盲目追求。

④ 真实性是广告文案的生命力所在。广告文案以代表企业、产品、服务宣传其特点、功能，说服和劝诱消费者产生对应性消费为己任。因此，真实性是它的生命所在、力量所在。如果违背了真实性原则，其广告文案会因为失真而丧失自己的可信度。丧失了可信度的广告文案将毫无生命力，毫无价值。目前受众对广告的怀疑、不信任心态的存在和弥漫，就是许多虚假广告造成的恶果。广告活动如果失去了受众的信任，广告本身也就成了毫无意义的行为了。

在广告文案写作中，坚持真实性原则问题，就是坚持广告科学的、真正的为社会服务的问题，是坚持正向发展我国广告业的问题。因此，真实性原则应该是广告文案写作行为的首要原则。

2) 原创性原则

原创性又称原创力、独创性，是与众不同的首创，是广告人在广告运作过程中赋予广告运动和广告作品以独特的吸引力和生命力，使其产生与众不同的力量。广告人将原本存在的要素重新加以排列组合，用一种新颖而与众不同的方式来传达，发现人们习以为常的事物中的新含义。

广告如果没有关联性，就失去了目的；如果不够原创，就吸引不了注意力；如果不能造成震撼力，印象也不会持久。由于现代社会同类产品越来越多、同质化倾向越演越烈，信息社会的信息发布铺天盖地、一般的表现方式很难引起目标受众注意等状况的存在，广告人都将原创性作为一个重要的原则来遵循。

原创性的首创、与众不同和突破常规、出人意料等不是从纯粹的形式角度来提出的。原创的意义并不仅仅在于形式上的“想人所未想，发人所未发”，而是包括了两方面的内容：

① 表现手法上的独创。即形式上的独创。为了使广告文案能更吸引人，使其产生新奇感，并在众多的广告文案中脱颖而出；为了使文案形式成为品牌的一种独特的标记，在众多的品牌中富于个性；为了使感性消费的受众因为喜爱文案中所体现的某种品牌情趣而发生购买行为，广告文案写作需要在形式上体现原创。这个原创，可以是创造新的表现形式；可以是发掘前人创造的有意味的形式，而后运用现代的形式、现代的理解去重新组合起一种新的形式、赋予新的含义。

② 信息内容的独创。广告文案寻找到独特的信息内容进行表现，寻找到能让产品在同类产品中跳出来吸引人的新信息，这就是信息的独创。信息的独创，不仅表现在能表现别的产品无法替代的消费利益点、产品生产背景以及产品的附加价值，也表现在能诉求别人没有诉求的产品特点。信息的独创，更表现在能发现同一产品和服务中的不同的特点和借助心理作用形成或创造出的不同价值。

在企业的资本后盾和规模不能达到第一时，艾飞斯面对排名第一的赫斯，避免了正面的竞争，选择独特的角度，对广告信息进行了独特表现。这个独特的信息，使人们从服务的角度理解了艾飞斯的苦心。人们虽然能折服于赫斯的规模和实力，但人们更愿意在被服务中被视作上宾。独特的信息传达，是原创的有效表现。

原创性的内涵有了规定性。即，原创性原则不仅仅要求形式上的原创，它同时也要求所传达的信息的原创；不仅仅要求是首创，更要求是在传递广告信息基础上的首创；形式和信息共同造就的原创，发掘形式中的内在力量的原创才是真正的原创。

3) 传播有效原则

广告的有效传播，指的是广告经由表达、传播达到广告目的的过程。作为一种有目的、有责任、以说服和诱导目标消费者产生消费行为的信息传播活动，广告以销售的获得作为自己的最终目的。

在有效传播问题上，广告界持有不同的观点，具代表性的是以下几种：

① 广告的有效在于改变目标消费者的态度。

② 广告的最终作用是销售。广告是否有效可从销售业绩看。

③ 好的广告要能有助于创立持久的品牌。要衡量广告的优劣，不仅要视其销售产品的能力，或是对产品过渡时期的协助，最重要的，是取决于其能否树立一个持久的品牌，成为消费者生活的一部分，拥有他们的忠诚和信心。

④ 有效传播，是通过沟通，建立与目标消费者之间的独特关系，给品牌一个生命和灵魂，能让消费者轻易地与竞争品牌区别开来。它能给消费者一种既熟悉又亲密、朋友般的感觉。

不论是以上哪种观点，广告文案都必须对广告主产生一个即期或远期的效益。广告行为是一种建立在经济效益上的艺术行为，因此有效性原则是广告文案创作的基础性原则。

4. 广告文案创作与广告创意

在第 7 章，我们已经学习了广告创意，懂得了创意是广告的灵魂这一广告行业达成的共识。广告文案同广告创意一样，也是属于广告创作的领域，并且同属广告创作领域内的理性思考与意象生成范畴，但两者的性质与功能不完全相同，表现模式和形成过程也不一样。可以说广告创意与广告文案的关系是一种辩证的哲学关系，主要体现在以下几个方面：

(1) 文案归属在创意的统领之下，创意融会在文案的表现之中。

(2) 文案依据智慧的创意而彰显光彩，创意则因灵巧的文案而得到淋漓尽致的发挥。

(3) 创意生成先行，文案写作跟随其后。

(4) 创意是文案的根本，是文案的主题依据、形象依据、风格依据；文案是创意的深化和发展，是创意的主题再现、形象再现、风格再现。

(5) 广告创意生成靠的是理念，广告文案写作是物化呈现。

(6) 不同的广告创意诞生不同表现手法的广告文案。

一个广告从策划开始到广告发布、广告效果测定和最后完成的过程，其指导性的核心思维方式就是要在创造性的思维过程中进行。创意对于广告创作来讲有两个方面的作用：第一，创意引导广告文案人员走创造性的思维之路，能在这种思维基调中去寻找和激发所希冀的广告创意，即所谓“我们所期待的、具有震撼力的、可执行的并具有相关性的创意。”第二是创意能保证广告文案成为有效的文案，成为一个使受众欣赏并能激发其阅读兴趣的广告文案；成为一个有助于广告信息传播的广告文案，即所谓“让消费者跟着我们每天从不同的角度来感受不同的万众瞩目的事或物，去猜测、去议论、去期待，从而加强品牌在他们脑海中的印象”。

8.1.2　广告文案创作的过程

1. 创作前分析

1) 熟悉广告战略

每一个广告活动都是为广告战略的实施服务的。广告文案人员需首先了解和熟悉广告主的广告战略，并将广告战略中的一些问题的把握与广告主的企业、产品、服务等因素联系起来统一考虑。

2) 把握广告策略

① 广告活动和广告表现的目的。通过明确广告活动和广告表现的目的，明确文案写作的目的性。广告文案写作活动自始至终都要围绕广告活动和广告表现的目的。

② 广告活动和广告表现的主题。广告文案的写作要在明确的主题下，进行符合该主题的具体表现，并将主题深化。把握应表现的主题才能按照策略中的主题要求去实施文案的写作，文案也才能真正符合策略要求，展现策略的智慧。

③ 广告活动和广告表现的诉求对象和诉求策略。明确广告文案将面对的、将诉求的独特对象，使文案在表现风格、语言特征、诉求角度、诉求方式等方面能真正对应目标受众和目标消费者。

④ 广告表现的媒介策略。文案写作者要针对广告表现的媒介策略，针对某种媒介或者媒介组合的特点，在一定的媒介版面和时间的限制中进行广告文案的长短、表达的方式的确定。只有符合媒介策略、与媒介特性相对应的文案才能不折不扣地执行策略和创意。

3) 研究广告创意

广告文案写作就是对广告创意策略的具体的表现，它是一个与广告创意先后相继的表现的过程、发展的过程、深化的过程。因此，必须研究广告创意：

① 广告创意的目的是表现什么？创意与广告所要传递的信息之间的关系怎样？创意在哪一方面原创而有效地表现了广告信息？

② 创意中界定的产品或品牌概念是什么？创意希望作品如何表现这一概念？具体的手法和突出点在哪里？

③ 创意中是否运用了人物形象或其他的一些需要特别注意的内容？如果运用了名人形象，文案写作就必须在语言风格、表达特征等方面与人物之间达到统一。如果创意中采用了其他一些需要特别注意的内容，文案人员就需要掌握体现其特别内容的表现力，在创意的要求下，进行富有特色的具体表现。

④ 创意中的表现概念和表现设定，用语言文字来表达时，需要做怎样的努力，才能表现其目标效果？是否可以在创意的基础上，借助语言文字的特殊性对其进行深化和发展？

怎么深化和发展？

2. 文案构思

1) 构思的过程

构思的过程，是广告文案写作的深化和发展创意的过程。在构思过程中，我们要运用一些创意的方式进行文案的结构构成、语言的排列、语言的意境营造。在构思过程中，我们的文案大致上在头脑中形成了一个雏形：标题该怎么写？可以用怎样的语言风格和语言排列？正文中要表现哪一些信息？这些信息的表达次序怎样？是用短文还是用长文？如果用长文，要不要用小标题？小标题可分哪几个？小标题之间的承接关系应该怎样……雏形形成后，才是捉笔写作的真正开始。

2) 构思的方式

① 直觉构思法。指文案写作时是以广告策略中的创意概念为中心，将广告信息进行直接的而不是间接的、复杂的表达。以直觉构思法产生的文案容易写、容易懂，在广告信息本身就很吸引人的前提下，是一种简单明了的表达方式。但因为太直接，可能会失去一些生动和吸引力。

② 头脑风暴法。这是一种集体性的创作活动。各相关人员共同思考、共同产生头脑碰撞，发展出广告文案的写作和处理方法。在多种不同的文案表达方式和文案风格中，选取或嫁接出一种独特的文案表现形式。

③ 联想构思法。这是利用联想能力进行的构思活动。丰富的联想是我们文案人员写作的必备条件，运用联想，可产生出生动而有效的文案。联想构思法可以运用接近联想(由一个意象联想到与它在时间和空间上较为接近的意象，并运用此接近意象表现广告信息)、相似联想(由一个意象联想到另一个与它相似的意象，并运用此相似意象进行广告信息的表现)、对比联想(由一个意象联想到另一个与它相对立的意象，并运用此对立意象表现广告信息)等几种联想方式实施构思。

④ 反向构思法。不是正向地构思对广告信息的表现，而是以反向构思来表达广告信息。将通过构思而获得的文案写作的方式和风格界定，用语言形诸于文字，文本就出现了。在用语言形诸于文字的过程中，富于表现力的语言排列技巧和表达技巧，是一个文案人员的基本功，也是特色所在。

3. 对文案进行自我检测

在前述两个步骤的铺垫下，写作的冲动可能会使广告文案迅速产生，但广告文案文本的出现，并不意味着文案写作过程的结束，还需要一个逐项的自我检测过程。在逐项检测过程中，检测的主体除了文案人员之外，还需要美工设计、文案主任、创意总监、项目主管等一起进行。

文案人员要根据文案写作与广告信息、广告主题、广告表现概念、目标受众、所发布的媒体以及所发布的时段、版面等各个方面之间的有效配合，进行文案的自我检测。

4. 发布前的文本测试

完稿并不是文案写作过程的结束。完稿之后，还要对文案进行发布前的文本测试。发布前的文本测试是广告文案写作和其他写作过程的一个重要的区别。典型的发布前文本测试有以下几种方式。

1) 使用广告公司内部的文案检核表，对广告文案的各检测点进行检测

① 是否充分了解商品及其哲学？

② 是否明白竞争商品正在做的是什么广告？

③ 是否彻底了解广告商品的分配状况及其销售方法等市场营销情况？

④ 在战术方面使用热烈的调子还是使用柔和的手法？

⑤ 是否充分了解广告主题？

⑥ 是否考虑了消费者的利益问题？

⑦ 是否考虑了广告目的？

⑧ 标题是否有吸引受众注意的力量？

⑨ 标题是否有引入正文的力量？

⑩ 引人注意的文案是否使受众能够在顷刻之间了解？

⑪ 引人注意的文案与画面之间有无矛盾？

⑫ 字数是否过多？

⑬ 标点符号正确吗？

⑭ 另起一行不难念吗？

⑮ 第一行有引起受众关心的力量吗？

⑯ 是否有加副标题的必要？

⑰ 是否使用直接的现代时态？

⑱ 是否使用受众的语汇？

⑲ 是否简洁、自然、亲切？

⑳ 从头到尾流畅吗？

㉑ 有未删除的冗赘的文字吗？

2) 撰写有效的文案检测表

① 让读者容易看懂——运用简短的句子，使用亲切易懂的字句。

② 不要浪费文字，说你必须说的——不要填塞文字，也不要太空洞。如果的确需要 1 000 字，就写 1 000 字，只要没有任何文字是多余无用的。

③ 固守现代时态和主动时态——这样比较有活力。避免使用过去时态和被动时态——这些形式趋于迟缓、拖拉。例外情形应深思熟虑，以达特殊效果。

④ 对于人称代词或名词不必犹豫。记住，你正试着告诉某个人某些信息，你应当像对朋友说话那样，使用“你”或者“你的”。

⑤ 不要陈词滥调。明快而令人惊讶的文句或片语，会使读者精神大振，并继续读下去。

⑥ 标点符号将阻碍文案的流畅，过多的逗号是主要的致命伤。不要让读者找到任何借口放弃阅读。

⑦ 尽可能地运用简略语，这些文字较快速、自然而个人化。

⑧ 不要自夸或吹嘘。每个人都厌恶无聊的人。说明让你引以为傲的产品特质及能带给消费者的利益，这对学者较有成效。要以读者的立场来撰文，而不是以自己的主观意见，避免使用“我们”或“我们的”。

⑨ 表达单一的概念，不要想试着表达太多。如果你贪得无厌，你将一无所得。

⑩ 多写几种文案。

⑪ 如果可能的话，自己尝试一下商品。

3) 佛莱齐公式

佛莱齐公式是较有代表性的可读性测试公式，其测试的项目如下：

① 文案中所有语句的平均长度。

② 广告文案中所用词汇的音节的平均长度。

③ 广告文案中使用的涉及人称的文字占文案中所有文字的百分比。

④ 在 100 字长的广告文案中涉及人称的语句占语句总数的百分比。

⑤ 在此公式中指出，最容易读的广告文案为每句有 14 个字，每 100 个字有 140 个音节，10 个涉及人称的文字，总计有 43%的涉及人称的语句的文案。

4) 受众访问检测法

受众访问法，是受众测试的一种方式，它由面对面的访问形式和间接的文本邮寄访问形式展开。

面对面的现场访问，可以在各种年龄、各种层次、各种场合进行，主要视是否是目标受众的情况而定。在测试中，就文案检测表中的一些问题，对受众进行访问，让受众对文案的效果作出评定，这个评定可以是五级评定标准，也可以是其他更细致的标准。

文本邮寄访问形式是指将广告文案以邮寄的方式，邮寄到认定的目标受众的单位或家中去，并请他们提出相应的意见。这种方法常常是将广告文案和标准的评定条例一起邮寄给目标受众。过一段时间，广告人员通过通信或电话问讯的方法了解到受众的评判和修正意见。这种文本邮寄访问方式效果明显，但执行难度较大。

5) 模拟发行检测法

模拟发行检测法，是指在报纸、杂志等平面广告文案的测试中，事先印刷包含被测试文案的特制报纸或杂志，将它分发给报纸或杂志的固定订户，过一段时间之后，通过问卷调查、电话调查或以标准化测试条例测试订户对文案的反映。这种测试方法的测试成本价格高。

8.2　广告结构设计

从国际广告发展史可见，最初时期的广告文案并没有完善的结构。在英国伦敦博物馆保存着的迄今为止发现的世界上最早的广告文案只有一段文字，没有广告标题等其他结构因素。印刷术的发明和发展使广告文案随之出现变化。这个变化在结构上的表现是，从只有一段文字的广告正文过渡到出现了广告标题，出现了广告正文、附文的分工。

广告发展到现代，广告文案的基本结构得到了一步步的完善，从只有正文部分的初始阶段，到今天的具有完善的 4 个部分的有机组合，历代的广告人花费了相当多的心血，也在一定的程度上使得广告文案得到了一个较为稳定的结构形式。广告文案写作者需在这 4 个基本结构的基础上进行适应性、创意性的操作，才能使每则广告文案的结构体现出各种不同特点的、符合不同媒介特征的、对应不同受众受传心态的结构特色。

8.2.1　文案标题写作

1. 广告标题的概念

它是整个广告文案乃至整个广告作品的总题目。广告标题为整个广告提纲挈领，将广告中最重要的、最吸引人的信息进行富于创意性的表现，以吸引受众对广告的注意力；它昭示广告中信息的类型和最佳利益点，使他们继续关注正文。

当人们在进行无目的的阅读和收看时，对标题的关注率相当高，特别是在报纸、杂志等选择性、主动性强的媒介上。广告专家大卫•奥格威认为：“标题是人多数平面广告最重要的部分。它是决定读者是不是读正文的关键所在。读标题的人平均为读止文的人的 5 倍。换句话说，标题代表着为一则广告所花费用的 80%。在我们的行业中，最大的错误莫过于推出一则没有标题的广告。”由此可见，文案标题是非常重要的。因此，广告文案人员在进行文案表现时，总是将标题的制作作为一个非常重要的甚至是首要的工作来进行。

2. 广告标题的作用

(1) 为整个广告提纲挈领，让广告最重要、最吸引人的信息在创意的表现中得到展现，以最醒目的方式对应受众的内在需求，以引起他们的关注。

(2) 在无目的的阅读和收看的受众中间，分离出目标消费者。广告标题提出的广告信息中的利益点能成为受众潜在消费欲望的对应物，让他们自觉地对广告内容产生深度的关注的心理和好奇。有的广告标题一般都直接或间接地提出产品的品牌名或产品的突出利益点。

(3) 诱使被分离的目标消费者进一步关注正文。标题在形式和内容上都引导着目标消费者继续关注广告正文的表现，在内容上，提示正文中将表现的信息内容；在形式上，对应他们的好奇、审美和阅读冲动，以诱导目标消费者进一步关注正文。特别是复合标题中的副标题设置，在大标题和正文之间连接起了一座桥梁，受众能在这座桥梁上走向正文，得到正文部分的细部诉求。

(4) 直接诱发消费者产生购买行为。广告的劝导作用多数是从标题开始的。在广告标题中，有直接地表现消费者利益的产品品牌的标题："现在波多黎各对新工业提供百分之百免税"(波多黎各工业区)、"再也不用牙齿咬了"(某啤酒)；有直接或间接地对受众发出消费劝导和呼唤的标题："肉，使得你所需要的蛋白质成为一种乐趣"(美国肉类研究所)；有用煽动性的口吻来号召购买行动的产生的标题："看足球，喝可口可乐"(可口可乐)。这样的广告标题，广告受众甚至都不用再去看正文就已经被利益点所劝导。

3. 文案标题的类型

每个广告都有标题，广告文案标题的种类很多且表达方式多种多样。凡直接体现广告的中心思想或一语点明广告主题的标题，为直接标题；凡不直接揭示广告主题，而是运用间接的方式宣传产品的特点和功能的广告标题，为间接标题；凡由引题、正题、副题 3 种标题所组成的标题群，为复合标题。广告标题的种类很多，或直指，或委婉，或隐曲，形式灵活，不一而足。广告文案的标题主要有以下类型：

(1) 单词组标题，是指标题不是一个完整的句子，而是一个词或词组。此类标题常以产品品牌或产品的效用(特色)作为文案标题。如"丝丝入扣(皮尔·卡丹西服系列)"、"栩栩如生(柯达胶卷)"等。

(2) 单语句标题，是指标题本身是一个完整的句子，如"今天你喝了吗(娃哈哈果奶)"、"美好的一天从雅黛开始(雅黛化妆品)"等。单语句标题是最常见的一种标题类型，与单词组标题相比，它包含有较大的信息量。

(3) 多词组标题，是指标题由两个或两个以上的词组构成，词组之间是并列、转折或递进的关系。如"当代名表，名家鉴赏(劳力士手表)"。

(4) 多语句标题，是指标题由两个或两个以上句子构成，句子之间有一定逻辑关系或内在的联系。如"MCI 的半价优惠，让您以更少的花费，不断延续与远方亲友的故事(美国 MCI 电信)"、"爸爸有了另一半，连妈妈都不吃醋(艾德蒙电器)"等。

(5) 复合式标题，是指一则完整的标题由引题、主标题、副标题构成。复合式标题是一组标题群，不同的构成部分在整个标题中所处的位置不同，发挥的作用也不同。引题通常在标题的最前面，用于交代该则广告的背景信息；主标题是复合式标题的核心，用于传达最重要的信息；副标题一般位于主标题的后面，对主标题起补充说明作用。下面是一则典型的复合式标题：

(引题)万科城市花园告诉您——

(主标题)不要把所有的鸡蛋都放在一个篮子里

(副标题)购买富有增值潜力的物业，您明智而深远的选择

4. 文案标题的具体形式

文案标题按照诉求方式不同，具体表现为以下形式：

(1) 新闻型标题。带有强烈的新闻味道，但又不同于新闻报道的标题。它通过公布广告产品的特点、销售方式等媒体受众可能感兴趣的新闻，构成广告的标题。例如：

“新的经济繁荣和更严重的通货膨胀就在前头……你该怎么办？”——储蓄广告。

“商场开业一周年，有奖大酬宾 500 万元，秋季摄影双重大赠送”——日本富士胶卷广告。

(2) 悬念型标题。这种标题是通过提出一个奇怪的问题，或讲述一件离奇的事，来调动媒体受众的好奇心。例如：

“难道你不要脸吗？”——新加坡美容广告。

“你可能不相信，三个轮子的汽车也能跑”——法国汽车广告。

(3) 夸耀型标题。这类文案标题以夸耀广告产品的方式来达到广而告之的目的。广告策划者在撰写这类文案标题时，一定要以事实为基础，切忌漫无边际，否则，就会给人华而不实的感觉。这类文案标题的例子有：

“空杯尚留满屋香”——茅台酒广告。

“福特汽车，一路领先”——福特汽车广告。

“味道好极了”——雀巢咖啡广告。

(4) 叙述型标题。叙述型文案标题，是指以叙述的方式告诉媒体受众产品(或服务)的特点与性能。这种标题叙述的内容针对性强，包含的信息量较大。例如：

“给爱妻一份休闲”——洗衣机广告。

“把美味和营养卷起来”——康莱蛋酥卷广告。

“总统用的是派克”——派克钢笔广告。

“力士香皂，国际著名影星的护肤秘密”——力士香皂广告。

“蓝奇伸缩牛仔裤，收放自如贴身舒适，如第二层皮肤”——蓝奇牛仔裤广告。

“睡觉时穿着它也不会叫你难受”——摩斯百克公司的鞋类广告。

(5) 询问型标题。这种标题用询问的方式进行撰写，以引起媒体受众的好奇心。多采用自问自答的具体形式。例如：

“谁能帮您轻松建立动态网站，从此一劳永逸？”——IBM 广告。

(6) 建议型标题。这种文案标题是建议媒体受众注意或使用某产品(或服务)。在建议中一般包括广告产品的某些特征。例如：

“加点新鲜香吉士柠檬，让冰茶闪耀阳光的风味”——香吉士柠檬广告。

“冰了以后更好喝，喝了以后更凉爽”——七喜广告。

(7) 哲理型标题。这类文案标题以叙述的方式告诉媒体受众日常生活中的一个道理，以引起人们的共鸣，进而对广告产品产生兴趣。例如：

“有时候，男人更需要关怀”——丽珠得乐广告。

“听自己的，喝贝克”——贝克啤酒广告。

“勾勾手，做个朋友，乐百氏奶”——乐百氏广告。

(8) 诗歌型标题。借用和改用古今诗词原句，或者采用诗歌式的语言作为广告文案的标题，能收到醒目传神、绘声绘色的效果。例如：

“悠悠寸草心，报得三春晖”——三九胃泰广告。

“悬崖百丈冰，独有花枝俏”——香雪海冰箱广告。

5. 文案标题的撰写要求

(1) 强调商品的独特性能。文案标题应该是“独特的销售说辞”，能够用简洁的语言说明广告产品(或服务)的个性。例如，美国广告设计专家罗瑟·瑞夫斯为 M&M 糖果公司设计的广告文案标题：“只溶在口，不溶在手”。桑塔纳汽车的文案标题：“拥有桑塔纳，走遍天下都不怕”。

(2) 突出广告商品的品牌。突出广告商品品牌的目的在于，使媒体受众在极短的时间内了解商品的特性，同时又有利于树立企业或产品的形象。例如：“飞亚达表，一旦拥有，别无所求”，“喝孔府宴酒，做天下文章”等。

(3) 简洁明了，容易记忆。在通常情况下，媒体受众浏览广告总是一扫而过，如果，文案标题冗长，不易在媒体受众的大脑中留下什么印象。文案标题既要高度概括，简洁明了，又要生动活泼，易读易记。

(4) 题文相符，引人注目。广告文案标题要符合广告创意的整体内容，要符合广告创意的诉求点。不能因追求某种效果而使题不对文或题文相差太远；同时也要引人注目，以诱发媒体受众的好奇心。例如，克雷夫兰公司拖拉机广告的标题：“太简单了，连孩子也能驾驶”。孩子都能驾驶，大人就更不用说了。例如，台湾南洋实业公司的广告标题：“长大了，我要当客户”。采用反向考虑，阐明了该公司对客户足够的吸引力。

8.2.2 文案正文写作

1. 文案正文的概念

广告文案正文是广告文案的中心部分，它是指广告文案中除文案标题、画面、商标、广告主名称之外的说明性文字。

广告文案正文的作用是向媒体受众陈述购买广告产品的客观理由和主观原因，并作出承诺，诱使媒体受众对广告产品产生兴趣，最终完成购买行为。

广告文案正文在不同的媒体中以不同的形式出现。在印刷广告中，正文以文字叙述的形式出现，称为文稿；在广播广告中，正文以语言叙述的形式出现，称为脚本(或剧本)；在电视广告中，正文通过语言和画面相结合来传播，称为故事版，等等。

2. 文案正文的结构

广告正文的写作结构有两种情况。

(1) 一体结构。广告正文的结构按照广告信息的内在关联性，将所有的广告信息都组合成一个完整的整体，并用一个相对独立、完整的段落或多个段落形成的写作结构。一体结构广告正文一般由正文的开头、中间段和结尾三部分构成。

开头的主要使命是将人们的阅读和接收由标题转向正文的中间段。正文开头须引人入胜，需要花大气力选择由哪个角度入手，将什么信息首先传达出来。

开头有两种方式：承接标题、总括全文。承接标题又有两种方法：直接承接和为标题释疑。

直接承接是对在开头就所承接的标题中提出的消费利益点、购买理由或观点观念，进行开门见山的阐述。如美国国际集团公司的一则广告文案，其广告标题为："我们了解 130 个国家的规则、法规与习惯"。广告正文的开头："我们 34 000 名雇员中的大部分都是他们工作地点的本地人。因此，他们非常了解本地的法律、民情和传统。"

为标题释疑，指的是开头直接针对广告标题中提出的疑问进行解释和问答，开门见山，直接地切入主题。

福斯车的一则广告文案，其广告标题为："为什么我们车子的车前鼻如此粗短？"而正文一开头为之释疑："VW 车不需要长的车前鼻，因为它的引擎放在后面。"

广告正文的结尾根据其诉求语气和方式分为硬销售方式和受动方式。

硬销售方式，一般在结尾处写上诸如："数量有限，欲购从速"、"……过时不候"等内容，以此来促动受众转化为真正的消费者。软销售方式指的是正文的结尾部分虽然也是在促动受众发生行为，但促动方式是软性的，也并不期待受众马上就发生期望之中的消费行为。如奥巴克公司的某广告结尾为"这将是您有生以来最轻松愉快的付款。"

受动方式指的是在广告正文的结尾处刻意地加上一些与广告信息相关的其他的特殊的信息，如商品销售的经销处、销售中折价或随赠物品的数量、种类等，使受众在相关信息的支持下，产生消费行为。

(2) 分体结构。指的是广告信息在广告正文中得到并列表达的结构形式。其表现或是一些并列的句子或是格式形式中的分列表现，或由并列的小标题所统领的多个小正文组成。主表现形式是分列式、格式以及运用分体结构的长文案。

3. 广告文案正文的具体形式

广告文案正文的表达形式主要有以下几种：

1) 对话体正文

对话体正文，是通过两个或两个以上的人相互对话来反映广告产品的特点、性能以及价格水平等。这种广告比平铺直叙式的广告更有趣味，更显生动。特别是可以对诉求重点进行强调、说明，以加深印象。例如，罗瑟·瑞夫斯为美国总督牌香烟撰写的广告文案的正文就是对话式的。

(标题)总督牌能给你无过滤嘴香烟不能给你的东西

(插话说明)只有总督牌香烟在每一支过滤嘴中给你两万颗过滤气瓣。当你吸食的浓厚的香烟味道透过时，它就过滤、过滤、再过滤。

男士：有那两万颗过滤气瓣，实在比我过去吸食没有过滤嘴的香烟味道要好。

女士：对，有过滤嘴的总督牌香烟吸起来是好得多……并且也不会在我的嘴里留下任何烟渣。

(烟盒旁说明)只比没有过滤嘴香烟贵一两分钱而已。

2) 叙述体正文

叙述体正文，就是直接向媒体受众阐述广告产品(或服务)的功能与特点，用叙述的方法进行合乎情理的描写与渲染。例如，李奥·贝纳(Leo Burnett)撰写的一则广告文案正文：

(标题)这里是一个一心一意戴着帽子吃凯洛格玉蜀黍片的年轻人

(正文)这可以吗？妈妈哪里去了？她在别的地方，她是很放心的，不必管他。小孩子很快活。他舀出了牛奶，再把那些金黄色的玉蜀黍片用羹匙盛进去。

看起来这些东西他认为很好——发出沙沙的声音。他吃起来嘴里很舒服——既脆又薄。它们风味绝佳——一种甜甜蜜蜜的味道，这使他举起羹匙。凯洛格玉蜀黍片对小孩及大人都有引起食欲的力量，已有50年以上的历史。当洛克威勒替我们画这个小孩的时候，这就是他努力想捕捉的人。也许这会给你一个构想去查一下你所贮藏的凯洛格玉蜀黍片。你知道它是怎样的味道，一旦你拥有一满包，你所知道的——就是你把玉蜀黍片都吃光。

3) 幽默体正文

广告文案的幽默体正文以轻松的笔调、风趣优雅的语气书写广告内容，以吸引媒体受众的注意。这种广告文案正文具有较高的趣味性，能给媒体受众留下深刻的印象。

4) 证书体正文

证书体正文又称证明性正文。它是以具有说服力的、由权威机构颁发的证明(如获奖证明书、消费者来信等)或具有公信力的个人消费行为作为广告的内容。

5) 新闻体正文

新闻体广告文案正文是以新闻报道的形式来宣传某种产品(或服务)。这类文案正文从表面上看是介绍产品的新闻报道，实为广告宣传，往往能收到良好广告的效果。因为，媒体受众在接触新闻时，通常注意力高度集中，在思想上没有对广告本能的逆反情绪。这样的广告宣传，会使媒体受众防不胜防，很快地接受传输来的广告信息。

4. 广告文案正文的写作要求

广告策划者在撰写文案正文时，要注意以下几点。

1) 简洁明了，重点突出

广告文案正文一般不宜过长，否则就显得拖沓啰嗦，容易失去媒体受众。除个别案例的特殊需要之外，单纯、简洁、明晰应该是广告正文写作的一项重要原则。

广告作品在刊播时，总是依附于媒介的时间或空间的，同时就必然在时空的占有量上受到制约。最大限度地有效利用媒介的时空是文案写作人员应该十分注意的问题。其依据，一方面在于避免对广告刊播费用不必要的浪费；另一方面有利于受众在被动接收广告信息时(绝大部分情况是如此)能够便捷、明了地知晓和理解广告的重点内容，而不至于在那些头绪繁杂、语言晦涩的长篇大论面前产生厌烦甚至拒绝心理。因此，广告文案的写作十分有必要使内容尽可能地单纯化，使之简明扼要、深入浅出，突出诉求重点，去除不必要的语词及内容的重复。

一方面简明性体现在广告主题的表达上。一个产品必然有许多的优势，任何一个优势都可能成为广告的主题，而简明性原则要求我们在进行广告创意时有所取舍，即选择最重要的优势作为主题，决不可能面面俱到。

另一方面简明性体现在广告内容的叙述上。详尽虽然不失为一种风格，但广告更多的是受时间和空间的限制，要求叙事简洁，也就是说，一句话能说清楚的事情绝不用两句话说，30 秒能表现完的内容绝不用 31 秒表现。

如果宣传的商品(或服务)是大家所熟悉的，正文的目的在于提醒，行文就要短小精悍，要有创造性，力求“语不惊人死不休”；如果广告中宣传的是新产品，则要用通俗的语言重点介绍产品的性能与特点，以形成鲜明的诉求点。

2) 真实可靠，有说服力

广告文案正文传输的信息要以事实为基础，切忌虚夸臆造，否则会破坏广告主的形象，给企业的营销活动带来不利影响。如果是证书体正文，有关证书必须具有权威性，有代表性，让绝大部分媒体受众知晓甚至了解，否则就有哗众取宠、夸大其词之嫌。作为广告文案的写作人员，理应具有真正为广告主、为消费者也为广告公司负责的强烈责任感和实事求是的诚实品格，作出可以让消费者信赖、可以为企业赢得长期经济效益的广告文案作品。

如：NBA 球星巴克利为耐克鞋所作的广告，其广告语是：

这就是我的新鞋，鞋子不错，穿它不会让你变得像我一样富有，不会让你变得像我一样去争抢篮板球，更不会让你变得像我一样潇洒，只会让你拥有一双和我一样的球鞋，仅此而已。

这是一个典型的说老实话的广告语，直白而发自内心，简洁、贴切而意味深长，毫无吹牛之嫌，却十分令人信服。

3) 要有趣动人

“感人心者，莫先乎情”。在媒体受众的心理活动中，情感是影响其兴趣、偏好、取向以及购买行为的主要因素之一。当情感因素达到一定强度时，就会形成动机，而动机往往会以激动、振奋或者反感、抵触等形式表达出来。广告文案正文可以通过有趣的语言来调动媒体受众的某种情感，以最终达到促使其购买的目的。

例如，20 世纪 60 年代，中国台湾兰丽化妆品公司为了推出新产品，在电视上做了这样一则广告：屏幕上首先闪出了 7 个醒目的大字“只要青春不要痘”，紧接着一位苗条的少女从熙熙攘攘的人群中走出来，用扇子遮着脸。此时，一副标题出现在人们眼前：“青春是美好的，但恼人的青春痘却令人十分扫兴，既遮不住，又躲不掉”。这也正是少女的苦恼所在。它既说明了产品的特性，又抓住了媒体受众的心，新产品因此而畅销台湾。

4) 要有创造性

广告文案正文要在真实、客观的基础上，以创造性的语言、创造性的表达方式来有效地传输企业或产品信息。创造性可以使企业在众多的广告宣传竞争中脱颖而出，以其特异的光彩捕捉住受众的注意力。国际上一些经典广告之所以能为广大媒体受众长时间地津津乐道，其主要原因是其广告文案新颖，有一定的创造性。可口可乐的文案正文就是一个典型的例子。上百年来，可口可乐的策划者不断根据变化的营销环境撰写出富有创造性的广告文案正文，以迎合目标市场上消费者不断变化的偏好，从而确保了可口可乐在碳酸型饮料市场上领导型品牌的地位。下面是可口可乐在不同时期的广告文案(注：以下文案既是广告标语、口号，又是文案正文)。

“提神味美的新饮料”——1886 年刚上市时的广告。

“可口可乐，南方圣水”——1907 年的广告。

“要想提神请留步”——1929 年的广告。

“喝新鲜饮料，干新鲜事儿”——1936 年的广告。

“可口可乐，全球性的符号”——1944 年的广告。

“恢复您的精神”——1953 年的广告。

“享受可口可乐”、“只有可口可乐，才是真正可乐”——20 世纪 60 年代的广告。

“心旷神怡，万事如意，请喝可口可乐”、“喝一口可口可乐，你就会展露笑容”——20 世纪 70 年代的广告。

“微笑的可口可乐”——20 世纪 80 年代的广告。

“美如此感觉无与伦比”、“挡不住的感觉”——20 世纪 90 年代的广告。

独创是广告的生命线。一个形式新颖、富有表现力和生命力的成功的广告，首先要求主题上有独特的新意，即广告传达的信息要具有非凡的个性，要表达与其他同类产品的广告不同的销售重点。因此，在广告制作上，应强调独创原则，想方设法使自己的广告与其他同类产品的广告明显区分并出类拔萃。

5) 要引人注意而且要让人难忘

广告受众大都喜欢那些语言直白、简洁、通俗、亲切、生动，主题信息明确的广告作品。如果广告作品特别是广告文案太生僻、拗口，甚至难懂，这样的广告不仅不会受到欢迎，而且会引起反感。

具体说来，广告文案应做到以下几个方面：

① 直白而发自内心。

② 贴切。

③ 平易而有内涵。

④ 纯粹而有时代感。

⑤ 大气而有煽动性。

⑥ 简洁而干脆。

⑦ 生动而有意味。

⑧ 通俗而有情味。

⑨ 简洁而有意境。

6) 要根据需要整合各种艺术资源

广告艺术是对多种艺术表现形式的综合运用。它最大限度地吸收了文学、音乐、绘画、舞蹈、戏剧等各门艺术的表现手段和技巧，这就决定了广告是一种多层次、多环节的综合创作的艺术。即使是一幅简单的平面广告，也必须具备语言的文学性、图像的绘画性、词句的节奏感、色彩的音乐感等。如果创意运用了或戏剧或舞蹈或民间艺术的元素，还要具有戏剧、舞蹈、民间文艺的内涵；如果是一个有深度的文案，甚至还要涉及哲学、宗教、考古、历史等。

广告文案还必须与各类广告媒体相协调，因为不同的广告媒体具有不同的艺术表现形式。如报刊广告侧重于文字、图案；广播广告要符合听觉习惯，并讲求音乐、音响的效果；电视广告是综合艺术，熔多种艺术形式于一炉；路牌广告、橱窗广告除必要的文案、画面外还很重视造型。广告设计者如果忽视了不同广告媒介的艺术特征，也会造成广告的失败。

8.2.3　广告标语写作

广告文案有时提炼为一句表达主题的固定话语，往往凝练为广告语。这句明确的话语就是广告的主题句，也就是广告文案的主题。它体现着广告理念，时常与广告语统一。它是文案的点睛之笔，是文案之“魂”、文案之“帅”。成功的广告语能够吸引住受众的视线和心理。广告标语也称广告口号，它是广告主长期使用的稳定的宣传用语。一般情况下是相对不变的，其功能是让广大媒体受众永远记忆和留下印象。广告标语在广告主开展市场营销活动中，能够有效地成为目标市场消费者识别广告主或广告产品的一种符号，它有助于塑造品牌形象，是广告主企业文化的一种凝炼。

1. 广告标语与标题的区别

广告标语与广告文案标题有着明显的区别，概括起来可以归纳为以下几点：

(1) 结构不同。广告标语只能是一句完整的、具有概括性的话，而广告文案标题可以是一个词或词组，如李奥·贝纳撰写的一则广告的主标题就是一个字：

(主标题)肉

(副标题)使你吸收所需要的蛋白质成为一种乐趣

广告文案标题也可以是一句话，如乔治·葛里宾撰写的一则广告的标题：

我的朋友乔·霍姆斯，他现在是一匹马了

广告文案标题采用哪种形式，要视文案正文以及广告宣传产品(或服务)的具体情况而定。

(2) 用途不同。广告标语是企业文化的一种反映，它具有相对的稳定性，有利于塑造良好的企业形象和产品形象；而广告文案标题，是广告文案的组成部分，它的内容、形式要与广告文案正文相一致。因此它具有多变性，要随着广告文案正文的不同而不同。

(3) 位置不同。文案标题只能放在广告文案最醒目的地方，这样它的作用才能有效地发挥出来；而对广告标语则没有特殊要求，通常是随机而定，有可能放在文案的中间，也有可能放在文案的结尾。

2. 广告标语的种类

广告标语概括起来，主要有以下几种：

(1) 强调商品特点式标语。这类标语以商品的性能特点为宣传对象，常用于新产品上市还不为目标市场上的消费者所认同的情况下。例如：

"摩托罗拉寻呼机，随时随地传信息"——摩托罗拉寻呼机广告。

"头屑去无踪，秀发更出众"——海飞丝洗发水广告。

(2) 表现企业经营理念式标语。这种标语是企业文化的高度概括，它反映了企业在市场竞争中的经营价值观念。例如：

"做千百万生意，赚几分钱利润"——美国奥尔巴克百货公司广告。

"与您同肩，迈向明天"——香港汇丰银行广告。

(3) 反映企业技术水平式标语。这种广告标语主要告诉媒体受众广告产品的技术状况及在同行业中的地位。例如：

"福特汽车，一路领先"——福特汽车广告。

"我们的主要产品是进步"——美国通用电器公司广告。

(4) 表现企业历史与传统式标语。这类广告标语将广告主的经营历史与传统告诉媒体受众，以促使媒体受众对广告主产生信赖感，从而实现促销的目的。广告主的经营历史与传统常常是独具风格的经营特色或骄人的经营业绩，它使广告主在市场竞争中显得与众不同。

例如：

“单反相机的历史就是潘太克斯的历史”——单反相机广告。

(5) 反映企业前景式标语。这类广告标语主要告诉媒体受众本企业的发展方向以及前景目标。创作此类标语要以良好的业绩为基础，否则可信度不高，因为媒体受众对此不了解，例如：

“走遍天涯海角，人间处处有大宝”——大宝化妆品系列广告。

“世界——我们的市场”——长城电扇广告。

3. 广告标语的写作要求

一则成功的广告标语，大体上要符合以下要求：

第一，简洁易记。广告标语只有简洁易记，才能使媒体受众过目不忘，同时也便于刊登。例如：

“滴滴香浓，意犹未尽”——麦氏咖啡广告。

“德国汉高，优质生活保证”——汉高化妆品广告。

第二，节奏感强，富于韵味。广告标语要前后押韵，有一定的节奏感，读起来朗朗上口，既便于记忆，也易于流传。例如：

“不在乎天长地久，只在乎曾经拥有”——铁达时表广告。

“同声同气，酒逢知己”——金牌马爹利广告。

第三，亲切感人，生动有趣。在广告标语中采用人们生活中的日常用语、方言、俚语等，能增加亲切感和生动感。例如：

“不打不相识”——德国打字机广告。

“一毛不拔”——牙刷广告。

“车到山前必有路，有路必有丰田车”——丰田汽车广告.

第四，要有创造性，有新意。普通的话语通常不为人们所重视，有创意的广告语才能吸引人，才能在广告“爆炸”的环境里引起人们的注意。例如：

“慈母心，豆腐心”——台湾豆腐广告。

“成长只有一次”——雀巢儿童奶粉广告。

8.2.4 广告附文

广告附文是广告文中的附属文字部分，是对广告内容必要的交代和进一步的补充说明。它主要由商标、商标名、公司名、公司地址、电话、价格、银行账号、箱形花边文字信息以及权威机构证明标志等组成。

广告附文是广告文案的组成部分，具有重要的推销作用。一则广告一般不会将上述内容全部列出，应根据广告目标、媒体选择等有所取舍。

8.3 广告制作实务

8.3.1 报纸广告的制作要求

1. 体现新闻性特点，引起受众注目

报纸是一种专门传达新闻的大型媒体，由于发行渠道普遍和通畅，具有极高的新闻性、时效性特征。在大众传媒中，新闻总是对读者具有极大的吸引性。报纸广告一般都具有发行及时、传播面广的特点，因此，报纸广告适宜于诉求最新信息。在表达中，应突出媒体的这一特点，尤其在标题中加以表现，可以造成很大影响。新闻性可以在正题中加以体现。但由于报纸广告的图像视觉效果因纸质及印刷的原因，不可能达到最精美的表现，因此许多正题着力艺术性表达。在这种情况下，新闻性既可以通过正题来体现，也可以另设引题，专门突出新闻性。

2. 文案第一，图像第二

尽管现代印刷业为报纸的印刷质量提供了足够的保证，并由此而带来版式的灵活、图文并茂的新特点，实现了从黑白到套红再到彩版的飞跃。但从报纸媒体本身的特征来看，文字仍是其首要的传播元素。这一点，将对报纸广告的创意、表现的内容、重点、主次、版面结构都有相应的指导意义。标题应醒目、富有新意，最后能强调产品的利益，充分吸引消费者的注意；正文应精简、准确，有针对性，能诱发消费者的购买欲望。

3. 重视报纸广告的图像

在报纸广告中，图像的配合也很重要。随着印刷技术的升级换代和大众欣赏要求的不断提高，报纸也在高新技术的支持下，不断拓展新的表现空间。报纸从原来的纯文字传播到加入黑白插图、套红印刷，从黑白摄影到现在的彩版技术，呈梯级演变，这也直接为报纸广告的表现带来了新的突破。图像的渗透与丰富，一方面为信息的传达提供了更多的表现渠道；另一方面，增添了报纸的表现元素，提高了观赏性，图文并茂，读者更易于接收和理解信息。但是，归根到底，报纸仍是以文字为主要传播元素，图像只是起辅助和配合的作用。

4. 采用悬念与系列性表达，增强吸引力

在报纸广告中适当运用悬念，可以有效刺激读者的阅读兴趣，并会借着悬念把这种兴趣和热情延续到下一轮广告；系列性广告则可以分解产品的信息，使每一则广告主题鲜明，诉求单一，并维持消费者对品牌的关心度。一般而言，悬念式广告通常都是通过两则以上系列形式出现，同样，系列广告中也常常借助悬念这种技法。系列广告可运用形式多样的提示语，一致而又略有变化的标题，使每则广告的内容既各有侧重，又呈现出整体和谐性，具有形式美。

如沈阳金龙保健品有限公司出品的保龄参，广告有“亲情篇”、“节日篇”，惠泉啤酒系列广告则分“策略篇”、“技术篇”、“人才篇”等。标题强调产品名称，同一产品的共性，不同的标题各有侧重地道出其产品的特性等内容，如江苏天宝药业有限公司的“中脉烟克”系列广告，以“戒烟是爱”为主题，另有标题“一切为了孩子”、“一切为了妻子”、“一切为了父母”，分别以爱心、爱情、孝心的名义，重申“戒烟是爱”的主旨，劝导吸烟者加入戒烟行列。

5. 创造特殊版面，产生特殊效果

报纸广告在报纸里按所在位置来分类，可分为新闻下、新闻中、报眼、插排(散播在新闻标题中，旁白小型广告)、中缝、分类等。正常情况下，报纸以版面来计数，报纸广告也是常以整版的几何对分来确定规格，全版、半版、1/4 版、1/8 版……但报纸广告的版面也不完全是固定不变的，有时候，通过智慧、构思和公关策略，创造一些特殊版面。在位置、规格上突破传统，另辟蹊径，将能产生意想不到的特殊效果。如：

(1) 跨版。跨版广告指的是广告内容跨越报纸的版面区分，从一个版面直接延伸到另一个版面，通常有两种情况，一种是两个全版之间的跨版，这种情况一般是在特定的时期展示企业实力和形象的；另一种多是版面之间 1/8、1/4 两个通栏的连接，一气呵成。这种情况，一方面是借用超长空间展现有气度或宽度特质的产品及说明个性。另一方面，由于跨版这种形式本身在阅读情况下蕴含一定的悬念，能有效激发读者的兴趣。

(2) L 形版面。L 形版面是指两个同等规格的版面相互连接，拼成正 90 度的排列，形成一个“L”形。这种版式安排得当，将会在工整规范的其他广告版面中脱颖而出，十分引人注目。另外，这种特殊的 L 形版面，在排版设计、广告内容的安排、文字与图像的配合方面都为广告创作人员提供了较为灵活的表现空间。形式与内容的搭配，将大大提高产品的特别性。

(3) 不规则版。也就是说，广告是不规则地撒布在报纸的整个版面上，造成视觉上的不协调，形成不规则美，从而吸引观众的注意力。

(4) 反白。这也是一种对比方式，是在色彩上故意颠倒排列以引起视觉上的冲击力，正常情况下，报纸印刷都是白底黑字，但有的广告为了突出所要强调的内容，将背景转换成黑色，而让文字(或图像)呈现白色。这样能够充分地体现主体信息，吸引更多消费者的目光。

(5) 装饰与留白。这是有效引起读者阅读兴趣和保持阅读方向的较好方法。装饰，有时候是为整个广告版面而装饰，有时候则是为广告所要强调的信息进行装饰，目的都是为了让消费者更注意广告要让他们注意的内容，比如在广告四周加上边饰，就可以使所有要素聚集在一定范围之内，有利于区分其他版面；如在主信息上加注箭头、阴影、色块，就可以使相应的文字、图像醒目、突出，同时也美化版面，丰富了视觉效果。留白就是报纸广告中不编排任何要素的部分(甚至也可以以黑色或其他颜色为背景而非白色)。留白可以利用于对一个孤立的要素集中注意力，若能在文案周围大量留白，看起来它如同位于舞台中央，十分抢眼。

8.3.2 杂志广告的制作要求

1. 注重图像视觉艺术

由于现代造纸和印刷技术的快速发展为杂志广告提供了品质精良的纸质和精密度极高的印刷效果，使印刷品越来越美，魅力无穷。现代杂志广告首当其冲地以视觉图像艺术获得了广大读者的青睐。但是，随着市场激烈竞争，杂志广告视觉图像的竞争力也越来越加剧。这就要求这类广告首先要有一个具有较强冲击力的视觉图像，将广告意图通过视觉语言表达出来。彩色印刷是一项制作过程复杂、众多人员参与的行业，从对原稿的照相、分色、制版、打样以至印刷、装订，无不需要精密的仪器设备以及丰富的经验和技术，特别是广告，讲求彩色、技巧、特殊效果的质量印刷。

2. 注重创意新颖性

正因为杂志媒体视觉效果显著，因此作者很容易将创作精力只集中于图像的视觉艺术本身，而忽视图像的内涵，这是不符合现代受众的审美心理的。现代广告受众对广告所表现的智慧美非常敏感，很关注广告全新的、巧妙的创意，这要求杂志广告必须将具有独创性的创意与精美的视觉图像结合起来，通过不同凡响的创意来表达内涵丰富的视觉形象。杂志广告的艺术欣赏性很高，有许多成功广告是人们长久珍藏的艺术品。只有从创意内涵和视觉效果两方面配合表现，才能大幅度地提高其艺术价值。

3. 注意版面选择策略

一般来说，杂志广告都是一版一则，具有很大的独占性，很少受到其他广告的影响。但就版面种类来说则有好几种：封面、封底、封二、封三、插页、跨版双页等，版面类别不同，受众对其注意率也有较大差异。选择版面要根据广告目标和经济支持力来决定。注意率越大，广告有效率越高，特别对那些开拓市场和塑造形象的广告，效果尤佳。当然也需要较强的经济支持力。另外杂志媒体具有较强的专业性，即使是大众杂志，其读者群也较大众性报纸小，而且比较固定，有一定的文化层次，因此，杂志的选择要注意广告目标与读者的对位。

4. 发挥形式多样的制作技巧

要开拓思维，充分运用现代技术手段制作杂志广告的新形式。例如插页广告、跨页广告与杂志装订结构的巧妙结合，折页广告(从一折到多折)、联券广告(可撕下的礼品券、优待券、竞赛券等)、有声广告、立体广告、香味广告等。

5. 文案要有艺术性

在杂志广告中，标题常常和图像相得益彰，是艺术性很高的两个因素。因此，一定要创作出一个具有震撼力和感染力和的标题来。广告正文是杂志广告中一项重要内容，可以写出一定的篇幅，读者的阅读率较高。但在必须表达的范围内也要简明扼要，惜墨如金。

8.3.3　广播广告的制作要求

1. 内容必须一听就明白

文字是有声语言的符号，但又不完全等同于有声语言。中国文字中有许多字音同字不同，写出来清清楚楚，但是只听读音却常常会引起误解，发生歧义，有时候甚至一点儿也听不懂。例“××商店出售食油”，是食用油还是工业用石油？“有 75%的儿童缺锌”，以及“每到三月，桑事繁忙”。听起来都极容易闹笑话。

2. 必须整体规划三要素

一般说来，每一条广播广告都是用三种声音即人声、效果声和音乐声来传达信息的，所以在广播广告创作中要特别注意这三者的整体规划与把握。否则就可能成为一条广告三张皮，破坏广告效果。

3. 要有一个好的开头

一开始就要抓住人，因为大多数听众都是在有意无意状态下收听广播广告的，一般说来听众只会准时收听自己喜爱的节目而不会专门等待收听广告的，所以广告的开头就很重要，如果开头不能引起人的注意，之后听众就很难再进入情况，广告的效力也就损失了大半，所以优秀的广告都要在如何开个好头上狠下功夫。

4. 要亲切感人

老舍先生说过：“世界上最好的文字就是最亲切的文字。所谓亲切就是普通话，别人这么说，我也这么说，而不是用了一大车大家不了解的词汇。”所以说广播广告中的话要让人听着顺耳、顺心，必须以情动人。要像与朋友谈心聊天那样，和蔼可亲，不要教训人，要多用商量的口吻。只有这样才能贴近听众，而只有贴近听众，广告才有可能起作用。创作广播广告要尽量少用书面语言，少用华丽的语言，少用修饰的语言，相反要多用生活中的口语，多用短句。

5. 尽量简洁单一

广播广告的听众较其他任何媒介的受众更多地处于一种随意状态下，又没有视觉的参与，所以越是简洁单一的概念，越容易进入听众的脑海，也越容易被记住。在信息爆炸的今天，只有单纯的东西、简洁的东西才不会给疲惫的听众加重记忆的负担。广播广告最忌讳冗长、复杂，越是说得多，越是面面俱到，其效果则越是适得其反。

6. 充分调动人的想象力

广播广告只靠声音传播，因此它可以激发起人们丰富的联想，从而产生无穷的魅力。它亲昵的话语、迷人的音乐、悦耳的音响，让人心旷神怡。借助听众的想象，广播可以完成其他任何媒体所不能完成的使命。难怪有人说："描述天下第一美女，最好用广播!"所以美国营销学家曼尔玛·赫伊拉说过："不是卖牛排，而是卖煎牛排的吱吱声!"善于充分调动人们的想象力，因为听众的想象力在广播广告创作中是极其重要的。

7. 努力塑造声音的个性

在五光十色的广告海洋里，没有个性的广告、没有特征的广告是难以让人记住的，广播广告也是如此，在创作中一定要注意努力塑造一个与众不同的声音，令人难以忘怀的音乐形象，并注意始终保持统一。力争让听众一听到你的语音或旋律，就知道你来了，而不与其他任何品牌形象混淆。当然，这是一个长期的战略任务。

8.3.4 电视广告的制作要求

1. 把握动态演示，注重情感诉求

电视广告媒介是诸多广告媒介中唯一能够进行动态演示的感情型媒体。它以视听结合的方式刺激人的感官和心理，从而具备一种特殊的感染力。所以，电视广告应着重情感诉求而不是逻辑诉求，在实际运作中，电视广告应该特别注意情绪的渲染，注意动态形象的塑造，尽量避免静态画面。在视听语言的运用上，应该在允许的范围内尽可能加大视觉与听觉的刺激力度，力求最迅速、最大限度地撩拨起受众的情绪，使之产生强烈而深刻的印象。

2. 信息要简洁、单一

电视广告的时间极为短暂，不可能承载过多的或复杂的信息。电视广告一定要使人易认、易记，尽量减轻观众的认知与记忆负担，否则观众是不会买账的。在当今"信息爆炸"的时代里，只有单纯、简洁、明确的信息才有可能被受众记住。

3. 适时对准目标对象

慎重地选择目标对象，是电视广告成功的关键。在策划电视广告之初，务必确切地把握住你的目标对象究竟是什么样的人，他们关心什么，喜欢什么，心理趋向如何，什么时候会坐在电视机前。否则，短短几十秒的电视广告是难以击中目标受众的。

4. 创意要有震撼力

电视广告在众多广告接二连三快速演播和受众厌倦的情况下，要靠创意的出奇制胜和震撼力给观众留下深刻印象。创意要充分发挥独创性和非凡的想象力。例如美国著名的 DDB 广告公司总裁威廉·伯恩巴克所指出的：“要使观众在一瞬间发生惊叹，立即明白商品的优点，而且永不忘记。”这才是杰出的销售创意。销售创意要有个性，要靠有力、明确以及干净利落的构思来体现。

5. 技法综合运用

电视广告表现技法十分复杂，例如不同景别(远景、全景、中景、近景、特写)的镜头语言，具有不同的表现力；不同的镜头运动方法(推镜头、拉镜头、摇镜头、跟镜头)具有不同的表现力；蒙太奇技巧等更是变幻丰富，“三维”和“特技合成”的合理应用能实现常理上不能实现的东西，包括物的创造以及时空的自由穿梭转换等，增强广告的表现力。电视广告要综合运用其特点，克服单一化的呆板倾向。

8.3.5　户外广告的制作要求

1. 具有很强的视觉冲击力

现代城市是户外广告的海洋，但能给受众留下深刻印象的只是极少数。这就要求户外广告必须以视觉冲击力引起受众的注意和兴趣。因此，首先广告必须巨大醒目，在视觉中占有一定位置。在内容设计上应有刺激性和震撼力，尤其是创意的内涵要足以诱发人们的注意和兴趣。否则，户外广告只能美化城市，对广告主不会带来实际价值。

2. 简洁单纯

户外广告常常是以行进中的受众为对象的。这样的受众对广告的视觉注意力和持久力都很弱。因此，户外广告设计绝不能太繁杂，而要力求简明单纯。文案要简化到最少，有时甚至可以减少到只有一个品牌名称。必不可少的文案和图像，都要突出产品或企业形象的主要信息，减少信息量，扩大可视度。标题是户外广告的眼睛，要下功夫写作好，既能引起注意和兴趣，又对理解广告起到提示作用。

3. 开拓创意思路

户外广告一定要克服路牌告知的老程式，开拓思维，不拘一格，在创意上下功夫。例如一则国外户外广告，创意很新奇：一块航空公司广告只是一个立在机场边上的巨型边框，人们在通过边框看到正在起飞的飞机。统一企业的鲜橙多就是以切开的巨型橙瓣模型来做成的路牌广告，这些广告以新奇的构思，给人一种首创的启迪。

4. 不拘一格，因地制宜

现代科技手段的发展，给户外广告的开发创造了有利的条件。户外广告应充分利用现代科技手段，因地因势创造出新的形式，如福建漳州广告公司曾做过一则可口可乐广告，是利用路旁山势凿出一片山岩，又凿出可口可乐品牌标志，气势磅礴，蔚为壮观。日本利用一个三岔路口将麦当劳的M标志做成一个巨大的不锈钢立体拱门，车来人往，穿行其中，既树立了企业形象，又成为人人赞叹的城市美丽景观。

8.3.6 网络广告制作要求

1. 网络广告要尽可能与电子商务相结合

网络广告与电子商务是一对孪生姐妹，是网络经济的两大支柱产业。这也是跟网络广告的独特的特征联系在一起的。因为网络是唯一一个有机会能够把广告 AIDA 四个步骤一气呵成的媒体。所以网络广告的一个趋势就是：纯粹的形象广告会越来越少，都带有产品销售的性质，都与电子商务相结合。

另外，消费者对购买方便性的需求也决定了网络广告要与电子商务相结合。一部分工作压力较大、高度紧张的消费者会以购物的方便性为目标，追求时间、精力劳动成本的尽量节省，特别是对于需求和品牌选择都相对稳定的日常消费，这一点尤为突出。如果这些人在看到网上自己喜欢的产品广告后，能立即购买的话，就会大大方便消费者，大大提高广告的宣传效果。

2. 赋予网络广告更多的趣味性，增强其吸引力

在现代生活中，由于劳动生产率的提高，人们可供自由支配时间的增加，一些自由职业者或家庭主妇希望通过购物消遣时间，寻找生活乐趣，保持与社会的联系，减少心理孤独感。因此他们愿意多花时间和精力去购物，而前提是购物能给他们带来乐趣。而网络的无限性及网络广告的趣味性，就可使这一部分消费者畅游在网络天地间，在网络广告的指引下，点击鼠标，充分享受购物的乐趣。

网络广告含有比传统媒体广告更多的技术成分，特别是自网络技术问世以来，新技术不断涌现，网络成了实时、动态、交互的多媒体世界，呈现出一幅丰富多彩的画面，使得网上广告具有文字、声音、图片、色彩、动画、音乐、电影、三维空间、虚拟视觉等所有广告媒体的功能，满足人们求新、求变的心理，因而可以充分引起消费者的兴趣，吸引消费者。

3. 注重网络广告更深页面的设计

目前，我们国内的一些广告主在选择网络广告的版位的时候有很大的盲目性，他们还是沿用在传统媒体投放广告时的方式、方法。比如我们知道报纸、杂志封面、封底的广告

价格最贵，因为最容易被看到，只要有钱，就可以去买这个位置。因此，在各网站就出现一种情况，在流量非常大的首页，广告非常集中，而越往深处，广告越少。其实，从广告效果来看恰恰相反。从许多网站的经验来看，除了一些适合做在首页的大众消费品外，对一些比较专业的产品来说，流量越大的页面，点击率越低，流量越小的页面，点击率越高。因为，越往深处，内容越专业，虽然暴露次数少，但是都是有价值的暴露。前不久，一家经营摄影器材的客户在新浪网上投放广告，开始在首页上做，结果点击率只有 0.5%，最后换到深处的专业页面去做，结果点击率增加到 20%，比在首页上增加了 40 倍。

另外，从网络广告设计的情况来看，目前的网络广告非常注重首页的创意、设计，但对更深页面的创意设计不够，而这些更深页面上的信息往往是广告的主体信息，如果不能吸引消费者深入点击的话，网络广告的效果就要大打折扣。

4. 建立全面的资讯平台

在进行网络广告策划时，第一步要做的工作是构建策划的资讯平台，主要包括以下几个方面内容：

第一，明确广告目标资讯。广告目标指引着广告的方向，这一点对网络广告同样成立。只有明确了这次广告活动的总体目标之后，广告策划者才能决定网络广告的内容、形式、创意，甚至包括网站的选择、广告对象的确定。网络广告传播能达到的广告目标大体可分为两种。一种是推销品牌，像传统媒体广告一样实现的是以信息传播为手段来达到影响受众的目的。第二种目标是获得受众的直接反应。这是网络广告与传统媒体广告所能达到目标的最大不同。

第二，有关目标对象的准确资讯。广告目标对象决定着网络广告的表现形式、广告的内容、具体站点选择，也就是影响着最终的广告效果。不同的目标对象都有各自特有的生活习惯，如上网时间、所感兴趣的网页内容、对信息的反应速度等。针对不同的广告对象就要采取不同的广告策略。

第三，竞争对手的即时资讯。俗话说：“知己知彼，百战不殆。”在网络社会中，它同样是广告商战必要的前提考虑。你的竞争对象在网上有没有做广告？他们在哪些网站做广告？做什么类型的广告？广告主要诉求点是什么？投入量大不大？等等。只有与竞争对手对应起来考虑，在网络广告策划中才会做到有的放矢，突显个性。否则，可能会导致广告行为的盲目性。

本 章 小 结

广告文案是广告主进行信息传递的表达方式，广告文案根据目的、媒介、信息内容、诉求方式以及自身结构可以分为不同的类型。在文案的创作中要遵循真实性、原创性、传播有效的原则，以达到体现企业形象、提升销售的基本要求。

一则好的广告文案需要经过严谨缜密的创作。在创作之前要熟悉企业的广告战略，把握广告的基本策略，研究广告的创意，然后采用有关的构思方法对文案进行构思，要保证构思的有效还需要对构思进行测试。通过这个过程，可有效保证文案创作的科学性，提高文案的质量。

广告文案由标题、正文、附文、广告语 4 个部分组成。广告标题是广告的题目，是广告文案的高度概括。广告标题的好坏，对广告效果具有直接而重大的影响作用。标题不妥或吸引力不够，很容易造成广告费的流失和浪费，甚至引起社会对企业的消极评价。广告标题具有放大广告信息、诱使受众继续关注下文、诱发购买等作用。标题的表现手法多样，企业可以根据具体的情况进行选择，在标题的撰写中要注意体现商品的独特性能、突出广告商品的品牌、简洁明了和题文相符等要求。

广告正文是广告文案的中心内容，是对广告标题的理解和对广告产品的介绍。广告文案正文的作用是向媒体受众陈述购买广告产品的客观理由和主观原因，并作出承诺，诱使媒体受众对广告产品产生兴趣，最终完成购买行为。广告正文一般分为对话体正文、叙述体正文、幽默体正文、证书体正文和新闻体正文。

广告标语是最经常使用的广告语言，在广告传播中具有独特的、重要的作用，具有精炼、间接、生动形象、相对固定等特点。由于广告标语便于传播和记忆，是企业进行宣传的重要内容，因而也容易成为企业宝贵的无形资产。广告附文是广告文案的附属部分，是对广告内容的进一步补充和说明，具有重要的推销作用。

广告制作是广告活动中的一项重要内容，是广告理论与广告实践的具体反映和体现。广告制作与广告媒体有着密切不可分的关系。不同的广告媒体因传播特点不同，对广告制作也就有不同的要求。因此制做广告时应充分把握不同媒体的特点，使传播的内容与形式协调一致，以达到最佳的传播效果。本章主要介绍了报纸广告、杂志广告、广播广告、电视广告和网络广告五种常用的媒体广告的制作。

思考题

1. 什么是广告文案？其主要类型有哪些？
2. 广告创作有哪些原则？
3. 广告文案创作的一般过程是怎样的？
4. 广告标题有哪些具体形式？
5. 广告正文的写作要求是什么？

6. 广告标语的写作要求有哪些？
7. 报纸广告的制作要求有哪些？
8. 杂志广告的制作要求有哪些？
9. 电视广告制作的要求有哪些？
10. 网络广告的制作要求有哪些？

第9章 广告媒体

教学目标

通过本章学习，了解广告媒体、广告媒体选择、广告媒体组合的概念，理解常见广告媒体的特点，掌握广告媒体的选择指标和选择方法，掌握广告媒体科学合理组合的方法，了解广告媒体的发展趋势。

教学要求

知识要点	能力要求	相关知识
广告媒体概述	(1) 能够理解广告媒体的概念 (2) 能够理解广告媒体的功能和分类 (3) 能够掌握常见广告媒体的特点	(1) 广告媒体的概念 (2) 广告媒体的功能和分类 (3) 常见的广告媒体的特点
广告媒体选择	(1) 能够理解广告媒体选择的意义 (2) 能够掌握常见的广告媒体评价指标	(1) 广告媒体选择的概念 (2) 广告媒体的评价指标 (3) 选择媒体考虑因素
广告媒体组合	(1) 能够理解广告媒体组合的意义 (2) 能够掌握常见的广告媒体组合方法 (3) 能够掌握广告媒体的策略组合	(1) 广告媒体组合的概念 (2) 广告媒体组合的方法 (3) 广告媒体组合的策略
广告媒体发展趋势	(1) 能够了解广告媒体的发展历史 (2) 能够了解广告媒体的发展趋势	(1) 广告媒体的发展历史 (2) 网络广告的发展趋势 (3) 广告媒体的发展新趋势

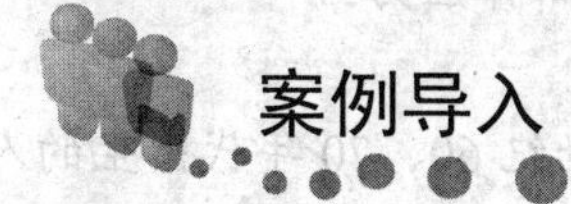

案例导入

某年份酒的市场推广媒体投放组合

中国白酒行业发展状况：2006 年全年，我国白酒行业增速较 2005 年加快，全年产量达到 411.06 万吨，同比增长 18.04%。2006 年 1～9 月，我国白酒销量 274 万吨，同比增长 17.71%，利润 69.36 亿元，同比增长 26.57%。全国白酒行业规模以上企业实现销售收入 971.4 亿元，同比增长 31.08%，远高于产量的增长，同时 2006 年中国高档白酒的年消费总量在两万吨左右，且每年保持 15%的增长幅度。市场容量利润增幅高于产量增幅，折射出我国白酒产业附加值增加，并向高端化发展的趋势。

本品牌年份酒上市推广地点为西安、成都。西安是六朝古都，积淀了深刻而丰富的文化底蕴，年份酒的品牌建设，在历史、人文、价值、朴实无华等方面可以与西安有机地结合起来。依据西安经济情况，260 年左右的白酒在商务宴请上已经能深刻传递其价值。据 2005 年销售统计，西北白酒销量增长幅度达 60%；成都是西部龙首城市，是西部经济发展的火车头，成都市场和西安市场可以相互促进，提升企业在西部市场的整体形象和表现。

成都消费者最关心的是产品的质量、品牌的知名度。作为产酒大省，成都当地多数消费者都具有一定的酒知识，指定品牌购买率高，平均占到了 31.2%，说明成都市场消费者对畅销品牌具有较高的品牌忠诚度，无特殊原因不会轻易改变品牌。而价格因素仅占 8.3%，与品牌相比，价格已不是影响购买的主要因素，这一部分主要是中老年人，他们一般对促销品不是太热衷，在选购白酒时比较理性。而随意购买、经常变换品牌也占到了相当高的比重，其主要消费者是青年人。这也代表成都年轻消费者比较开放，喜欢尝试新品牌，但这一部分消费者并不经常购买白酒，许多年轻人偏好葡萄酒和啤酒。总的来说，外地品牌或者新品牌想在成都立足是比较困难的。

针对成都人的消费习惯，白酒企业在进入、开发成都市场时，应该更要注重产品的质量，以质量来拓展市场，找准市场切入点，实施品牌战略，不断培育消费群体，坚决打击造假制假，才能真正激活消费市场，这是白酒企业进入成都的一个重要课题。白酒企业在进入市场时，初期就得抓住年轻人喜欢新奇事物、另类促销的心态，以坚实的质量做后盾，培育自己的消费群体，从而扩展市场。此外，川酒之所以受成都人喜爱，是因为川酒的口感和酿造方式都倾向于满足四川人的口感，白酒企业想进入成都市场这一点是不得不注意的。

产品价格定位：本品牌年份酒根据储藏年份的不同，价格空间在 300～1500 元/瓶。

产品目标顾客：产品的主力消费群体应为：

性别：男性

年龄：35～50 岁之间，20 世纪 60、70 年代出生的人为主

职业：私企老板、中层管理人员、营销总监等

消费类型：以商务、政务礼仪型消费为主

消费心理：针对不同的宴请对象，在他们惯常选用的白酒之外给予新的选择——高性价比的有资格的年份酒。

媒体组合选择：广告媒体组合首先考虑，本品牌的年份酒是新产品，需要进行新产品的广而告之，提升产品的知名度。同时要针对产品顾客中的主力顾客进行有针对性的广告宣传，迅速打开市场。所以广告媒体组合策略应选择大众媒体和户外媒体的组合。

新产品的广而告之可以选择推广城市中发行量大、受众广泛的主流报纸。通过调查，成都市发行量最大的是《成都商报》和《华西都市报》两份日报，如《成都商报》每天的发行量达到 60 万份，每天最高可达到 78 万份。西安市发行量最大的是《陕西日报》和《三秦都市报》。

在对主力顾客的有针对性的宣传中，根据顾客的特点，顾客主要是私企老板、中层管理人员和营销总监等，这些人经常出现在哪里呢？商业街道旁的公司里，频繁出入机场，经常在酒楼消费……所以初步选定的媒体形式是户外媒体，包括主要商业街道的户外大牌、户外招贴、以及机场旁的候车厅。在推广的后期，企业还会逐步选择商业大厦中的电梯电视媒体、飞机上供乘客免费浏览的商业杂志、专业经理人杂志等媒体形式，进一步近距离接触广告受众，提升整体市场的销售，实现广告目标。

成都媒体组合：

<table>
<tr><td rowspan="2">报纸</td><td>《成都商报》</td><td rowspan="2">周一/周二
财经版</td><td rowspan="2">1～6月</td><td rowspan="2">品牌广泛告知
与产品有机结合</td></tr>
<tr><td>《华西都市报》</td></tr>
<tr><td>户外</td><td>主要商业街道</td><td rowspan="2">连续 6 个月集中轰炸</td><td rowspan="2">1～6月</td><td rowspan="2">品牌广泛告知</td></tr>
<tr><td>候车亭</td><td>机场候机</td></tr>
</table>

西安媒介组合：

<table>
<tr><td rowspan="2">报纸</td><td>《陕西日报》</td><td rowspan="2">周一/周二
财经版</td><td rowspan="2">1～6月</td><td rowspan="2">品牌广泛告知
与产品有机结合</td></tr>
<tr><td>《三秦都市报》</td></tr>
<tr><td>户外</td><td>主要商业街道</td><td rowspan="2">连续 6 个月集中轰炸
糖酒交易会前后的重度造势</td><td rowspan="2">1～6月</td><td rowspan="2">品牌广泛告知</td></tr>
<tr><td>候车亭</td><td>机场候机</td></tr>
</table>

广告是一种信息传播活动，信息传播要借助一定的载体、工具、途径，传递给消费者，这些物质载体统称为媒体。广告媒体是随着商品经济的发展，随着科学技术的发展而发展

的。商品经济的发展产生需要，科学技术的发展提供了物质手段。在现代广告运动中，媒体一直处于极为重要的地位。广告创作后，如何选择广告媒体、广告媒体策略、广告媒体的科学合理组合，成为广告主最为关心的问题。本章将从专业角度，对常见媒体的特点、媒体的评价选择、媒体组合等方面进行分析，重点讨论制订广告媒体策略、实施媒体科学合理组合等问题。通过对本章的学习，要求学生理解广告媒体特性，了解广告媒体的分类重点掌握报纸、电视、广播、杂志、网络五大广告媒体的特点，学会广告媒体的选择和组合方法。

9.1　广告媒体概述

媒体是广告的重要组成要素。在广告活动中，离开媒体，广告主的信息就无法传递，也就是说，离开媒体，就没有现代广告。但不同媒体具有不同特性，对媒体的使用情况直接关系到广告的效果。

9.1.1　广告媒体的含义

媒体(Media)，就是信息借以传递的载体、工具。所谓广告媒体是指借以实现广告主与广告对象之间联系的物质或工具。或者说，凡能刊载、播映、播放广告作品，在广告宣传中起传播信息作用的物质和工具都可以称为广告媒体，它是广告信息的物质载体。

广告与媒体之间有着密切的关系。首先，广告与广告媒体是互相依存的关系。广告必须借助广告媒体来传递广告信息，而广告媒体不进行广告信息的传播也就不能称其为广告媒体了；其次，广告媒体与广告之间是表现与被表现的关系。广告媒体表现广告的内容，是表现者。广告只有在一定的媒体上被表现出来，广告信息才能被消费者注意，才能发挥促销的作用，所以，广告是被表现者。

现代广告离不开媒体，同样，由于发布广告的费用是媒体重要的收入来源，因此，媒体单位也都非常重视开拓广告业务，利用自己所拥有的媒体，创造良好的经济收益。

9.1.2　广告媒体的特征

不同的广告媒体作为广告信息的发布手段，各有各的特性(如在范围、速度、对象、表现力等方面)。但从一般意义上讲，作为广告媒体都具有以下几个共性。

1. 物质性

物质性指所有的广告媒体都是物质的，是看得见、摸得着的，都是客观世界中可感知的事物。

2. 信息性

信息性指广告媒体都可传递广告信息，可以承载、传递一定的产品或服务信息，在广告主和消费者之间架起一座桥梁。

3. 时间性

时间性指广告媒体在传递广告信息时有一定的时间性，有的时间长、有的时间短，有的时间快、有的时间慢。

4. 空间性

空间性指任何广告媒体都是在一定的空间范围内传播的。各种媒体都有各自的信息传播范围。企业要合理选择媒体去覆盖自己的目标顾客群体。

5. 适应性

适应性指由于不同的广告媒体的物质形态不同，因此，其对广告活动的具体要求的适应性也各不相同(如范围、受众的多少，对象阶层、时间长短、快慢等)。

9.1.3　广告媒体的功能

广告具有多方面的功能，商务宣传功能、艺术表现功能和文化传播功能等。广告大师大卫·奥格威曾经说过：“广告唯一正当的功能是促进销售，不是娱乐大众，也不是运用你的原创力或美学天赋使人们对广告的印象深刻”。所以广告媒体最主要的功能应该是商务宣传功能。

1. 广告媒体的商务功能

广告媒体的商务功能主要表现在以下两个方面：

(1) 传输广告内容。广告媒体能够承载一定的广告信息(语言、文字、画面)，将广告内容传输给广告受众。

(2) 引发消费意识。广告媒体可利用自身优势(特点)引起受众注意，刺激其视觉、听觉等感观，使其关注广告内容，引发受众对广告商品或服务的购买欲望。

2. 广告媒体的文化功能

“文化”是指人类在社会历史发展过程中所创造的物质财富和精神财富的总和，它有丰富的内容，包括文学、艺术、教育、科学等。广告媒体既是一种信息传输手段，同时也是广告艺术表现的阵地。广告需要借助一定的艺术形式来增强其魅力，发挥其影响人们心理和情感的作用，因此，它可以起到愉悦人、教育人、让人得到精神享受和介绍商品、服务知识的作用，具有一定的文化功能，而离开广告媒体，这种功能也就不存在了。同时，广告媒体本身也具有一定的文化功能，这种功能具体表现为以下几个方面。

(1) 实现对广告艺术的创造。广告媒体能够利用自身的物质条件和特点，实现广告人的艺术构想和创造，创造出独特而美的广告艺术作品，从而丰富艺术宝库。

(2) 体现不同的文化色彩。不同时代、不同国家的广告媒体，都能体现它那个时代或那个国家的文化色彩。例如在我国的一些古镇上仍可以看到有明显中国特色历史悠久的幌子广告，在《水浒传》中武松打虎的一段里，景阳岗前的一家酒店酒旗上写着“三碗不过岗”，这就是幌子广告。

(3) 丰富社会文化生活。广告媒体既是一种经济信息的载体，也是一种文化载体，通过广告媒体传递的广告文化，丰富了人们的社会文化生活，满足了人们的精神需要，使人得到精神的陶冶和愉悦。

9.1.4　广告媒体的分类

按照不同的依据，广告媒体有不同的分类。总体说来，有以下几种。

1. 按媒体的物质属性分类

(1) 印刷广告媒体。包括报纸、杂志、传单、海报、招贴等。

(2) 电波广告媒体。包括电视、广播、音响、网络等。

(3) 户外广告媒体。包括广告牌、候车厅、灯箱、户外招贴、墙体广告等。

(4) 交通广告媒体。包括车身广告、车票广告、车载数字广告等。

(5) 销售现场广告媒体。包括货架陈列、海报招贴、宣传手册、灯箱等。

(6) 其他广告媒体。

2. 按媒体时效分类

(1) 长效媒体。户外媒体、印刷媒体、交通媒体等。

(2) 短期媒体。电视、广播、报纸等。

3. 按受众感觉分类

(1) 视觉媒体。报纸、杂志、户外招贴、灯箱、海报、墙体等。

(2) 听觉媒体。广播、录音带、音响、电话媒体等。

(3) 视听综合媒体。电视、网络等。

4. 按媒体影响范围分类

(1) 国际性广告媒体。

(2) 全国性广告媒体。

(3) 区域性广告媒体。

(4) 地方性广告媒体。

(5) 行业性广告媒体。

5. 按媒体特点分类

电视、广播、报纸、杂志、售点(POP)、户外、印刷品、互联网(WWW)等。

9.1.5 主要广告媒体的特点

1. 报纸广告媒体

1) 含义

报纸是以文字和图片形态为传播手段，以刊载新闻为主的广告借用媒体。它是现代五大媒体最早发布广告的媒体。1625 年《英国信使报》便刊登了一则图书出版广告，这被认为是最早的报纸广告。我国自鸦片战争以来，报纸广告发展很快，长期以来，报纸一直占据着头号媒体的位置。尽管其他媒体的迅速发展使它的首席地位受到威胁，但报纸广告仍以其特有的传播方式和传播途径发挥着重要的作用，是其他媒体所不能代替的。在西方国家，报纸广告的营业额和业务总量仍占据优势地位。在我国，报纸广告的营业额仅次于电视广告。

2) 报纸广告媒体概况

对报纸媒体的了解，主要从规格与版式、出版频率、内容、发行方式等几方面来考察。

(1) 规格与版式。报纸一般以散页形态出现，没有封面，主要通过版面传递信息，因此，报纸的印刷和编排方式，都对广告的发布产生了根本的影响。

国际上的报纸一般是以两种规格印刷和出版的：一种是文摘版，另一种是普通版。在我国，目前报纸的规格与版式的种类较多，如对开 8 版、对开 4 版、4 开 4 版、4 开 8 版等。

(2) 出版频率。出版频率即单位时间出版次数。现在最常见的是：日报、早报、晚报、周二版、周三版、周报等。出版频率不同，报纸广告的时效性不同。

(3) 内容。报纸的性质不同，其内容有较大差异。就内容来说，有政治型报纸、生活型报纸、综合型报纸、专业型报纸等。不同类型的报纸读者群不一样，传播范围、信誉度、发行量等都存在差别，这些都对企业选择广告媒体有一定的影响。

(4) 发行方式。报纸的发行有订阅和零售两种形式。前者以企事业单位、机关为主，后者以普通群众为主；前者读者数量较稳定，后者读者数量波动较大。

3) 优点

① 传播范围广。

② 时效性强，传播速度快。

③ 发行对象明确，选择性强。

④ 传播信息详尽，解释能力强。

⑤ 简便灵活。

⑥ 信息的准确度高，信赖度高。

⑦ 阅读存储方便。

⑧ 创作简单，广告制作、发布较为简便。

⑨ 广告成本较低。

4) 缺点

① 有效期短。

② 信息庞杂，注目率低。

③ 印刷效果欠佳。

④ 感染力差，以传播文字、图形为主，是单纯的视觉媒体，艺术感染力有限。

⑤ 受人们购买力和文化等因素的影响。

2. 杂志广告媒体

1) 含义

杂志是刊登某一方面或某一门类的知识性或娱乐性文章、图片等供读者研究或消遣的出版物。杂志很早就被用作广告媒体，早在 1710 年，英国的《观察家》杂志就开始刊登广告。

杂志发展到今天已经成为人们生活中不可缺少的文化消费品，是现代广告重要的媒体形式，特别是在食品饮料、电器、化妆品、汽车、服装、专业设备等方面，由于它极强的针对性和解释能力，深受广大工商企业的青睐。

2) 杂志媒体的概况

① 规格。国外的杂志规格大致有四种：袖珍本、标准本、平装本、大版本。

② 出版频率。常见的出版频率有周刊、半月刊、月刊、季刊等。

③ 内容。常见的有消费者杂志、商业杂志、专业杂志。

3) 优点

① 针对性强。

② 有效期长。

③ 广告对象理解度高。

④ 广告信息容量大。

⑤ 艺术感染力较强。

⑥ 印刷精美、注目率高。

4) 缺点

① 时效性差。

② 周期长。

③ 灵活性小。

④ 受众局限，广告效果受读者文化水平等因素影响。

⑤ 广告成本较高。

3. 广播广告媒体

1) 含义

广播广告媒体是利用电波把广告信息变成各种声音的纯听觉媒体。它通过语言和音响效果，诉诸人的听觉，充分发挥声音的抑扬顿挫、轻重快慢以及节奏感、感情色彩等方面的特点，唤起听众的联想与情感体验，从而发挥促销效果。

广播广告出现的也比较早，1920 年，美国开始有了电台广播，1922 年，开始有广播广告。我国在 1923 年开始出现广播电台，此后广播广告得到快速发展。尽管近年来由于受电视等媒体的冲击，广播广告的地位有所下降，但由于其自身的特点，它仍有强大的生命力，在现代广告中仍发挥着重要的作用。

2) 广播广告媒体的概况

根据传播手段的不同，广播可分为无线广播、有线广播、数据广播等。随着现代电子技术和多媒体技术以及网络技术的发展，广播广告已经克服了只能由传统的收音机收听的不足，消费者可以通过网络、数字电视、手机等现代媒体收听广播节目，这给广播广告带来了新的发展。

3) 优点

① 传播速度快，时效性强。

② 覆盖面广。

③ 灵活性强，移动性强。

④ 制作简单，广告成本低。

⑤ 艺术形式多样，易被理解和记忆，不受听众文化程度的影响。

⑥ 有较高的信誉度。

4) 缺点

① 产品形象性差。

② 广告信息易逝，不易存储和查阅。

4. 电视广告媒体

1) 含义

电视媒体是综合运用文字、图像、声音、情节等丰富多彩的艺术表现手段，使人产生身临其境的感觉，最大限度起到诱导购买的作用。电视媒体是综合媒体，对广告受众进行视觉、听觉、心理等多方面的刺激和影响，制作画面诱人，富有创意的电视广告注目率高，广告效果好。

2) 电视广告媒体概况

1927 年英国广播公司建立了世界上第一座电视台。我国在 1979 年 1 月 28 日发布了第一则电视广告，广告产品是上海药材公司的参桂补酒。改革开放后，随着社会的发展和繁荣，电视已经普及到我国大部分家庭，现在的城市家庭，甚至是一家拥有两台到三台电视。随着现代数字技术的发展，数字电视也开始逐步普及开来，电视广告媒体得到了进一步发展。

3) 优点

① 形象生动，说服力强。电视媒体集视觉形象与听觉形象于一身，汇图像、声音、色彩、动作、文字于一炉，具有一定的知识性、故事性和趣味性。它将空间艺术、时间艺术和综合艺术表现于一身，具有较强的表现力和感染力。电视广告对商品形象表现逼真、生动具体，具有很强的说服力。

② 辐射面广，渗透力强。目前，在我国政府的努力下，村村通工程取得了显著成效，我国几乎所有的地方都能看上电视节目。电视采用图像、声音和文字及情节等多种手段传递信息，受众理解度高，较少受观众文化水平的限制，是人们喜闻乐见的一种信息传播方式，具有很强的渗透力。

③ 传播迅速。电视节目不受时空限制，几乎在同一时间，就能将信号传遍覆盖范围的所有地方。

④ 直观真实，理解度高。电视广告从视觉和听觉两方面刺激人们的感官，以多种艺术形式表现广告内容，形象生动，真实直观，特别便于人们理解广告内容。

⑤ 表现手法多样，艺术性强。电视广告能突破时间和空间的限制，采用多种艺术手法表现广告主题(音乐、舞蹈、戏曲、故事、影视、文学、美术等几乎所有的艺术形式都可用于电视广告作品中)，生动活泼、具有艺术性的电视广告，在传递广告信息的同时，也增强了自身的吸引力和感染力，增强了自身的魅力，给受众带来艺术享受。

⑥ 信誉度较高，容易得到消费者信赖。

4) 缺点

① 信息时效短，转瞬即逝。

② 信息量相对较少。

③ 广告费用高，成本高。

④ 选择性低。无论是广告主还是受众，都没有太大的选择性。

⑤ 电视广告的设计制作较为复杂，难度大。

5. 网络广告媒体

1) 含义

网络广告媒体是以互联网(Internet)为传播媒体的广告媒体。互联网是信息技术发展的产物，是全球最大的计算机网络，目前已经扩大到 180 多个国家和地区，影响逐步渗透到人们社会生活的各个角落。

2) 网络广告媒体概况

互联网诞生于 20 世纪 60 年代，我国于 1994 年 4 月正式被接纳为会员。互联网问世不久，由于其强大的传播力，立刻引起嗅觉敏锐的广告从业者的注意。1994 年 Wired 杂志在其主页上首次发布了网络广告，宝洁、IBM 等大企业是最初的网络广告客户。随着网络的普及和多媒体技术的发展，网络广告成为众多网站的主要收入来源，2006 年，全球网络广告收入达到 164 亿美元。目前，我国网民已达 1.23 亿，手机上网人数超过 300 万。

3) 优点

① 覆盖范围广泛、存查自如。

② 信息容量大。

③ 信息交互传递，双向互动传播。

④ 时效性强，传播速度快。

⑤ 针对性强，广告投放准确。

⑥ 制作、发布较为简便，形式多样。

⑦ 动态实时(可随时改动)。

⑧ 易于统计。

⑨ 广告成本低。

4) 缺点

① 硬件要求高，普及率受到限制。

② 受众局限。

③ 上网费用高。

④ 主动性差。

⑤ 视觉效果欠佳。

5) 常见的网络广告形式

① 旗帜广告(Banner)。旗帜广告也叫网幅广告，是读者在网页上看见最多的广告形式，通常在页面上方首要位置，为长条的提示型广告，比如一个标题、招牌，可以进行超级链接获取进一步详尽的信息，它的目的就是吸引和刺激人们点击到相关页面。如图 9.1 所示。

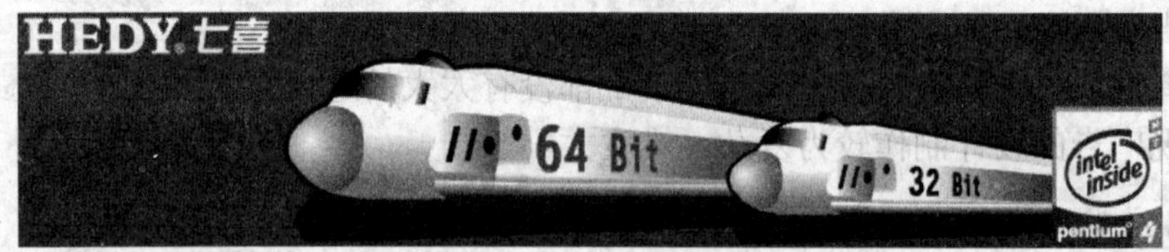

图 9.1 旗帜广告

② 图标广告(Button)。图标广告形式在因特网主页中非常普遍，它的制作方式和付费方式等都同旗帜广告一样，只是要小一些，像个纽扣(Button 的原意)，所以也叫按钮广告。图标广告属于纯提示性广告，一般由企业的标志性图案构成，如企业名称、商标、网址等，

没有广告标语或正文，所以吸引力较差，只具提示作用，一般来说，知名度较高的企业可以采取这种形式，如 SONY、IBM、可口可乐等大家耳熟能详的广告，浏览者可以单击图标进入对应的企业网址。如图 9.2 所示。

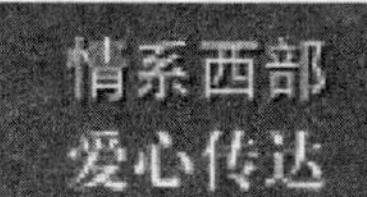

图 9.2　图标广告

③ 游动式广告。这是目前非常流行的广告形式，它的画面一般较小，在整个屏幕里有规律地移动，画面有简单的变化，由于其动态变化比较能够吸引人，现在许多在线商店里都将购物车做成游动广告的形式，方便用户单击，取到不错的效果。如图 9.3 所示。

图 9.3　游动式广告

④ 插入广告。这是带有一点强迫性的广告，在用户输入某个网址，主页显示的同时，自动跳出另一个幅面较小的窗口，用诱人的画面和广告宣传语，有静态也有循环播放的动画形式，来吸引消费者的单击。由于其强迫观看，甚至在插入广告没有下载完全之前，用户无法进行网页操作，使得很多用户对这种广告形式产生反感。如图 9.4 所示。

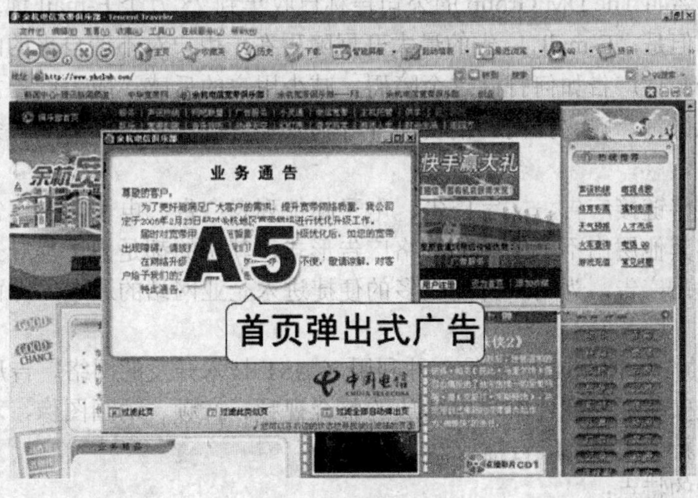

图 9.4　插入广告

⑤ 关键字广告。这种广告形式在美国非常流行，即广告主可以买下著名搜索引擎的流行关键字，在用户输入该关键字进行检索的同时，出现广告主的相关广告，从而吸引有购买可能的用户单击广告进入公司的网站。例如，在 Google 搜索引擎上输入“订票”这个关键字，就会出现与门票相关的航空公司、商务旅行公司等的广告链接。如图 9.5 所示。

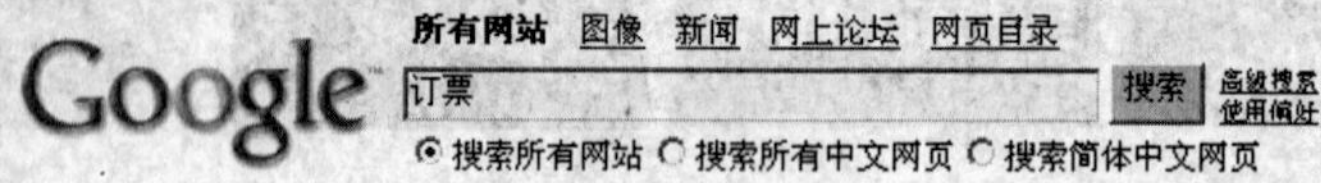

图 9.5 关键字广告

⑥ 电子邮件广告。电子邮件是 Internet 的一个基本功能，可以让用户方便、快捷、低成本地进行信息和情感的交流。它用于广告活动中，一些公司利用自己的客户数据库里的注册会员信息，或者利用其他途径收集的潜在客户的 E-mail 地址，有针对性地将广告直接发送给特定顾客。

美国的一家名叫 The DM Group 的公司声称已收集到 25 万个 E-mail 地址，这是一笔无法估量的财富。但是，E-mail 广告的最大开展障碍在于用户对不请自来的邮件的反感和排斥，所以，电子邮件广告如何打破这个障碍，减少用户的反感，成为广告主的目标。如可通过免费的信息咨询、购物指南、消费向导等形式辅之以广告，以用户喜爱和接受的形式来接近用户。

另外还有文字链接广告、文字广告、电子邮件列表广告、电子杂志广告、赞助广告、在线分类广告和其他层出不穷的新的网络广告形式，其目的都是为了提升企业的知名度，吸引潜在用户单击广告，为用户开通更多的便捷进入企业网站的通道，即而增加产品、服务的销售。

⑦ iCAST 广告。iCAST 广告是一种利用 iCAST 技术开发的网络广告形式。iCAST 是一种不需要受众安装任何插件就可以播放的整合视频、音频、动画图像、双向信息通信和用户交互功能的新一代网络广告播放器。

iCAST 广告的特点：

采用了独创的“Transparent Download”(透明下载)技术，突破了传统 Banner 广告乃至

Flash 巨型广告的容量限制，iCAST 广告容量可以达到 300k 甚至以上，是目前其他形式在线广告容量的 10 倍以上；

突破了传统 Internet 带宽瓶颈对广告内容容量的限制，广告的下载是在用户浏览间隙，也就是带宽空闲时在后台进行的，广告的下载对浏览者的正常浏览行为没有任何影响；

iCAST 广告播放器支持多项功能，浏览者可以自由控制，打破传统广告被动接受的约束，加强了广告的互动性。用户可以使用播放、停止、声音控制、下载、转发朋友、关闭等功能，交互性更强；

iCAST 广告的实时统计系统可以对广告的投放情况进行全面的监测，帮助广告主有效细分客户，开展有针对性的营销活动，包括：总体播放次数和完全播放次数统计、单击次数和单击率统计、下载次数和下载率统计、推荐次数和推荐率统计、下载后播放次数统计等；

同时，iCAST 广告的出现，解决了长期以来限制在线广告创意和设计的带宽瓶颈问题，为在线广告运营商、广告设计师和广告主提供了全新的自由创意的平台。互联网的传播优势结合 iCAST 广告特点，开创了网络广告的新时代(如图 9.6 所示)。

图 9.6　iCAST 广告

6. 其他广告媒体的特点

1) 交通广告媒体

交通广告媒体主要是指公交车、出租车、企业车辆等商业交通工具，这些交通工具的广告形式主要有车身广告、车内广告、车票广告、车载数字电视等。由于交通广告媒体的流动性和普及性，广告注目率较高，能够较好地实现企业广而告之的目的。

① 优点。流动性大；易引起注意；广告费用低。

② 缺点。广告信息量小；感染力差。

2) 户外广告媒体

户外广告媒体是广告媒体中的一个大类别，广告形式很多，有广告牌、候车厅、灯箱、户外招贴、墙体广告等。户外广告日夜不停地向行人传播广告信息，以鲜明强烈的色彩和独特的形式给人以刺激。户外广告集中于商业网点的特点，使其宣传易与购买行为相结合。同时户外广告也装扮着城市，让城市更美丽。

① 优点。有效期长；形式多样——路牌、灯箱、招贴、墙体、霓虹灯；广告费用低；美化环境。

② 缺点。信息量有限；传播范围小。

3) 销售现场广告媒体

销售现场广告媒体主要是指产品卖场的广告媒体，包括货架陈列、海报招贴、宣传手册、灯箱等，也叫做 POP 广告媒体。销售现场媒体能够营造购物氛围，较好地刺激消费者的购买欲望。

销售现场广告媒体的主要优点有刺激现场消费、美化商店环境、提升企业形象。

9.2 广告媒体的选择

广告媒体的形式多种多样，企业为实现广告目标的要求，要仔细地分析、评价，选择最恰当的广告媒体，以最少的成本选择最恰当的广告媒体，使广告信息传递给预定的目标消费者，并保证消费者的数量和接触次数。

9.2.1 广告媒体选择的含义

所谓广告媒体的选择，就是指通过具体分析、评价各类媒体的特点及局限性，找出合适广告目标要求的媒体，从而使广告信息顺利地到达目标顾客那里。广告信息必须借助媒体才能传递出去，媒体选择的正确与否，关系到广告活动的成败。由于媒体租金在整个广告费中占的比重较大，现代媒体又越来越丰富，因此，媒体的选择越来越复杂。

9.2.2 广告媒体评价指标

无论是广告主、广告公司还是媒体单位，都会对广告媒体进行评价，例如媒体发行情况，收视收听率，媒体效果等。广告主对媒体进行评价的目的是在内部进行广告规划时，对外界媒体有一个大致的了解，同时对广告公司提交的媒体计划方案能做出科学的评价和选择；广告公司对媒体评价的目的是为选择媒体提供依据，以合理的费用，取得良好的发布效果；媒体单位通过媒体评价，既可了解自身的优势和劣势，又可将媒体的评价结果介绍给广告主和广告公司，吸引他们购买。

对媒体进行评价的常用指标有以下几项。

1. 视听率

视听率是指在某一特定时间内，接收某一特定电视或广播节目的人数(或家庭数)占总视听人数的百分比。视听率是广告信息传播范围的衡量指标。

2. 毛评点

毛评点也叫“毛感点”、“总视听率”等，它是各则广告播出之后，接触广告的人数与传播范围内人数比例之和，是一则广告在媒体推出数次之后所能达到的总的效果。如果用一种媒体做广告，毛评点所反映的就是这一媒体的总效果；如果是同时几种媒体做广告，毛评点所反映的是这一组合媒体的总效果。

毛评点=广告发布的次数×视听率

3. 视听暴露度

视听暴露度是指某一特定时期内收听、收看某一媒体或某一媒体的特定节目的人数(或家庭数)总合。实际上是毛评点的绝对值，也是衡量广告接触人数的指标。

视听暴露度=视听总人数×毛评点

4. 到达率

到达率又称“接触率”、“触及率”，是指广告有某媒体输出后，一段时间内接触到这则广告的人数占媒体总传播范围内总人数的比率。即看到或听到某一广告的人数的百分比。

到达率=接触广告的总人数/传播范围内的总人数×100%

5. 暴露频次

暴露频次也称频次或频率，是指在一定时期内，每个人(或每户)接收到同一广告信息的平均次数。

暴露频次=毛评点/到达率

6. 每千人成本

每千人成本是指对指定人或家庭送达 1 000 个视听暴露度的成本。

每千人成本=广告费用(元)/视听暴露度或人数(以千人为单位)

通常用如下公式计算某媒体的前任成本：

每千人成本(广告媒体的相对费用)=广告媒体的绝对费用/预计传播对象的人数(以千人为单位)

7. 有效到达率

有效到达率又称有效暴露频次，指在一定时间内同一广告通过媒体到达同一个人(或户)的数量界限。用这个指标来解决“到底要做多少次广告才有效”的问题。目前，很多人参照纳普勒斯的研究结论来确定这一界限。

9.2.3 选择广告媒体应考虑的因素

企业或广告公司在选择广告媒体时，除了考虑各种媒体评价指标外，还应考虑媒体自身以及与媒体有关的各种因素，在此基础上，经过严格论证才能决定选用哪种媒体。一般的，在选择广告媒体时需要考虑的因素主要有以下几点。

1. 媒体的性质与传播效果

媒体的性质，是指要研究考察对象(媒体)是属于哪种类型的媒体。不同的媒体有不同的特点，它们在传播范围、传播对象、传播人数、社会声望、生命周期、传播速度等方面都有一定的差异；不同媒体的在各类信息的传播效果上也存在差别。所以，选择广告媒体首先要分析媒体的性质，考察其传播效果。

2. 广告商品的性能和使用范围

商品的性能即商品的性质和作用，包括商品自身的特点、使用价值、所处生命周期及质量、价格、产品包装等；商品的使用范围主要指商品销售的地域范围和使用者的阶层范围。不同商品有不同的性能和使用范围，媒体选择者必须将这些情况搞清楚，针对不同商品选择不同媒体(如化妆品和生产资料的广告，在媒体选择上就存在很大差异)。

3. 受众的习惯和文化程度

受众的生活习惯、职业、年龄、文化程度、收入水平、宗教信仰等都存在一定的差异，习惯不同，文化程度不同，其接触的媒体也不一样，因此，选择媒体时必须要分析目标受众的习惯和文化程度等各种情况。

4. 市场现状和消费趋势

任何广告活动都有具体的目标，都是在特定时期，在特定市场上对特定消费者进行的广告宣传。因此，无论是广告主还是广告公司，在选择广告媒体时必须认真研究当时的市场现状、产品的竞争状况，消费状况及消费的发展趋势，这些情况都在某种程度上影响着广告媒体的选择。

5. 广告的制作和成本费用

不同的媒体，广告的制作程序和复杂程度不同，发布速度不同，费用也不同。企业要根据自己的实际情况来选择合适的媒体。

6. 竞争对手的使用情况

正所谓“知己知彼,百战不殆”，选择媒体时还应考虑竞争对手的媒体使用情况，了解后可以采用相同的投放策略，进行对抗式广告，也可以选择避开，选择竞争对手没有选择的媒体，但总体的原则是，顾客在哪里，广告就投放到哪里。

7. 企业的经济实力和广告目标

广告媒体费用是一笔不小的费用，选择媒体时还应考虑广告企业的经济实力和广告目标，尽可能获取较高的广告投资回报。

9.3　广告媒体组合

由于单一的媒体是很难达到广告的目的，而广告媒体科学合理的组合，往往能获得事半功倍的效果，是实现广告目标的重要保证。广告采用媒体组合时应注意在确定组合前，对媒体组合的使用和组合中的每一个媒体有一个通盘和整体的认识，包括对媒体的评价、媒体的确定、媒体组合的确定、重点媒体的确定，这是广告活动的基础，也是最基本的保证。

9.3.1　广告媒体组合含义

所谓广告媒体组合，就是指在广告流程中，根据广告主的产品市场目标、市场策略及广告媒体策略，在各式各样的媒体中进行选择及搭配运用，对经过选择的广告媒体进行合理的时间、版面的配置。

9.3.2　广告媒体组合的作用

根据调查统计资料显示，普通消费者在看电视的时候，碰到电视台插播广告，换台率接近 50%。如果运用单一的电视投放，会浪费广告主大量的广告费。而科学地组合运用各类媒体，无疑可以使广告主投放广告浪费的概率小一些。同时根据科学试验，两种媒体作用人一次的效果，要比一种媒体作用人两次的效果高 30%。国外资料显示：如果 100 万元的广告费割裂地使用，要比整合使用效果低 20%。同样，1 000 万元的组合广告投放，综合效果要比单独投放 1 000 万元电视广告要高 30%左右，这就是媒体组合的威力。因此，广告投放应从不同的时间、不同的地理空间、不同的传播渠道全方位进行互补。

美国广告学者吉苏尔马尼克在其所著的《广告媒体研究》一书中，对进行广告媒体组合提出了五条支持理由，可供我们借鉴：达到第一种媒体所未达到的人士；在第一种媒体得到最佳到达率之后，再以较便宜的第二种媒体提供额外的重复暴露；利用媒体所固有的某些价值以扩展广告运用的创作效果(诸如在广播中运用音乐，在印刷媒体上运用长文案)；当媒体计划以广播电视作为主要媒体时，在印刷媒体上送交折价券；协同作用(Synergism)，这是从化学上借用的术语。各种成分混合所产生的总效用远大于各种成分个别相加的总和。

1. 媒体组合优点

(1) 可以使广告的覆盖面更广、受众更多。合理的媒体组合可以弥补一种媒体造成的覆盖面有限、受众有限的弊端，使广告的覆盖面更广，接触更多受众。

(2) 更强烈地传达广告信息，达到1+1>2的广告传达效果。不同广告媒体的特点不同，各有优点和缺点，合理科学的媒体组合能够让多个媒体之间取长补短，大幅度或者较大幅度地提高或充分发挥各个媒体的广告作用，从而达到1+1>2的最佳广告效果。

2. 媒体组合效应

广告媒体组合策略之所以能使商品产生轰动效应和良好的促销效果，主要有以下几个媒体组合传播效应。

(1) 延伸效应。各种媒体都有各自覆盖范围的局限性，假若将媒体组合运用则可以增加广告传播的广度，延伸广告覆盖范围。广告覆盖面越大，产品知名度越高。

(2) 重复效应。由于各种媒体覆盖的对象有时是重复的，因此媒体组合使用将使部分广告受众增加，广告接触次数，也就是增加广告传播深度。消费者接触广告次数越多，对产品的注意度、记忆度、理解度就越高，购买的冲动就越强。

(3) 互补效应。即以两种以上广告媒体来传播同一广告内容，对于同一受众来说，其广告效果是相辅相成、互相补充的。由于不同媒体各有利弊，因此组合动用能取长补短，相得益彰。

9.3.3 广告媒体组合方法

1. 媒体组合程序

(1) 准确选择并确定几种媒体。选择并确定几种媒体时，一是从广告内容出发，分析广告媒体能否更好地表现广告内容；一是从广告费用出发，在有限的资金投入情况下，是否能实现最佳的广告效果。

(2) 确定媒体使用的重点。广告媒体的使用重点可以是一种，也可以是两种或更多种。例如，面向一般消费者的产品，一般情况下，应当以大众传播媒体为主，如电视、报纸、广播、杂志等，同时以户外广告、交通广告、POP广告、直邮广告为辅；面对有明确广告对象的产品广告，应该详细分析目标顾客的媒体使用习惯，有针对性地投放广告。

(3) 科学合理地进行组合。科学合理的媒体组合是媒体选择成功的关键。组合要根据媒体的特点和重点，确定投放时间，投放范围，投放具体媒体版面，投放期的长短等。同时，还要明确是同步出击还是层层递进，或是交叉进行。

由于不同地区生活方式不同，风土人情不同，媒体使用习惯不同，所以广告媒体的组合和诉求点不一定非得统一，也就是说，媒体组合应当从不同地区的实际出发，因地制宜。例如，在电视较少的农村地区，如果仍然把电视作为重点媒体，就会出现广告费的浪费，而且达不到预期的广告效果，那么就不如把广播作为媒体的重点。

广告媒体组合是一个系统工程，并非是一些媒体简单的拼凑，也并非是搭积木式的组合，这就需要读者不仅要熟悉掌握每一种媒体，而且要学会有机地科学地组合。

2. 媒体组合的方法

(1) 视觉媒体与听觉媒体的组合。视觉媒体指借助于视觉要素表现的媒体，如报纸、杂志、户外广告、招贴、公共汽车广告等。听觉媒体主要借用听觉要素表现的媒体如广播、音响广告，电视可说是听觉完美结合的媒体。视觉媒体更直观，给人以一种真实感；听觉媒体更抽象，可以给人丰富的想象。

(2) 瞬间媒体与长效媒体的组合。瞬间媒体指广告信息瞬时消失的媒体如广播、电视等电波电子媒体，由于广告一闪而过，信息不易保留，因而要与能长期保留信息，可供反复查阅的长效媒体配合使用，长效媒体一般是指那些可以较长时间传播同一广告的印刷品、路牌、霓虹灯、公共汽车等媒体。

(3) 大众媒体与辅助媒体的组合。大众媒体指报纸、电视、广播、杂志等传播面广、声势大的广告媒体，其传播优势在于“面”。但这些媒体与销售现场相脱离，只能起到间接促销作用。辅助媒体主要指邮寄、招贴、展销，产品介绍小册子以及各种户外广告等传播面小、传播范围固定，具有直接促销作用的促销媒体，它的优势在于“点”，可以直接刺激消费者的购买欲望。在采用大众媒体的同时又配合使用促销媒体能使点面结合，就起到较好的直接促销的效果。

在使用辅助媒体，进行媒体组合时，如果能够进行创新，则常常可以起到“四两拨千斤”的效果。例如，有些企业在为家庭用品做媒体组合时，别出心裁地开展送“福”闹新春活动，有针对性地对家庭派送印有广告的“福”字、春联、挂历，在半年后进行回访时，发现那些“福”字和挂历仍然整齐地挂在墙上。很多企业还把广告印刷在免费礼品上，顾客在日常生活中使用这些免费礼品(例如伞、包、帽子、衣服等)，无疑成为企业的免费流动小广告。

(4) 同类媒体的组合。广告媒体组合也可在同类媒体中进行组合。在同类媒体中，又有全国性的、地方性的和专业性的媒体的区别和组合。

3. 较好的媒体组合形式

在广告活动实践中，经过总结与概括，公认效果较好的媒体组合形式，主要有下列几种。

(1) 报纸与广播组合。报纸与广播组合可以使不同文化程度的消费者都能接受广告信息传播。

(2) 报纸与电视组合。报纸与电视组合可以用报纸广告，先将文字广告信息传播给受众，使他们对产品有个较为全面、详细的了解，然后，再运用电视媒体，通过图像来展示产品形象，以促进销售。

(3) 报纸与杂志组合。报纸与杂志组合可以利用报纸广告做强力推销，而借助杂志广告稳定市场；或利用报纸广告进行地区性信息传播，而借助杂志广告做全国性大范围的信息传播。

(4) 电视与广播组合。电视与广播组合有利于城市与乡村的消费者普遍接受广告信息传播。

(5) 报纸或电视与售点现场媒体搭配。这种组合有利于提醒消费者购买已有印象或已有购买欲望的商品。

(6) 报纸或电视与邮政媒体组合。这种组合以直邮广告为开路先锋，先做试探性的广告宣传，然后，再利用报纸或电视广告做强力推销。这样，先弱后强，分步推出广告，可以取得大面积的成效。

9.3.4 广告媒体组合策略

常见的广告媒体组合策略主要包括以下几种策略。

1. 点面互补策略

这是一种以媒体覆盖面大小为互补条件的组合形式。当选定某一主媒体作一个或数个目标市场覆盖时，其传播优势在于“面”。可再选择一种或多种局部区域覆盖的媒体，以提高信息的重复暴露程度，其优势在于“点”。例如，以中央电视台为主要传播媒体的同时，又可选择一些主要地区的地方电视台作为“点”的补充，这样，点面结合、点面互补，就可以大大提高广告信息的到达率与重复率，加深广告受众对其广告信息的印象。

2. 时间交替策略

这种方法是利用时间上的交替形式进行媒体组合。当个别主要媒体得到最佳送达率后，另一种较便宜的媒体与之交替作用，以提高重复暴露率，使信息能送达到主要媒体未送达的受众。例如，在连续播发电视广告的同时，又在电台插播广告，这样，使较少有时间看电视的出租车司机能在车上接收到广告信息。

3. 时效差异策略

就是以媒体的时效长短为着眼点，将长时效媒体与短时效媒体相结合，以延长广告信息与消费者的接触时间，提高信息的扩散度，提高广告的效果。

4. 个性互补策略

每种媒体都有其不同的个性和诉求特点，利用不同的媒体个性进行互补组合，可以使信息沟通更具全面性与完整性。例如，电视适于产品品牌和外观等的感性诉求，报纸或户外广告适合进行产品质量、功能和特性等的理性诉求，两者组合，有利于达到互补效果。

9.3.5　广告媒体组合必须考虑以下几个因素

1. 媒体的成本

从理论上说，媒体的每千人成本低，企业宣传费用自然降低。但由于众多媒体的收视率或阅读率的调研方法并不健全，甚至很多媒体虚报发行量和收视率，因此，这个指标很难得到实际的数字，只能根据具体的情况分析媒体的确切成本。

2. 媒体受众的特征

在任何媒体上发布消息，其目的就是把广告信息传递给目标消费者，因此应该选择受众与产品的目标消费者比较吻合的媒体。在媒体中，为满足消费人群的锁定而出现了直接邮寄媒体，因此，直邮媒体的有效受众最大。但因为发行量、覆盖面、形式等诸多限制，它仍然无法完成整体的传递任务。这就要求我们在选择其他媒体时，细致地了解各时段、各版面甚至各栏目的特征。

3. 电视、广播、报纸及其各节目时段或栏目

通常都有其相对固定的一部分观众、听众和读者，在不同的媒体或不同的节目时段或栏目中刊播广告，广告信息所能送达的顾客类型必然是不同的。路牌广告放置在市中心繁华地段与放置在城市近郊区，显然具有不同的效果。而采用不同的方式发放广告宣传单，也同样会产生不同的效果。

4. 媒体的地域特征

任何一种媒体都有其针对性最强、影响力最大的地域，如每一个城市的电视台在市区范围内影响最大，而报纸的地方版则更直接针对某一地域。如果媒体影响力最大的地域正是广告主要大力争取的市场，那么这一媒体就是投放广告的理想媒体。

5. 媒体的到达率、覆盖率

我们还可按根据媒体的到达率、覆盖率来选择适当的组合。若单从经济效益的角度来考虑，媒体购买只会考虑“每收视点数成本”最低的电视频道及时段，这可能会出现广告投放都集中于一两个时段之内。但实际的情况是，为了提高广告排期表的到达率及收看频次，媒体购买员往往都愿意牺牲部分经济效益。同样，电视广告一般虽可提供较低的每千人成本，但只能覆盖电视观众，到达率始终有一定限制，所以一个成功全面的媒体计划，往往都会配合不同的媒体，令目标群众能通过不同的渠道接收到我们的广告信息。

6. 产品因素

不但要知道是什么产品，什么类型，还要熟悉产品的所有细节，包括销售情况、分销

网络、定价，以及产品的优点甚至缺点，每一个环节都可以变成我们的机会，作为我们的主攻点。

7. 市场因素

认清目标市场、产品定位、广告费用预算、市场策略、目标受众、广告运动性质，目的是促销还是提升品牌知名度。

8. 竞争对手因素

孙子曰：知己知彼，百战不殆；不知彼而知己，一胜一负；不知彼，不知己，每战必败。知道竞争对手的媒体策略，了解他们的广告排期、习惯、投放分量、媒体选择，从而可衡量出对媒体的投放比例并做出策略性的排期。比如某个竞争对手习惯在四五月重点出击，我们便可以集中火力，先在三月出击，进行抢滩，攻其不备，抢占先机。

充分考虑和了解以上因素，才有可能在选择媒体组合的过程中，对准目标，减少失误，提高广告的经济效益。

9.3.6 广告媒体组合原则

一般来说，在进行广告发布的媒体组合时，应遵循以下几个原则。

1. 有助于扩大广告广度及受众总量的原则

各种媒体都有各自覆盖范围的局限性，任何一种媒体都不可能与企业产品的目标消费群完全重合，没有包含在媒体受众的那一部分消费群需要借助其他媒体来完成。假若将媒体组合运用，则可以增加广告传播的广度，扩大广告覆盖范围。广告覆盖面越大，产品知名度越高。因此，媒体的组合应该最大程度互补，以满足广告发布覆盖最大的有效人群即目标消费群。这是一种延伸效应。

2. 有助于对广告进行适当的重复的原则

消费者对广告信息产生兴趣、记忆、购买欲望，需要广告有一定的频率来提醒消费者。消费者接触广告次数越多，对产品的注意度、记忆度、理解度就越高，购买的冲动就越强。由于各种媒体覆盖的对象有时是重复的，因此，媒体组合使用将使部分广告受众增加广告接触次数，也就是增加广告传播深度。再说，一则广告如果老是在一个媒体上重复刊播，受众的注意力会随时间而减少，因此，也需要多种媒体配合，以尽量延长受众对广告的注意时间。这是一种重复效应。

3. 有助于广告信息的互相补充的原则

不同的媒体有着不同的传播特性，不同的媒体各有利弊，组合运用才能取长补短，相得益彰。比如，电视广告对于吸引消费者的注意力有所帮助，但不能传递太大的信息量，报纸、杂志就可以传递较大的信息量。一般促销活动的发布信息可以由电视或报纸发布，但促销活动的详细规则可以由店头海报传递(我们常常能见到某个活动上写明：详情请见店头海报！)。因此，媒体的组合，应该充分考虑信息的互补。

广告学家曾对广告媒体的组合运用进行过实验研究，发现广告媒体的交错使用，能够产生意外的效果。比如，同一广告内容传播给受众，各接触三种媒体一次，比接触某种媒体 3 次，效果要好。以两种以上广告媒体来传播同一广告信息，对于同一受众来说，其广告效果是相辅相成、互相补充的，这是一种互补效应。

4. 媒体周期性的配合的原则

不同的媒体还有不同的时间特征，比如电视、报纸可以非常及时，可以连续进行宣传，间隔较短。而杂志一般以月为单位，不宜发布即时的新闻。在媒体组合中，应该考虑时间上的配合。

5. 效益最大化的原则

在多种媒体上同时发布大版面、长时段的广告不一定能达到最佳的效果，因此要对在各种媒体上发布的广告规格和频次进行合理的组合，以保证在达到广告效果的情况下，节省广告费用。

9.3.7 采用广告媒体组合策略需要注意的事项

(1) 媒体组合策略较适合于开拓新市场及推出新产品时使用。

(2) 媒体组合使用要耗费大量广告费，因此只适合有经济实力的大中型企业。

(3) 媒体组合运用是复杂的，应建立在研究分析和计划的基础上。

广告媒体组合策略是一项系统工程，并非是一些媒体简单的拼凑，也并非是搭积木式的组合，这就需要不仅熟悉掌握每一种媒体，而且要学会有机地科学地组合。

媒体组合运用是复杂的，不能随心所欲，而是应建立在研究分析和计划的基础上。在准备使用媒体组合策略之前，应当对媒体组合的使用有一个通盘和整体的认识，包括对媒体的评价、媒体的确定、媒体组合的确定以及重点媒体的确定等，这是广告活动的基础，也是最基本的保证。

9.4 广告媒体发展新趋势

广告媒体是动态的，永远处于发展和变化之中。随着科学和技术的发展，随着人们生活方式的改变，媒体技术和表现形式也在不断地发展变化。及时掌握媒体的发展趋势，选择更加合理有效的广告媒体，更好地实现企业广告目标。

9.4.1 广告媒体发展历史回顾

1. 早期广告时期

最原始的广告媒体十分简单，仅仅是声音。比如，叫卖广告的广告媒体就是卖主之口。后来，开始用工具来代替口头吆喝或二者配合使用，这样就产生了音响广告。例如，卖布商人的拨浪鼓、卖油郎的油梆子之类，就是音响广告的前身。今天在商业街道上招揽买主的音响广告随处可见。

接着是店前实物悬挂式广告，用实物本身吸引顾客，今天在街上常常可以看见夸张后的实物，例如美特斯邦威开业当天，在温州街上挂出了一件长达十几米的“风衣王”，引来了众多目标的关注，包括中央电视台《东方之子》节目的关注。这种口头叫卖和实物悬挂方式是销售现场广告发展的起点。

然后慢慢地出现了招牌、幌子、灯笼等传统的广告媒体，这些传统的广告媒体甚至沿用至今，今天在街道两旁我们还会看到古色古香的幌子、灯笼等。

2. 印刷广告时期

随着印刷术的发明，出现了新的广告媒体——印刷品。印刷品具有流动性，使广告接触面增加，广告效果也大大提升。到了17世纪，现代形式的广告媒体——报纸和杂志先后出现。由于稳定发展的媒体的发行量，报纸、杂志成了广告媒体的主体，成为大众传播媒体，至今不衰。

接着其他广告媒体形式如招贴、橱窗、霓虹灯等，也相继问世。

3. 广播、电视广告时期

无线电和电视的发明，可以说是20世纪人类最具革命性的成果之一，它们极大地扩展了广告传播的领域和渠道，大大增强了个人接受信息的能力，形成报纸、杂志、广播、电视四大广告媒体。

在传统媒体中，电视虽然面临网络的挑战，但由于网络媒体目前的局限性，电视媒体仍是中国覆盖面最为广泛、且最具影响力的广告媒体。

4. 广告信息产业化时期

20世纪80年代后期，随着信息时代的到来，我国广告进入了一个全盛的时期。随着电脑、网络以及手机的普及，广告媒体的形式越来越多样化：网络广告、手机广告等广告的形式也越来越多，更加吸引人，广告可以说是深入了社会的每个角落，创造了巨大的经济效益。

9.4.2　网络广告发展趋势

中国互联网经过十年的快速发展，目前已经形成了庞大的网络规模，逐步走向了多元化趋势，并且开始成为推动社会生产力发展的显性动力。从 CNNIC 的第十八次统计报告中我们可以看到截至 2006 年 7 月底，中国网民总数已达到 1.23 亿、上网计算机达 5 450 万台，与 2005 年同期相比分别增长了 19.4%和 19.5%。中国互联网又进入一个快速发展期。网络已经成为不可忽视的新兴媒体，伴随着这种形势，网络广告理所当然地成为网络主要营利模式之一。

目前中国的网络广告还处于初级阶段，其后续发展潜力十足，但也存在着许多问题。结合欧美等国家的网络广告发展历程和国内的实际情况总结，未来中国的网络广告将有以下六大发展趋势。

1. 效果显性化

随着网络广告的逐步发展，投放网络广告的客户开始逐渐走向成熟，他们将更加看重网络广告的实际效果，而不是原先单纯广告所带来的日 IP 访问量增加、ALEXA 排名提升等因素。基于网络广告的特性，其效果较传统媒体能更快速地从隐性转为显性，因而，如何建立一套切实可行的网络广告效果评估体系将成为网络广告是否能健康快速发展的一个重要因素。同时，也能更好地吸引传统企业将资金从传统媒体分流到网络媒体。

2. 信息专业化

随着网站数量的不断增大，广告市场的进一步细分，将促使客户对网络广告的投放进一步追求内容信息的专业化。特别是传统企业的产品，很多是专业化产品，垂直门户等专业性的网站是吸引其投放广告的一个重要平台。充分细分利用网站专业化资讯载体，将大大提高网络广告的有效针对性，同时也是打开专业化传统行业市场的一大瓶颈之路。例如当下流行的网络广告联盟形式，如何有针对性地收集专业化网站加盟，做到内容专业、地理定向专业、时间分布专业等，让信息最大化地到达目标客户群体中，从而有效的利用网络资源，也是未来广告联盟可以考虑的一大发展思路。

3. 互动人性化

作为网络广告与传统广告最大的一个特点就是前者可以实现双向互动交流，能直接和广告受众进行互动。但纵观目前国内的网络广告互动效果并不理想，很多互动界面、互动内容的设计也不够专业，只是单一地向消费者做地毯式轰炸，未能真正实现网络广告的双向交互价值，从而在一定程度上制约了其优势力量。随着网络广告的进一步发展，网络广告必将朝着更人性化的互动方向发展，从而实现其双向交流优势。

4. 运营严密化

网络广告在中国目前还处于发展初级阶段，各方面虽然比早年有了很大的进步，但整体来说，实力良莠不齐，广告客户的收集、代理渠道的建立以及网络广告的策划、发布等都处于初级阶段，整体运营体系和电视等传统广告行业运营体系相比尚有一定差距，随着中国网络广告的进一步发展，运营体系链上的各大环节也必将趋于严密和成熟。

5. 形式新颖化

网络广告的形式已经从早年单站的图片、文字广告不断翻新到了窄告、聊天广告等，“网络”注定是一个比传统媒体更具创新的行业，未来国内网络广告体系也将快速地吸收国外已相对成熟的网络广告优势，快速地融入本土特色，不断地在消费者眼前涌现各种纷繁复杂的广告类型。

6. 流量巨大化

科学技术的进步，将促使网络信息传递速度增加，这也使网络广告开始转变成视频等大流量的信息传递模式。随着受众对弹窗、页面漂浮等广告形式的厌倦，大流量信息传递模式的网络广告将逐渐成熟，以后，此广告模式将成为一大发展方向，并且在此基础上出现娱乐互动性质等网络广告，流量的巨大化将进一步加大网络媒体对传统媒体的竞争优势。

总体来说，中国现阶段的网络广告还处于初级竞争状态，随着市场容量的扩大，网络广告将从相对的无序性向专业性和规模性发展。广告形式和网络广告公司的运营模式也将越来越成熟。

9.4.3 广告媒体发展新趋势

著名的全球金融服务公司摩根士丹利于 2006 年底公布的一项研究表明，中国正跃升为全球领先的媒体大国：在媒体规模方面，中国的电视用户数量、报纸发行量和 30 岁以下的网民人数均排全球首位；在媒体种类方面，中国现有 3 000 多个电视频道、2 000 多份报纸和 9 000 多种杂志；在增长率方面，在过去的十年间，中国的广告投放量飙升了近 6 倍，同期中国 GDP 增长了 3 倍，而美国的广告投放量仅增长了 2 倍。中国的媒体行业虽然还处于发展的早期阶段，存在着诸多的不确定因素，但它将是中国发展最为迅猛的行业之一，因为：超过 10 亿的中国消费者正在逐步将个人生活的重点由基本的生存需求(食物和居所)提升到对信息和娱乐的需求；中国人均月广告支出为 1 美元，仅为美国人均月广告支出的 2%～3%。

受惠于户外和网络媒体的快速兴起和 2008 年北京奥林匹克运动会的召开，摩根士丹利估计中国 2006—2008 年的总体广告销售收入将按年均 17%～18%的速度扩展(预计 2004—2008 年的年复合增长率为 18%)。其中，有两项宏观因素推动着中国广告业的长足发展：

一是跨国公司在中国积极宣传推广它们的品牌。2005 年中国广告支出前十大公司的排名中，首度有一半的位置为跨国公司所囊括。二是本地企业正试图通过大量的营销活动以冲出重围，对抗汹涌而来的“同质”服务或“同质”产品。

总体来看，我国广告媒体将有以下发展趋势。

1. 目标消费群体将被更细分

近年来，随着中国社会的快速发展，中国的市场形势和媒体环境已经开始出现了一些与西方国家同步变化和相类似的现象。大众消费者正在分裂成较小的消费群体。不同的社会环境因素影响并促成了当代受众的不同特征。媒体受众正在出现分流。大众传播媒体开始发生从满足大众需求转向满足部分人、满足某方面需求的转变，也就是从“广播”向“窄播”，从“大众”向“分众”的转变。

大众传播媒体开始尝试“分众”，正在由原来的大众化、综合化向市场细分化和专业化发展，以提高目标受众的注意力，增加广告主的投资效益。例如，上海电视台和东方电视台陆续开播电视剧、体育、新闻、生活时尚、纪实、财经、文艺、音乐、戏剧等专业频道，以满足“分众”的需要。报纸杂志也不停地改版，专业性的报纸和杂志越来越受欢迎。例如，日本杂志市场针对各种年龄层，划分越来越细，仅女性杂志，就可以细分为青少年类(13～19 岁)、流行类、感性磨炼类、生活信息类、家庭生活类、育儿类、健康类、料理类、服饰类、手工类、家居类等几十种类型。

同时，分众媒体和传统媒体也开始出现融合的趋势。例如电梯＋电视＝电梯电视媒体，公交车＋电视＝公交移动电视，地铁＋电视＝地铁液晶显示广告等，甚至于出现了“电梯液晶电视联播网”。另外，多媒体手机的互动传播，也将进一步推动分众媒体的发展。

2. 网络和户外将成为未来广告的主导地位

摩根士丹利研究显示，户外和网络广告已成为中国广告业的“晨星”。中国户外广告在广告业总收入中所占的比重达到了 14%～15%，远远超过了其他国家的水平。与其他媒体广告形式相比，户外广告具有更多的发展空间，因为在中国，户外广告的内容成本、所面临的监管风险以及维持和运营的成本均低于其他媒体广告形式。摩根士丹利指出，中国户外广告销售额在 2006—2008 年期间将按年均 19%的速度增长(预计 2004—2008 年的年复合增长率为 20%)。

摩根士丹利也青睐网络广告，因为它具有强劲的增长潜力和较高的规模效益。根据摩根士丹利观察，中国的网络媒体正在抢占传统媒体的市场：网络广告在中国广告总支出中的比重已由 2002 年的 1%上升至 2005 年的约 3%。摩根士丹利注意到，网络广告销售收入(包括网络品牌广告和付费搜索广告)在 2005 年获得了 45%的年增长，而同期国内报纸的广告销售收入却下跌了 1%；中国网络品牌广告销售在 2003—2005 年期间年复合增长率约 70%，而同期传统媒体广告的年复合增长率仅为 15%～25%。已公开上市的网络广告运营商一般享有30%以上的营运利润率，而传统广告(电视、报纸等)的营运利润率为10%～20%。预期中国2006—2008年的网络广告销售额(包括网络品牌广告和付费搜索广告)平均每年增长35%左右(2004—2008年的年复合增长率为40%～45%)。

3. 出现媒体巨头或媒体垄断者

据业内人士估计，未来五年内中国整个广告市场的规模为1 000亿～1 500亿元，其中分众传媒市场的规模为200亿～500亿元，三分天下有其一。随着广告媒体的激烈竞争和发展，将会出现媒体巨头或是媒体的垄断者，他们更有实力，价格和服务更容易被客户接受，因此，很多中小型媒体代理公司即将倒闭，会出现更多的新兴媒体。

同时，摩根士丹利通过调查分析后，预期中国的媒体行业将出现四个主要趋势：

第一，传统媒体将与新媒体进一步融合。比如，在未来几年，主要的传统媒体内容供应商预期来自手机增值服务的收入可能高于来自收费电视的收入。

第二，娱乐内容在中国政府倡议"和谐社会"的环境下，享有有利的发展空间。一些以娱乐为核心的网站，包括腾讯的QQ.com和猫扑的mop.com，已成功突围而出，成为访问流量增长最为迅猛的网站。

第三，按绩效收费可能成为焦点。中国的网络广告大体上是按时间收费的，长期而言，媒体广告的买家对广告绩效的渴求将迫使网络广告商从现行的按时间收费转变为按绩效收费；摩根士丹利认为这样的转型将有利于付费搜索和专业网站经营商。

第四，内容为王。高质量的内容提供商在中国媒体行业价值链中将享有越来越强的议价能力。摩根士丹利认为，中国高质量内容提供商的黄金时期即将来临。

本章小结

本章详尽讲述了广告媒体的相关知识，全章共包括四节内容：广告媒体概述，广告媒体选择，广告媒体组合和广告媒体发展新趋势。

广告媒体概述，包括广告媒体的含义和特征，广告媒体的功能和分类，重点是常见广告媒体的特点。

广告媒体选择，包括广告媒体选择的含义，广告媒体选择应考虑的因素，重点是广告媒体的常见评价指标。

广告媒体组合，包括广告媒体组合的含义和作用，广告媒体组合应该考虑的因素和原则，重点是广告媒体组合的方法和广告媒体组合策略。

广告媒体发展新趋势，包括广告媒体发展历史回顾，网络广告发展趋势和广告媒体发展新趋势。

为了体现高职与实务的特点，本章着重点在于广告媒体的相关实务知识，在学习时，重点把握以下知识点：理解广告媒体选择的含义，掌握常见广告媒体的特点和媒体评价指标，学会常见的媒体组合方法。通过学习，读者能够对市场中的具体产品进行广告媒体的选择和合理组合，并做出书面的媒体组合方案。

思　考　题

1. 常见的广告媒体有哪些特点？
2. 在众多的媒体中选择最能传达广告目标的媒体，要考虑的因素有哪些？
3. 在媒体策略中，为什么要考虑媒体组合的问题？
4. 完成一次媒体组合投放策略的实践作业。

第10章 广告受众

教学目标

通过本章的学习，了解广告受众含义、特点、分类，熟悉广告受众接受广告信息的特征；掌握消费者的消费决策行为、消费的类型及消费的心理机制；认识影响消费者消费行为的因素及其广告对消费者的重要作用。

教学要求

知识要点	能力要求	相关知识
广告受众	(1) 了解广告受众的含义及分类 (2) 掌握广告受众的特点	(1) 不同分类标准下的分类 (2) 广告受众的四个特点
广告受众信息接收特征	(1) 掌握受众接受信息的特征 (2) 不同媒体的信息接收特征	(1) 信息的核心——需要 (2) 不同媒体的信息接收特征
消费者的购买决策	(1) 了解消费者的购买类型及其心理 (2) 掌握消费者的购买决策过程	(1) 消费者的购买类型及其心理 (2) 消费者的购买决策过程
广告与消费者	(1) 了解广告对消费者的作用 (2) 掌握影响消费者行为的因素	(1) 广告对消费者的作用 (2) 影响消费者行为的因素

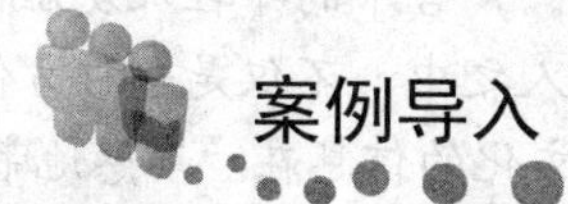

案例导入

"动感地带"——"我的地盘听我的！"歌星周杰伦以桀骜不驯的眼神在电视上如魔术般耍出一堆"M"，"M-zone"(动感地带)一出世就成功地吸引了年轻人的眼球——中国移动还真够"in"的，在中国大型国有企业中，鲜有做这么新锐广告的。

2003 年，中国移动在"全球通"和"神州行"之外，率先推出一个专门服务于年轻用户这一细分市场的产品，这就是后来的"动感地带"。

为打造"动感地带"品牌，中国移动决定找一家能调动广告、公关、媒介购买、市场调研等多方面资源的专业广告和品牌推广公司。2003 年年初，对几家广告公司进行比较后，因为专长于消费者洞察和创意表现，以及对年轻人的心态和流行趋势的深刻了解，北京奥美广告公司开始负责"动感地带"从营销方案策划到广告创意的工作。

M 值换什么？

2004 年，"动感地带"上市一年之后，用户数突破 2 000 万，取得让中国移动上下兴奋不已的"开门红"。奥美趁机推出"橙色遍天下"版的"动感移动无限蔓延"广告，并在 2005 年提出了"动感地带无限升级"的品牌口号，除此之外，还决定推出"M 计划"。此时，从市场中发现的一些"消费者洞察"，促使奥美开始反思"动感地带"这个年轻品牌到底应该怎样升级。

对于用户积累的 M 值积分可以用来换什么，项目组内部进行了一场争论。与当时别的业务一样，"动感地带"用户的话费积分换取短信或话费优惠。但当时上海移动在对回馈话费进行调研时发现，青少年们对礼品回馈更有兴趣。奥美和移动公司做了进一步的消费者调查：买几百种礼品扔在一起，让青少年自己去挑，看拿走最多的是什么东西。这是最简单的一种方式，但并不一定谁都会想得到。现在，迪斯尼、华纳都已是"动感地带"的联盟伙伴——奥美把他们的玩偶作为礼品回馈给"动感地带"用户，现在"每次都几万件的新货"。

从 2003 年开始，"动感地带"有了周杰伦这个代言人。2004 年 9 月，周杰伦武汉演唱会前一周，"动感地带"推出充值 700 元换演唱会门票的活动。活动的成功令中国移动和奥美发现，在拍广告之外，还可以利用周杰伦的明星效应做很多事情，比如用在线时间换周杰伦的 CD。今年，"动感地带"又先后签入潘玮柏和 S.H.E 组合。

作为广告宣传，"动感地带"显然是成功的。为了赢得目标人群的青睐，可谓煞费苦心。

首先启用在时尚一族中最受欢迎的周杰伦做其形象代言人。周杰伦几乎是时下新锐的代名词，受欢迎度极高。而周杰伦在"动感地带"中对"动感地带"极富特色的短信服务的演绎更是既精确到位，又饶有趣味。广告中的年轻人发短信的状态很切合时下年轻人对短信的情有独钟。发短信在这些年轻人之中，不仅是一种方便快捷的信息传播方式，在某种程度上更是一种生活方式。这一亚文化的信息在“动感地带”广告中得到了准确的传递。周杰伦够酷的形象，以及广告中极富 hip—pop 特色的音乐背景更使其赚得目标群体的足够关注和认可。

如果说“动感地带”广告中对短信文化的表现已经契合了时尚一族的某种亚文化特质，那么其富有个性的服务又有力地支持了这一诉求。“动感地带”资费灵活，同时还提供各种创新性的个性化服务，给用户带来了前所未有的移动通信生活。“动感地带”这一全新的客户品牌采用新颖的短信包月形式，同时还提供多种时尚、好玩的定制服务，可以容纳更多的时尚娱乐功能。为年轻一族提供了一种新型的、即时的、方便的、快乐的生活方式。“动感地带”的星座运势、娱乐新闻将目标直指时尚前卫的少男少女。

“动感地带”定位在“新奇”上，“时尚、好玩、探索”是其主要的品牌特征。而“我的地盘听我的”的口号更是已经融入青少年的亚文化之中。“动感地带”为年轻人营造了一个个性化、充满创新和趣味性的家园。它代表一种新的流行文化，用不断更新变化的信息服务和更加灵活多变的沟通方式来演绎移动通信领域的“新文化运动”。

启示：在定位越来越精细的市场环境下，广告的亚文化效应对品牌的传播显得尤为重要。广告常常只侧重分析和追求商业促销效应，或是受众在态度和行为上的转化和变动。广告要激发消费者潜在的需求。在消费主义和个性文化盛行的时代，适应所有群体，老少皆宜的广告很难真正赢得目标群体的青睐。人们要求得到与众不同的心理满足感。从某种意义上说，做广告要先了解目标群体的亚文化特质、语言、爱好是广告成功的关键。

资料来源：亚洲策划网：北京奥美广告公司案例——动感地带，
http://www.91666666.cn/ n616c2.aspx，[EB/OL]2007 年 4 月 18 日.

广告作为一种信息传播活动，是广告主和广告公司作为传播者，通过特定的媒介，将广告信息传递给广告受众的传播过程。广告的主体传播广告信息的目的是为了实现既定的广告目标，作为广告信息传播重要部分的广告受众——广告客体，在信息接受的过程中具有极大的能动性，在很大程度上制约着广告目标的实现。因此我们就需要对广告客体进行深入的学习和了解。

10.1 广告受众的特点和分类

10.1.1 广告受众的含义

“广告受众”一词是广告研究人员从传播学理论中借用“受众”这一术语改造而成的

一个广告学专用术语。“受众”’一词是一个外来词。在英语中，“audience”一词专指传播学中信息的接受者，其原汉译文为“读者、观众、听众”，在实际运用中视具体的语境做灵活的选择。20 世纪 80 年代初，随着传播学的引入，我们才将其译为“受众”，意为信息的接受者，也有学者将其译为“接受者”、“受者”、“传播对象”等，但当下较为普遍的译法就是“受众”。可以认为，所谓广告受众，就是指广告传播活动中，广告信息传播的对象，广告信息的直接接触者、接受者。

10.1.2　广告受众的特点

广告受众是广告信息的接收和消费者，是广告作用的对象，具有如下特点。

1. 角色多重性

广告受众是多重角色的扮演者。广告传播是社会传播特别是大众传播的一个组成部分，其接受者是一大批读者、听众或观众。因此，广告受众又是多重角色的扮演者。

(1) 广告受众是消费者，是市场活动的核心。企业组织生产、开发产品和劳务，都是以广大消费者为中心的。作为消费者的广告客体，有其特定的消费需求、消费心理和消费行为，他们直接对产品的销售和广告的作用产生影响，他们有什么样的需求，是决定广告传播什么样的信息即广告的诉求策略最为重要的依据；同时，消费者也是广告传播理想的沟通对象。因此，“消费者”是广告客体的核心角色，只有作为消费者的广告受众才是有意义的。

(2) 广告受众是作为特定的社会角色的人而存在的。作为社会成员，在特定的环境中生活，广告受众与周围的人和事发生着各种各样的联系，因而有与其自身的社会角色相联系的心理和行为，而这些又直接影响到他们的消费习惯、购买决策过程。因此，在研究广告受众时必须考虑到他们的社会角色。

(3) 广告受众又是媒介受众。一般来说，广告信息是广告受众接受媒介信息过程中接收到的。广告受众对媒介的需要、接触媒介的习惯、通过媒介获取信息的行为方式，是影响是否能够成为广告受众的重要因素。

广告受众的多重角色都对客体如何接受广告信息、如何受到广告影响产生重要的作用。只有把握广告客体所扮演的各种角色，才能达到预期的广告效果，实现广告目标。

2. 自主性

广告受众每一个人，都是十分具体的、有血有肉的、有情有欲的感性生命个体，他们与传播者一样有强烈的自主意识、创造意识、自尊心理和自卫对信息作品的选择、理解和判断，并不轻易为传播者左右或支配。他们虽然是信息传播的宿点，但他们的接受活动从来就不是强制的、被动的和消极的、盲从的，而是自觉自愿的、积极主动的、自主自由的。广告主以广告受众的需求、喜好为指向，广告公司和广告媒介的工作成效受到广告受众的检验。任何“子弹论”、“皮下注射论”的观点都是错误的。广告受众是具有强烈自主性的。

3. 群集性

任何广告受众都是社会群体的成员。他们或属于人口统计学意义上群体(包括性别、年龄、籍贯、民族、职业等)或属于社会关系学上的群体(如家庭、单位、团体、经济和文化归属阶层等)。广告受众接触广告信息，往往是以个体、家庭的形式出现，处于分散的状态。但由于受到受众个体的特性、社会、经济和文化等多种因素的影响和制约，他们又会形成观念和行为相近或相同的群体。如学生、工人、球迷、股迷、妇女、儿童等，他们从心理到行为都将自己视为某一特定群体的成员。这些群体会产生相近或相同的消费特征，而不同的消费群体形成不同企业的目标市场，也成为不同的广告诉求对象。所以，我们所说的广告客体，不是单个的社会人、单个的消费者，而是一个具有相同或者相近的观念和行为的群体。广告客体的研究，也并不是对个体客体的观念和行为的特殊性的研究，而是对整个群体具有的普遍特征的研究，广告策略也要依据在这个群体具有普遍性的特征进行。

4. 互动性

在广告传播的过程中，广告受众是受作用的一方，无处不在，无时不在。广告信息作为社会文化的一部分，不仅改变着广告受众的消费观念和消费行为，使他们发生趋向于企业预期的广告目标的变化；同时也潜移默化地影响着他们的价值观念、道德观念和社会行为，甚至是他们的媒介的接触心理和接触行为。但实际上，广告受众在此过程中却是能动的，他们能够对广告活动中的广告信息及信息发送方产生反作用。一方面，广告受众费需求的扩展、消费欲望的增加，以及消费心理和行为的改变，会促进企业进行生产销售的革新、广告策略的调整，以及广告信息传播质量的改进。另一方面，广告受众媒介接触心理和媒介接触行为又是广告主制定广告说服策略和传播策略的根本依据。所以，可以说作为广告客体的广告受众与主体和本体之间是存在互动关系的。

10.1.3 广告客体的分类

按照不同的分类标准，可以对广告客体进行不同的分类。

1. 实际公众和目标公众

广告传播从表面上来看，通过传播媒介的传播能够对所有接触广告媒介的公众产生作用，所有接受广告信息的公众都能够成为广告的客体。但实际上，广告的目的是针对特定的目标消费者进行诉求，并对他们发生作用的，并不是针对所有的人的。由此我们可以把广告客体分为实际公众和目标公众。

1) 广告的实际公众

广告的实际公众，指的是通过各种媒介接触到公告信息的所有公众。它的涵盖面十分广泛。既包括接触大众传媒(电视、广播、报纸等)的公众，也包括接触小众传媒(传单、霓虹灯、橱窗、空中漂浮物等)的公众。

2) 广告的目标公众

广告的目标公众，是指广告主体根据特定的广告目标要求所确定的广告活动的特定的诉求对象。商业广告的目标公众分为四类。

(1) 普通消费者，即为满足个人生活需要而购买商品的消费者大众，由个人和家庭组成，是广告活动的主要传播对象。这个庞大的受众群体正是广告的行动对象。

(2) 工商组织成员，包括生产资料(诸如办公设备、生产机械、原材料和软件)的生产企业、社会组织等，是区别于一般消费者的大宗货物购买者。针对这类受众的产品和服务往往需要人员销售。另一方面，由于广告诉求不是面对团体整个成员，通常是团体的特定的决策者，因此，可以利用广告在潜在买主中创造知名度，培养有利态度。

(3) 商业渠道成员，包括零售商、批发商和经销商，他们既是日用产品和服务生产商的受众，同时也是生产资料生产商的受众。生产商只有从商业渠道获得足够的零售量，产品才能到达买主，因此，广告必须针对市场的商业环节。各种广告和促销形式均有助于培养满足商业渠道成员的需求。

(4) 专业人员，指医生、教师、律师、会计或其他任何接受过特殊培训或持有证书的专业人员，他们构成了广告的特殊目标受众。一方面，由于这类受众具有特殊的兴趣和需求，因此针对专业人员的广告应注重于表现专门为满足他们的需求而设计的产品和服务，且在广告中使用来源于专业人员公认的专业术语和特殊的环境。另一方面，这些具备专业背景的人员的权威性，又使得他们成为对企业目标顾客购买行为有影响的人员。例如，购买药品和营养食品的消费者则较为信任医生的建议，购买孩子学习书籍的消费者则重视考试的意见。因此，注重这类目标公众是十分有意义的。

2. 大众媒介公众和小众媒介公众

根据广告受众获得信息使用媒介的不同，广告受众又分为大众媒介公众和小众媒介公众。大众媒介公众，指的是广告信息来源于大众传播媒介如：报纸、电视、广播、杂志、因特网。小众媒介公众，指的是广告信息来源于大众媒介之外的传播媒介如：传单、路牌、车体、空中漂浮物等。按照具体媒介的不同，我们又可以把广告受众分为：报纸公众、电视公众、户外公众等，在此不再详述。

10.2　广告受众的信息接受特征

现代的大众传播媒介无时不在输出信息，现代社会信息弥漫于社会的每个角落，每天有成千上万的信息扑面而来，这就使得接受对象难以逃避它们的“轰击”。但是大量事实证明，接受者存在着一种随意性，广告信息有的成了“耳边风”，有的印象淡薄，仅停留在表面上，甚至有时还会产生错觉、误解。这种随意性往往造成广告信息的大量损耗。根据美国广告公司协会的估计，美国国内每天传给每个人的广告信息达1 500条之多。然而，在这些信息中，真正引起关注的，每人平均只有75条。接受对象在实际生活中逐渐筑起了种种心理上的障碍，这些障碍好像过滤器一样，滤去了来自大众传媒的大部分信息，被吸收的仅仅是那些符合接受对象的信息。因此，必须把握接受者的需要和特征，讲究信息的传播方式，力求提高广告信息传播的有效率。

10.2.1 广告信息的核心——接受者需要

1. 信息传播首先要引起接受者注意

自从有大众传播的历史以来，控制和掌握大众传播媒介的个人、集团、阶级和国家，虽然它们传播信息的目的多种多样，但无论要达到什么目的，其先决条件是信息传播首先要引起接受者的注意。任何一个信息，如果引不起人们的注意，就不可能被人们感知和理解，传播信息的人要达到目的，也只能是他个人的主观愿望而已。接受者是否应该注意和了解某一信息有完全的主动权，大众传播机构对他们不具有行政约束力，不能依法采取强迫手段使他们注意，而只能靠传播信息本身去吸引注意。

这样，就提出了一个问题：什么样的信息最有可能被接受者注意？怎样才能使信息的入选率更高？答案很简单：人们对信息的需要。一条广告信息能引起接受者的关注，是因为这条信息在某种程度上，或者满足了他们自然性的需要，或者满足了他们社会性的需要，或者同时满足了这两者的需要。

2. 接受者按照需求来选择信息

从心理学的角度来说，“需求”就是个人在社会生活中必需的事物在人脑中的反映，它同人的活动联系着，是人进行各种活动的基本动力。人的需求是多种多样的，大体可以归结为自然性和社会性两种。美国心理学家马斯洛曾提出一个需求层次论，详细地论述了人的各种需求以及它们之间的关系。按照这种理论，人的需求大体可以分为五个层次：①生理需求：如饥饿、口渴、空气等；②安全需求：在危险和恐惧中对自由的需求，结交熟人和可靠人的需求；③社会需求：对社交、被社会认可的需求；异性之间的爱情和亲友之间的爱的需求；④自尊需求：对成就、力量、权力、名誉、声望和地位的需求；⑤自我实现需求：包括对个人成长或充分发展的需求，求知和理解的需求，发挥潜力的需求，审美和欣赏的需求，以及了解自己和周围世界的需求等。

上述每种需求依次为上一层次需求的基础，构成了一个需求金字塔。如一个人生理上的迫切需要得到满足后，才能专心去确保他的安全；只有在确保了基本的安全之后，爱和自尊的需求才会充分地发展起来。只有在以上四个层次的需求相继满足之后，自我实现的需求才能充分地得到表现。这种需求自然地形成一个级差体系。

马斯洛运用行为科学来研究人类行为的规律。但他脱离了人的社会性，过分强调人的生理需求和个性的自我发展，这是与人的需求的实际不完全相符合的，带有一定的局限性，我们要有批判地吸收和借鉴。

马克思主义认为人的需求是由社会产生的，是相对的。恩格斯曾把满足个人需要的消费资料划分为生存资料、享受资料、发展资料三大类。这表明，人们在生活中确实存在自然的、物质上的需要和心理的、精神上的需要。而且这些需要也表现为一定的层次。首先要满足基本生活的需要，然后要求得到享受和发展的需要。

广告接受者正是按照物质的、精神的需求层次来选择大众传播媒介的信息，越是靠近低级需要且与自己有关的信息越被重视。这方面的例子很多，如1984年5月20日深夜，南黄海发生了6.2级地震，波及到上海。许多人平时不大注意收听、收看电台、电视台的广告节目，但在22日那天，还未到时间就早早地打开了收音机、电视机，等着接收有关地震的通告消息；街头购买《新民晚报》的人比平时多了数十倍，甚至发生拥挤、抢购的现象。事实很明显，生存的需求迫使许多人不得不关注这个信息，否则就可能在随之而来的更强烈的地震中受伤、甚至丧命。上述事例说明，广告传播者要了解接受对象不同时期、不同消费阶段的需求，才能使提供的信息“对口”，从而发挥信息的作用。

由此可见，广告受众接受广告信息，并不是来者不拒、全盘接受的，人们会根据自己的需要选择性接触、选择性理解、选择性记忆，以满足自己求知、求新、求同、求异、求趣、求美的心理。同时，受众在选择接受广告信息时，受个人的、文化的、社会因素等多因素的制约。

3. 广告信息的价值评价

经过以上分析，可以初步得出这样的结论：一则广告信息的价值，其核心是能否满足社会和个人的需要。广告信息的价值指的是广告对人和社会的有用性。是以广告信息对人们各种有用程度来划分其大小，有用程度大价值就高，反之则低。广告信息的有用程度与价值是一种正比例关系。由于每个人都有自己特定的工作性质和任务，个人的兴趣、习惯也不同，同一条广告信息对不同的人来说，有用程度是不同的，因而它的价值也是不同的。因此，广告信息价值的大小不能用统一的尺度来衡量。

在经济工作中，还存在着如何充分发挥广告信息价值的问题。广告信息的价值是客观存在的，能不能发现它的价值、利用它的价值，这与人的认识能力、工作状况有很大关系。首先，同一个信息源发出的信息，由于人们的着眼点不同、看问题的角度不同、认识能力的差别，获得这个信息的价值也不同。比如，我们面前摆着一颗珍珠，诗人把它形容成大海的眼泪，妇女把它看作装饰的珍品，化学家把它看作带有胶质的磷酸盐和碳酸钙的混合物，生物学家不过把它看做是某种双壳动物产生螺钿质器官的病态分泌物，化工专家把它作为高级化妆品的重要原料。真是“夕阳芳草寻常物，能用都化绝妙词”。实际工作中也常碰到这样的情况，许多企业或部门的负责人，在不显眼的地方，看到别人不注意的某条广告信息，从中发现了别人没有发现的价值，并据此进行决策，从而带来了几十万元、上百万元的经济收益。事实证明，只有那些见识高超、独具慧眼的人，才能发现广告信息中别人不能发现的价值。其次，广告信息的价值与它的时效性、真实性关系很大。广告信息时效性越强，越真实可靠，其价值就越大。

10.2.2 不同媒介接受者特征

广告宣传总有一定的目的和意图，接受者也有自己的兴趣和爱好。如果传播者传出的内容正是接受者所需要的，那么，此时的广告效果最佳。可是在大众传播媒介中，由于传播者和接受者之间通常并不存在反馈通道，接受者需要什么，传播者不甚了解，这就构成了矛盾，使广告传播的“价值”不能全部“兑现”，造成信息的巨大浪费。要解决这个矛盾，关键在于加强对接受者心理特点的了解，使广告更有针对性。下面仅以广播和电视的听、观众为例，考察他们各自的特点。

1. 广播听众心理

掌握广播听众的心理，离不开对听众收听过程的考察。收听过程是显现听众多种心理现象的最自然、最直接的环节。只有深入了解听众收听过程，我们才能探索支配听众收听动机、收听习惯和收听效果诸如此类的心理规律问题。根据调查材料来看，听众在收听广播时存在着一种普遍的心理状态，即随意性状态。听众的这一特征有以下四个方面的表现：

1) 收听时间的随意性

这是指听众收听的起止时间不确定，收听时间的量也不确定。一般说来，读者看报、观众看电视都有一个比较确定的时间。而听众则不然，他们除了收听新闻、教育广播和连续广播有确定的时间外，其他节目很少固定。也就是说，许多听众在打开收音机前没有明确的收听目的，只是凭一时的“冲动”，因此具有很大的偶然性。

2) 波长选择的随意性

由于听众在收听前无一定的收听目的，因此在打开收音机之后，就存在一个波长选择的问题。一般来说，凡是有名的戏曲演员身边大都有一批热衷于他的票友，只要他登台演出，这些票友必定要纷至沓来，一饱眼福。电影明星、体育明星就更不用说了。电台的节目很少有这种情况，大多数听众也不十分了解各个波长节目的播出时间和播出内容。因此只得临时选择，各取所需了。这种收听方式有很大的盲目性。

3) 意识选择的随意性

这里说的是听众在收听过程中有时不太专心致志，常常表现为“三心二意”或“半心半意”听众打开收音机之后若遇到自己感兴趣的内容就留心听，遇到不感兴趣的内容就走神。因此，他们常常表现为：有时侧耳倾听或“洗耳恭听”；有时则似听非听，非听似听；

有时干脆听而不闻，“听之任之”。听众意识选择的随意性是听众心理状态的主要特征之一，这种心理现象是客观存在的。广播广告工作者应当正视它，并想方设法弥补这种由收听状态带来的不佳收听效果，进而改变听众的这种心理状态。

4) 收听姿势的随意性

一是指收听姿势的不固定，二是指在收听广播时兼做别的事情。我们去剧场看戏，去音乐厅欣赏音乐，一般是坐在自己的座位上，保持一定的身体姿势，不能“乱说乱动”，更不能站立或行走。但是听广播，只要是在可听的范围内，听众可以保持任何收听姿势。可坐着听，站着听，躺着听，还可以边运动边听，边工作边听，边玩边听等。一般说来在收听时兼做别的事情的听众，其动作越熟练对收听效果的影响就越小；反之就越大。另外，听众受到刺激物干扰时，刺激物的性质与声音的性质差别越大，其干扰越小；反之亦然。所以边谈话边听广播，效果极差。

一般说来，听众不对广播承担任何具体的责任和义务。听众的收听活动完全由听众自己来决定，收听习惯也完全靠听众自己来培养。听众与广播之间也不存在交换关系。听众收听广播无须付收听费，也就不存在索取同等价值的“产品”的问题。听众与广播的关系还表现为两者无面对面的直接交流。听众的意见和要求不能被电台及时了解，即两者不存在反馈通道，听众的收听热情会因为节目内容不合适而相对减弱。

针对听众在收听过程中出现的随意性问题，广播广告要努力提高编播水平，变听众的无意为有意，并且增强节目内容的吸引性和形式的多样性，使听众由随意听到爱听，甚至不听不行。具体地讲，就是要做到以下几点。

(1) 通俗易懂，让人一听就明白。广播广告首先必须做到让人一听就明白，保证字字听得清，句句听得懂。多用短句，少用长句，忌用倒装句，避免产生误解和产生歧义。

(2) 增强广告节目的吸引力。广告节目不能被动地接受听众的选择，而应主动吸引听众，争取听众。具体说就是要以完美而统一的内容和形式去引起听众注意，促进听众思考，触发听众联想，激发听众的消费欲望。要做到对听众有吸引力，首先要尽量避免语言呆滞、语调平直。在语调上要尽量做到有起有伏，声音抑扬顿挫，铿锵有力。播音员要以平等的身份，谈心的方式，热情洋溢的话语去打动听众，做到声情并茂，给人以美的享受。要注意音乐和音响的妙用，在广告节目中插入与内容风格相协调的音乐，便于听众注意力的集中。

(3) 在节目间插播广告，内容要与上面的节目有所照应。以中央台为例，许多节目有着特定的对象，《对农村广播》以农民和农村基层干部为主要对象；《人民子弟兵》以解放军指战员为主要对象；《青年之友》以青年为主要对象；《星星火炬》以中小学生为主要对象；《小喇叭》以学龄前儿童为主要对象。还举办《文学之窗》、《大众经济》、《法制园地》、《体育》等专题节目。由于每个专题节目都拥有一部分热心的听众，插播广告要尽量照应到不同听众的兴趣和需要。

(4) 广播广告要在较短的时间内抓住听众，还应注意要抓住商品的主要特点进行介绍，简明扼要，切忌说得太满；要把重点放在宣传商品的商标上，并重视广播广告的反馈。

当然，听众的收听动机不仅受到广告节目安排和调配、报道方式、节目内容、音响效果、播音员的语言表达，以及广播质量等客观因素的影响，还会受到听众不同的年龄、职业、思想、阅历、学识、爱好、气质以及个性、情趣等主观因素的影响。广播广告只有扬长避短，才能产生良好的效果。

2. 电视观众的特征

电视广告是随着人类科学发展到电子时代，电视是作为先进的传播工具进入人们的生活而产生的一种新兴的传播方式。电视观众对电视艺术和电视广告的欣赏有许多不同的要求和特点。根据调查，目前电视观众具有以下 3 个突出的特征。

1) 观众构成的两个突出变化

一是年轻化，青少年观众人数在全国总人口中的比例占 60%以上；二是文化水平普遍提高。青年观众比例增大，对电视广告节目的制作提出了新的要求，他们喜欢看与本身关系密切，能开阔眼界、增长知识，既有学术性又有趣味性的广告节目。

2) 喜闻乐见要以家庭为基础

创作群众喜闻乐见的电视广告节目，就要继承我国数千年的民族历史和文化传统。“土里土气”的作品，老少咸宜；“洋里洋气”的玩艺，绝大部分人反感。当然，中国的民族传统和欣赏习惯也在不断地变异中。有人在电视观众调查中提了这样一个问题：“当收看电视频道发生冲突时，以谁为主？”结果发现，城市不少家庭填“以孩子为主”，农村大多填“以老人为主”。这种现象具有一定的代表性，它除了说明农村老人在家庭中的地位之外，也反映出城市观众家庭结构的变化。作为家庭传播工具的电视要闯出一条具有中国特色的道路来，就要从家庭的观众开始。电视广告也要适应这一特点。

3) 观众的随意性

电视机深入到每个家庭，观众不必买票去影剧院，看戏的场所变为在自己家里，看戏的习惯也变了。可以边做事边任意发表评论，爱看就看，不爱看就随手转到别的频道或关掉。这样，看戏的心理改变了，由专注变成随意。随意性要求电视广告要形式多样、吸引人。由于是家庭收看，它适于反映同人们生活息息相关的问题。要稳定观众的注意力，最好电视广告在插播时要与有针对性的文艺性节目搭配。如孩子们在看《中学生智力》、《铁臂阿童木》时，外界的干扰一般不会转移他们的注意力，这时适合插播有关儿童用品的广告。农民群众最爱看科学种田的节目，如夏天如何防虫，秋天如何收藏，怎样孵小鸡，怎样养蜂等，在这些节目后面插播有关农村的广告，一定会受到农民群众的欢迎。

广告受众信息接受的特征，告诉我们广告传播主体要想达到自己的目的，就必须了解、研究受众，根据他们的需要状况、心理状况，更正错位心理，巧妙地应用心理机制，有效的引导受众，实现双方的心理调谐。

10.3 广告与消费者行为

10.3.1 消费者的特征和类别

1. 消费者的含义

消费者(Consumer)是指物质资料或劳务活动的使用者或服务对象。从狭义上理解，消费者是消耗商品或劳务使用价值的个体。而从广义上看产品或劳务的需求者、购买者和使用者都是消费者。

在广告活动中，广告主或者主体可以从两个方面来看待消费者。一方面把消费者看做是市场营销的对象。消费者的需求是产品生产和市场营销的出发点，企业的经营活动是以消费者为中心展开的。另一方面把消费者看做是消费的主体，这就需要全面深入地研究消费者的心理和行为。避免了单一的、仅把消费者作为销售对象的认识，不仅把消费者行为与购买、使用相联系，而且与充当消费者角色的个人、家庭和其他群体的社会行为联系起来，与社会的经济结构、各种经济现象相关联，也综合了心理学、社会学、经济学、统计学等多种学科知识，使广告活动具有更强的目标性和针对性。

2. 消费者的类别

从营销的角度看，消费者有各种各样的类型。运用不同的分类标准，就可以对消费者进行具体的分类。

第一，按照消费的目的划分，消费者可以分为最终消费者和产业消费者(Industry Consumer)。最终消费者是为了满足个人、家庭需求而购买、消费某种产品或劳务的个体或家庭，又分为个体消费者和家庭消费者。产业消费者是在非最终用户市场中，购买用户制造其他产品或提供其他劳务，以及进行转卖等经营活动的消费者。产业消费者是组织化的消费者，最终是以个体形式出现的。

第二，按照对某种产品或服务的消费状态来划分，消费者可以分为现实的消费者(Actual Consumer)和潜在的消费者(Potential Consumer)。现实消费者是指已对某种消费有了需求，并且发生实际消费行为的消费者。潜在消费者是指对某种消费产生了需求，现在没有实际的购买行为，在未来的某一时期内很有可能产生消费行为的消费者。

这样的一个对消费者的理解和分类，对于广告是有必要的，但还是不够。我们还可以依据其他标准对消费者进行市场细分，如行为变量、地理变量、人口统计变量、消费心理变量等标准细分，以锁定目标消费群体，制订出相应的广告策略。

10.3.2 消费者行为分析

消费者行为是指由消费者自身内部因素决定，又受外部因素影响而进行的消费活动。

消费者行为一般具有自主性(自主决策)、有因性(产生行为有特定的原因)、目的性(有特定的目的)、持续性、可变性等特点。

在实际的消费活动中，真正了解和把握消费者的行为是困难的。因为，消费者采取购买行动时，往往带有很大的盲目性。例如，从服装店买回一件衣服，仅仅是因为在打折；在一家连锁店买回一大堆熟食，是看到别人都在买。而且，消费者因性别、年龄、职业、兴趣爱好等方面的不同，在消费行为上也存在着很大的差异，这些都很难做出预测。

但是，消费者的消费行为还是有规律可循的，不少经济学家和心理学家对此进行研究，提出了各种理论和阐释，帮助我们科学地认识消费者心理、行为以及影响其的因素。

1. 消费者的购买决策

分析消费者行为，首先应该了解消费者是如何进行购买决策的。包括谁是购买决策者，购买决策的过程和购买方式、购买的心理等，以便更好地制订相应的广告策略。

1) 购买角色

日常生活用品的购买，往往是在家庭内部决定的。在购买过程中，家庭成员可以分别扮演发起者(第一个产生购买动机的人)、影响者(即他的看法会影响最后的购买人)、决定者(即最后全部或部分做出购买决定的人)、购买者(实施认购行为的人)和使用者(消费或使用该产品或服务的人)等不同的角色。如在很多时候，孩子虽然不一定是购买者，但他们却可以在很多产品种类上发挥建议者、影响者和使用者的重要作用。广告主可以充分利用家庭社会系统的复杂性，在广告中对角色进行暗示，谁应该负责某一项消费任务，然后将专家的形象赋予其上。如舒肤佳沐浴液的广告，通常选定母亲作为选购产品的主角，以女性呵护的形象作为诉求，使想做这个工作的人可以顺理成章地扮演决策者并捍卫自己的购买决策。

在产业市场中，购买组织的成员分别扮演使用者、影响者、决定者、批准者、购买者和把关者 6 种角色。产业市场虽然与日常生活用品的购买过程不尽相同，但个人力量在其中所起的作用是很大的。这其中，需要重点研究购买的影响者、决定者和批准者。

2) 消费者决策和购买过程的细分

消费者行为是个人从那些能满足自己的预期需求的产品或服务中得到一系列好处的逻辑过程。按照这种基本观点，我们可以把个体当作一个有目的的、按部就班地做事的决策者。因此，可以认为，消费过程共有以下5个基本环节：

① 需求与动机。

② 信息搜索。

③ 选择评估。

④ 购买。

⑤ 购买后使用与评估。

对各个环节内通常发生的事进行大致的讨论可以为我们理解消费者打下一个基础，同时，这也将使我们设计强有力的广告的机会。

(1) 需求与动机。动机乃是引起动作行为的原动力。人们各种各样的行为，都出自一定的动机，而动机则是来自人们本身存在的各种需要，人们的需要或动机确定人们行动的目标。当一个人期望的局面与现实局面有差别时，需求状态开始出现，伴随着需求状态的出现还会出现心理不适或焦虑，心理不适或焦虑又进一步驱动行为。

因此广告人或广告主的首要任务之一，就是了解与广告产品种类相关的实际的或潜在的需求，在不同的时间这种需求会被哪些因素诱发。从而通过合理的、巧妙的、恰当的广告引导，在适当的时间、地点，以适当的方式引起需求。例如：每到秋天，保暖服饰、羽绒服之类的产品广告主便开始纷纷预报严冬的到来，鼓动消费者尽早做准备，往往能够取得不错的效果。

(2) 信息搜索。一旦需求得到确认，消费者就会通过各种渠道为自己的决策搜索信息，认真权衡各种购买的机会。当然，在这个搜索和权衡的过程中，广告主有大量的机会去影响消费者的最终决策。消费者的信息来源大致可以分为四种：

第一种，个人经验来源。个人的亲身经历，如亲自到商店、柜台浏览观察、接触，从对同类商品使用、操作中体验、认识商品。

第二种，人际来源。通过个人和社会关系征询意见。从相关群体、集团了解他们对商品的看法，咨询他们的意见。

第三种，商业来源。即从广告、橱窗陈列、展销会、推销员等方面收集有关商品性能、特点、牌号信誉、服务方式、价格档次等信息。

第四种，公众来源。即从大众传媒的新闻报道或从消费者协会了解有关信息。

消费者收集信息的第一选择是调集自己的个人经验和现有知识。如果消费者对某种商品已有大量的经验，那么，他就会对这种商品产生较好的感觉，并由此决定自己的选择。在消费者挖掘记忆中累积的信息时，很可能受以前一次又一次接触广告的影响。在消费者实际使用某个品牌前影响他对这个品牌的信赖，或只让消费者知道这个品牌的名称，这是广告的关键职能。有时，消费者以为从个人经验中找不到足以做出决策的信息，于是，他们便开始进行外部搜索。包括逛零售商店进行比较，从朋友或亲戚那里收集他们对目标产品的经验，或者，从各种刊物上寻找专业的产品评论。除此之外，如果消费者正处于主动收集信息的状态，那么，他们就可能接受任何经由印刷媒介发布的详细的、信息含量大的广告，也或者，他们会在受到鼓动的状态下在某个企业网站上贴一张产品查询的留言。

(3) 选择评估。消费者不仅是在为收集信息而收集信息，他们还必须推动这个过程，其目的就是要使自己的决策给自己带来某种好处。消费者一边寻找信息，一边对多种选择进行筛选，这就是决策过程中的选择评估环节，是广告主必须注意的另一个重要环节。

消费者既可以按考虑组来进行选择评估，也可以按评估标准进行选择评估。考虑组(Consideration Set)指某一特定产品种类中进入消费者视线的那一组品牌，大部分产品种类的品牌都多得无法全部加以考虑，因此消费者都会想出某种办法缩小自己的搜索和评估范围。

例如，对于汽车，消费者可以只考虑售价在100 000元以下的，或国产的，或只考虑在自己工作、生活半径5公里以内的经销商卖的汽车。广告的一个重要职能就是让消费者知道这个品牌的存在，并保持这种状态，以便使这个品牌有机会进入消费者的考虑组。毫无疑问，每一条广告都在尽力做到这一点。

随着搜索-评估过程的展开，消费者逐渐根据自己考虑中的那批品牌的共同特点或属性对这些品牌进行评估。这些产品属性或性能特征就叫做评估标准(Evaluation Criteria)。各种产品种类的评估标准不同，但都包含了多种因素，诸如价格、质地、保修条件、颜色、气味或脂肪含量等。

产品的特征一般可以包括：

产品的功能、特色。除了注意产品的质量，还要同时注重产品功能大小，把能满足自己需要的功能同购买、使用成本进行比较。

品牌、商标。将各种牌号商品、声誉进行分析比较，一般会对名牌产品、获奖商标给予更高评价。

价值观念及产品带来的实际利益。满足较低层次需求的商品，消费者重视价廉物美；而在较高层次上，则重视象征性价值。

价格和优惠。价格是评价的重要内容。消费者在评价计算实际支付时，如果能得到营销单位的优惠待遇及其他方便，就会得到一种心理满足，而给予该项产品较高的评价。

值得注意的是产品有许多特征。有些特征有意无意地参与到顾客的选择过程中，被顾客判断为产品的优势或不足，这些特征是关键特征。有些特征则没有进入顾客的选择过程，虽然企业也为此付出了努力和资源。

广告主要尽可能全面地了解消费者在做出购买决策时使用的评估标准，这一点至关重要，另外，他们还必须了解消费者在把自己的品牌与考虑组中的其他品牌进行比较时，如何看待自己的品牌。了解消费者的评估标准无疑可以为广告战役提供一个有利的开端。

(4) 购买。如果把消费者的购买视为决策过程的终结，那就大错特错了。无论哪种产品种类，消费者将来都有可能一次又一次地购买。因此，售后发生的事对广告主来说也相当重要。

(5) 购买后使用与评估。在消费者购买并使用了某种商品后，会有某种程度上的满意或不满意，这将直接影响消费者作出是否继续或反复购买的决策，并且影响品牌与消费者的关系。因此，购后阶段是很重要的。为此，我们通过购买后的强化，尝试不断地修正和改变顾客的行为，目的就是要加强消费者与企业或是品牌之间的关系，制造出心满意足的、最终忠诚于自己的顾客。

顾客满意度(Customer Satisfaction)来自消费者购买后的美好经历。在用过一次后，消费者便可能感到满意，但更多的时候，要经过多次使用才能达到满意。广告可以使消费者对某个品牌的性能产生适当的期望，或帮助那些已经购买了广告宣传的产品的消费者对自己的选择感觉良好，从而在促使消费者满意的工作中发挥重要作用。

事实上，消费者都想要相信自己的购物抉择是正确的，于是他们会多花一点心思与所购买的品牌沟通，以作为降低不和谐的一种方法。有些消费者在购买之后才会多注意甚至仔细阅读该品牌的广告。这暗示购买后的持续性沟通会很受欢迎。

有时，消费者在购买后可能会发生认知失调的情况，而广告就可以消除这种认知失调。认知失调(Cognitive Dissonance)，指在难度较大的决策后遗留下的担心或遗憾。情况往往是这样：被淘汰的备选产品也具有某些吸引人的特点，以至于人们事后又开始怀疑自己的决策是否正确。如果广告主的目的是让自己的顾客满意，那么，他们就必须清除这种失调，让消费者最终认为自己的决策一点都没有错。当消费者购买贵重物品，或者在理想品牌或不相上下的品牌很多的产品种类中进行选择时，就有可能发生严重的认知失调。

在实际中，情况相当复杂，有时，消费者的预期与产品所给予的满足程度有差距，消费者就会不满。他可能什么也不做、也不说，以后避免购买那个厂家的产品，或向朋友诉说，或向厂家要求赔偿。影响消费者采取抱怨行为的因素有。

① 对产品不满意程度。不满越强烈，就越会向人诉说。

② 所购物对消费者的重要程度。越重要的东西，当不满意时，就越会抱怨。

③ 当消费者认为通过抱怨所得到的利益比付出的代价更大时，就会这样做。

④ 个人性格。受教育程度高，有时间的人，要求赔偿的情况多些。

如果广告主预计到消费者会产生认知失调，那么，他最好给消费者提供品牌的详细信息，增强消费者的信心。购买后的巩固活动可以包括直邮或与顾客进行个人联络的其他形式。购物后的这段时间意味着广告主有机会去吸引消费者的专心注意，提供信息，提供产品使用建议，进而提高消费者的满意度。这段时间也有助于生产商引导消费者按他们设计的思路去考虑下一次购买活动。

10.3.3　消费者的购买类型和动机

1. 消费者的购买类型

消费者的购买类型指的是消费者购买时的特点和表现。消费者的购买行为有各种各样的表现类型，有的比较理智，有的十分冲动，购买行为完全出于头脑发热。归纳起来主要有如下的几种类型。

(1) 习惯型。是指消费者在购买时，按照他事先所熟悉的，习惯地到某一个商店购买某种厂牌商标的商品，尤其是对名牌产品和名牌商店，更具有特别的偏爱。例如，有的消费者非要购买某一种品牌的商品不可；有的用户非要赶到某一商店去购买自己喜欢的商品不可。他们在购买时不必经过挑选和比较，行动迅速，容易促成重复购买。当然，消费者的这种偏爱动机，是与企业和商店的声誉、品质和服务紧密联系在一起的。因此，每一个企业都要不断提高经营管理水平，努力发展和创造名牌产品、名牌企业和名牌商店，给消费者留下独特的印象和良好的声誉。对这类消费者，广告主要采用世俗式的形式，直接把广告置于广告对象的现实生活中。

(2) 冲动型。是指消费者事先没有任何计划，看到什么东西好，就当场购买什么。不大讲究商品效用、性能，易受广告的影响。如看见人家屋里摆着写字台、梳妆台、酒柜等品种齐全的家具，他便也一样不落地买齐。还有人见别人都有录音机，为了不“矮人一截”，便也匆匆买来一台。其实他既不学外语，也不爱听音乐、戏曲，买它何用？冲动型最典型的例子是，在街上看见买东西的队伍，连商品性能、价格都不问便急忙排到队尾。其突出特点是购物时缺乏深思熟虑，从个人兴趣出发，脑子一热就买。针对这部分人的广告往往以新奇、鲜艳、动人取胜，其主要宣传形式为引诱式或催促式。

(3) 理智型。是指消费者比较讲究经济实用的一种心理动机，如价廉物美、经济实惠、一物多用、经久耐用、使用方便、服务修理等方面的需要。这是一种最广泛和最普通的心理动机。这种类型的消费者事先对商品的用途、性能、特点、价格以及市场变化情况都有较周密的考虑，善于控制自己的情绪，不容易受商品包装、商标及宣传的影响。他们在买东西时绝不感情用事，也不随大流，表面看来似乎再三斟酌、优柔寡断，但一经决定便付诸实行。他们购买的合理率很高。这类广告宜用比较式、赞扬式或问题式，使消费者购买时显出自信和“胸有成竹”。

(4) 感情型。是指消费者为满足某种感情上的欲望和需要，如美丽、漂亮、地位、声望、安全、舒适、享受、友谊、好胜、好奇等各方面的需要。他们在购物前有着明确的目标，经过了思考，但他们的思考不是立足于实用，而是偏重于感情因素。有的为显示地位和声望，愿意购买高价高档消费品；有的姑娘为赶时髦而购买式样新颖的服装和高级化妆品；有的出于好奇而去购买某种新产品；有的消费者为增进友谊，而选购包装美观的礼品。广告宣传必须大力突出名贵高档、式样新颖、装潢美观、适应时令的特点，以满足用户感情上的各种需要。

(5) 想象型。这类消费者想象力很丰富，善于以丰富的联想力衡量商品的意义，对商品的外表造型、颜色和命名都较重视。容易接受外来的影响，兴趣容易变换，只要广告介绍对路，很快就会作出购买的决定。

2. 消费者的购买动机

现实经济生活中，消费者购买行为虽然复杂多变，难以把握，购买类型也各式各样，难以形成统一的定律，但众多行为和表现类型的背后却隐含着规律性的东西，那就是消费者购买产品或服务的动机和心理，它往往以比较简明的方式表现出来，易为我们观察和了解。

消费者具体的购买动机，大致有以下 5 种类型。

(1) 求名心理。这是为追求名牌商品，或为仰慕某种传统商品的名望而产生的购买动机。

这在临时来访的外国代表团和游客中表现得最为明显。其特点是对我国的一些名牌产品，特别是对我国具有悠久历史的传统工艺品和精湛的手工艺品，表现出浓厚的兴趣。为了满足消费者这种心理要求，广告宣传要突出商品的特点，例如嫦娥奔月的美丽传说，景泰蓝、雕漆商品的制作工艺以及苏州两面绣和几十层象牙球雕刻的独特技巧，以进一步刺激消费者的购买欲望，促成其实现购买行为。交易成功后，如有条件，应附赠有关的图片、说明书等，并注意给予相应的包装，以满足其求名心理。

(2) 求新和好奇心理。这是以追求商品的时髦、新颖或奇特为主要目的的购买心理动机。新颖先进的产品，即使价格贵一点，也会十分畅销。而陈旧、落后的产品，尽管价格低廉，也会影响销路。好奇心理在青少年、儿童中尤其明显，世界上不少厂商都根据消费者的这种心理，在产品设计中力争出奇制胜。广告宣传掌握了这种心理特点，就能对不同消费者恰当地推荐和介绍商品。这部分消费者在挑选商品时，主要是选择商品本身的色彩、造型和装潢艺术，达到商品对人体和环境的美化和满足精神享受的目的。广告宣传应着重介绍商品的艺术价值，投顾客之所好。

(3) 求实心理。这是以追求商品的使用价值为主要目的的购买心理动机，其核心是“实用”和“实惠”。他们在选购商品时，主要考虑商品的质量、效能、耐久程度、使用方便等因素，而不过分强调外形的新颖和美观。他们挑选商品比较仔细、认真。对这部分消费者，广告要着重介绍商品的实用性，使他们认识到商品的确物美价廉、经济实惠，以便作出购买决定。

(4) 求利心理。这是以注重商品价格或希望得到更多利益为特征的购买心理动机。价格是人们选择商品的重要因素。国外一些厂商除了利用各种手段降低成本使商品做到价廉外，还竭力寻找商品价格制定上的一些窍门，根据消费者的选价心理，利用人的心理错觉，在商品的标价上大做文章，以达到吸引购买、销售商品的目的。这部分消费者在选购商品过程中，往往要对同类商品间的价格差异仔细比较，还喜欢选购折价或处理商品。广告宣传可突出优惠折扣价格，并可根据商品的价值高低及销路情况，强调购物的好处。如购买价格昂贵大家电冰箱、等离子电视等，可以赠送经济实惠的小赠品电吹风、取暖器等。这样灵活处理，既适应了消费者希望得到更多利益的心理，又对推销某些高档商品起了一定的促进作用。从经济核算的角度讲，还是很合算的。

(5) 显贵心理。这是一种以显示自己的地位、威望或富有为主要目的的购买心理动机，其核心是“显名”和“炫耀”，大多在具有一定政治地位或社会地位的人身上体现出来。他们在选购商品时，并不太注重商品的使用价值，而特别重视商品的影响和象征意义，喜欢买名贵的、超乎一般消费水平的商品，以显示其生活的富足或地位的特殊，从而得到心理上的满足。对待这部分消费者，就应当根据他们的心理，着重介绍一些贵重、稀少的商品，尤其是要充分介绍其特殊价值及其贵重之处，以进一步激发购买欲望，促成交易。

消费者的购买动机是非常复杂的，同一个消费者在购买商品时，往往同时存在几种心理动机，只有进行认真的综合分析，才能得到正确的结论。在有些条件下，消费者在购买时虽有多种动机，其中必定有一个是主要的、起主导作用的动机，只有抓住这一点，才能有针对性地推荐和介绍商品。另外，由于种种原因，人们的真实购买动机往往被某些假象所掩盖，只有认真揣摸消费者的真正购买动机，广告才能因势利导，收到比较理想的效果。

10.3.4 影响消费行为的因素

消费者的购买决策深受其不同的文化、社会、个人和心理因素组合的影响。下面分别阐述这四个方面因素的具体内容及其对购买者行为的影响。

1. 文化因素

文化对消费者的行为产生最广泛而深刻的影响。广义的文化指人类在社会历史实践中创造的物质财富和精神财富的总合。狭义的文化指社会的意识形态及其与之相适应的制度和组织机构。我们这里所说的文化指的是狭义的文化。任何社会都有其特定的文化，它是处于各社会之中的人的欲求和行动的最基本的决定因素。

此外，在每一种文化中，往往还存在许多在一定范围内具有文化统一性的群体，即所谓的次文化，也叫亚文化。次文化以特定的认同感和社会影响力将其成员联系在一起。

次文化包括民族次文化、宗教次文化、种族次文化、地理次文化四种类型。消费者因民族、宗教信仰、生活地域等不同而形成不同的生活方式、生活习惯、价值取向以及禁忌等，而这些无形中将影响消费者的购买行为。

2. 社会因素

消费者的消费行为也受所处的社会阶层、参照群体、家庭等社会因素所产生压力的影响。

(1) 社会阶层(Social Class)。指一个人在因社会系统中的系统不均而造成的社会分层中所处的相对位置。社会阶层不仅包括经济标准(诸如收入和财产)，还包括声望、地位、流动性以及类同和归属感。同属于一个社会阶层的人，因经济状况、价值取向、生活背景和受教育程度相近，生活方式、消费水准、消费内容、兴趣和行为也相近，甚至对某些商品、品牌、商店、休闲活动、媒介习惯都有共同的偏好。而处于不同社会阶层的消费者，也自然表现出不同的行为。如以购买相同价格的汽车为例，如购买一辆绅宝和一辆凯迪拉克，绅宝的主人是一位年轻的建筑师，而凯迪拉克的主人则是一家小建筑公司的老板。这两位消费者绝不会经常光顾同一家餐厅，在同一家酒吧喝酒，或吃同样的食物。他们不属于同一个社会阶层，因而他们的消费也带有明显的阶层标志。这中间的差异并不仅仅是因为钱，显然，其中还反映出社会阶层不同而形成的消费偏爱，和看待世界与事物的不同方式。

(2) 参照人群(Reference Group) 。指某个个人在做出自己的消费决策时用作参照点的其他人群。通常被消费者选作参照人群的两种基本类型：一是成员群体 (Member Ship

Group)，指个人按某种固定的条件与之相互作用的群体，在这一群体中的人们之间往往存在较为亲近的联系，如朋友、邻居、同事等。另一种是榜样群体(Aspirational Group)，由人们羡慕或视为榜样的人组成。事实上，在日常生活中，地域和物质条件往往会限制人们与其榜样群体中的成员有意产生的相互作用。但是由于人们希望自己能与这个群体的成员相像，因此榜样通常会成为一种行为标准。职业运动员、电影明星、摇滚乐队以及成功的企业主管都可以成为人们的偶像。由此而产生的名人广告正是借助于名人的这种声望和影响力来为广告主推荐产品。

参照人群以各种方式影响着消费者，最起码，他们为消费者提供了某种程度上的评估产品和品牌的信息。我们通常可以看到这样的情形：某人之所以选择某个品牌，完全是因为他认为使用这些产品可以提高自己与参照人群的相似程度，或向他人表明自己属于某个特定的群体，从而在购买产品、消费品牌的时候，实现品牌的象征意义。

(3) 家庭。作为家庭成员的夫妻、母子、父女之间总是有着强烈的相互影响作用。年幼的消费者作为一个家庭成员，从小到大深受父母的种种倾向性影响．形成了所谓的代际趣应(Intergenerational Effect)，即家庭对其成员的消费偏好有着持久的影响。一个人用的品牌，往往也是自己的父母和亲人一直用的，如日用品中的洗涤产品。当年轻一代脱离家庭的束缚，开始自己的生活，总会遇到这样的情形，当他们浏览于商品的大千世界中，总会没理由地选择一些品牌的商品，但是当他回到父母家时就会发现其中的缘由，这就是所谓的行为的惯性。同样，作为子女的年轻人的思想、行为也同样会影响到其父母、长辈对某类产品、品牌的态度及家庭消费模式。如老人对新鲜事物的态度，也受子女的影响。

3. 个人因素

影响消费者行为的个人因素包括年龄、职业、性别、经济状况、生活方式、性格和自我观念等。处于不同年龄阶段的消费者对产品有不同的需求；不同职业的消费者对不同类型的产品有明显偏好；由于生理和心理的差异，男性和女性消费者的消费欲望、消费构成和购买习惯有所不同；经济状况决定着消费者的购买欲望和购买能力；生活方式、个性特征、自我观念则决定了消费者的活动、兴趣和思想见解。

4. 心理因素

消费者的行为还受到动机、感觉、态度、知觉、学习与信念等心理因素的影响。

(1) 动机。所谓动机是指引起行为发生、造成行为结果的原因。它是促成购买行为的出发点。首先，必须让消费者知道他存在着某些需要，有待于满足。当他感到需要时就会为了满足需要产生动机。例如生理的需要已经满足，他就会考虑安全的需要，而购买有关安全方面的商品或利用保险的服务。广告形成销售力的本质在于迎合、激发、建立和强化消费者的购买动机，也就是说广告通过诉求和表现的信息对目标消费者施加影响，迎合消费者的购买动机，广告才能产生效果，所以关键是要在实施广告传播活动前洞察消费者的购买动机和心理。

(2) 感觉。所谓感觉就是对某一事物、事件、意念的视觉、听觉、触觉、味觉、嗅觉。造成感觉的主要原因在于个人的内在因素，如人们感觉的程度和过去的经验。一个消费者每天要接触许多广告，但哪些广告能引起他的感觉，就要考虑到方法。例如在报刊上用较大篇幅刊登广告，或是在广告中使用不同的色彩、留有较多的空白，以增加读者的注意力。进行推销工作，包括广告和人员进行销售，首先要引起消费者或用户的注意，并使之产生好感。

(3) 态度。所谓态度就是一个人对某种事物或意念的持久的喜爱。一个人的态度往往是经过长期的个人经历逐步形成的。销售工作必须注意态度问题。或是改变人们的态度；或是经过调查而改进产品的成分、包装等，以适应消费者多种的态度。例如速溶咖啡刚上市的时候，不受欢迎，销路不广，美国通用食品公司制成了一种 Maxim 咖啡，但不用“速溶”作为卖点宣传，而用“既有传统咖啡的美味，又有迅速溶解的方便”为诉求，从而改变了消费者的态度，打开了销路。

此外，不同的消费者在具体的消费心理上，如对健康、安全、审美、娱乐的感知和态度方面也存在着很大的区别。同时，这些心理又直接影响着消费者的决策过程和决策行为，也应予以重视。

10.3.5 广告对消费者的作用

20 世纪以来，世界上一些发达国家的消费者已逐步形成对广告的依赖性。这是由于广告可以不断地向广大消费者提供许多有关生活的信息，为消费者进行消费活动创造便利，从而丰富了消费者的生活，增长了消费者的知识，开阔了消费者的视野。

1. 丰富消费者的生活

现代化的工业企业都是进行专业化生产的。任何一种新产品的问世，都是为了满足消费者的某种需要，改善消费者的生活条件，丰富消费者的物质与文化生活，提高消费者的生活水平。每一项新产品的问世和投放市场，都必须通过广告把有关产品和市场的信息传播给消费者，使消费者产生购买行为，才能达到满足消费者需要的目的。

广告通过传播信息，为消费者提供个人消费指导，如工作用品的选用、生活用品的采购以及其他衣食住行等方方面面。重视整洁的家庭妇女，通过广告选择自己所需的各种简单的清洁剂，以减轻家务劳动的艰辛劳累，提高工作效率。人们在日常生活中，如家具的采购、食物的选择、医药的选用以及旅行、游乐等，无不借助于广告所提供的信息进行选择。

企业通过广告活动，为广大消费者介绍各种能够丰富人民生活、改善生活环境和生活条件、提高生活水平所需的生活用品的信息，如名称、规格、性能、用途等，并告诉人们如何利用这些产品去改善自己的生活。消费者根据自己的实际情况和实际需要，选择适合于自己生活的日用消费品和耐用消费品，从而使自己的生活条件有所改善，生活水平有所提高，为自己的家庭生活或日常工作提供了方便。

2. 刺激消费者个人的消费

广告能够帮助消费者对个人消费品进行选购，指导消费者合理地采购物品以改善个人或家庭的生活条件和工作条件，这是广告最起码的功能。广告还有一项重要的功能，这就是刺激消费者的个人消费。广告的连续出现，就是对消费者的消费兴趣与物质欲求进行不断的刺激，从而引起消费者的购买欲望，进而促成其购买行为。

广告刺激消费者的需求，包括两个方面的内容。一方面，当产品刚上市时，刺激起初级需求，着重介绍产品的性能和用途，从而激发消费者产生购买欲望，产生购买行为。另一方面，当市场上有很多同类产品时，刺激消费者的选择性需求，通过广告宣传，突出自己产品的卖点和优异之处，从而告诉消费者“要买，就要买最好的”的购买心理，刺激消费者产生对本产品的购买欲望，进而促成其产生“指牌认购”行为。

广告在指导和刺激消费方面，往往还有创造流行商品和促成时尚的作用。许多流行性商品的出现和流行，无不与广告宣传中对特定社会阶层(如时尚男女)提出针对性的广告诉求、使目标市场中的消费者产生一致的购买行为有关。

3. 传授消费者知识

现代广告，五花八门，宣传着各种各样的新商品，同时，也在给消费者传授着各种各样的有关生活、工作的新知识。由于现代广告有很大一部分是宣传新发明、新创造的产品，它必须花相当的时间去详细讲授和介绍这些新发明和新创造的原理和产品的工作机制，介绍产品的特性、用途和使用方法，从而简洁地把有关新发明、新创造的知识传授给大众。

因此，经常注意广告的人，尤其是注意有关新产品介绍的广告的人，可以获得许多知识，了解许多新的发明和创造，从而增长知识，扩大视野，活跃思维。

综上所述，广告和消费者之间的关系，并不只是简单地向消费者推销商品。站在消费者的立场上，研究广告与消费者双方的关系，可以列举出许多对消费者有益的影响因素。

本章小结

广告是一个复杂的系统，根据不同的标准有不同的分类。但总的来说，广告客体的受众都具有角色多重性、群集性、自主性和互动性四个基本特征。

消费者是物质资料或服务的使用者和服务对象。消费者具有不同的购买类型和不同的购买心理。消费者既是市场营销的对象，又是消费行为的主体。消费者的购买过程包括：需求与动机、信息搜索、选择评估、购买、购买后使用与评估五个环节。在消费者的购买过程中，广告对消费者的购买心理和行为都起着不同程度的作用。同时作为社会成员的消费者，其消费行为也受一定的社会、文化、个人及心理因素的制约。广告不仅丰富了消费者的生活，而且传播给消费者知识，刺激消费者的消费行为。研究消费者行为，以便于增强广告的宣传效果。

思考题

1. 什么是广告客体？广告客体有哪些基本类型？

2. 如何认识广告客体的特点？

3. 广告受众与消费者有何关系？

4. 消费者的消费类型和消费心理主要有哪些？

5. 什么是消费者行为？消费者行为具有什么样的特征？

6. 如何理解购买角色？试举例分析不同购买角色在购买过程中的作用。

7. 消费者购买决策过程包括几个基本环节？试分析广告在各环节中是如何发挥作用的。

8. 你是如何评价“脑白金”广告的？你认为“脑白金”的成功体现在哪里？结合案例回答。

第11章 广告效果

教学目标

通过本章学习，了解广告效果的基本概念、广告效果测定的意义以及广告效果测定的原则，熟悉广告效果的基本特征、广告效果的主要类型、广告效果测定的标准和步骤，掌握广告传播效果测定、经济效果测定以及社会效果测定的主要方法和手段。

教学要求

知识要点	能力要求	相关知识
广告效果内涵	(1) 能够区分不同广告的效果表现 (2) 能够正确理解广告效果的特征	(1) 广告效果特征 (2) 广告效果类型
广告效果测定内容	(1) 能够确定广告效果测定的主要标准 (2) 能够组合运用广告效果测定的主要方法 (3) 能够设计测定用的有关表格 (4) 能够利用数据对广告效果进行正确分析	(1) 广告的传播效果 (2) 广告的经济效果 (3) 广告的社会效果
广告效果测定的程序	(1) 能够掌握广告测定的步骤 (2) 能够制定广告测定的完整方案	(1) 测定程序 (2) 测定方案

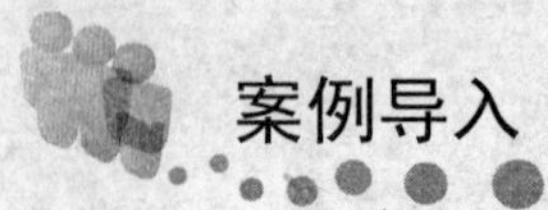

案例导入

宝洁号称“没有打不响的品牌”，事实也是如此。自1988年进入中国市场以来，宝洁每年至少推出一个新品牌，尽管推出的产品价格为当地同类产品的3～5倍，但并不阻碍其成为畅销品。可以说，只要有宝洁品牌销售的地方，该产品就是市场的领导者。

而宝洁进攻市场最常用的武器就是广告了。20世纪80年代，宝洁首先给中国吹来了广告风，当海飞丝的去头屑广告在电视上热播时，年轻人最时髦的话题就是海飞丝了。以后很长的一段时间里，只要在电视里出现了宝洁产品的广告，都会拥有一群时髦的追风族。宝洁能取得这么高的知名度，是建立在高成本广告投入的基础上的。据权威的市场调查公司统计，1999年宝洁在中国投入的广告费超过5亿元，占中国日化领域的10%左右。远比同是跨国公司的联合利华高得多，更别谈国内产品。

如果宝洁广告的特征仅仅是狂轰滥炸，那它的广告策略称不上最佳，最多沦为像哈药、脑白金那样让人烦。宝洁广告策略自然有其他品牌不可比拟的精妙之处。

首先，宝洁广告定位与产品定位浑然一体。众所周知，宝洁是世界上品牌最多的公司之一，这源自于宝洁的市场细分理念。它认为，一千个消费者有一千个哈姆雷特，归结出一些不同点，用琳琅满目的品牌逐一击破。于是宝洁洗发水麾下有飘柔、潘婷、海飞丝三大品牌，洗衣粉系列有汰渍、碧浪，香皂市场有舒肤佳、玉兰油。然而，宝洁并不担心各种品牌在同一货架上的相互竞争，因为宝洁广告已经明白无误地告诉了消费者，该使用哪种品牌。以洗发水为例，海飞丝个性在于去头屑，“头屑去无踪，秀发更出众”，飘柔突出“飘逸柔顺”，潘婷则强调“营养头发，更健康更亮泽”，三种品牌个性一目了然。消费者想去头屑自然选择海飞丝而不是飘柔、潘婷，从而避开了三者的竞争。宝洁的广告细分，达到了把中国消费者一网打尽的目的。1999年中国洗发水市场，宝洁产品占市场份额的60%以上，其中飘柔以25.43%的份额高居榜首，潘婷和海飞丝分别以18.55%和15.11%的市场份额紧随其后。

其次，宝洁广告极具说服力。它的电视广告惯用的公式是“专家法”和“比较法”。宝洁先指出你面临的一个问题，比如头痒，头屑多，接着便有一个权威的专家来告诉你，头屑多这个问题可以解决，那就是使用海飞丝，最后用了海飞丝，头屑没了，秀发自然更出众。这就是“专家法”。“比较法”是指宝洁将自己的产品与竞争者的产品相比，通过电视画面，消费者能够很清楚地看出宝洁产品的优越性。当然宝洁广告常常揉和“专家法”和“比较法”，比如舒肤佳广告。舒肤佳先宣扬一种新的皮肤清洁观念，表示香皂既要去污，也要杀菌。它的电视广告，通过显微镜下的对比，表明使用舒肤佳比使用普通香皂，皮肤上残留的细菌少得多，强调了它强有力的杀菌能力。它的说辞“唯一通过中华医学会认可”，再一次增强其权威性。综观舒肤佳广告，它的手法平平，冲击力却极强。

再次，宝洁形象代言人与众不同。宝洁的竞争产品，比如联合利华一直聘请国际大腕级女名人作形象代言人，丝宝邀请香港巨星如郑伊健、谢霆锋作风影的广告代言人，而宝洁代言人通常是符合宝洁产品个性、气质定位的平民化广告新人。这类广告让广大消费者耳目一新，给他们带来了平和、亲近的感受。此外，平民化广告也起到了很好的暗示作用，使消费者对号入座，不知不觉中成了宝洁产品的俘虏。比如飘柔广告代言人，通常是公司的白领，而平常注重形象、愿意头发更柔顺的消费者也常是受过教育的白领阶层，自然飘柔广告深受他们的欢迎。

宝洁几乎无懈可击的广告策略给宝洁带来了挡不住的效益。据国家有关部门数据显示，1999 年宝洁在中国大陆的产品销售额已超过 130 亿元，其中飘柔、潘婷、海飞丝、沙宣四种洗发水占洗发水市场份额的 60%以上，汰渍、碧浪洗衣粉占洗衣粉市场份额的 33%，舒肤佳占香皂市场的 41%。这些惊人的数据表明，宝洁已成为中国日用品市场上无人能敌的霸主。宝洁的广告策略也是傲视群雄的，按上述分析，宝洁居十大最佳品牌广告策略之首，自无异议。

启示：宝洁公司作为世界日化巨头之一，其广告投放的力度自然十分巨大。但宝洁公司的广告投放并不一味追求投放的数量，相反，它十分注重投放的效果，也正是这样，宝洁才在近两年强势获得 CCTV 标王之位。对于一个企业来讲，对于广告效果的科学把握比单纯把握投放的量更有实际意义。

资料来源：宝洁：驰名品牌的象征物，无懈可击的广告策略，
http://www.31Home.cn，2006 年 8 月 14 日.

广告行为是企业的经济行为，广告主投入一定的广告费用是期待有相应的回报，因此需要对广告效果进行科学的测定。测定广告效果，评价广告效果是广告活动的重要组成部分，是检验广告活动成败的重要手段。本章将详细介绍广告效果的一般知识，广告效果测定的意义、标准以及广告效果测定的主要方法。

11.1 广告效果概述

11.1.1 广告效果的概念

广告效果是指通过广告媒体传播之后所产生的影响，或者说媒体受众对广告效果的结果性反应。这种影响可以分为对媒体受众的心理影响、对媒体受众社会观念的影响以及对广告产品销售的影响。广告效果主要表现在三个方面：经济效果、社会效果和心理效果。广告的经济效果，是指广告活动促进商品销售或劳务销售和利润增加的程度。广告的社会效果是指其社会教育作用。广告的心理效果主要是指广告在消费者心理上的反应程度，产

品所树立的品牌印象，最终能否促成购买。

11.1.2 广告效果的特征

广告活动的效果与其他经济活动的效果不同，主要表现在以下几方面。

1. 时间的迟滞性

赢得目标消费者的注意力，是企业进行广告投资的最终目标。广告对媒体受众的作用程度受时间、地点、经济、文化、风俗、习惯等多种因素综合影响，受众接受广告影响的程度有不同的表现。有的受众可能反应较快，有的则要慢一些；有的可能是连贯的和即效的，有的则可能是间断的、迟效的。媒体受众可能在介绍了广告信息后立即做出购买决策并付诸于购买行为，这是广告作用的即效性，但这种情况在现实中并不多见，更多的情况是消费者在接受了广告信息后相当一段时间后才有具体的购买行为，这便是广告效果在时间上的迟滞性。对于广告迟滞性的特征可以使我们在评判广告效果时不能操之过急。因此，评估广告的效果首先要把握广告产生作用的周期，准确地确定效果发生的时间间隔，区别广告的即时性和迟效性。只有这样，才能准确地预测某次广告活动的效果。

2. 效果的累积性

大多数广告通常不能立竿见影，其效果是逐渐累积而成的。如果没有“量”的累积就很难有效果的“真正体现”。2006 年，可口可乐品牌价值达到 670 亿美元，这是 100 年来用同等甚至超过这一数目的广告费用累积起来的，而且会在相当长一段时间内起到提醒购买的作用。因此，广告效果的累积性表明企业不能过于急功近利和急于求成。

积累特性可以用两项指标来进行评价：市场地位和投入时间。在每一个历史时期，各类产品中总有一些充当领头羊的产品和品牌，但是经过别的企业和品牌的反复积累之后，就可能把原来领先的品牌替换出去。因此，企业必须保持创新，只有这样才能延长产品在市场上的生命周期，避免被消费者遗忘而淘汰出局。

3. 效果的复合性

广告宣传活动由于媒体不同，其形式也就多种多样。随着经济以及技术的不断发展，新的媒体形式大量出现，极大地拓宽了企业进行广告投放的渠道。例如，网络广告、动态看板广告、电话广告、票据广告、楼宇电视广告等就是新近出现并迅速发展起来的广告形式。其中，楼宇电视广告是最新被开发出来并取得极大成功的广告形态，吸引一大批企业投入这种资源的开发众，并在极短的时间内催生了分众传媒和聚众传媒两家成功在美国纳斯达克上市的公司。

作为广告主来讲，要正确认识不同的广告媒体，把握它们的传播特点，根据企业不同的市场、不同阶段的传播目标以及相关的成本费用来综合运用。良好的广告效果不是单一媒体在单一时间里的所能贡献的，往往是综合运用不同的媒体通过一段时间传播的结果。因此，作为广告主在评价广告效果的时候分清影响广告效果或决定广告效果的主要因素，以确保测定的客观性与真实性。

背景知识

分众传媒纳斯达克融资近两亿美元破纪录

据报道，又一家中国概念股分众传媒在北京时间 7 月 14 日正式登陆美国纳斯达克股票交易市场，融资总金额将达 1.717 亿美元，创下中国概念股在纳斯达克融资规模之最。

分众传媒的主要投资者包括 3i 集团、Draper Fisher Jurvetson 以及软银，该公司的主要业务是在办公楼和其他商业场所运营液晶显示屏广告网络，覆盖数千万中国中高收入人群。

高盛昨天称，分众传媒首次公开募股的发行价为每股 17 美元，超过了此前确定的每股 14～16 美元的价格区间，这充分表明国外投资者渴望介入高速增长的中国广告市场。

分众传媒 CEO 江南春将应邀按响纳斯达克开市的铃声，成为享受此荣誉的第一位中国企业家。

据悉，分众传媒的主要竞争对手聚众传媒也计划于年内在境外进行首次公开募股。

资料来源：北京晨报，2005 年 7 月 14 日.

4. 效果的间接性

广告效果的间接性主要表现在两个方面：受广告宣传的消费者，在购买商品之后的使用或消费过程中，会对商品的质量和功能有一个全面的认识，如果商品质量上乘并且价格合理，消费者就会对该品牌商品产生信任感，就会重复购买；另一方面，对某一品牌商品产生信任感的消费者会将该品牌推荐给亲朋好友，从而间接地扩大了广告效果。

5. 效果的层次性

广告效果是有层次的，即有经济效果与社会效果、眼前效果与长远效果之分。只有将它们很好地综合起来，才有利于广告主的发展，有利于塑造良好的企业形象与品牌形象。广告经营者在进行广告宣传活动时，不能只顾眼前利益而制作虚假广告，更不能只要经济利益而不顾社会影响。

6. 广告的竞争性

这里所说的竞争并不是对投资数额进行简单的比较，而是看重产品在目标消费者大脑中的排序或占有率。实际上，市场就在消费者的心中，消费者直接掌握着企业的命运。由于消费者的记忆容量和购买能力有限，为了能够在消费者的记忆容器中占据有利的竞争位置，企业应该从以下两个方面来赢得主动：

1) 让消费者对品牌印象深刻

一般说来，消费者不会购买自己不知道的产品。因此，消费者购买某种产品的可能性，是由他头脑中是否有这种产品和品牌所决定的。当同类产品中出现多种选择时，消费者就会按照自己的意愿进行品牌排序，然后购买自己认为最好的商品。例如，在购买蔬菜时，消费者首选那些没有受到污染的环保产品，即绿色食品。

2) 保持市场沸点，吸引消费者购买

既然消费者的记忆是有限的，购买的选择也是有限的，那么消费者购买哪一种产品往往取决于同一区域市场内不同企业的广告宣传效果。一般说来，企业对广告的投入越大，广告的创意越独特，广告的持续时间越长，那么就越容易形成所谓的市场沸点。需要注意的是，市场沸点是阶段性的，有可能在一段时间内很高，在另一段时间内却很低。

有一位营销大师曾经说过："消费者买的是商品，选的是印象。"产品和品牌在消费者大脑中的排序越靠前，消费者就越倾向于选择这种产品或品牌。

因此，企业在做广告时，要特别注意看清"沸点"，营造"沸点"，吸引消费者更多的注意力。

11.1.3 广告效果的种类

1. 按涵盖内容和影响范围来划分

按涵盖内容和影响范围，广告效果可分为销售效果、传播效果和社会效果，这也是最常见的划分方法。

(1) 广告的销售效果，也称为经济效果，是指广告活动促进产品或者劳务的销售，增加企业利润的程度。广告的经济效果是企业广告活动最基本、最重要的效果，也是测评广告效果的主要内容。

(2) 广告的传播效果，也称为广告心理效果。是指广告传播活动在消费者心理上的反应程度，表现为对消费者的认知、态度和行为等方面的影响。广告活动能够激发消费者的心理需要和动机，培养消费者对某些品牌的信任和好感，树立良好形象，起到潜移默化的作用。

(3) 广告的社会效果，是指广告在社会道德、文化教育等方面的影响和作用。广告能够传播商品知识，可以影响人们的消费观念，会被作为一种文化而流行推广等。

2. 按产生效果的时间划分

一项广告活动展开后，从时间关系上看，广告产生影响和变化，会有多种情况：

(1) 即时效果。即使效果是指在广告发布后，很快就能产生的效果。如商场里的 POP

广告，会促使顾客立即采取购买行动。

(2) 近期效果。近期效果是指广告发布后在较短的时间内产生的效果。通常是在一个月、一个季度、最多一年内，广告商品的销售额有了较大幅度的增长，品牌知名度、理解度等有了一定的提高。近期效果是衡量一则广告活动是否取得成功的重要指标。

(3) 长期效果。长期效果是指广告在消费者心目中所产生的长远的影响。消费者接受一定的广告信息，一般并不是立即采取购买行为，而是把有关的信息存储在大脑中，在需要进行消费的时候产生效应，广告的影响是长期的、潜在的，也是逐步积累起来的。

在广告活动中，不仅要追求广告的即时效果和近期效果，而且应该重视长期效果。在市场竞争加剧，需要运用整合传播的现代营销战略中，广告的长期效果更为重要。

3. 按对消费者的影响程度和表现来划分

主要可分为到达效果、认知效果、心理变化效果和促进购买效果。

1) 到达效果

广告能否被消费者接触，要看有关广告媒体的“覆盖率”如何。如印刷媒体的发行量、电子媒体的视听率等的测评，为选择广告媒体指出方向。

2) 认知效果

不要测定消费者接触了广告信息后，对广告的印象和记忆的程度，反映广告受众在多大程度上“听过或看过”广告。这主要通过测评消费者对广告的知晓率、理解率、喜爱度、购买欲望率等。消费者接触广告时所产生的心理变化，只能通过调查、实验室测试等方法间接得到。

3) 促进购买效果

指消费者响应广告诉求所采取的有关行为。这是一种外在的、可以把握的广告效果。一般可以采取“事前事后测定法”得到数据。

11.2　广告效果测定的意义和标准

11.2.1　广告效果测定的意义

广告宣传是企业在现代市场上开展的重要促销活动之一。广告宣传是企业的一项投资行为，作为企业来讲需要掌握这项投资的产出状况，因此，广告效果测定的作用在于它能比较客观地反映广告活动的成效。此外，广告测定更重要的意义在于它能促进广告策划、创意、设计和实施摆脱主观臆断的局限，提高人们对广告活动的监控能力，使广告活动真正进入科学化轨道。从整个国民经济来讲，通过对企业广告效果的科学测定，可以有助于提高企业业绩，进而影响整个社会经济，因此，广告效果也就与国民经济的整体运行有着密切的关系。具体来讲，广告效果测定具有以下几个方面的意义。

(1) 广告效果是整个广告活动经验的总结。广告效果测定是检验广告计划、广告活动合理与否的有效途径。在测定过程中，要求与计划方案设计的广告目标进行对比，衡量其实现的程度，从总结经验，吸取教训，为下一阶段的广告促销打下良好的基础。

(2) 提高企业广告决策的科学性。从广告决策过程看，预计效果具有目标导向作用。当广告战略方案以几个代替方案的形式提出建议时，就必须从某些观点进行评价选择。在广告计划制定的过程中，人们是以广告对消费者的影响过程假设为起点，沿着从结果回溯到原因的方向进行分析，并据此建立战略，决定策略，以图达到某一既定的广告目标。预测效果评估可提高对广告策划方案选择的科学性，具有支持广告战略决策的作用。在广告实施阶段，测定效果评估时能较准确把握广告活动的结果，探讨战略目标、信息战略、媒介战略的是非得失，广告费投入是否恰到好处等，起到对广告活动的控制评价作用。此外，测定评估也可积累经验，为今后制订广告计划提供借鉴参考。如果在广告投放中，对广告活动的成效胸中无数，就会使广告主盲目进行经营决策，误入歧途。

(3) 促进企业改进广告的设计与制作。通过广告效果的测定，可以了解消费者对广告作品的接受程度，鉴定广告主题是否突出，广告诉求是否针对消费者心理，创意是否感人，广告形象是否富有艺术感染力，广告语言是否简洁、鲜明、生动，是否收到良好的心理效果等。这都为企业未来的广告活动提供了参考资料，并有助于企业改进广告的设计与制作，使广告宣传的内容与表现形式的结合日臻完美，从而使广告的诉求更加有力。

(4) 促进整体营销目标与计划的实现。广告效果测定能够比较客观地肯定广告活动所取得的效益，也可以找到除广告宣传因素以外影响企业产品销售的原因，如产品的款式、包装、质量、价格等问题。企业可据此调整生产经营结构，开发新产品，生产适销对路的产品，实现经营目标，取得良好的经济效益。

(5) 促进广告业务更好的发展。由于广告效果测试能客观地肯定广告所取得的效益，可以提高广告主的信心，使广告企业易于安排广告预算，广告公司容易争取广告客户，促进广告业务的发展。

11.2.2 广告效果测定的标准

对广告传播效果的评估实质上就是对广告制作本身的评估。根据赖氏层级效果模式，可把广告传播效果分为四个等级，反映传播效果由低到高的发展，成为进行广告效果测定的四个标准。

1. 知名度了解

对新产品或新的劳务项目，广告的首要任务是通过宣传，使消费者知道并了解新产品和新的劳务项目。对已经存在的商品，广告宣传的第一目的就是在目标市场中宣传产品给予消费者的利益及其不同于其他同类产品的特殊效能、方便消费的服务措施等，提高商品的知名度。对这一项目的测试一般在广告活动期间进行，也可以在广告活动开始的任何时间进行，从而确定有多少人知道产品或者对产品的了解程度。知名度受广告影响而发生的变化可以用知名度发展速度来表示，它可用公式表示：

$$\text{知名度发展速度} = \frac{\text{广告后单位人数中知晓某商品的人数}}{\text{单位人数}} \times \frac{\text{广告前单位人数中知晓某商品的人数}}{\text{单位人数}} \times 100\%$$

2. 记忆

指人们对暴露于消费者面前的广告内容记忆的程度。用记忆度表示：

$$\text{记忆度} = \frac{\text{对广告有一定记忆的人数}}{\text{接触广告媒体的总人数}} \times 100\%$$

这一测定，旨在了解广告对消费者记忆留有印象的程度。通过了解人们记忆的内容来分析传播信息的主题是否在设计制作的广告中得以贯彻。

3. 态度

即广告发布后，人们对广告产品态度的变化状况。假如广告活动开展后，引起消费者的注意，并开始在态度上由冷转热，有些喜欢，并产生进一步了解该产品的欲望，那么广告对于产品销售产生了良好效果。当然，对产品喜欢，并不一定会产生购买行为，而只是对产品一定程度的肯定，但它对于进一步扩大广告影响力具有重要作用。因此，能够知道有多少人对广告产品给予肯定，对于确定今后广告活动的范围具有重要意义。

4. 偏好

这是消费者采取购买行为的先兆，如果广告活动开始后，迅速引起消费者对广告产品的偏好，便可以断言：广告成功了！因为消费者对此商品产生了特殊的偏好，在其他条件基本相同条件下，消费者若需要，必定要买此品牌的商品。

11.3　广告效果测定的主要内容

11.3.1　广告传播效果测定

1. 广告传播效果测定的内容

广告的传播效果即广告心理效果测定，目的是为了了解广告在知晓度、认知和偏好等方面的效果。

1) 广告知晓度的测定

广告知晓度是指媒体受众通过多种媒体了解某则广告的比率和程度。广告知晓度的计算公式如下：

广告的知晓度=被调查者中知道该广告的人数/被调查者总数×100%

例如：广告公司发放对某则广告知晓度调查问卷 10 000 份，在 10 000 个媒体受众中，有 8 000 人知晓该则广告，那么该广告的知晓度为 80%。在知晓该广告的 8 000 位媒体受众中，如果有 2 000 人对广告宣传的产品有较深的了解，那么该广告的了解度为 25%。具体计算如下：

$$该广告的知晓度=\frac{被调查者中知道该广告的人数}{被调查者总数}\times 100\% =8\,000/10\,000\times 100\%=80\%$$

该广告的了解度=被调查者中了解该广告的人数/被调查者中知道该广告的人数×100%

=2 000/8 000×100%=25%

当新产品上市时，广告宣传的目标只是为了告知媒体受众某品牌产品的存在。当产品处于成长期、成熟期或衰退期时，广告的诉求点则在于产品的功能及特性等方面信息的传输。广告知晓度和了解度正是用于测定不同阶段广告效果的有效指标和内容。

2) 广告回忆状况的测定

对广告回忆状况的测定，是指借助一定的方法评估媒体受众能够重述或复制出其所接触广告内容的一种方法。“回忆”常被用来确定消费者记忆广告的程度。对广告回忆的方法，主要有无辅助回忆和辅助回忆两种。

(1) 无辅助回忆(又称纯粹回忆)。这种方法是指让媒体受众独立地对某些广告进行回忆，调查人员只如实记录回忆情况，不作任何提示。如问：“请您回想一下这一个月来有哪些牙膏品牌在中央电视台做了广告宣传？”

(2) 辅助回忆。这种方法是调查人员在调查时，适当地给被调查者某种提示。例如，提示广告的商标、品牌或色彩、标题，插图等。如问：“您最近有在中央电视台看到佳洁士牙膏的广告吗？”辅助回忆法询问的项目或内容越具体，获得的信息就越能鉴定媒体受众对广告了解程度的高低。

3) 偏好状况的测定

偏好是经济学研究的重要问题之一。它是指在一些竞争产品中，消费者较固定地购买某品牌产品的心理特征。美国著名经济学家乔治·斯蒂格勒曾说：“趣味偏好是在竞争中筛选出来的。不是随意给定的，它们必须面临一个连续竞争的严峻考验。”这也就是说，偏好在一定时期内是相对稳定的。通过突出感人的诉求点，培养消费者的品牌偏好，对广告主来说是非常重要的。因为偏好一旦形成，在较长时期内将会产生一系列的重复购买行为。

2. 广告传播效果测定的方法

广告传播效果测定根据安排时间的不同可以分为事前测定、事中测定和事后测定，测定的方法也可以分为以下三种类型。

1) 事前测定

广告作品传播效果事前测定的方法是：在广告作品尚未正式刊播之前，邀请有关广告专家和消费者团体进行现场观摩，审查广告作品存在的问题，或进行各种试验(在实验室运用各种仪器来测定人们的各种心理活动效应)，以对广告作品可能获得的成效进行评价。根据测定的结果，及时调整广告促销策略，修正广告作品，突出广告的诉求点，提高广告的成功率。传播效果事前测定常用的具体方法主要有以下几种。

(1) 专家意见综合法。该方法是在广告文案设计完成之后，邀请有关广告专家、心理学家和营销专家进行评价，多方面、多层次地对广告文案及媒体组合方式将会产生的效果做出预测，然后综合所有专家的意见，作为预测效果的基础。运用此法事前要给专家提供一些必要的资料，包括设计的广告方案、广告产品的特点、广告主生产经营活动的现状及背景资料等。专家们通过独立思考，对广告设计方案提出自己的见解。

专家意见综合法是事前测定中比较简便的一种方法。但要注意所邀请的专家应能代表不同的广告创意趋势，以确保所提供意见的全面性和权威性。一般说来，聘请的专家人数以 10～15 人为宜，少了不能全面反映问题，多了则花费时间。

(2) 直接测试法。这种方法是把供选择的广告展露给一组消费者，并请他们对这些广告进行评比打分。这种评比法用于评估消费者对广告的注意力、认知、情绪和行动等方面的强度。虽然这种测定广告实际效果的方法还不够完善，但一则广告如果得分较高，也可说明该广告是可能有效的，见表 11-1。

表 11-1　广告评分表

本广告吸引受众注意力的能力如何？——(20)
本广告使受众继续往下接受信息的能力如何？——(20)
本广告主要的信息或利益的鲜明度如何？——(20)
本广告特有的诉求效能如何？——(20)
本广告建议激起实际购买行动的强度如何？——(20)
效果表现：优秀(80～100)、好(60～80)、一般(40～60)、中等(20～40)、差(0～20)

(3) 组群测试法。这种方法是让一组消费者观看或收听一组广告，对时间不加限制，然后要求他们回忆所看到(或听到)的全部广告以及内容，广告策划者可给予帮助或不给帮助。他们的回忆水平表明广告的突出性以及信息被了解或记忆的程度。

在组群测试中，必须用完整的广告以便能做出系统的评估。组群测试一次可以测试 5～10 则广告。在调查中，通常询问的问题主要有以下几个：

“您对哪几则广告感兴趣？”

“您喜欢哪一则广告？”

“这则广告宣传的是什么？您明白了吗？”

“您觉得广告中的文字和图案是否有需要改进的地方？”

“您看过广告后，给您最深刻的印象是什么？”

“看了广告后，您有没有产生进一步了解广告产品的兴趣，或者有近期购买产品的打算？”

(4) 仪器测试法。随着科学技术的进步，伴随人类心理效应变化而产生的生理变化测试仪，也在不断的创新与完善。在广告领域，作为一种辅助手段，借助仪器测试广告作品效果的做法也多了起来，主要有以下 5 种具体的方法。

① 视向测验法。人们的视线一般总是停留在关心与有兴趣的地方，越关心，越感兴趣，视线驻留时间就越长。视向测验器，是记录媒体受众观看广告文案各部分时的视线顺序以及驻留时间长短的一种仪器。根据测知的视线移动图和各部位注目时间长短的比例，可以预知：

第一，广告文案文字字体的易读性如何，从而适当安排文字的排列；

第二，视线顺序是否符合广告策划者的意图，有无被人忽视或不留意的部分，如果有，则要进行调整；

第三，广告画面中最突出或最引人的部分，是否符合设计者的意图，如果不符，应立即予以调整。

仪器测试法也有不少缺点：视线运动是根据眼球移动的，但不能确保视线运动与眼球移动完全一致；注目时间的长短，并不能完全说明消费者兴趣的大小。一目了然的事物，注视的时间自然短。费解的图文，往往要花费较多的时间去琢磨；测验费用高昂，并且不能保证被抽取的消费者都具有典型性、代表性。

② 皮肤测试法。该法主要利用皮肤反射测验器来测量媒体受众的心理感受。运用此法的理论根据是：人在受到诸如兴奋、感动、紧张等情绪起伏的冲击后，人体的出汗情况会随之发生变化，可测定其感性的波动。

皮肤测试法主要用于对电视广告效果的测定，其次是对广播广告的测定，根据测试的结果，大体上可以确知最能激起媒体受众情感起伏的地方，以此检查此处“高潮”是否符合广告策划者的意图。

皮肤测试法也有一定的缺点：每个人的内分泌的情况各不相同，情绪反映也有快有慢，因此必须事先加以测定，再根据实际反映情况进行修正，工作程序非常烦琐；情绪的波动，内心的冲动，每个人的情况各不相同。引起内心冲动的因素有的来自于音响，有的来自于画面色彩或表演等。情绪的波动，有的可能是积极的，有的则是消极的。因此，必须辅以其他的方法，进行全面的分析，才能得出正确的结果。

③ 瞬间显露测试法。这种方法是利用电源的不断刺激，在短时间内(1/2 秒或 1/10 秒内)呈现并测定广告各要素的注目程度。瞬间显露仪的种类有文度式、振子式、道奇式和哈佛式等，常用的是哈佛式。

这种方法的作用与用途是：测试印刷品广告中各要素的显眼程度；测试各种构图的位置效果，以决定标题、图样、文案、广告主名称的适当位置。利用验与统计的方法，可将艺术效果计量化，并在某些情况下，可区分出艺术效果与广告效果，以便在二者中有所调整和取舍。例如，标题的功能，一般应是既抢眼又悦耳，但悦耳应从属于抢眼。在两者不可兼得的情况下，艺术效果应服从广告效果的需要；测试文案的易读程度，品牌的识别程度，以便使广告整体设计具有最佳效果，使人一目了然。

④ 记忆鼓测试法。记忆鼓是现代心理试验常用的一种仪器。在广告策划中，专用来研究在一定时间内，人们对广告作品的记忆程度。该方法是：被调查者在一定时间内，经由显示窗看完一则广告后，支持测试者立即用再确认法，测验被调查者对广告文案的记忆，从而评估出品牌名称、广告主名称、广告文案的主要内容等易于记忆的程度。

这种测试法所测结果使用价值的大小，与被测验者的精神状态和记忆力的强弱有直接的关系，而这两者又很难分辨。

⑤ 瞳孔计测试法。瞳孔受到明亮光线的刺激要缩小，在黑暗中要张大。对感兴趣的事物长时间的凝视，瞳孔亦张大。瞳孔计测试法，就是根据这个道理，用有关设备将瞳孔伸缩情况记录下来，以测定瞳孔伸缩与媒体受众兴趣反映之间的关系。

这种方法多用于电视广告效果的测定。但对所取得的测试结果也不能过分相信，因为瞳孔放大这种生理反应到底掺杂着多少感性和心理方面的因素是难以确定的。而每个人不同的情感、心理作用的差异都是无法忽视的。比如，崇尚潮流、比较富有的单身女性与朴实无华的家庭主妇对法国香水广告的反映就会截然不同；那些粗俗的“大款”与受过高等教育但薪金菲薄的职员对皮尔·卡丹西服的招牌广告的心理感受会大相径庭。一类必然是由于过分自信而引起瞳孔放大；另一类则是由于过分“理性”而无动于衷，瞳孔自然没有什么变化。

2) 事中测定

广告沟通效果的事中测定是在广告已开始刊播后进行的。事中测定可以直接了解媒体受众在日常生活中对广告的反应，得出的结论也更加准确可靠。但这种测定结果对进行中的广告宣传的目标与策略，一般很难进行修改。只能对具体方式、方法进行局部的调整和修补。常用的广告效果事中测定法有以下几种。

(1) 市场试验法。先选定一两个试验地区刊播已设计好的广告，然后在同时观察试验地区与尚未推出广告的地区，根据媒体受众的反映情况，比较试验区与一般地区之间的差异，就可以对广告促销活动的心理效果做出测定。

美国史达氏公司(Starth)与盖洛普·鲁滨逊公司(Grllap&Robinson，简称 G&R)是两家广泛运用出版物测试广告心理效果的公司。其做法是：先把测试的广告刊登在杂志上；广告登出后，便把杂志分发给消费者中的调查对象；随后公司同这些被调查者接触，并与之就杂志及其广告问题同他们谈话；回忆和认识的测试结果可用来确定广告效果。史达氏公司采用此法时制定三种阅读评分标准。

① 注意分。即声称以前在杂志上看过这则广告的人数在目标读者中所占的百分比。计算公式为：

注意分=被调查者中看过某则广告的人数/被调查者总人数×100%

② 领悟和联想分。是指能正确地将广告作品与广告主对上号的人，在读者中所占的百分比。计算公式如下：

领悟和联想分=被调查者中能准确叙述广告内容的人数/被调查者总人数×100%

③ 大部分阅读分。即声称读过广告文案一半以上的人在读者中所占的百分比。计算公式为：

大部分阅读分=被调查者中能准确叙述广告内容的人数/被调查者总人数×100%

G&R 公司在测定广告心理效果方面，做出了重大贡献。截至 1990 年，该公司已对 120 000 则印刷媒体广告和 6 000 则电视广告进行了效果测定。通过对该公司广告效果测定步骤进行归纳，其一般步骤为：

第一步：评估市场上各广告的表现；

第二步：分析整个广告策划活动及其策略的效果，并与该产品以前的广告宣传活动或者与其他相同产品的广告活动作比较；

第三步：针对同一类型产品或某一行业销售效果进行评估。

G&R 公司的测试人员每次抽选调查样本约 150 人(男女均有)，年龄在 18 周岁以上，分布在美国各地。被调查者可以选择自己常看的杂志广告接受测试，他们必须看过最近四期(杂志广告)中的两期，但没有看过最新的一期。测试人员不事先告诉媒体受众测试的内容，同时要求被调查者不要在访问的当天阅读有关杂志。电话访问时，首先询问被调查者在某一杂志的所有广告中，记得哪几则广告，以便确定这些广告的阅读率；媒体受众指出所记得的广告后，就可以问他们以下问题：

那则广告是什么模样？内容是什么？

该广告的销售重点是什么？

您从该广告中获得了哪些信息？

当您到该广告时，有何心理反应？

您看完该广告后，购买该产品的欲望是增加了还是减少了？

该广告中，什么因素影响您购买该品牌产品的欲望？

您最近购买此种产品的品牌是什么？

广告策划者通过将上述问题的答案汇总、整理、分析、综合以后，就可以衡量出该则广告的以下效果：

吸引读者记住(或想起)某则广告的能力(Proved Name Registration，简称 PNR)；

媒体受众对该广告的心理反应，或对广告销售重点的了解程度(Idea Communication)；

广告说服媒体受众购买产品的能力(Persuasion)，即媒体受众看了该广告后，购买该产品的欲望，受影响的程度。

对电视、广播广告效果的事中测定，可以用以下四种方法。

① 家中测试。将一个小型屏幕放映机安置在具有代表性的目标消费者家中，让这些消费者观看电视广告节目。这种方法可使被调查者的注意力集中，但必须人为地制造一种勉强观看电视广告的环境。

② 汽车拖车测试。为了更接近消费者做出决策的实际情况，可在市郊商业区安置汽车拖车，以作为临时的工作试验室进行试验。在此模拟的购买环境中，向消费者展示测试的产品并给他们选择一系列品牌的机会，然后请消费者观看一系列电视广告片，发给他们一些在郊区商业区购买商品的赠券。广告策划者根据收回赠券数量的多少，判断广告片对媒体受众购买行为的影响力。

③ 剧场测试。被调查者被邀请到剧场观看尚未公开播放的电影片，同时插播一些广告片。在放映之前，请被调查者在不同类型的商品中选择他们喜欢的品牌。被调查者偏好如有改变，则可表明电视广告片的效果。

④ 播放测验。这种测试是在普通的甚高频(VHF)电视后或有线电视节目频道中进行的。广告策划者将被调查者召集在一起观看播放的节目，其中包括观看被测试的广告片。在广告播放后，广告策划者与被调查者接触，并向其提出问题，询问他们能够回忆起多少广告片中的内容。

(2) 函询法。这种方法一般采用调查问卷的形式进行。函询法一般要给回函者一定报酬，以鼓励他们积极回函反馈信息。调查问卷通常以不记名的方式，要求调查者将自己的年龄、职业、文化层次、家庭住址、家庭年人均收入等基本情况填在问卷上。调查表中要尽可能详细地列置调查问题，以便对广告的心理效果进行测试。常见的调查问题如下。

① 您看过或听过有关某品牌产品的广告吗？

② 通过什么媒体您接触到某品牌产品的广告？

③ 该广告的主要内容是什么？

④ 您认为该广告有特色吗？

⑤ 您认为该广告的构图如何？

⑥ 您认为该广告的缺点是什么？

⑦ 您经常购买什么品牌的产品？

……

3) 事后测定

广告沟通效果的事后测定虽然不能直接对已经完成的广告宣传进行修改或补充，却可以全面、准确地对已作的广告活动的效果进行评估。因此，传播效果事后测定的结论，一方面可以用来衡量本次广告促销活动的业绩；另一方面可以用来评价企业广告策划的得失，积累经验，总结教训，以指导以后的广告策划。

广告传播效果的事后测定有两层含义：首先，一则广告刊播过程一结束，就立刻对其效果进行测定；其次，一则广告宣传活动结束后过一段时间，再对其心理效果进行测试。通常，效果测试与广告刊播结束之后的时间间隔主要由媒体的性质决定，同时也要考虑目标市场上消费者自身的特点。如果进行测定的时间过早，广告的时间滞后性效果尚没有充分发挥出来，得出的结论就不准确；如果测定的时间过晚，间隔时间太长，广告效果就可能淡化，得出的结论也有可能不准确。

广告沟通效果事后测定常用的方法主要有以下几种。

(1) 要点打分法。该法是请被调查者就已刊播过的广告的重要方面进行打分，各项得分之和就是该广告的实际效果。打分的具体内容见表 11-2。

表 11-2　广告心理效果打分表

打分项目	打分的主要依据	该项满分	实际打分
吸引力	吸引注意力的程度(创意)	20	
认知性	对广告诉求重点的认识程度	20	
说服力	广告引起的兴趣如何	20	
	对广告产品的好感程度	10	
行动力	由广告引起的立即购买行为	20	
	由广告唤起的购买欲望	20	
传播力	由广告文案的创造性而引起的传播程度	20	
综合力	广告的媒体效果	20	
效果表现：优秀(150～120)、好(120～90)、一般(90～60)、中等(60～30)、差(30～0)			

(2) 雪林(Schwerin)测定法。雪林测定法是美国雪林调查公司(Schwerin Research Co.)根据节目分析法的原理，于 1964 年发明的测定广告心理效果的一种方法。该测定方法又分为节目效果测定法、广告效果测定法和基本电视广告测验三种。

第一种，节目效果测定法。即召集一定数量有代表性的观众到剧场，广告策划者说明测验的标准以后，请观众按照个人的意见对进行测验的广告表演节目评分定级。评分的级别通常是：①有趣；②一般；③枯燥无味。这种测验完毕之后，再请观众进一步说明喜欢或讨厌广告节目中的哪一部分，并阐明理由。或者征求观众对广告节目的意见、建议。广告策划者对节目改进的意见进行统计、汇总，以作为今后设计或制做广告节目的重要依据。

第二种，广告效果测定法。广告效果测定法与节目效果测定法的内容基本相同，是通过邀请具有代表性的观众到剧场或摄影棚，欣赏进行测定的各种广告片。与节目效果测定法的不同之处是：在未看广告片之前，根据入场者持票号码，要求媒体受众选择自己喜欢的商品。这些选择的商品品牌中，既有将在广告片中播放的品牌，也有主要竞争对手的品牌。广告片播放完以后，请观众再一次做出选择，如果此次结果中所测验的广告商品品牌的选择度高，高出部分就是该广告片的心理效果。

测试完成后，通常将媒体受众所选择的商品赠送给他们。如果商品单位价值高，可以赠送给他们其他一些礼品。

第三种，基本电视广告测验法。这种测验法的目的在于客观地评价和判断电视广告片的优劣，以及用标准化的程序测验电视广告的效果。基本电视广告测验的项目主要有。

① 趣味反应。利用集体反应测定机，测定媒体受众对每一广告画面感兴趣的程度。

② 回忆程度。运用自由回答法，让媒体受众回忆广告片中的产品品牌、广告主名称、画面内容以及标语、口号等。

③ 理解程度。运用自由回答法，了解媒体受众对广告内容的领悟程度。

④ 广告作品诊断。运用自由回答法，让媒体受众指出该广告片的特色，并提出修改意见。

⑤ 效果评定。采用问卷的形式，测验本广告片留给媒体受众的一般印象，即广告片的一般心理效果。

⑥ 购买欲望。让媒体受众说出有无购买广告产品的冲动或者欲望。

⑦ 广告片的整体效果。让媒体受众对广告片作整体的评价。

这种测验法的优点是客观、全面，能真正反映媒体受众的心理活动状况，取得资料的可信度高；缺点是操作技术性强，成本费用大，具体推行起来有一定的局限性。

11.3.2　广告经济效益测定

广告的经济效果是广告活动给广告主所带来的经济影响，它集中反映了企业在广告促销活动中的营销业绩。广告经济效果测定是衡量广告最终效果的关键环节。研究广告心理效果有助于广告主评价广告的沟通效果，但揭示广告心理效果对销售影响的研究却很少。如提高了品牌知晓度 20%和品牌偏好度 10%，那么销售量因此而增加了多少呢？充满了艺术性和感染力的广告不一定就能取得良好的销售业绩。因此，在对广告效果进行评价的时候还要看广告活动对经营绩效方面的影响，因而广告经济效益的测定也成为广告效果评估的关键部分。

1. 广告经济效益测定的含义

广告经济效果测定，就是测定在投入一定广告费及广告刊播之后，所引起的产品销售额与利润的变化状况。需要明确的是“产品销售额与利润变化状况”包含两层含义：一是指一定时期的广告促销所导致的广告产品销售额，以及利润额的绝对增加量，这是一种最直观的衡量标准；二是指一定时期的广告促销活动所引起相对量的变化。它是广告投入与产出结果的比较，是一种更深入、更全面了解广告效果的指标。这种投入产出指标对提高企业经济效益有着重大的意义。它要求：

(1) 每增加一个单位产品的销售额，要求广告投入最小，销售增加额最大。

(2) 每增加一个单位的广告经济效益相对指标，要求企业(即广告主)获益最大。即经济效益的提高要与企业形象、品牌形象的成功塑造相结合。

(3) 这种相对指标的提高，要有利于形成一个良好结构与良性循环。良好的结构是指企业内在的生产经营结构与市场需求趋势以及消费者偏好相适应，从而有利于企业开展促销活动；良性循环是指广告促销活动有利于企业调整生产经营结构，开发新产品，生产出适销对路的产品，这一循环成为企业发展的一种内在的自律机制。

2. 广告经济效益测定的方法

广告的销售效果一般比传播效果难以测定，销售除了受广告促销的影响外，还受其他许多因素的影响，诸如产品特色、价格、售后服务、购买难易程度以及竞争者的行动等。这些因素越少以及可控制的程度越高，广告对产品销售量的影响就越容易测定。

常用的测定广告经济效果的方法主要有以下几种。

1) 广告费用比率法

为测定每百元销售额所支付的广告费用，可以采用广告费用比率这一相对指标，它表明一单位的销售额所需消耗的广告费用额。其计算公式如下：

广告费用比率=广告费用总额/同期销售总额×100%

广告费用率的倒数可以称为单位广告费用销售率，它表明每支出一单位的广告费用所能实现的销售额。计算公式为：

单位广告费用销售率=本期广告后销售总额/本期广告费用总额×100%

例如，某企业某年某季度广告费 2 万元，该季度销售 100 万元，可以计算得出广告费用比率为 2%，假设上一季度广告费比率为 2.5%，则广告费用比率下降 0.5%。广告费用比率越小，广告效果越大。

2) 广告效果比率法

广告效果比率是指广告投入的增加对销售增长的影响。可以从以下两个方面进行考虑：

(1) 增长速度比较法：用企业销售额的平均增长速度与同期广告费用的增长速度进行比较(一般以年为单位)。

(2) 增长比率比较法：广告效果比率=销售额增长率/广告增长率。即比较增长速度，通常是将当年与上一年进行比较求出增长率。

通过以上两个方面的数据，采用相互比较和公司内部比较就可以明确了解效率的增减。其中，相互比较是指本公司与标准比率(同业)比较，以测定相对效率的高低；公司内部比较是指按各产品别、各地区别、各顾客差别等的广告费相互比较，以了解它们的差异。

例如，某企业为了配合旺季销售，第四季度的广告费用的增加率 45.6%，而该季度销售额增加仅为 11.4%，由此得出广告效果比率为 25%。广告效果比率法证明，广告费用增加率越小，则广告效果比率越大，广告效果越好。

3) 单位广告费用销售增加额法

单位广告费用销售增加额的计算公式为：

单位广告费用销售增加率=(本期广告后的销售额-本期广告前的销售额)/本期广告费用总额×100%

4) 费用利润率、单位费用利润率和单位费用利润增加额法

这是一种综合方法，具体的计算公式为：

广告费用利润率=本期广告费用总额/本期广告后利润总额×100%

单位广告费用利润率=本期广告后利润总额/本期广告费用总额×100%

单位广告费用利润利润增加额=(本期广告后利润总额-本期广告前利润总额)/本期广告费用总额×100%

5) 市场占有率法

市场占有率是指某品牌产品在一定时期、一定市场上的销售额占同类产品销售总额的比例。计算公式为：

市场占有率=某品牌产品销售额/同类产品销售总额×100%

市场占有率提高率=单位广告费用销售增加额/同类产品销售总额×100%

市场扩大率=本期广告后的市场占有率/本期广告前的市场占有率×100%

实践证明，广告费用的增加会促使销售额的增加，但不是绝对的，产品若进入衰退期，广告费增加对销售额的提高没有大的影响，只是起到延缓衰退的作用，这是产品的生命周期决定的。

6) 声音占有率

这种方法主要用来评价广告开支是多还是少。声音占有率指某品牌产品在某种媒体上，在一定时间内的广告费用占同行业同类产品广告费用总额的比例。假如以下公式成立

广告费用占有率=声音占有率=注意占有率=市场占有率

换句话说，广告主广告费用占有率产生相应的媒体受众听见声音的占有率，并因此获得他们相应的注意占有率，从而最终决定他们的购买行为。美国广告专家派克•汉(Peck Hem)研究几种产品消费的若干年声音占有率与市场占有率之间的关系，发现老产品的这一比例为 1:1，新产品的比例为 1.5～2.0:1.0，即广告有效率等于市场占有率与声音占有率之比。计算公式为：

广告有效率=市场占有率/声音占有率×100%

例如，A、B、C 三家公司在某段时间的广告费用、声音占有率、市场占有率的情况见表 11-3。

表 11-3　三家公司的广告有效率

公司名称	广告开支(万元)	声音占有率(%)	市场占有率(%)	广告有效率(%)
A 公司	200	57.1	40.0	70
B 公司	100	28.6	28.6	100
C 公司	50	14.3	31.4	220

从表 11-3 可知，A 公司花费了整个行业广告开支总额 350 万美元中的 200 万美元，因而其声音占有率为 57.1%，但其市场占有率只有 40%，用声音占有率除市场占有率，得出广告有效率为 70%，这说明 A 公司广告开支不是过多就是分配不合理；B 公司花费了开支总额的 28.6%，并且有 28.6%的市场占有率，结论是 B 公司的广告有效率一般；C 公司只花费了广告费用总额的 14.3%，然而得到 31.4%的市场占有率，说明该公司的广告效果非常好，也许应该增加其广告费用，扩大其广告规模。

7) 盈亏临界点法

盈亏临界点法的关键是确定平均销售广告费用率，计算公式为：

平均销售广告费用率=广告费用额/产品销售额×100%

用符号代入推导有：

$$L=(X+\Delta X)/C \quad L\times C=X+\Delta X$$

得出

$$\Delta X=LC-X$$

式中　X—基期广告费用；

ΔX—广告期广告费用增加额；

C—广告期产品销售额；

L—平均销售广告费用率。

如果计算结果 $\Delta X>0$，说明广告费用使用合理，经济效果好；若 $\Delta X<0$，说明广告费用使用不合理，需要调整广告宣传策略，压缩广告预算规模。

8) 广告效果测定指数法

这种方法是假定其他因素对广告产品的销售没有影响，只有广告促销与产品销售有着密切的关系。具体做法如下

广告刊播以后，广告策划者对部分媒体受众进行调查。调查的问题是：

① 是否看过某则广告？

② 是否购买了广告宣传中的产品？

假定调查结果见表 11-4。

表 11-4　广告销售效果测定表格

项　目	看过某则广告	未看过某则广告	合计人数
购买广告产品人数	a	b	a+b
未购买广告产品人数	c	d	c+d
合　计	a+c	b+d	N

注：表中：

a：看过广告而购买广告产品的人数；

b：未看过广告而购买广告产品的人数；

c：看过广告而未购买广告产品的人数；

d：未看过广告而又未购买广告产品的人数；

N：被调查的总人数。

从购买广告商品的人数中除去因其他因素影响而产生购买行为的人数，用因广告影响产生购买行为的人数可计算出一个广告效果指数，用 AEI(Advertising Effectiveness Index)表示，其计算公式为

$$\text{AEI}=\frac{1}{N}\left[a-(a+c)\frac{b}{b+d}\right]\times 100\%$$

式中 $\frac{b}{b+d}$ 表示受广告以外因素影响而产生购买行为的比例，按此比例计算出所有看过广告的人中，受其他因素影响而产生购买行为的人数，将这部分从看过广告购买产品的人数中扣除，剩下的就是单纯因广告影响而产生购买行为的人数，它与全部人数的比例就是广告效果指数。

单纯受广告影响而产生购买行为的人数与所有看过广告的人数之比，形成广告商品购买率

$$\text{广告商品购买率}=\frac{1}{a+b}\left[a-(a+c)\frac{b}{b+d}\right]\times 100\%$$

通过比较每次广告或同一广告在发布后的不同时间广告效果指数和广告商品购买率，就可以知道广告效果的差异，数值越高，说明广告效果越好。由此可以得知哪次广告做得好，或判断广告发布多长时间效果最佳，从中找出成功的经验和失败的教训。

例如，假定其他条件不变，对某糖果生产企业的两个广告的效果进行评估，经过调查，获得以下有关资料，见表 11-5、表 11-6。

表 11-5　该品牌产品的第一次广告宣传　　单位：人

项　目	看过电视广告	未看过电视广告	合　计
购买广告产品	84	47	131
未购买广告产品	146	93	239
合　计	230	140	370

$$AEI=\frac{1}{370}\times\left[84-(84+146)\times\frac{47}{47+93}\right]\times 100\%=1.83\%$$

$$广告商品购买率=\frac{1}{84+47}\times\left[84-(84+146)\times\frac{47}{47+93}\right]\times 100\%=5.18\%$$

表 11-6　该品牌产品的第二次广告宣传　　单位：人

项目	看过电视广告	未看过电视广告	合　计
购买广告产品	96	35	131
未购买广告产品	150	89	239
合　计	246	124	370

$$AEI=\frac{1}{370}\times\left[96-(96+150)\times\frac{35}{35+89}\right]\times 100\%=7.30\%$$

$$广告商品购买率=\frac{1}{96+35}\times\left[96-(96+150)\times\frac{35}{35+89}\right]\times 100\%=20.61\%$$

从两次计算结果可以看出，第一次广告效果指数为 1.83%，第二次广告效果指数为 7.30%，第二次比第一次提高了 5.47 个百分点；第一次广告商品购买率为 5.18%，第二次广告商品购买率为 20.61%，第二次比第一次提高了 15.43%。如果两次的广告媒体选择、播放时间、广告预算总额相等同，那么就说明第二次广告策划明显好于第一次。因此，有必要对第一次广告策划进行策略性调整或修改。

11.3.3　广告的社会效果测定

1. 广告社会效果测定的内容

广告宣传的社会效果是指广告刊播以后对社会某些方面的影响。这种影响既包括正的影响，也包括负的影响。这种影响不同于广告的心理效果或经济效果。广告经营者无法用数量指标来衡量这种影响，只能依靠社会公众长期建立起来的价值观念来对它进行评判。

我们认为，广告的社会效果应该体现在以下几个方面。

(1) 是否有利于树立正确的价值观念。广告的社会效果涉及社会伦理道德、风俗习惯、宗教信仰等意识形态领域。近几年来，我国台湾地区的广告活动多以“新儒学”为策划内容，倡导一种合乎理性的家庭价值观念，对广大青少年来说，很有教育意义。

(2) 是否有利于树立正确的消费观念。正确的消费观念是宏观经济健康发展的思想基础，也是确保正常经济秩序的基础。有一段时间，我国广告宣传倡导“超前消费”，认为“超前消费”可以刺激国民经济的发展，加快国民经济发展速度。实践证明，“超前消费”只能带来较高的物价水平，扰乱正常的经济秩序。这种导向的广告宣传应该受到社会的谴责。

(3) 是否有利于培育良好的社会风气。如重视教育、爱护环境、节约使用资源、遵守公共秩序、遵纪守法等。

2. 广告社会效果测定的原则

广告经营者在测定广告宣传的社会效果时，应该遵循真实性原则和社会规范的原则。

(1) 真实性原则。真实性原则，即广告宣传的内容必须客观真实地反映商品的功能与特性，实事求是地向媒体受众传输有关广告产品或企业的信息。

广告传输的信息有单面信息和双面信息之分。单面信息是指只集中告知媒体受众有关广告产品的功能与优点，调动媒体受众的情绪，使他们产生购买欲望。但过分强调单面信息会使媒体受众产生逆反心理，有时甚至会产生怀疑；双面信息是指既告诉媒体受众产品的优点，同时也告诉他们广告产品存在哪些缺点或不足，使媒体受众认真对待。这种广告信息诚实可信，常能赢得媒体受众的好感。

(2) 社会规范的原则。广告经营者在测定某一广告的社会效果时，要以一定的社会规范为评判标准，来衡量广告的正面社会效果。如以法律规范、社会道德规范、语言规范、行为规范等为衡量依据。

11.4　广告效果测定的原则和步骤

11.4.1　广告效果测定应遵循的原则

为确保广告效果测定的科学、准确，在测定过程中必须遵循以下原则。

1. 针对性原则

针对性原则是指广告效果测定必须有明确而具体的目标。例如，广告效果测定的内容是经济效果还是社会效果；是短期效果还是长期效果；短期效果中是企业的销售效果还是消费者心理效果；如果是心理效果，是测定态度效果还是认知效果；如果测定的是认知效果，是测定媒体受众对产品品牌的认知效果，还是对广告产品的功能特性的认知效果，等等。只有确定了具体的测定目标，才能选择相应的手段与方法，测定的结果也才准确、可信。

2. 可靠性原则

广告效果只有真实、可靠，才有助于企业进行决策，提高经济效益。可靠性是指前后测试的结果应该有连续性，以证明其可靠。多次测试的结果如相同，其可靠程度就高，否则，此项测试必有问题。它还要求测试对象的前后条件和测试方法必须前后一致。此外，在广告效果测定的过程中，要求抽取的调查样本有典型意义和代表意义；调查表的设计要合理，汇总分析的方法要科学、先进；考虑的影响因素要全面；测定要多次进行，反复验证。只有这样，才有可能取得可靠的测定结果。

3. 综合性原则

影响广告效果的因素多种多样，既有可控性因素，也有不可控因素。可控性因素是指广告主能够改变的，如广告预算、媒体的选择、广告刊播的时间、广告播放的频率等；不可控因素是指广告主无法控制的外部宏观因素，如国家有关法规的颁布、消费者的风俗习惯、目标市场的文化水平等。对于不可控因素，在广告效果测定时要充分预测它们对企业广告宣传活动的影响程度，做到心中有数。

在广告效果测定时，除了要对影响因素进行综合性分析外，还要考虑到媒体使用的并列性以及广告播放时间的交叉性。只有这样，才能排除片面性的干扰，取得客观的测定效果。

4. 经常性原则

由于广告效果具有时间上的滞后性、效果上的积累性、复合性以及间接性等特征，因此就不能抱有临时性或一次性测定的态度。本期的广告效果也许并不是本期广告宣传的结果，而是上期或者过去一段时间内企业广告促销活动的共同结果。因此，在广告效果测定时就必须坚持经常性原则，要定期或不定期地测定。

5. 经济性原则

进行广告效果测定，所选取的样本数量、测定模式、地点、方法以及相关指标等，既要有利于测定工作的展开，同时也要从广告主的经济实力出发，考虑测定费用的额度，充分利用有限的资源为广告主多办事、办好事，否则就会成为广告主的一种负担或者是一种资源浪费。为此，就要搞好广告效果测定的经济核算工作，用较少的成本投入取得较高的广告效果测定产出，以提高广告主的经济效益，增强广告主的经营实力。

11.4.2 广告效果测定的程序

广告效果测定的程序大体上可以划分为确定问题、搜集有关资料、整理和分析资料、论证分析结果和撰写分析报告等过程。

1. 确定效果测定的具体问题

由于广告效果具有层次性特点，因此测定研究问题不能漫无边际，而应该事先决定研究的具体对象，以及从哪些方面对该问题进行剖析。广告效果测定人员要把广告主广告宣传活动中存在的最关键和最迫切需要了解的效果问题作为测定的重点，设立正式的测定目标，选定测定课题。

广告效果测定课题的确定方法一般有两种：一种是归纳法，即了解广告主广告促销的现状，根据广告主的要求确定分析研究的目标；另一种是演绎法，其基本思路是根据广告主的发展目标来衡量企业广告促销的现状，即广告主发展目标－企业广告促销现状－企业广告效果测定课题。

2. 搜集有关资料

这一阶段主要包括制订计划、组建调查研究组、搜集资料等内容。

(1) 制定计划。根据广告主与测定研究人员双方的洽谈协商，广告公司应该委派课题负责人，写出与实际情况相符的广告效果测定工作计划。该计划内容包括课题进行步骤、调查范围与内容、人员组织等。如果广告效果测定小组与广告主不存在隶属关系，就有必要签订有关协议。按照测定要求，双方应在协商的基础上就广告效果测定研究的开始时间、目的、范围、内容、质量要求、完成时间、费用酬金、双方应承担的权利与责任等内容订立正式的广告效果测定调查研究合同。

(2) 组建调查研究组。在确定广告效果测定课题并签订测定合同之后，测定研究部门应根据广告主所提课题的要求和测定调查研究人员的构成情况，综合考虑，组建测定研究组。测定研究组应是由各类调查研究人员组成的优化组合群体，做到综合、专业测定人员相结合，高、中、低层次测定人员相结合，理论部门、实际部门专家相结合，老、中、青相结合。这种“三结合”的测定研究组，有利于理论与实际的统一，使课题分析比较全面，论证质量较高。在课题组的组建中，应选择好课题负责人，然后根据课题的要求分工负责、群策群力地进行课题研究，才能产生高质量的测定成果。

(3) 搜集有关资料。广告效果测定研究组成立之后，要按照测定课题的要求搜集有关资料。企业外部资料主要是与企业广告促销活动有联系的政策、法规、计划及部分统计资料；企业所在地的经济状况，市场供求变化状况，主要媒体状况，目标市场上消费者的媒体习惯以及竞争企业的广告促销状况；企业内部资料包括企业近年来的销售、利润状况，广告预算状况，广告媒体选择情况等。

3. 整理和分析资料

整理和分析资料，即对通过调查和其他方法所搜集的大量信息资料进行分类整理、综合分析和专题分析。资料归纳的基本方法有：按时间序列分类、按问题分类、按专题分类、按因素分类等。在分类整理资料的基础上进行初步分析，摘出可以用于广告效果测验的资料。

分析方法有综合分析和专题分析两类。综合分析是从企业的整体出发，综合分析企业的广告效果。例如，广告主的市场占有率分析、市场扩大率分析、企业知名度提高率分析等。专题分析是根据广告效果测定课题的要求，在对调查资料汇总以后，对企业广告效果的某一方面进行详尽的分析。

4. 论证分析结果

论证分析结果，即召开分析结果论证会。论证会应由广告效果测定研究组负责召开，邀请社会上有关专家、学者参加。广告主有关负责人出席，运用科学方法，对广告效果的测定结果进行全方位的评议论证，使测定结果进一步科学合理。常用的论证评议方法有：

1) 判断分析法

由测定研究组召集课题组成员，邀请专家和广告主负责人员参加，对提供的分析结果进行研究和论证，然后由主持人集中起来，并根据参加讨论人员的身份、工作性质、发表意见的权威程度等因素确定一个综合权数，提出分析效果的改进意见。

2) 集体思考法

由测定研究组邀请专家、学者参加，对广告效果测定的结果进行讨论研究，发表独创性意见，尽量使会议参加者畅所欲言，集体修正，综合分析，并认真做好分析，以便会后进行整理。

3) 撰写测定分析报告

广告策划者要对经过分析讨论并征得广告主同意的分析结果，进行认真的文字加工，写成分析报告。企业广告效果测定分析报告的内容主要包括：

(1) 绪言。阐明测定广告效果的背景、目的与意义。

(2) 广告主概况。说明广告主的人、财、物等资源状况，广告主广告促销的规模、范围和方法等。

(3) 广告效果测定的调查内容、范围与基本方法。

(4) 广告效果测定的实际步骤。

(5) 广告效果测定的具体结果。

(6) 改善广告促销的具体意见。

本 章 小 结

广告效果是指通过广告媒体传播之后所产生的影响，或者说媒体受众对广告效果的结果性反应。广告效果测定的作用不仅在于它能较客观地肯定广告活动的效果，而且更重要的是在于它能促进广告策划、创意、设计和实施摆脱主管臆断的局限，提高人们对广告活动的监控能力，使广告活动真正进入科学化轨道。广告效果具有迟滞性、累积性、复合性、层次性、竞争性五个方面的特征。评价广告效果的指标是多方面的，依据广告效果分类，总体上可以概括为三个方面的指标，即传播效果指标、经济效果指标和社会效果指标。

广告传播效果测定，即对广告经过特定媒介传播后对消费者心理的影响程度的评估。广告信息作用于消费者而引起的一系列心理效应，表现为对广告内容的知晓、记忆和偏好等方面。为了全面客观掌握广告的传播效果可以采用事前、事中和事后的评估方法。

销售额和利润额是广告经济效果的两个基本指标。对广告经济效果的测定主要就是对商品销售额与利润额的增减及其程度的考察，要较全面地研究广告费用与所产生的经济效果的关系，在这两个指标基础上，还有一些常用的相对经济指标，如市场占有率法、声音占有率法、广告效果测定指数法等。

测定广告效果的指标依据的是一定社会意识形态下的政治观点、法律规范、伦理道德以及文化艺术标准。检验广告的社会效果不能简单地以某种指标的数量大小来衡量，而是通过对社会效果的一些公认的基本的指标测定和评价，结合其他社会环境因素进行综合考察，这才是完整的和必要的。

广告效果测定具有一个科学完整的程序，大体上可以划分为确定问题、搜集有关资料、整理和分析资料、论证分析结果和撰写分析报告等过程。

思　考　题

1. 广告效果有哪些特征？
2. 测定广告效果有哪些意义？
3. 测定广告效果有哪些程序？
4. 广告沟通效果测定包括哪些内容？
5. 广告沟通效果测定有哪些方法？
6. 广告经济效果测定包括哪些内容？
7. 广告经济效果沟通有哪些方法？
8. 广告社会效果测定包括哪些内容？广告社会效果测定的原则是什么？

第12章 广告管理

教学目标

通过本章学习了解广告管理的方法和类型，理解广告管理的内容和对象，明确各国不同的广告管理机构，熟悉中国关于广告管理的各种法规和规定。

教学要求

知识要点	能力要求	相关知识
广告管理	(1) 能够了解中国广告管理的基本状况 (2) 能够识别不同国家的广告管理制度	(1) 广告管理的概念 (2) 广告管理的职能
广告管理机构	(1) 能够了解广告管理机构的职能 (2) 能够比较不同国家广告管理机构的区别	(1) 不同广告管理机构的情况 (2) 不同国家广告管理机构的情况

案例导入

2007年中央电视台3·15晚会“藏秘排油”假广告直播内容

这是一个名叫“藏秘排油”的减肥广告，从报纸、杂志到电视，甚至城市公交车车身及站牌，“藏秘排油”减肥茶无处不在。

广告内容：藏秘排油茶，3盒抹平大肚子……

这就是广告中极力推荐的产品，“藏秘排油”四个大字格外醒目。而在它的下面，我们还可以隐约地看到5个黄色的小字：“百草减肥茶”。按照包装盒上的产品批号，记者从国家药监局的网站上了解到，与产品批号对应的是一种名为“百草减肥茶”的保健食品。

“百草减肥茶”是由中国食品工业信息咨询中心在1998年研制并申请注册，2005年5月，将“百草减肥茶”转让给了北京澳特舒尔保健品公司，并改名为瑞梦百草减肥茶。

“百草减肥茶”被转让之后，北京七彩集团开始介入，并与澳特舒尔公司达成协议，澳特舒尔公司负责生产，七彩集团七剑彩虹科技公司负责销售，并对它进行重新包装。

七彩集团七剑彩虹科技公司市场外埠部经理黄鹏：我们所有的文案策划，全部都是请张锦力老师，中国十大策划人之一，他的文案写得非常好，力度非常到位的。

高手的策划果然非同凡响。核心内容就是隐去百草减肥茶的本来面目，大作“藏秘排油”的文章。

记者发现，在整个广告宣传中都是围绕着西藏的概念设计制作的。但是在产品的包装盒上除绿茶以外，标示着的却是决明子、何首乌、大黄等7种中草药。那么这个“藏秘排油”到底和“藏茶”有没有关系呢？

(周超凡：中国中医科学院科学技术委员会委员中国药典委员会执行委员)

周超凡：没有关系，这些药在中药里面应该说是常用的药，没有什么保密的，稍懂一点中医药知识的人都懂。

随后记者又在“百草减肥茶”的研制单位得到了进一步的印证。

中国食品工业信息咨询中心负责人：我就不太清楚这个藏秘排油是怎么一回事了。

在产品的包装盒上记者发现，“藏秘排油”的右上角有一个TM标志，这个TM标志表示，这个商标正在受理尚未批准。在国家商标局的网站上记者得到进一步的证实。“藏秘排油”实际上是七彩集团在2005年底申请、至今还在受理中的商标，它并不是一个产品的名称。而策划者却淡化了百草减肥茶的真正名字，在“藏秘排油”这个正在受理中的商标上大做文章，所有的宣传围绕着“藏秘排油”这四个字展开。

在“藏秘排油”的宣传中，一家名为“亚洲藏茶医学保健研究所”的单位多次出现。宣称“藏秘排油”是这个单位研制的，并承担“藏秘排油”产品的监制。那么这到底是一家什么样的机构呢？记者找到了“藏秘排油”的生产厂家——北京澳特舒尔保健品公司。

北京澳特舒尔保健品开发有限公司总裁助理杨明：那个单位具体在哪里我也不知道。

记者：你们打的监制你还不知道啊？

北京澳特舒尔保健品开发有限公司总裁助理杨明：那也是他们策划的啊。

记者：可是在你们的产品上打着啊。

北京澳特舒尔保健品开发有限公司总裁助理杨明：产品上这个我知道，但是具体的，我都没有见过那个单位。

记者：那怎么就打出监制来了？

北京澳特舒尔保健品开发有限公司总裁助理杨明：我不太清楚。

作为该公司的高层管理人员，对此竟是一无所知。于是记者又找到了“藏秘排油”产品的全国总经销——七彩集团七剑彩虹科技公司，在这里我们得到了该研究所的相关信息。

记者：亚洲藏茶医学保健研究所是哪里的啊？

七彩集团七剑彩虹科技公司市场外埠部经理黄鹏：这是香港的一个公司。

中央电视台驻香港特别行政区记者周涛：香港卫生署证实，亚洲藏茶医学保健研究所并没有在它所管辖下的范围内进行注册，我们又向香港特别行政区注册处以及税务局了解情况，在公司注册表上，我们找到一家公司叫做香港藏医学技术开发研究中心有限公司，曾经使用过亚洲藏茶医学保健研究所的名称。

根据香港有关部门提供的文件显示，这家公司于2006年3月1日成立，是一个注册股本只有1万港币的私人公司。董事只有1个人，名叫张锦力。值得一提的是，此人正是“藏秘排油”的策划人。

中央电视台驻香港特别行政区记者周涛：根据公司的注册地址，我们来到香港湾仔轩尼诗道上的依时商业大厦，然而在这栋大厦里，我们并没有找到香港藏医学技术开发研究中心有限公司或者是亚洲藏茶医学保健研究所。

经过精心打造，西藏的概念以及刚刚特别注册的私人公司，为市场推广做了强有力的铺垫，“藏秘排油”就这样开始问世。从三路排油，三大突破，到五优势超越传统排油；从十斤八斤不是事，到后来的狂减二十斤。

北京澳特舒尔保健品开发有限公司总裁助理杨明：最大的风险就是广告风险，因为如果投入了卖不动货，广告费就白投了。

七彩集团七剑彩虹科技公司市场外埠部经理黄鹏：所以一般我们广告的前期都以软性文章为主，要先打出这个理念，就是郭德纲。

我国《广告法》明确规定，不得利用专家、医生、患者的名义和形象做证明。但是在“藏秘排油”的广告中，不但有医学专家，甚至还有各类人士的现身说法。

我国《食品广告发布暂行规定》明确指出，保健食品的广告应当以批准的说明书和标签为准，不得任意扩大范围。而“藏秘排油”的广告宣传，不仅没有使用批准的百草减肥茶的名称，而且夸大了原有的减肥和调节血脂的保健功能。

就这样各种宣传广告始终围绕着“藏秘排油”大作文章，变换各种办法，不断突破广告限令。

七彩集团七剑彩虹科技公司市场外埠部经理黄鹏：因为保健品现在不让打广告，不像外地，外地无所谓，随便打，北京不行，关系再硬也不行。

61 岁的王立堂是北京的一名消费者，看到“藏秘排油”广告之后，一直注重保健的王立堂也买了 2 盒。

北京市消费者王立堂：我没有效果，他所宣传的排油也好，黑色油腻大便也好，我根本没有这个事。

哈尔滨市的李思文今年 23 岁，看到“藏秘排油”的广告后，从不喝茶的李思文也买了 2 盒。

哈尔滨市消费者李思文：一点儿也没有减。

大庆市的葛雪芹，今年 58 岁。看到“藏秘排油”3 盒就可以抹平大肚子的广告后，体重高达 196 斤的葛雪芹买了 3 盒。为了减肥，葛雪芹小心翼翼，每天都是按照说明书的规定服用，可非但没有效果，反而更让她心烦。

大庆市消费者葛雪芹：过了 20 多天，一称体重，196 斤长到 200 斤，买 3 盒九十多元钱，钱不算多，但伤的是心。

“藏秘排油”谁受益？

过去百草减肥茶每盒共有 60 小袋，每小袋平均 1.13 元，而藏秘排油每盒 29 元，共 10 小袋，每小袋平均 2.9 元，每袋比百草减肥茶高出 1.77 元。那么经销商拿货的价格是多少呢？

七彩集团七剑彩虹科技公司市场外埠部经理黄鹏：应该都是一个统一价格，都是 6 元。

记者：市场的定价是多少？

七彩集团七剑彩虹科技公司市场外埠部经理黄鹏：市场的定价是 29 元/盒。

记者：这 29 元钱(价格)是你们给定的吗？

七彩集团七剑彩虹科技公司市场外埠部经理黄鹏：是我们定的。

百草减肥茶经过策划后，经销商 6 元的价格到了市场就涨到 29 元，就因多了“藏秘排油”这 4 个字，每盒从消费者手里赚到 23 元钱。

七彩集团七剑彩虹科技公司市场外埠部经理黄鹏：现在对减肥市场，不是非常认可，因为它的副作用太大，不是很安全，所以要软性的打出这几张牌，然后根据消费者的回馈信息，再看下一步打哪一个版面。

在调查时记者发现，按照设计好的策划方案，“藏秘排油”的宣传分阶段、分步骤进行，打造“藏秘排油”的声势和西藏的概念。“藏秘排油”在很多地方畅销。

记者：这一年的销售额能达到多少？

七彩集团七剑彩虹科技公司市场外埠部经理黄鹏：我只能说第一，在所有的减肥产品中第一。

北京澳特舒尔保健品开发有限公司总裁助理杨明：如果市场份额算下来，快接近 1 亿元了吧。

七彩集团七剑彩虹科技公司市场外埠部经理黄鹏：只郭德纲一个人就 200 多万呢。

记者：他一个人就 200 多万？

七彩集团七剑彩虹科技公司市场外埠部经理黄鹏：郭德纲最火的时候我们请的他。

"郭老师，您这一次为'藏秘排油'做代言，请问您敢为自己的行为负责吗？"

"当然敢了，这个是关系到人身安全的问题，不能掉以轻心。"

资料来源：央视国际网站，http://www.cctv.com.

广告管理主要是指国家、社会对广告活动进行指导、控制和监督广告业的经营管理。本章将详细介绍广告管理的各种方法，如广告的法规管理，广告的行业自律、广告的社会监督，通过本章学习，我们还将了解国外的广告管理方法。

12.1 广告的法规管理

广告管理分宏观管理和微观管理。宏观管理，主要是指国家、社会对广告活动进行指导、控制和监督。微观管理，则是指广告业的经营管理。人们在讨论广告管理的含义时，一般指广告的宏观管理。

广告的宏观管理又分为广义和狭义两个方面。

从狭义上说，广告宏观管理是国家行政管理机关依据有关法规，对广告传播和广告经营活动进行的管理。工商行政管理具有强制性、直接性、及时性特点。

从广义上说，广告的宏观管理，是指对从事广告活动的机构和人员行为产生监督、检查、控制和约束作用的法律、法规、社会组织或个人、社会舆论和道德等管理。

12.1.1 广告管理的内容

1. 维护广告的真实性

广告实际上是为消费者购买提供了一种依据，应保证其真实性，以保护消费者的合法权益。从广告内容上看，广告主要分真实性广告和欺骗性广告两大类。

(1) 真实性。广告指广告内容必须真实、健康、清晰、明白，不得以任何形式欺骗用户和消费者，不得以任何形式欺骗和误导公众。关于真实性广告各国都有一定的规定和说明。我国广告法规规定广告应当真实、合法，符合社会主义精神文明建设的要求。广告不得含有虚假的内容，不得欺骗和误导消费者。

(2) 欺骗性。广告指凡是广告内容与事实不符，广告主的许诺没有兑现的广告均属欺骗性广告。欺骗性广告又分为诈骗性广告和不真实的或失真的广告两大类。

诈骗性广告是指广告有主观上欺骗消费者的故意，同时广告内容也与事实不符的广告。

诈骗性广告在世界各地都有。诈骗性广告一般可以通过民事调解或行政方法来治理，但情节严重的，要运用法律手段予以解决。

诈骗性广告一般有以下几种表现：

① 承诺虚假。在广告中所做出的承诺，实际上实现不了。如有些药品或滋补广告标榜能防治癌症，但缺少足够证据证明具有这种功效。“今年 20，明年 18。”从广告词的创作来说，是不错的，但却是不可能实现的承诺。

② 令人误解。对产品的性能、质量等描述无法在实际生活中得到证实，“好如钻石”、“真正的文物复制品”等。

③ 片面告知。不完整地传递商品性能或成分的信息，片面进行告知。如突出某小轿车行驶多少公里不用汽油，却隐瞒了需要进行长时间充电的事实。

④ 设置陷阱。通过广告把顾客引诱到商店、饭店、美容店等，实际上接受另外的服务或销售。如某美容店的广告说理发可以优惠，但进店后却必须再接受另项服务。

⑤ 利用错觉。在广告中利用视觉效果美化商品，使广告表现的商品优于现实中的商品。如电视广告降价出售小汽车，在屏幕上显示出豪华型，但实际减价出售的只是普通型小汽车。把一般的一块牛排放在一个很小的碟子上，形成反差，给消费者造成巨大牛排的错觉，等等。

2. 正确引导消费者

自 20 世纪以来，广告对消费者的影响越来越大。世界上一些广告发达国家的消费者已经对广告产生依赖性。广告不断地向广大消费者提供许多有关生活的信息，为消费者进行消费活动提供便利，丰富了消费者的生活，增长了知识，开阔了视野，也影响消费资金的投向，影响消费者价值观念的变化和对生活的态度。因此，如何正确地引导消费者，是广告管理的重要内容之一。对于我国来说，应放在建设两个文明的高度来认识。

3. 保护广告业的正当竞争

加强广告管理，是通过管理，防止、处罚和取缔无序的、非法的广告活动，保护和促进广告行业的正当竞争，以使广告经营活动更加健康活跃地开展。广告活动既要开展竞争，也要合法有序，我国《广告法》和相关的法规中，对这些问题都有明确的相关规定，对发挥广告的积极作用，保护合法的广告活动，维护正常的经济秩序，有着重要的意义。

4. 提高广告发布的质量

我国大众传播媒体和其他媒体是广告信息的发布者，提高发布广告信息的质量，也应是广告管理的一个重要内容。应该说，目前我国在这方面还需要注意和改进。

12.1.2 广告管理的对象和方法

1. 广告管理的对象

广告管理的对象，主要包括广告活动主体和广告活动自身两大部分。

广告活动主体，我国《广告法》第 2 条规定，广告主、广告经营者、广告发布者是广告活动的行为主体，其所从事的广告活动均应承担基本法律义务，当然也就是广告管理的对象。

(1) 广告主指凡是自制或出资委托他人发布广告的单位或个人，均称广告主。根据我国法律规定，目前限定在商业广告范畴内，自行或者委托他人设计、制作、发布广告的法人、其他经济组织或者个人。

(2) 广告经营者主要是指接受广告主、广告发布者的委托，提供广告服务，从事广告设计、制作、代理等业务活动的法人、其他经济组织或者个人。

(3) 广告发布者实际上就是大众传播媒体单位和经营其他广告媒体的企业组织。我国大众传播媒体，同时利用自身优势为广告主发布广告，收取一定的费用，这是一种经营行为，应该纳入广告管理的范围，接受相应的监督和管理。广告发布者只能是法人或其他经济组织。

广告活动自身，也称为广告本体。指作用于广告客体、并实现广告主与消费者沟通的一切预期目标的物质实体和他们在预先安排下，受到各种内在和外在因素影响而形成的全部的运动过程。包括广告运动、广告活动和广告作品三个层面。

作为广告管理的对象，对广告运动、广告活动的管理，主要是对广告交易过程的管理，并更侧重于广告作品及其内容的管理。如广告采用了哪些表现形式，内容如何，是否符合法规与道德的规范，是否侵害同行业和广大消费者的正当利益，是否对社会经济秩序造成危害，等等。

2. 广告管理的方法

广告活动的管理方法，主要有法律规范、行政手段、社会监督、行业自律等方法。

12.1.3 广告法

1. 广告法的历史

广告法是调整广告活动中广告主、广告经营者、广告发布者三者之间关系的法律规范的总称。

美国早在 1911 年就颁布了《普令泰因克广告法案》。英国很早也制定了广告法规，主要有《广告法》、《销售促进法典》等。法国于 1968 年制定《消费者价格表示法》、《防止不正当行为表示法》等有关法律，对广告活动中的有关内容作出了严格限制，使广告活动能在法律规定范围内进行。1963 年国际商会通过了《国际商业广告从业准则》，此准则在丹麦、希腊、瑞士等国家作为法律依据而执行。在我国台湾和香港地区也较早发布了各类广告法规。

在我国大陆，广告法规起步较晚，广告法规的建立健全则是近十几年的事情。1982 年 6 月，国务院颁布《广告管理暂行条例》。1987 年 10 月 26 日，国务院正式颁布了《广告管理条例》，于 1987 年 12 月 1 日起施行。根据《广告管理条例》，1988 年 1 月 9 日国家工商行政管理局发布了《广告管理条例施行细则》。中华人民共和国第八届全国人民代表大会第十次会议审议通过了《中华人民共和国广告法》(以下简称《广告法》)，并于 1995 年 2 月 1 日起施行。从而使我国的广告业走上了法制化轨道。

2. 广告法的立法目的

《广告法》属于广告界的根本大法。《广告法》的出现，使我国广告业的发展真正达到了有法可依、有法可循的状态。《广告法》与以往国家行政部门颁布的行关法规构成完整的广告法管理体系。广告法的立法目的概括来讲有以下几个方面。

第一，促进广告业的健康发展。广告业属于知识密集、技术密集、智力密集、人才密集的高新技术产业。

第二，保护消费者合法权益。在我国，消费者的合法权益受到法律的保护。按照《消费者权益保护法》的规定，消费者享有知情权。

第三，维护社会主义市场经济秩序，发挥广告的积极作用。

我国广告法立法目的就是依法保护正当广告活动，防止和打击虚假广告现象，充分发挥广告的积极作用，充分保护消费者的合法权益，促进我国广告业的健康发展。

3. 广告法调整对象

广告法作为一个独立的法律部门，有着其特定的涉及范围和调整对象。

在广告法中，确定广告“是指商品经营者或者服务提供者承担费用，通过一定媒介和形式直接或者间接地介绍自己所推销的或者所提供的服务的商业广告”。确定广告主“是指为推销商品或者提供服务，自行或者委托他人设计、制作、发布广告的法人、其他经济组织或者个人”。确定广告发布者“是指为广告主或者广告主委托的广告经营者发布广告的法人或者其他经济组织”。明确广告主、广告经营者、广告发布者从事广告活动应当遵守法律、行政法规，遵循公平、诚实、信用的原则。广告应当真实、合法，符合社会主义精神文明建设的要求。广告不得含有虚假的内容，不得欺骗和误导消费者。

4. 广告法的主要法律规定

1) 广告法对商品、服务广告的基本要求

① 广告不得有下列情形：使用中华人民共和国国旗、国徽、国歌；使用国家机关和国

家机关工作人员的名义；使用国家级、最高级、最佳等用语；妨碍社会安定和危害人身、财产安全，损害社会公共利益；妨碍社会公共秩序和违背社会善良习惯；含有淫秽、迷信、恐怖、暴力、丑恶的内容；含有民族、种族、宗教、性别歧视的内容；妨碍环境和自然资源保护；法律、行政法规规定禁止的其他情形。

② 为了切实保护消费者的合法权益，防止利用广告对消费者进行欺骗和误导，广告法做出了一系列的规定。规定广告对商品性能、产地、用途、质量、价格、生产者、有效期限允诺，或者服务的内容、形式、质量、价格、允诺有表示的，应当清楚明白。表明附带赠送礼品的，应当标明赠送的品种和数量。使用数据、统计资料、调查结果、文摘、引用语，应当真实、准确，并表明出处。涉及专利的应当标有专利号和专利种类；禁止使用专利申请和已经终止、撤销、无效的专利做广告。

③ 为了维护公平竞争秩序，《广告法》规定：广告不得贬低其他生产经营者的商品或者服务。

④ 在广告的表现上，规定广告应当具有可识别性，能够使消费者辨明其为广告。特别规定，大众传播媒介不得以新闻报道形式发布广告，通过大众传播媒介发布的广告应当有明显的广告标记，与其他非广告信息相区别，不得使消费者产生误解。

⑤ 对于药品、农药、烟酒制品、食品、化妆品等与人的健康和人身、财产安全密切相关的商品广告，做了更为严格的限制和规定。

2) 广告法对重点商品广告的规定

首先对医药广告的规定：广告法规和《中华人民共和国药品管理法》对医药广告有明确规定。在《广告法》中明确规定：国家规定的应当在医生指导下使用的治疗性药品广告必须注明："规定按医生处方购买和使用"。麻醉药品、精神药品、毒性药品、放射性药品等特殊药品，不得做广告。

其次对食品广告的规定：申请发布涉及食品成分、营养及其他具有食品卫生科学内容的广告，应持有食品卫生监督机构填发的《食品广告审批表》；工商企业发布食品广告应出具《食品卫生许可证》；国外企业在我国境内进行食品广告，一般应持《进口食品卫生许可证》向省或省以上食品卫生监督机构申办"食品广告审批"。在《广告法》中规定：食品广告不得使用医疗用语或者与广告药品混淆的用语。

再次对烟酒广告的规定：我国《广告法》中明确规定："禁止利用广告、电影、电视、报纸、期刊发布烟草广告。禁止在各类等候室、影剧院、会议厅堂、体育比赛场馆等公共场所设置烟草广告。烟厂的馈赠实物广告必须报市以上工商行政管理部门批准。凡是以烟草企业名称或卷烟商标名称的名义举行的赞助广告活动，必须经省以上工商行政管理机关审查批准。"

我国广告法规中对酒类广告有严格的限制规定：40 度以上(含 40 度)酒除销售现场，原则上不允许广告，国家级、部级和省级优质烈性酒须经省一级工商行政管理局或其授权的省辖市工商行政管理局批准。39 度以下(含 39 度)酒类广告，必须标明酒的度数。酒类广告的内容必须符合卫生许可的事项，并不得使用医疗用语。由于市场竞争激烈，广告活动任务繁重，广告同业间的竞争也日益激化。在这种形式下，如何加强管理就成为广告行业的一个重大课题。

在政府对广告的法规管理中，以对广告内容的管理尤为明确。如《广告暂行条例》第 6 条明文规定：“广告内容必须清晰明白，实事求是。不得以任何形式弄虚作假，蒙蔽或者欺骗用户和消费者。”第 7 条规定：“广告刊户申请刊登、播放、设置或张贴医药、食品、度量衡广告，必须有卫生、计量机关的证明。”中共中央宣传部在 1984 年第 20 号文件中规定，“国旗、国徽不得作工商业品的标记、装饰、广告、图案”。

此外，对一些特殊商品，如医药、烟酒等的广告宣传，制订了“专项广告管理办法”。

广告收费标准的管理，主要包括广告收费标准的制订、代理费的收取、广告费的支出等内容。我国的有关广告法规规定，广告设计的制作成本费和广告发布费的收取标准，应根据城市的经济发展情况、分流分布、设计制作水平、广告效果来确定；而对报纸、杂志、广播电视的收费标准，则除上述因素外，还必须考虑其发行量和覆盖面，对于电视，还必须考虑时间因素，并且，所有的收费标准均需经当地物价部门的审核。对于社会、文化广告的收费，法规要求采取优惠政策。

关于代理费的管理，中华人民共和国国家工商行政管理局在有关法规中明确规定：“为贯彻统一对外政策，各外商广告经营单位付给外商的佣金一般不得超过 15%，互惠广告的佣金可根据实际情况由双方议定，但要报当地工商行政管理局核准。”

关于企事业从事广告活动的费用开支，国家工商行政管理局和财政部在 1983 年发布的《关于企业广告费用开支问题的若干规定》中规定：“工业企业销售商品发生的广告费，可列入成本”，“商业、外贸和物资、供销企业的广告费，可于商品流通费中列支”。对广告费的财政来源作了统一规定。政府管理的重点对象是广告经营单位和广告客户。

广告经营单位包括主营、兼营、代理和设计制作单位。这些企、事业单位必须经政府批准，领有营业执照或经营广告许可证，方能进行广告经营活动。

广告公司是综合性的广告经营和咨询机构，按规定必须具备以下条件方可经营：有独立承办业务的手段、资金、场地和制作设备；有一定数量的懂政策法规、具有一定业务水平的管理人员；有一定数量具有一定技术水平的设计制作人员；了解市场商情，能为用户和刊户提供信息咨询。

广告兼营单位主要是新闻、文化单位。法规规定，必须具备下述条件才可领证营业：具有直接刊登、播放广告的手段；拥有具有一定政策水平的广告编审人员，能够审查广告的内容；拥有广告设计人员和制作人员，有制作广告的能力。

对于广告代理(主要是进出口广告代理)，法规要求具备以下条件方可领证营业：了解国内外法规和广告行业惯例；了解国内外市场情况；了解有关国家的进出口贸易政策。

对广告客户，要求其发布的广告真实可靠，不言过其词，弄虚作假。在发布广告时，广告客户要严格履行以下验证手续：工商业发布广告需持营业执照；特殊商品，如药品、食品、医疗器械、计量、锅炉等产品广告，还需持有产品质量合格证明；个体工商户、专业户广告，需持有当地市、县、区、乡(镇)证明；文艺广告，需持有县级以上文化主管部门证明，文艺演出需持有演出许可证；私人行医广告，应有县以上卫生部门证明；社会办学，应有县级以上教育部门的证明；技术培训班应有街道居委会的证明。

12.2 广告行业自律

12.2.1 广告行业自律的涵义

广告行业的自律，主要指将广告企业机构、广告媒介和工商企业的广告部门自订的广告条例、或同业团体机构共同制订的广告公约、专业广告公司的章程和行业协会的章程，作为本企业或行业执行政府有关广告法规的具体行为准则，进行自我约束，承担责任，保证所发布的广告奉公守法，真实可信。

广告行业自律的目的，还在于防止广告主滥用广告，加强广告主和广告公司、广告媒介对消费者的责任，规定对消费者进行广告的伦理准则、广告主间的伦理准则和广告代理业及媒介业的伦理准则，避免因不正当的竞争手段而造成的经济损失和信誉损失。

从某种程度上说，加强广告行业的自律，比工商行政管理和消费者监督有着更重要的意义。广告主体如从职业道德上对广告活动进行自我约束，自觉地遵守国家制定的各项法规、政策，服从工商行政管理部门的指导、检查、监督，从根本上解决了不正当、不合法广告的问题，减轻广告管理的难度。广告业比较发达的国家，都比较重视广告行业的自律，通过自律来有效改善广告传播环境。我国近些年来广告行业的自律工作已经有了一定程度的发展。

早在建国前，我国许多报馆和广告公司、广告社即已订立了自律条文，规定“有伤风化及损害他人名誉者，或迹近欺骗者，概难照登”，“如伤风败俗，荒谬绝伦者，概不接受；害人贪利之药品、诲盗诲淫之书籍，以及谈相算命迷信一流之广告，亦概不登载”。

新中国成立后，广告业提出“真实、美观、经济、实用和贯彻执行党和国家政策”的要求，随后又提出“思想性、政策性、真实性、艺术性和民族风格”的自律原则。我国广告业恢复以后，在 20 世纪 80 年代初成立“中国广告协会”和“对外贸易广告协会”，在国家商行政管理局的指导下，对全国广告行业进行指导、协调、咨询、服务活动，其功能和作用正在日益显示出来。在 1983 年后，许多广告经营单位、广告媒介单位都依据《广告管理暂行条例》和《广告管理暂行条例实施细则》的有关规定，制定了自律条文和规定。如中央电视台制定的《中央电视台商品广告若干规定》，就明确提出保证“广告制作水平”，

“广告的内容要真实、准确，应该如实地反映商品的性能，语言文字的表达、画面设计、配乐的选用要利于建设社会主义物质文明和精神文明”，“外商提供的商品广告，要符合我国的对外贸易政策，要适合中国国情，表现形式要健康”等自律条文，并对广告内容提出了相应的规定。

12.2.2　国外广告行业自律的类型

国外广告行业自律可以分为 3 个类型，即纯粹型自律、协议实践法规型自律和公约型自律。

(1) 纯粹型自律。指广告主、广告代理公司、广告媒体完全决定广告作品能否刊播出去，媒体受众的意见仅供参考。如美国的全国广告审查理事会下属的全国广告部和全国广告审查委员会自律系统、德国广告协会等都属于纯粹型自律机构。

(2) 协议实践法规型自律。指广告行业的自律性法规是由政府有关部门与广告组织共同协商决定。英国的广告行业的自律性法规就属于这种类型。

(3) 公约型自律。指广告行业的自律性法规及组织是在其他行业的建议或压力下颁布、建立的。例如：1981 年联合国世界卫生组织颁布了《国际代乳品法规》，西方发达国家的奶粉生产经营企业以及他们的广告代理公司，不得不承诺不再进行直接的有关奶粉产品的广告宣传。

12.2.3　世界各国广告自律组织及有关自律规则

1. 美国广告业自律系统

自 1911 年美国倡导“广告真实运动”以来，广告行业自律随着自身的发展以及保护消费者权益运动的日益高涨而蓬勃发展。美国广告业包括广告公司、媒体、行业协会以及经营规模较大的广告主，都建立了比较完善的自我管理、自我约束机制，行业自律比较强。

从企业来说，为避免与政府管理机构产生矛盾，体现对社会负责，一般都建立了严格的审查和评价制度。企业广告部门或广告代理商制作的广告稿，需要提交到研究制作部，根据调查和其他方式获取掌握的数据资料，进行分析评判后，再送交法律部审批，才能通过。美国全国广告主协会几乎吸纳了全国所有的大的厂家作为成员。每年广告费支出要占全美广告 80%的 200 多家企业都参与了该协会的活动。该协会代表广告主的利益，为广告主提供各类信息，进行广告业务培训，并介绍推荐各种审查机构。

在美国，广告传播媒体最早提出对广告进行管理的观念。早在 1865 年，《纽约先驱报》就发表了拒绝刊登不可靠药品广告的宣言。1880 年《农场杂志》、1892 年《妇女家庭杂志》等都拒绝刊登成药广告。1911 年，《印刷者油墨》杂志刊登旨在抑制骗人广告的规则——《普令泰因克法令》(Printers Ink Model Statute)，标志着美国广告自我管理体系的开始。《纽约时报》的广告规约就提出，凡是“有欺诈嫌疑的广告”，“内容空泛、足以使人误解的广告”，“攻击他人的广告”，“保证能治百病的广告”，“淫秽、粗俗、邪恶、憎恶或侮辱人的广告”等，都一概拒绝刊登。美国广播事业协会1975年制定的《美国电视广告规范》，是美国广告行业自律的一个样板。美国的传播媒体在广告监督中具有特殊地位。他们可拒绝刊登或播放一些他们认为不适宜刊播的广告，而无须说明任何理由。这样，也有效地阻止了那些法律无约但对社会和消费者可能产生不良影响的广告的传播。

美国广告代理公司成立了多种行业协会组织，并通过这些协会组织协调各方面的关系，为协会会员制定行为规范，对会员单位的广告进行审查。主要的组织有：美国广告联盟(AAF)；美国广告学会(AAA)；美国广告代理(AAAA)。他们曾共同制定《广告业务准则》，提出了广告六戒：不准登虚伪夸张的广告；不准登与事实不符的广告；不准登影响优良风俗的广告；不准登危害广告同行和竞争企业的广告；不准登容易使人对商品价格产生误解的广告；不准登曲解事实或专家言论的广告。

1971年，在美国营业质量促进委员会与美国广告公司协会、美国广告业联合会和全国广告主协会的协同努力下，广告业建立了“全国广告审查理事会”。其宗旨是促进真实、准确、健康的广告发展，促进广告界的社会责任和道德感。理事会下设两个广告管制部门：一个是全国广告部，另一个为全国广告审查委员会。

全国广告部的职责包括：监视、监听全国性的各种媒体广告；受理来自消费者、产品竞争者以及营业质量促进局等方面的投诉，并为投诉者保密。通过调查，如果投诉证据确凿，全国广告部就会要求有关广告公司出示广告表述的凭据，据此作出相应的对策。

全国广告审查委员会的职责是：仲裁经过全国广告部调查和调解后上诉的案件。全国广告审查委员会有50人组成，其中30人来自广告主企业，10人来自广告代理公司，10人来自其他行业。委员会主席常由50人中的5名成员随机担任。

在美国还存在地方广告业自律、行业协会自律和广告主自律机构。美国广告主协会也有一个广告道德法规。这些广告自律的规范使得广告主比较注重公众的利益，约束自己的广告活动与之相符合。美国《纽约时报》的广告规约就指出，凡是“有欺诈嫌疑的广告”，“投机事业，商品无价值而作欺诈不实或夸大宣传的广告”，“内容空泛，足以使人误会的广告”，“攻击他人之广告”，“保证过大红利的广告”，“包治百病的药品广告”，“淫猥、粗俗、邪恶、憎恶或侮辱人格的广告”，等等，一概拒绝刊登。该报欢迎读者检举，共同保持广告的净化。

2. 日本广告业自律系统

日本广告界建立有各种各样的行业组织，每个组织都制定了各种广告伦理纲领、业务准则、条例、公约等，作为自己的行为规范，进行自我约束。这些伦理纲领和准则等，约束力很强，它在广告活动计划期内就产生影响，对于广告行业自律，发挥了积极作用。

在日本，最早推进广告自律的是“日本广告会”，成员包括广告主、广告媒体、广告公司等几个方面。1947 年成立后，就致力于广告的净化和道德活动。日本广告会于 1950 年制定了《日本广告联盟广告伦理大纲》，规定“所有广告，均应根据社会道德及有关法规，给予一般大众福利和便利”，“广告应表示商品及服务之事实，将实况正确地告知社会，而且正确考虑可能的反应，以获取一般大众的信赖”，“广告不得有虚假、夸大的表示”，“不得中伤他人，或对自己作过大的评价”，“不得利用一般大众的迷信或无知”。

广告业界在此基础上，于 1953 年 10 月成立的“全日本广告联盟”成为日本广告业界的全国性组织，在其促进下，修订了《广告伦理纲领》，并制定了《广告伦理实践要领》等，为广告自我管理奠定了基础。“全日本广告联盟”在 1975 年对本联盟的广告纲要进行全面修改，最后命名为《全日本广告联盟广告纲要》。1974 年还制定了《新广告概念》，沿用至今。全日本商业广告协议会制定有《商业广告伦理纲领》，日本商工会议所(日商)推出《提高广告的指南》。这些都是广告业界共同遵循的伦理纲领。

媒体中报纸主要通过《新闻(报纸)广告伦理纲领》，明确拒绝刊登和保留的标准。日本《朝日新闻》、《日本经济新闻》等报社和 5 家以代理报纸广告为主的广告代理公司，共同出资建立了审查报纸广告的机构——报纸广告审查会，每天对报纸送来的广告进行调查，将调查结果分成 A、B、C、D、E 5 个等级，处 D、E 级则拒绝刊载。此外还有日本新闻协会发表的《报纸夹页广告标准和细则》。杂志有日本杂志广告协会制定的《杂志广告伦理纲领》、《杂志广告刊登标准》等。日本广播电视业在 20 世纪 50 年代初开始有较大发展。日本民间放送联盟成立后，随即在 1951 年 10 月制定《日本民间放送联盟广播播放标准》，后经多次修改。1958 年 1 月又制定《日本民间放送联盟电视播放标准》，后又把两个标准合并成现行的《日本民间放送联盟播放标准》(1993 年修订)，规定在一周的播放时间里，商业广告时间不能超过 18%。

1957 年，日本仿照美国广告主协会(ANA)，成立了“日本广告主协会”，1960 年发表《正确的广告》，表明广告主企业对广告的方向和注意点。1961 年又发表《企业与消费者》，表明广告主的基本态度，正确传送信息，接受和处理各种控诉。这些文件为广告主加强自律打下基础。以后，各个行业纷纷建立团体组织，制定有关广告的规约、标准、注意事项等，自我约束广告行为。如日本制药团体联合会制定了《有关医药品广告自慎纲要》、电影伦理管理委员会制定了《电影宣传广告标准》、东京百货店协会制定了《东京百货店协会自慎协定》等。

3. 英国广告业自律系统

英国的广告自我管理体系目前是世界上最为完善的，对美国和日本的行业自律都有较大影响。主要通过四个方面：18 个签约专业广告组织的管理；广告实务准则委员会的指导；独立的广告标准局的监督；广告主、广告公司和媒体单位的自我约束。形成了一个涉及全部广告活动的严密的自我管理体系。

英国1926年最早成立了广告协会(AA)，在20世纪60年代初，英国广告业参照国际商会的《国际广告实践法规》制定了《英国广告实践法规》。随后广告业的协会成立了“广告实践法规委员会”。英国的广告业建立了一个名叫“英国广告业务标准委员会”的机构，其职能是保护公民不受虚假广告或言过其实的广告的欺骗宣传。该委员会严格地、毫无偏见地审查广告，规定各种广告不得违反广告管理条例，不得有失真宣传，并对违反者予以惩处。1962年，广告界又出资成立了广告标准局(Advertising Standards Authority，ASA)，这是英国自我管理体系的最高机构，广告标准局对广告主、广告媒体、广告代理业等有关广告业界的一切广告活动进行限制。对于广告电视以外的其他媒介的广告进行管理。其职责是代表公众的利益，仲裁和处理所有的广告申诉；与政府机构和其他组织保持联系，并负责广告界自律活动等。其具体工作包括：审查所有的香烟广告以及食品、药品、化妆品、奶粉等特定类型产品的广告。同时也负责受理消费者的投诉。

12.3 现代广告的社会监督

广告的社会监督，是指社会对广告活动的各个方面进行的监督。包括新闻舆论监督、消费者监督和群众监督等，其中以消费者监督为主，这是加强广告管理的有效方法。消费者监督是指通过消费者组织行使的监督。各种类型的消费者组织是消费者为维护自身合法权益不受侵害而形成的社会团体，也是实施消费者监督和管理的主体单位。从国内外情况看，消费者组织能够对广告实行监督与间接管理，所发挥的作用已越来越大，它是国家行政管理的重要补充。

推行消费者对广告实行监督，是消费者运动的一项重要内容。消费者运动是消费者为了保护自身的经济利益而自觉地组织起来的一项群众性活动。保护消费者利益，历来是广告管理的重要问题。因为广告是消费者购买商品的指南，这要求广告必须忠实地报道商品信息，不允许有欺骗公众的行为，不能为了牟取暴利而损害消费者的经济利益。消费者监督，就是通过群众性组织，对不良的广告行为进行检举，并利用新闻媒介对不良广告点名批评，从而限制或制止有危害消费者利益的行为的广告出现。

增强消费者的监督能力，其目的在于提高消费者的自我保护能力，消费者自我保护能力提高了，才能避免上当受骗，也才能有效地行使社会监督权。消费者自我保护能力的提高有赖于多种因素，比较重要的有以下几个方面。

(1) 了解和熟悉有关的法律、法规。国家有关的法律、法规对不同商品和服务的质量、价格和违法的法律责任等方面均有较为严格和明确的规定，有关组织应加强这方面法律、法规的宣传力度，消费者也应增强学法、知法、用法的自觉性。消费者对有关法律、法规熟悉，对广告介绍的商品和服务，就能够作出准确的判断，以免上当受骗。同时也能够更好地对广告进行监督。

(2) 提高对商品和服务的判断能力。对广告所介绍的商品和服务，作为消费者，应当有所了解，比如商品的保质期、商品标签是否标准，是否是假冒商品等。消费者对商品和服务基本情况的了解和判断，能够提高消费者的自我保护能力，也能够更好地发挥消费者对广告的社会监督作用。

(3) 增强消费者维护自身合法权益的意识。广告欺诈往往受害者众多，个人求偿额不高，加上中国人特有的“屈死不告状”的传统观念，怕麻烦或得不偿失而放弃求偿权，这除了在立法上加大广告欺诈行为人的经济赔偿责任外，增强消费者以法律为武器维护自身的合法权益的意识具有至关重要的作用，一旦消费者都起来维护自己的合法权益，广告欺诈行为便不会有立足之地。

(4) 消费者应提高警惕，保持清醒的头脑，善于透过现象看本质，不轻易相信广告的许诺。在决策接受广告介绍的商品和服务之前，应当进行实地考察和验证，以免上当受骗，也才能够更好地发挥其进行广告的社会监督作用。

12.3.1　中国现代广告的社会监督

消费者监督通常是通过消费者组织进行的。我国为促进产品质量和服务质量的提高，维护用户和消费者的正当利益，1983年8月22日在北京成立了全国用户委员会，该委员会由轻工、机械、电子、纺织、交通、铁路、城建、商业、商检、标准计量、工商行政管理、全国总工会等有关部门负责人组成。其主要任务是，对企业的产品、服务质量，通过市场和用户的反映进行监督，并督促企业执行国家标准，重视商标信誉，促进产品质量和服务水平的提高，维护用户和消费者的利益，坚决杜绝虚假广告。

1984年9月20日在广州成立了第一家地区性的消费者组织——广州消费者委员会，以后，各级地方性消费者组织纷纷建立起来，反映广大消费者的愿望和要求，保护消费者的正当利益，对消费品质量、价格进行监督，特别对维护广告的真实性，抵制不良广告的传播，效果明显。

1985年12月成立全国性的消费者组织“中国消费者协会”。协会的主要任务是：反映广大消费者的愿望和要求，保护消费者的正当权益，对消费品的质量、价格进行监督；接受群众咨询，指导群众消费，参加维护消费者利益的社会活动和国际活动。

现在每年开展的“3・15”维护消费者权益活动，更给打假扫劣增添了声势。消费者监督与新闻舆论机关和群众个体的监督结合起来，使广告的全面管理得以落实，保证社会监督和管理更实在、更有效。

12.3.2　国外现代广告的社会监督

世界上其他国家，也大多成立了消费者权益保护组织，并在1960年成立了国际消费者联合会。

1. 美国广告的社会监督

美国消费者监督广告活动的最主要团体是商务改善协会(BBB)。其前身是全国广告监督委员会，1915 年改现名，拥有 130 多个地方 BBB，接受消费者的诉愿和质询，提供详细解答，调查虚伪与欺骗性广告并予以揭发，保护消费者利益。1970 年 8 月，美国 BBB 和国际 BBB 合并，成立了商务改善协议会 (CBBB)，除对广告业和广告主进行监督外，还对国家的广告管理提出建议。美国消费者联盟是美国消费者最大的组织，进行经常性的商品比较实验，将实验结果向消费者公布，以便消费者购买商品时识别。他们还设立了最差广告奖，每年评选一次。

2. 日本现代广告的社会监督

日本的消费者组织在广告的监督管理方面也起到较大的作用。日本民间的主要消费者组织是主妇联合会和消费者协会。其主要职责是：确保公正的竞争、保证消费者自由选择商品、保证正确的商品知识的传播和普及、尊重消费者的意志和保证消费者的社会责任。

日本还通过广告审查机构(JARO)、“国民活动中心”和“消费生活中心”的工作，进一步加强广告的自主限制体系。广告审查机构仍以美国为蓝本，组成包括广告主、广告代理业和广告媒体三方成员在内的组织。机构中立，负责审查广告内容和实际商品或服务内容的一致性，受理对广告的任何投诉。有权停止某广告的继续发布，或者要求其刊载“更正广告”、“道歉广告”等。“国民活动中心”是一个特殊法人团体。主要站在消费者的立场，对消费者和企业之间的纠纷进行调解，同时指导“消费生活中心”对难以处理的事项进行磋商。“消费生活中心”是地方政府为了与居民直接接触，加强对消费者服务而设置的办事机构。它们之间形成了一个网络，互通信息，以能尽快解决消费者提出的问题。

12.4 国外的广告管理

12.4.1 美国的广告管理

美国是世界第一大广告市场，也是当今世界广告业最发达的国家。它的广告收入占世界广告总收入的一半，专业广告从业人员高达十几万人，它拥有许多世界性的广告公司。因此，美国在广告业的管理上有许多值得借鉴的经验。

美国最早的广告法案是 1911 年通过的《普令泰克因广告法案》。该法案规定“凡个人、商店、公司、社会欲直接或间接销售，或用其他方法处理商品、证券劳务及任何物品，或欲增加此项事物的消费者，或以任何方法诱使群众缔结契约，取得权利，或发生利害关系而制成的广告，记载于本州各报或其他刊物，或发表于书籍、布告、传单、招贴、告白、通知、手册、书信者，凡因陈述之事实，有不正确、欺诈或使人误信者治罪。”该法原为纽约州制定，后经多次修改，逐渐推广到其他州。

美国政府涉及广告管理的机构有几十个，主要有联邦贸易委员会、联邦通讯委员会、食品和药品管理局、邮政管理局、证券交易委员会、国会图书馆，专利局、烟酒税务司、粮食局等。

美国国会 1914 年通过《联邦贸易委员会法》，并据此建立了联邦贸易委员会(即 FTC)。委员会由五名委员构成，总统提名，参议院通过后上任，任期为五年。该委员会又下设六个局，其中欺诈行为局下设食品药物广告处、一般广告处，对全国广告进行管理。FTC 的任务是负责制止商业交易中不公正的竞争方法以及欺骗性的行为。联邦贸易委日常工作是制定广告规章，接受关于虚假广告的申诉，并进行实地调查。联邦贸易委员会虽然没有司法权，但在处理虚假和不道德的广告方面，有权发布禁止或修改法令、公布处理决定、罚款、冻结银行存款、封存商品、责令发布更正或认错广告。如有广告商或广告主对 FTC 的判决不服，可向联邦法院起诉。FTC 是美国政府管理广告最综合、最权威的机构。

FTC 管理广告的方法主要有以下几种。

1) 广告凭据

即要求广告主在广告宣传前出具有关证明、凭据。如果没有，就不允许进行广告宣传。从 1971 年起 FTC 开始采用要求广告主出具证书的方案。这个方案的核心就是“变事后要求虚假广告的广告主出具证明，为事先要求所有的广告主表述备好凭据”。

在方案实施后，首先受到影响的是汽车和空调机行业。例如，勃格-活纳(Borg-Warner)公司的空调机广告中声称能释放出“清洁、健康的空气”。火石(Firestone)公司在广告中声称自己的轮胎“刹车比别的轮胎快 25%”。发达(Fedder)公司储存型制冷系统广告为“独一无二”等，都被 FTC 视为证据不足而责令停播广告。

2) 明确广告

对某些与健康、安全有关的产品，不仅要展示其性能和特点，而且要告知该产品的缺点和不足，即不但要宣传产品能够做什么，也要说明它不能做什么。使消费者掌握较充分的信息，理智的进行选择。

3) 沉默判决

对某些虚假广告由于技术条件的限制，难以及时取证，为防止其影响进一步扩大、蔓延，同时为了弥补从案例诉讼到调查结果真正掌握证据需要很长时间的缺陷，尽早停止食品、药品和化妆品等与人们身心健康有关的虚假广告的刊播，FTC 在必要时可以颁布“停止涉嫌判决令”。这种判决不写明有问题广告究竟属于什么性质，广告主也可以在不正式认错的情况下，在命令上签字，同意停止涉嫌广告。如果广告主在签字后又继续刊播广告，每犯一次罚 1 万美元。

4) 停止不正当竞争的命令

1938 年通过的《惠勒-利修正案》授予 FTC 的特权之一，就是在有足够的证据判决某广告属于欺骗或误导性时，FTC 可以发布“停止不正当竞争的命令”。一旦 FTC 向法院提出发布此令的申请，命令就自动生效。广告主只能按要求签字，承认广告违法。广告主必须无条件的承认错误，承担由不真实广告引起的一切后果。

5) 矫正广告

自 20 世纪 70 年代起，FTC 对某些在消费者心目中造成深刻印象的误导性广告提出矫正广告的要求，以达到消除错误印象的目的。因为某些虚假广告的刊播由于种种原因给消费者的印象非常深刻，即便停止刊播，其影响也难以消除，FTC 就责令广告主在同一广告媒体上，花费同样或相近的广告费用，对原有广告进行矫正，改变消费者已经形成的观念。

1983 年，美国国会又通过了《惠勒-利修正案》。进一步扩大了 FTC 的权限，并确立了 FTC 管理广告的权威地位。它的权限主要有以下几个方面。

① FTC 可以向联邦地方法院申请颁布停止不正当竞争手段的法令。这种法令一经申请就自动具有法律约束力。

② FTC 对宣传食品、药物、化妆品、治疗方法的虚假广告，具有特定的审判权。

③ 当有迹象表明某则食品、药物或化妆品广告可能属于危害消费者健康的虚假广告后，FTC 可在进行审助的同时，通过联邦地方法院发布禁令，阻止有问题的广告继续刊播。

联邦通讯委员会(Federal Communications Commission)，简称 FCC，1934 年创立，旨在管理州际和国际广播、电视通讯工作，同时也负责颁发广播电视台的执照。FCC 制定商业广告的调节标准及调节内容。

食品和药品管理局(Food Drug Administration)，简称 FDA，责任是行使 1938 年制定的《食品、药品和化妆品法》，负责监督食品、药品、食品添加剂使用，以防止有害商品进入市场。同时，也管理食品等类的广告。

邮政管理局负责查验邮递广告中的欺诈行为，并可向当地法院起诉；烟酒税务局负责检查烟酒广告；证券交易委员会负责股份和证券广告；专利局负责检查商标广告；粮食局负责管理种子广告；国会图书馆管理涉及版权的图书和资料的广告。

12.4.2 欧盟各国及欧盟对广告有关的管理

1904 年德国通过了《禁止不公平竞争法》，法国于 1968 年通过了《限制诱惑销售以及欺骗性广告法》，同时还颁布了《医药治疗广告标准法典》。

英国通过两类法律对广告进行管理和控制：一类是未成文法，即依照习惯法和处理私人关系、财产等的法律(私法)；一类是成文法。这里主要介绍成文法。

英国有专门的广告法规，即 1907 年颁布的《广告法》 (Advertisement Regulation Act)。它起初是规范户外广告的法律，目的是禁止广告妨碍娱乐场所、公园、风景地带的自然美；

1925 年修订后扩大了规范的范围，凡影响交通、乡村风景、公共场所和有历史价值的建筑物及场所，均禁止设置广告。广告方面最重要的法规是英国独立广播局制定的《独立广播局广告标准和实务法》(1973 年)，该法主要对电视和广播广告进行管理。为体现独立广播局的社会责任，该法规非常严格，就广告活动实务中涉及的 36 个方面做出了全面系统的具体规定。与英国广告职业行为准则(BCAP)有相似之处，但具有法律效力。1968 年颁布的《医疗条例》和 1975 年实施的《香烟法规》，对医疗、药物和香烟等商品广告的表现和发布做出规定。

英国法律禁止在 BBC 广播网和英国广播协会的电视广播网内进行广告宣传，经严格审查后的广告可在其他私人广播电台、电视台系统刊播。其他国家如比利时、丹麦、意大利、爱尔兰、卢森堡等国家纷纷在 20 世纪 60、70 年代制定了一系列法律来管制广告。这些法律多涉及食品、药品、信息透露、禁止不公平竞争等，禁止不正当或欺骗性广告；禁止使用虚假或恶毒的、攻击性的广告用语；禁止使用未经证实或无法证实的广告叙述；禁止任何妨碍交通或对交通产生危害的广告；禁止治疗性病、减肥药和催眠术等方面的广告。

欧盟议会 2006 年 12 月通过投票决定对“音像媒介服务指导”进行以下调整。

① 鼓励成员国自律，这需要主要成员国的大力支持并采取适当的强制措施。这意味着欧盟国家间自我和联合自律的协议将被更能够反映各国广告业的自律体系代替。

② 鼓励媒体所有者遵守关于涉及高热量、高油炸食品(HFSS)和含酒精的饮料营销的儿童节目的规范守则，建议禁止以上儿童食品广告。

③ 禁止酒精类广告在晚上 21：00 以前播放。

④ CULT 委员会建议音像商业通信(电视或广播广告)需按照具体光学或音响、有线或无线等情况进行区分。

⑤ 电影、新闻和儿童节目 30 分钟以内不能插播广告，其他节目广告的插播要尊重节目所有者的合理权益。

⑥ 除该国明确禁止外，电影、电视和体育广播中的内置广告是被允许的，但需接受发布前、发布后审查。同时，绝不允许在新闻或儿童节目中内置广告。奖品和带有商标品牌的道具不能作为商品内置广告。这里所指的内置广告指因内容需要涉及该产品且是无偿的。

12.4.3　加拿大的广告管理

加拿大的广告管理主要是依靠发达的行业自律，其广告业自身形成了专门系统的自律体系和组织网络。加拿大广告业自律组织主要是加拿大广告基金会。该基金会经费由广告主、传播媒介和广告公司 3 家提供，下设 4 个工作机构。基金会在全国各地还设有 6 个地方理事会，由工业界和公众自愿组成，有时借助官方的帮助。地方理事会的主要职责是处理地方性的广告纠纷，特别还负有对两种特殊广告——以 12 岁以下儿童为对象的广告和妇女卫生用品的电视广告——进行监督的责任。广告标准理事会接到对广告的书面控告以后，对合理的控告予以调查，由理事会职员作出裁决，可以向全体理事会上诉。全体理事会经复审后作出支持或撤销原裁决的决定。对于广告主拒绝服从裁决，理事会便通知传播媒介停止接受其广告。在实践中，广告主不服从理事会裁决的情况很少，大约有 90%的广告的书面控告到理事会职员这一级就解决了。对儿童广告和妇女用品广告，由理事会审查委员会负责，审查委员会由广告人、传播媒介、广告公司和公众组成，通过审查的广告被编成号码，准予登(播)出，号码有效期一年。

12.4.4 日本的广告管理

日本政府在广告的发展过程中，参照西方国家的做法逐步建立了比较完善的法律法规体系，日本对广告进行管理的国家立法有 6 种。

1. 公法

通过宪法中的有关条文，如宪法第 21 条有关表现自由的规定；第 22 条、第 29 条有关在不违反公共秩序和良好的风俗，也不违反消费者的利益，在不违反各种法制条件下保障广告表现自由的内容。

2. 民事法

日本在民法中有少数条款，如民法第 529 条至 532 条正式规定了广告主、广告公司和媒体之间的权利和义务。

3. 社会法

《消费者保护基本法》对国家、地方公共团体、企业经营者和消费者四个方面所负的责任和应尽的义务，分别予以明确规定，对虚假广告制定了惩罚措施。此外还有药物法、食品卫生法等。

4. 经济法

有《禁止私人独占及保证公正交易的有关法律》，简称“独禁法”。该法维护和发展合理的自由的竞争，排除限制竞争的不合理的交易和私人独占，以保证消费者的一般利益，促进国民经济民主健康地发展。

5. 不正当赠品及不当表示防止法

简称“赠表法”。防止在有关商品和劳务交易中，用不正当的赠品及表示引诱顾客的行为。确保公正的竞争，保护消费者的一般利益。

6. 不正当竞争防止法

1934 年制定了《非正当竞争防止法》，规定凡商品或在商品广告中采用虚假的表示使人误认其为原产地的商品、质量、内容、制造方法、用途及数量的，处 3 年以下徒刑或 20 万日元以下的罚款。这些法律比广告管理更为直接。

另外，无形财产法类中如商标法、专利法、图案设计(专利)法、新产品专利法、版权法等，都对有关广告活动作出规定和限制。

20 世纪 40 年代，日本制定了《日本广告律令》、《广告取缔法》等，实际宣传管制。20 世纪 80 年代，颁布了《户外广告法》对设置户外广告做出了具体规定，如《滞销商品及其不正当宣传防止法》等。日本法律关于广告宣传的内容可以概括如下。

① 各类广告活动不得有不正当的表示，禁止提供过度的广告奖品。

② 禁止把不正当的引诱顾客行为作为竞争的手段。

③ 禁止广泛地告知他人使商品营业混淆的表示，以及使消费者对产品的产地、品质、内容、数量等有误解的广告。

④ 禁止在销售商品时进行欺骗性的、使人误解的广告宣传。

⑤ 禁止接受有关专刊和注册登记的虚假广告表现。

⑥ 禁止商品、医药外用品、化妆品、医药用具的虚假、夸大的广告宣传；禁止利用医师等人进行保证疗效的推荐性广告；限制特殊病使用药品的广告；禁止未获批准的药品进行广告宣传。

⑦ 医生、医院、诊所及助产院，只能作纯告知的广告。

日本政府管理广告的组织是日本广告审查机构，成立于 1974 年，主要负责对广告内容进行审查，对有问题的广告责令客户进行矫正性广告；并受理消费者对广告主的投诉，维护消费者的利益。

本章小结

本章主要介绍了广告管理的各种方法和类型，对广告管理的内容和对象作了深入的阐述，详细介绍了不同国家如中国、美国、日本等的广告管理机构，还向读者提供了不同国家关于广告管理的各种法规和规定。

思考题

1. 什么是真实性广告？什么是欺骗性广告？
2. 介绍美国广告管理的特色。
3. 比较中国和美国在广告管理方面的异同点。
4. 作为一名消费者在实施广告监督时有哪些法律依据？

第13章 综合实训

教学目标

通过广告的实训教学，要求在充分掌握广告相关理论知识的基础上，加强对广告相关知识的理解，培养学生综合运用所学专业理论知识；打破思维框架，激发创造性思维，掌握广告的策划技巧，锻炼和提高学生的动手能力，挖掘学生的创造潜力，让学生动手制作富有创意的广告；实现高职教育培养目标，培养学生成为知识技能型的广告人才。

教学要求

知识要点	能力要求	相关知识
广告策划书	理解广告策划书的含义、作用	(1) 广告策划书的作用、类别 (2) 广告策划书编制的原则
广告策划书撰写	(1) 掌握制作策划书的格式、内容 (2) 掌握广告策划书的制作流程	(1) 市场分析 (2) 广告策略 (3) 广告实施计划 (4) 广告活动的效果预测和监控

广告既是一门艺术，也是一门技能，包含许多方面的因素，涉及的范围也十分广泛，既反映艺术性的问题，又体现实践技能问题，《广告原理与实务》课程是一门集艺术性、应用性和操作性于一体的课程。高职教育的特点是在学习理论知识的同时，特别注重培养学生的实践动手能力。本章主要讲解广告的动手实训知识，着重讲解广告策划书的写作和相关广告创作，进行理论与实践相结合的实训环节教学。

实训项目：广告策划书的写作与广告创作

【实训目的】

通过广告的实习实训环节教学，使学生在充分掌握广告相关理论知识的基础上，加强对广告相关知识的理解，培养学生综合运用所学专业理论知识，解决实际商品广告的具体问题；掌握广告策划的作技巧，锻炼和提高学生的动手能力，训练并激发学生的创造性思维，挖掘学生的创造潜力，让学生动手制作富有创意的广告；实现高职教育培养目标，培养学生成为知识技能型的广告人才。

【实训内容与步骤】

1. 广告策划

广告策划是在遵循一般程序与步骤的基础上，对广告活动的内容进行全面策划，包括广告目标、广告对象、广告主题、广告创意、广告表现策略、广告预算、广告媒介运用、广告实施策略及效果检验等，只有对这些问题事先进行周密的具体的策划，才能保证广告活动有条不紊地顺利实施。

广告策划者对广告内容的思考，由最初的构想到逐步完善，由观念性的思想变成策划文字，并形成广告策划书。广告策划书好比建筑师的建筑设计图，它既是建筑师对未来建筑物的构想，又是施工人员赖以实施的蓝本。策划工作是一项复杂的系统工程，因广告策划书是广告策划方案的物质载体，所以在编制过程中必须注意它的合理性及其写作技巧。

2. 广告策划书

1) 含义

广告策划书是由广告策划者根据广告策划的结果撰写，提供给广告客户审核、认可，并为广告运动(活动)提供策略指导和具体实施计划的一种应用性文件。

2) 广告策划书的作用

(1) 在广告公司内部，广告策划书的撰写标志着广告策划运作的结束。撰写广告策划书是为了将广告策划运作的内容和结果整理成正规的提案提供给广告客户。

(2) 广告客户可以通过策划书了解广告公司策划运作的结果，检查广告公司的策划工作，并根据广告策划书判定广告公司对广告策略和广告计划的决策是否符合自己的要求。

(3) 对于整个广告活动而言，经过客户认可的广告策划书是广告运作的策略和计划的唯一依据。

3) 广告策划书的类别

(1) 按广告策划的内容分。广告策划有广告调研策划、广告目标策划、广告战略策划、广告创意表现策划、广告媒介策划、广告预算策划、广告实施策略策划、广告效果反馈策划等。

(2) 按商品类别分。商品的品种繁多，规格复杂，但一般可以把商品划分为工业品、消费品两大类。以消费品为例，其中可以有食品广告策划、饮料广告策划、化妆品广告策划、药品广告策划。由于各种商品的性质与定位不同，因此在广告策划中的创意表现与策略也不相同。

(3) 按广告活动的领域分。广告策划应用面很广，它可以深入到与广告活动有关的一切领域，与企业整体营销活动相配合。在这方面有：产品策划、竞争策划、促销策划、直销策划、公共关系策划、庆典活动策划、新闻传播策划、公司创立策划、连锁店策划、募集活动策划、游乐园策划、文艺演出策划、体育赛事策划等。

(4) 按时间长短分。这类广告策划可分为短期广告策划和长期广告策划。短期广告策划可以是一个单项活动，或在一年之内的某一阶段性广告。长期广告策划也称广告战略策划，一般在一年以上。

(5) 按地区范围分。这类广告策划可分为地区性广告策划、全国性广告策划及国际性广告策划。由于地域的不同，也就带来了人们的风俗习惯、价值观念、收入水平等多种复杂因素的不同，因此这类广告策划的策略也必然有所区别。

4) 广告策划书的编制原则

(1) 逻辑思维原则。广告策划的目的在于解决企业营销中的问题，它必须按照逻辑性思维的顺序，即提出问题—分析问题—解决问题的构思来编制策划书，给人一种循序渐进的感觉。

首先，设定情况，提出问题。按一般思维规律，先交代策划背景，然后由大到小，由宏观到微观，层层推进，再把策划书中心和盘托出。

其次，在突出中心主干的情况下，对细微枝干部分给以充分重视。主干部分是广告的大构想、重头戏，应给予重点展开；而枝干部分虽是配角，但它是具体实施中的重要依据和手段，少了这部分枝干，广告策划的血肉就不丰满。

最后，明确提出解决问题的对策，也就是需要帮助企业出点子想主意。这些对策的提出要有事实依据，并使整个策划方案都令人信服。

(2) 形象化原则。策划书的文字表达只能给人理性的概念认识，如能适当地运用视觉化的手段加以配合，则会一目了然，并能加深对策划书的理解与记忆。策划书中常用的形象化方法有两种：一是可以把策划书中的部分内容做成流程图，如媒介传播计划、广告预算等；二是创意设计部分，如报刊广告、电视广告的设计，可以配以图案，实际上是把创意形象化了，更使人容易理解。

(3) 简洁朴实原则。广告策划书在编制中应注意突出重点，抓住企业营销中所要解决的核心问题，深入地进行分析，提出可行的相应对策，这样策划书就达到目的了。要禁忌用散文式文笔去描述策划书，以免给人造成浮躁或不实在的感觉。有人认为整体广告策划靠妙笔生花的笔头功夫，让一两个人花几天时间就可以写出来，这是一种误解。策划书编制也不可长篇大论，言不及义，哗众取宠。总之，要以简洁朴实、具体实用、针对性强为原则，让人一下子就能抓住策划书的主要内容，并一目了然。

(4) 可操作原则。广告策划是广告活动的蓝图，它是现实基础上的一种超前性的构思。首先，广告策划书中所制定的大政方针，应符合市场变化的需要，保证广告活动的有序和广告目标的准确。其次，广告策划作为一个整体，还要注意各子系统及各具体环节之间的联系与操作，它的指导性涉及到广告活动中每个人的工作及各个环节的关系处理，而策划中的创意表现手法，则要考虑设备、人员、经费、材料和制作手段等的限制，以求把蓝图变为一座壮观的大厦。

3. 广告策划书格式

根据广告策划书的内容要点，参照营销计划书的一般模式和许多广告策划者在实践中总结出来的广告策划书的格式，为读者提供以下的广告策划书内容与结构的一般格式。

封面

广告策划小组名单

目录

前言

第一部分　市场分析

(1) 市场营销环境分析。

(2) 消费者分析。

(3) 产品分析。

(4) 企业营销战略。

(5) 企业和竞争对手的竞争状况分析。

(6) 企业和竞争对手的广告分析。

第二部分　广告策略

(1) 广告的目标。

(2) 目标市场策略。

(3) 广告定位策略。

(4) 广告诉求策略。

(5) 广告表现策略。

(6) 广告媒介策略。

第三部分　广告实施计划

(1) 广告活动的目标。

(2) 广告活动的时间。

(3) 广告的目标市场。

(4) 广告的诉求对象。

(5) 广告的诉求重点。

(6) 广告活动的表现(设计草图、电视广告故事板、广告文案讨论稿)。

(7) 广告媒介计划。

(8) 其他活动计划。

(9) 广告费用预算。

第四部分　广告活动的效果预测和监控

(1) 广告效果的预测。

(2) 广告媒介的监控。

第五部分　附录

(1) 市场调查问卷。

(2) 市场调查访谈提纲。

(3) 市场调查报告。

4. 广告策划作业流程

1) 含义

所谓广告策划的作业流程，就是在广告策划的具体作业中，通过操作性强、高效率、专业化的方法步骤，有目的、有计划地使广告目标、广告策略、广告预算、广告实施计划及广告效果监测等逐渐明晰和完善，最终形成可供操作的策划方案的过程。按项目推进的顺序，广告策划的流程大致可分为客户信息阶段、作业准备阶段、策划作业阶段、广告表现作业阶段和执行作业阶段 5 个步骤。

2) 具体作业流程

(1) 客户信息阶段。在与客户接触后，与客户充分沟通，详尽了解和研究客户信息，是本阶段的主要任务。

(2) 作业准备阶段。在本阶段，项目负责人开始行使推进项目的职责，根据说明会备忘确定的原则，制订可行性的项目推动计划和策划前作业准备。

(3) 策划作业阶段。在本阶段，由项目 AE 填写策划制作单，由客户总监、创意总监联合召集项目组成员、策划专员举行策划策略会议，根据与客户沟通和市场调查所接收到的信息，就项目的广告推进进行策略性的探讨研究。

(4) 广告表现作业阶段。广告表现作业阶段既是广告流程的核心阶段之一，也是广告专业人员最核心的价值创造过程。在本阶段中，主要通过动脑会议、创意表现作业、创意说明会、客户创意提案、创意修正和设计完稿等环节，达到包括 CF 脚本、报纸、海报、POP、促销品等一系列广告品的完成。

(5) 执行作业阶段。广告的执行作业是指广告公司在完成广告的创意表现后，根据创意表现效果，进行制作、发布的过程。

5. 实训实践步骤

第一步，确定题目和行动方案，可以选定一家广告公司或一家生产企业。

第二步，实施行动，直接参与其某个项目的广告策划活动，直接体验，亲身实践，边做边学。

第三步，运用已掌握的理论知识，结合实际，按照操作规程，独立写出一篇可行的广告策划书，并装订成册。

第四步，向教师和学习小组提交本广告策划书，并准备发言提纲，对此次撰写广告策划书的活动加以说明。

第五步，讨论与表现。积极参加学习小组的专题讨论活动，主动发言，表现自己和自己撰写的广告策划书。

第六步，将讨论的结果加以总结，形成文字。

6. 广告策划书具体写作

1) 封面

一份完整的广告策划书文本应该包括一个版面精美、要素齐备的封面，目的是给广告客户以良好的第一印象。

2) 广告策划小组名单

在策划文本中提供广告策划小组名单，可以向广告主显示广告策划运作的正规化程度，也可以表现出一种对策划结果负责的态度。

3) 目录

在广告策划书的目录中，应该列举广告策划书各个部分的标题，必要时还应该将各个部分的联系以简明的图表体现出来，一方面可以使策划文本显得正式、规范，另一方面也可以使阅读者能够根据目录方便地找到想要阅读的内容。

4) 前言

在前言中，应该概述广告策划的目的、进行过程、使用的主要方法、策划书的主要内容，以使广告客户对广告策划书有大致的了解。

5) 正文

第一部分：市场分析

市场分析部分包括广告策划的过程中所进行的市场分析的全部结果，以为后续的广告策略部分提供的具有说服力的依据。

一、营销环境分析

1. 企业市场营销环境中宏观的制约因素

(1) 企业目标市场所处区域的宏观经济形势。

① 总体的经济形势。

② 总体的消费态势。

③ 产业的发展政策。

(2) 市场的政治、法律背景。

① 是否有有利或者不利的政治因素可能影响产品的市场。

② 是否有有利或者不利的法律因素可能影响产品的销售和广告效果。

(3) 市场的文化背景。

① 企业的产品与目标市场的文化背景有无冲突之处。

② 目标市场的消费者是否会因为产品不符合其文化而拒绝购买该产品。

2. 市场营销环境中的微观制约因素

① 企业的供应商与企业的关系。

② 产品营销的中间商与企业的关系。

3. 市场概况

(1) 市场的规模。

① 整个市场的销售额。

② 市场容量。

③ 消费者数量。

④ 消费者总的购买量。

⑤ 以上几个要素在过去一个时期中的变化。

⑥ 未来市场规模的趋势。

(2) 市场的构成。

① 构成这一市场的主要产品的品牌。

② 各品牌所占据的市场份额。

③ 市场上居于主要地位的品牌。

④ 与本品牌构成竞争的品牌是什么？

⑤ 未来市场构成的变化趋势如何？

(3) 市场构成的特性。

① 市场有无季节性。

② 有无暂时性。

③ 有无其他突出的特点。

4. 营销环境分析总结

(1) 机会与威胁。

(2) 优势与劣势。

(3) 重点问题。

二、消费者分析

1. 消费者的总体消费态势

(1) 现有的消费时尚。

(2) 各种消费者消费本类产品的特性。

2. 现有消费者分析

(1) 现有消费群体的构成

① 现有消费者的总量。

② 现有消费者的年龄。

③ 现有消费者的职业。

④ 现有消费者的收入。

⑤ 现有消费者的受教育程度。

⑥ 现有消费者的分布

(2) 现有消费者的消费行为。

① 购买的动机。

② 购买的时间。

③ 购买的频率。

④ 购买的数量。

⑤ 购买的地点。

(3) 现有消费者的态度。

① 对产品的喜爱程度。

② 对本品牌的偏好程度。

③ 对本品牌的认知程度。

④ 对本品牌的指名购买程度。

⑤ 使用后的满足程度。

⑥ 未满足的需求。

3. 潜在消费者

(1) 潜在消费者的特性。

① 潜在消费者的总量。

② 潜在消费者的年龄。

③ 潜在消费者的职业。

④ 潜在消费者的收入。

⑤ 潜在消费者的受教育程度。

(2) 潜在消费者现在购买行为。

① 现在购买的是哪些品牌的产品？

② 对这些产品的态度如何？

③ 有无新的购买计划？

④ 有无可能改变计划而购买本品牌？

(3) 潜在消费者被本品牌吸引的可能性。

① 潜在消费者对本品牌的态度如何？

② 潜在消费者需求的满足程度如何？

4. 消费者分析的总结

(1) 目标消费群体的特性。

(2) 目标消费群体的共同需求。

(3) 如何满足他们的需求？

三、产品分析

1. 产品特征分析

(1) 产品的性能。

① 产品的性能有哪些？

② 产品最突出的性能是什么？

③ 产品最适合消费者需求的性能是什么？

④ 产品的哪些性能还不能满足消费者的需求？

(2) 产品的质量。

① 产品是否属于高质量的产品？

② 消费者对产品质量的满足程度如何？

③ 产品的质量能继续保持吗？

④ 产品的质量有无继续提高的可能？

(3) 产品的价格。

① 产品价格在同类产品中居于什么档次？

② 产品的价格与产品质量的配合程度如何？

③ 消费者对产品价格的认知如何?

(4) 产品的材质。

① 产品的主要原料是什么?

② 产品在材质上有无特别之处?

③ 消费者对产品材质的认识如何?

(5) 生产工艺。

① 产品通过什么样的工艺生产?

② 在生产工艺上有无特别之处?

③ 消费者是否喜欢通过这种工艺生产的产品?

(6) 产品的外观与包装。

① 产品的外观和包装是否与产品的质量、价格和形象相配?

② 产品在外观和包装上有没有缺欠?

③ 外观和包装在货架上的同类产品中是否醒目?

④ 外观和包装对消费者是否具有吸引力?

⑤ 消费者对产品外观和包装的评价如何?

(7) 与同类产品的比较。

① 在性能上有何优势? 有何不足?

② 在价格上有何优势? 有何不足?

③ 在材质上有何优势? 有何不足?

④ 在工艺上有何优势? 有何不足?

⑤ 在消费者的认知和购买上有何优势? 有何不足?

2. 产品生命周期分析。

(1) 产品处于什么样的生命周期。

(2) 企业对产品生命周期的认知。

3. 产品的品牌形象分析

(1) 企业赋予产品的形象。

① 企业对产品的形象有无考虑?

② 企业为产品设计的形象如何?

③ 企业为产品设计的形象有无不妥之处?

④ 企业是否将产品形象向消费者传达?

(2) 消费者对产品形象的认知。

① 消费者认为产品形象如何?

② 消费者认知的产品形象与企业设定的产品形象相符合吗?

③ 消费者对产品形象的预期如何?

④ 产品形象在消费者认知方面有无问题？
4. 产品定位分析
(1) 产品的预期定位。
① 企业对产品定位有无设想？
② 企业对产品定位的设想如何？
③ 企业对产品的定位有无不妥之处？
④ 企业是否将产品定位向消费者传达？
(2) 消费者对产品定位的认知。
① 消费者认为的产品定位如何？
② 消费认知的定位与企业设定的定位相符合吗？
③ 消费者对产品定位的预期如何？
④ 产品定位在消费者认知方面有无问题？
(3) 产品定位的效果
① 产品的定位是否达到了预期的效果？
② 产品定位在营销中是否有困难？
5. 产品分析的总结
(1) 机会与威胁。
(2) 优势与劣势。
(3) 主要问题点。
四、企业和竞争对手的竞争状况分析
1. 企业在竞争中的地位
(1) 市场占有率。
(2) 消费者认识。
(3) 企业自身的资源和目标。
2. 企业的竞争对手
(1) 主要的竞争对手是谁？
(2) 竞争对手的基本情况。
(3) 竞争对手的优势与劣势。
(4) 竞争对手的策略。
3. 企业与竞争对手的比较
(1) 机会与威胁。
(2) 优势与劣势。
(3) 主要问题点。

五、企业与竞争对手的广告分析

1. 企业和竞争对手以往的广告活动的概况

(1) 开展的时间。

(2) 开展的目的。

(3) 投入的费用。

(4) 主要内容。

2. 企业和竞争对手以往广告的目标市场策略

(1) 广告活动针对什么样的目标市场进行?

(2) 目标市场的特性如何?

(3) 有何合理之处?

(4) 有何不合理之处?

3. 企业和竞争对手的产品定位策略

4. 企业和竞争对手以往的广告诉求策略

(1) 诉求对象是谁?

(2) 诉求重点如何?

(3) 诉求方法如何?

5. 企业和竞争对手以往的广告表现策略

(1) 广告主题如何? 有何合理之处? 有何不合理之处?

(2) 广告创意如何? 有何优势? 有何不足?

6. 企业和竞争对手以往的广告媒介策略

(1) 媒介组合如何? 有何合理之处? 有何不合理之处?

(2) 广告发布的频率如何? 有何优势? 有何不足?

7. 广告效果

(1) 广告在消费者认知方面有何效果?

(2) 广告在改变消费者态度方面有何效果?

(3) 广告在消费者行为方面有何效果?

(4) 广告在直接促销方面有何效果?

(5) 广告在其他方面有何效果?

(6) 广告投入的效益如何?

8. 总结

(1) 竞争对手在广告方面的优势。

(2) 企业自身在广告方面的优势。

(3) 企业以往广告中应该继续保持的内容。

(4) 企业以往广告突出的劣势。

第二部分：广告策略

一、广告的目标

1. 企业提出的目标

2. 根据市场情况可以达到的目标

3. 对广告目标的表述

二、目标市场策略

1. 企业原来市场观点的分析与评价

(1) 企业原来所面对的市场。

① 市场的特性。

② 市场的规模。

(2) 企业原有市场观点的评价。

① 机会与威胁。

② 优势与劣势。

③ 主要问题点。

④ 重新进行目标市场策略决策的必要性。

2. 市场细分

(1) 市场细分的标准。

(2) 各个细分市场的特性。

(3) 各个细分市场的评估。

(4) 对企业最有价值的细分市场。

3. 企业的目标市场策略

(1) 目标市场选择的依据。

(2) 目标市场选择策略。

三、产品定位策略

1. 对企业以往的定位策略的分析与评价

(1) 企业以往的产品定位。

(2) 定位的效果。

(3) 对以往定位的评价。

2. 产品定位策略

(1) 进行新的产品定位的必要性。

① 从消费者需求的角度。

② 从产品竞争的角度。

③ 从营销效果的角度。

(2) 对产品定位的表述。

(3) 产品新的定位的依据与优势。

四、广告诉求策略

1. 广告的诉求对象

(1) 诉求对象的表述。

(2) 诉求对象的特性与需求。

2. 广告的诉求重点

(1) 对诉求对象需求的分析。

(2) 对所有广告信息的分析。

(3) 广告诉求重点的表述。

3. 诉求方法策略

(1) 诉求方法的表述。

(2) 诉求方法的依据。

五、广告表现策略

1. 广告主题策略

(1) 对广告主题的表述。

(2) 对广告主题的依据。

2. 广告创意策略

(1) 广告创意的核心内容。

(2) 广告创意的说明。

3. 广告表现的其他内容

(1) 广告表现的风格。

(2) 各种媒介的广告表现。

(3) 广告表现的材质。

六、广告媒介策略

1. 对媒介策略的总体表述

2. 媒介的地域

3. 媒介的类型

4. 媒介的选择

(1) 媒介选择的依据。

(2) 选择的主要媒介。

(3) 选用的媒介简介。

5. 媒介组合策略

6. 广告发布时机策略

7. 广告发布频率策略

第三部分：广告计划

一、广告目标

二、广告时间

(1) 在各目标市场的开始时间。

(2) 广告活动的结束时间。

(3) 广告活动的持续时间。

三、广告的目标市场

四、广告的诉求对象

五、广告的诉求重点

六、广告表现

1. 广告的主题

2. 广告的创意

3. 各媒介的广告表现

(1) 平面设计。

(2) 文案。

(3) 电视广告分镜头脚本。

4. 各媒介广告的规格

5. 各媒介广告的制作要求

七、广告发布计划

1. 广告发布的媒介

2. 各媒介的广告规格

3. 广告媒介发布排期表

八、其他活动计划

1. 促销活动计划

2. 公共关系活动计划

3. 其他活动计划

九、广告费用预算

1. 广告的策划创意费用

2. 广告设计费用

3. 广告制作费用

4. 广告媒介费用

5. 其他活动所需要的费用

6. 机动费用

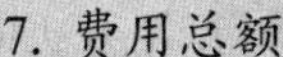

7. 费用总额

第四部分：广告活动的效果预测和监控

一、广告效果的预测

1. 广告主题测试
2. 广告创意测试
3. 广告文案测试
4. 广告作品测试

二、广告效果的监控

1. 广告媒介发布的监控
2. 广告效果的测定

附录

在策划文本的附录中，应该包括为广告策划而进行的市场调查的应用性文本和其他需要提供给广告主的资料。

1. 市场调查问卷
2. 市场调查访谈提纲
3. 市场调查报告

【实训提醒】

一、实习要求

1. 掌握并理解广告相关基础理论知识
2. 打破思维框架，激发创造性思维
3. 按照广告策划书框架写作
4. 策划书字数：10 000 字左右

二、策划书文本写作的技巧

广告提案是广告公司向广告客户作有关广告活动企划、创意构想、调查结果等的报告，也是广告策划书的重要表现形式之一。日本学者的一项统计表明，在 120 件广告提案中，有超过 40 件存在“每一页的情报量太多”的问题；有近 40 件存在“字体太小”的问题；有近 20 件不同程度地存在“没有有效地使用颜色”、“格式不统一”、“说明和资料的关联性不明确”等问题。而一项对提案制作者的调查也表明，在 120 件提案中，他们对于超过 40 件提案感到“资料制作上的不足”，对将近 40 件提案感到“表达方式的不满”，对近 20 件提案不同程度地存在“有关拟订进行内容方面的烦恼”“有关提案技巧方面的烦恼”。

这是在许多广告策划文本中都非常常见的，也是许多策划文本撰写者都经常面临的问题。由于广告策划的内容非常丰富，所以广告策划者需要传达的信息和广告客户需要接收的信息量都相当大而且相当复杂，因此如何将难以理解的情报以容易理解的方式表达出来，并且使形式和内容都产生相当大的吸引力，成为广告策划书文本写作的最大课题。我们在下面将介绍一些在写作策划书文本时常用的一些技巧。

1. 信息组织的技巧

(1) 明确信息的属性和文本的结构。在开始写作文本之前，文本的撰写者首先应该对要在策划文本中传达的信息有总体的把握，并且分清各种信息的不同属性，然后按照已经拟订的结构，将信息分门别类。这样，复杂的信息就可以显示出初步的条理性。

(2) 把握重点。在众多信息中区分出最重要的信息，并且将它们做突出的传达，这样就可以避免文本中信息芜杂，主次难以区分。

(3) 信息的层次化。在策划文本中，要明确信息的层次和彼此的联系，使信息传达层次分明。

2. 行文的技巧

(1) 使用明确的标题。在策划书文本中，应该包括不同层次的大小标题。标题应该明确，并且提示出重点内容。

(2) 使用短小的段落。在策划书文本中，大段的文字很难吸引人阅读，因此要使用比较短小的段落，并且在一个段落中只传达一个重点信息。

(3) 使用明确的序号。明确的序号不但可以使信息脉络清楚，层次分明，还可以给阅读者以明确的阅读提示。

(4) 尽量避免使用专有名词。但是在广告策划者和广告主对一些专有名词有比较一致的理解，并对使用的专有名词不会发生误解和理解的困难时可以使用。

(5) 语句简短、避免冗长。

(6) 不用许多代名词。

(7) 在分析之后要有简短的摘要或者结论。

(8) 说明资讯来源以增加信息的可信程度。

3. 接近读者的技巧

要了解接受者，包括人数、地位、年龄、理解能力。其中接受者的理解能力最为重要。因接受者的理解能力随着接受者本身的专业领域、经验、知识而异，因此在撰写广告策划书时常常会遇到经验、知识、理解能力不足的人成为决定是否接受广告策划的关键人物的情况，针对不同的接受者，撰写广告策划的方式也应该有所变化。

4. 情报视觉化的技巧

广告策划中的情报以详细取胜，但是详细的情报却存在如何有效传达的问题。为了使接受者易于理解并产生深刻印象，对情报进行视觉化处理是非常必要和有效的方法。提案的目的就是要说服接受者，为此常常需要提供客观的数据来支持论点，而较多的数字通过语言表达，常常会显得啰嗦，而且因为不能直接显示数据音质关系，所以会比较难于理解。因此，使用图表来传达数据是广告策划书文本常用的一种方法。将情报进行处理，具有以下的优点。

(1) 同样的时间可以传达较多的情报量，传达同样的情报量需要的时间较短。

(2) 视觉化的情报比通过语言传达的情报更利于记忆。

(3) 接受者单纯阅读文字容易疲倦，使用视觉化的情报可以使策划书文本富于变化，容易吸引接受者的注意力。接受者可以通过自己的理解对资料进行整理，因此理解的程度会加深。

视觉资料构成的要素：

(1) 标题：简洁地标明图表的内容。

(2) 内容：指图表要传达的情报。

(3) 图形：将需要传达的内容做视觉化的表现。

(4) 注脚：对视觉传达和主要内容的补充与解释。

(5) 资料来源：为了增加资料的可信性，所有的资料都应该注明来源。

(6) 序号：图表的序号虽对加深接受者的理解没有意义，但是却有助于使策划书文本显得有条理。

三、优秀策划书文本的必备要素

优秀的广告策划书应具备充实的内容、强大的说服力、娴熟的表达技巧三个必备的要素。

1. 充实的内容

广告策划本身已经包括了丰富的内容，撰写广告策划书文本的唯一的任务就是将这些内容完整、全面地表达出来。如果能够做到这一点，广告策划书文本就可以基本做到内容充实。但是往往有些重要的背景性内容在广告策划运作过程中只作为确定不移的前提来使用，广告策划者本身虽然对它们非常了解，但是广告客户却未必了解，因此，在写作策划书文本时要将它们补充进来。

2. 强大的说服力

撰写策划书文本是为了提供给广告客户并且赢得他们的认同，因此，策划书文本的说服力对于策划业务的成功至关重要。策划书文本的说服力来自对策划内容的合理的组织，包括信息的条理化、信息内在联系的紧密化和明确化。因此，在写作策划文本时应该对各种信息进行分析，弄清它们彼此的联系，任何一个观点都务必做到有足够的依据，并且这些依据都经过合理地组织，并且都能够充分地说明问题。

3. 娴熟的表现技巧

策划书文本的表现技巧既包括语言表达、结构组织等需要长期积累的技巧，也包括版面设计、字体运用等应用性非常强的技巧。娴熟的表现技巧不但可以使策划文本行文顺畅、容易阅读，而且还可以通过美观的版面和字体吸引读者。因此，一份优秀的策划书文本不但应该具有充实的内容、强大的说服力，而且还应该具有悦目的外在表现形式。

应用案例

福达彩色胶卷广告策划书

一、福达彩色胶卷广告策划书概述

厦门感光材料有限公司，是厦门经济区联合发展有限公司、福建投资企业公司、中国国际信托投资公司和中国银行信托咨询公司合资经营的大型感光材料工业企业。公司从美国伊斯曼·柯达公司引进彩色感光材料生产线，全套设备和工艺达到国际先进水平。公司致力改革，以“质量、管理、效益、服务”为其宗旨。

公司生产的著名国产高档彩色胶卷“福达牌”，质量达到 20 世纪 80 年代国际同类产品的先进水平。此产品色彩平衡好，色彩饱和，颗粒细腻，影像清晰，曝光宽容度大，物理机械性能好，扩印和放大性能同样优良。福达彩色胶卷确属国产同类产品之上乘。

随着改革开放的进一步深入，国民经济的增长，到 1987 年，我国相机的社会拥有量已达 1572 万架，照相的彩色率也不断上升。目前，我国平均每人每年彩卷消费额达 0.1 卷，但同时，“洋胶卷”霸占国内市场的现状使国产同类产品的生产和销售受到严重冲击和威胁。本广告公司受厦门感光材料有限公司的委托，全权代理其公司福达彩色胶卷广告宣传。本广告公司立足“福达”牌彩色胶卷的优良质量，通过对目前彩色胶卷市场、产品、销售诸方面科学精确的调查、分析、研究，为“福达”彩色胶卷制定为期一年的市场战略、公关战略和广告、媒介战略，谨以协助福达公司开拓市场，打开国内外销路，实现企业短期、长期目标，以与“洋胶卷”逐鹿九州。

二、市场分析

(一) 目前同类产品情况分析

纵观国内彩色胶卷市场，从整体可分割为国产和进口两大部分。我国彩色感光材料工业虽然起步较晚，但随着改革开放，国外先进技术和设备、管理方法的引进，彩色胶卷的国产化工业方兴未艾，并有了很大的发展。现投入市场的主要有福达、公元、申光、乐凯等几个品牌，这几个品牌的彩色胶卷。现以它们的产地、知名度、美誉度诸方面的比较见表 13-1。

表 13-1　国内彩色感光材料产品分析

项目	福达	公元	申光	乐凯
品牌产地	厦门	汕头	上海	保定
知名度	60%	70%	50%	50%
美誉度	50%	60%	40%	45%

(二) 竞争企业介绍

1. 福达彩色胶卷

福达彩色胶卷是厦门感光材料有限公司引进美国伊斯曼•柯达公司的“柯达 I”专利技术，并采用了柯达 VR 部分工艺技术生产的优良品种。产品质量达到 20 世纪 80 年代国际同类产品的先进水平，1989 年在上海获得国产商品“信誉奖”，1990 年又获得“金奔马”奖，是国产同类产品的高档品。

2. 公元彩色胶卷

公元彩色胶卷是广东汕头公元感光材料工业总公司引进日本富士公司全套彩色感光材料生产线生产。公元 HR 彩色负片是具有国际水平的国产高档彩卷。产品色彩还原真实，成像鲜艳悦目。公元公司一直重视广告宣传，委托广东省广告公司作全面的广告策划和代理，在第一阶段即告知阶段，就把开创彩色公元新纪元的诸方面信息利用文字图片和屏幕等媒体告诉消费者。在第二阶段即推广阶段，确立了“时光记忆，公元魅力”的广告主题，并通过不同媒体组合传播。

3. 申光、乐凯彩色胶卷

申光、乐凯彩色胶卷分别是上海、保定两地生产的国产优质彩色胶卷，起步较晚，质量上还有待完善。但由于国产化程度的提高，科研的进步，它们在价格、质量上日趋合理优良，所以它们的竞争能力将不可忽视。

从国产彩色胶卷 4 个著名品牌产品情况的简略分析，我们可以知道，这 4 个名牌的知名度在国内市场有一定影响，但美誉度不高。这里面有质量问题、社会因素等方面的原因，但主要是由于“洋胶卷”对国内市场的强大的冲击波引起的。

另外，通过国内同类产品的分析比较，我们发觉，作为国内同类产品来说，福达彩色胶卷的主要竞争对手是公元彩卷，但申光、乐凯彩卷的竞争力也在逐年增强。

分析霸占国内市场很大一块的进口同类产品，主要品牌有柯达、富士、柯尼卡(樱花)、爱克发等，这些都是当今世界上最富实力的感光材料公司的产品，技术先进，质量过硬，知名度和美誉度都达到了一定的优势，见表13-2。

表13-2 国外感光材料产品分析比较

项目	柯达	富士	柯尼卡	爱克发
品牌产地	美国	日本	日本	德国
知名度%	100	100	90	80
美誉度%	85	90	80	75
产品特点	VR—G彩色负片，色彩饱和度高，分辨率高，解像清晰	HR彩色负片，色彩还原真实，清晰，色差平衡，色彩亮度高	日产高档彩色负片，色彩还原性好，色彩鲜艳，曝光宽容度大	德产高档彩色负片，显像力强，色彩饱和度好

通过对目前国内外同类产品分析比较，我们得出以下几点结论：

(1) 这些品牌属国际老牌产品，极富竞争力。

(2) 国内同类产品之间，国外同类产品之间及国内产品与国外产品之间的竞争非常激烈。

(3) 福达彩卷在国产同类产品中属高档彩卷，随着国产化程度的提高，价格日趋合理，因而在国内市场中富有竞争力。

(4) 福达彩色胶卷，一方面改进质量，另一方面要着重提高知名度和美誉度，特别是美誉度。

(三) 该类产品竞争状况

1. 国内市场

在国内市场，主要竞争对手有柯达、富士、柯尼卡(进口产品)；公元、申光、乐凯(国产产品)等品牌。我们从上面分析发现，柯达、富士、柯尼卡等进口彩色胶卷在知名度、美誉度等方面占有绝对优势，国产同类产品的知名度和美誉度与福达彩卷相比较，则基本上在同一水平。福达彩色胶卷要站稳国内市场，开拓市场占有率，击败强有力的国内外竞争对手，其任务相当艰巨。福达彩色胶卷的有利条件是：

① 引进柯达生产线，质量较优良，富有竞争力。

② 随着福达彩色胶卷国产化程度进一步提高，在价格上将更适合于国内市场的消费水平。

③ 国货发展到一定程度可能凭借大众的爱国心理挫败“洋货”。

不利因素有：

① 进口同类产品属国际老牌产品，基础好、质量过硬、知名度高、美誉度高、市场占有率大并且稳定。

② 国产同类产品也都为拓展市场虎视眈眈，并且竞争实力和福达产品没有多大距离，

差不多同属一个起跑线上。

③ 福达彩色胶卷目前市场现状也不乐观。

2. 国际市场

当今国际彩色胶卷市场已基本上被世界名牌柯达、富士、柯尼卡(樱花)、爱克发等所瓜分完毕。生产这些产品的公司实力雄厚，历史悠久，科技高度发达，产品质量、包装、销售策略、广告宣传层次之高、范围之广都无与伦比。当然这些国际名牌之间为争夺世界市场的竞争也相当激烈。

福达彩色胶卷就国际市场的现状来说，还没有具备作为一个竞争对手的存在价值，只属试销阶段，要打破国际垄断，跻身国际市场，福达彩色胶卷要做的是:

① 积极提高产品质量，完善国产化程度，在价格上进一步优惠化。

② 制定国际性的销售策略和广告宣传策略。

三、产品分析

(一) 产品特点

美国伊斯曼·柯达公司在 20 世纪 70 年代推出“柯达-Ⅰ”型彩色负片，这种胶卷在 X 型基础上采用薄层涂布技术及机物坚膜技术，使用胶片清晰度大大提高，并可采用快速高温冲洗，从而引起了国际上一场快速彩色冲洗技术革命。20 世纪 80 年代，柯达公司又完成了 VR 型系列彩色胶卷的研究，其中 VR-G 型彩色负片是一种具有极好性能的优质彩色负片。

福达彩色胶卷是厦门感光材料有限公司引进美国伊斯曼•柯达公司彩色感光材料生产线全套设备和工艺。在“柯达-Ⅰ”型的基础上采用柯达ＶＲ部分工艺技术制成的优良品种。福达彩色胶卷质量达到 20 世纪 80 年代国际同类产品的先进水平，1989、1990 年分别获上海市场最受欢迎的国产产品“信誉奖”和“金奔马”奖。

福达彩色胶卷还原真实自然，颗粒细腻，居国产同类产品之上，均方根颗粒度(RMS)小于 5；分辨率高(解像力)达 100 线%毫米，而国产同类产品一般在 50～60 线%毫米；清晰度好，曝光宽容度大，能正确记录景物的影调范围 9 级以上，而国产同类产品能记录景物的影调范围只有 5～6 级；保存性好，有效期为 20 个月，在有效期到时，灰雾度不超过 0.3 密度单位，感光度下降不低于 ISO80/20；物理性能优良，(画面区)无涂布表现弊病。

福达 135 彩色胶卷有以下规格：36 画幅，24 画幅，20 画幅，12 画幅，目前主要生产消费者广泛使用的 36 画幅、24 画幅这两种规格。胶卷边侧都用潜影打有“FUDA6(或 24)”等字样，以供辨别真伪。产品代号为 5032。

(二) 产品优劣比较

通过对福达彩色胶卷的产品分析，还不能够很具体准确地说明问题。分析产品应与国内外同类产品(竞争者)作优劣比较，才能找到彼此的差距。我们从国外同类产品中选择富士彩卷，从国内同类产品中选择公元彩卷，把这两种品牌的产品和福达彩卷在产品特点诸方面的比较见表 13-3。

表 13-3　国内外同类产品优劣对比

项目	富士	福达	公元
技术	负片技术	柯达专利	富士专利
色彩还原性	HR 彩色	Ⅰ型 VR	HR 技术
饱和度%	过度	过度	过度
鲜艳度%	80	80	70
颗粒度%	95	60	85
分辨率%	90	80	85
曝光	95	85	80
宽容度物理	四级至不足二级	四级至不足二级	三级至不足二级
性能	优	良	良

从表 13-3 中分析可知，就产品诸特点来看，以富士代表的国外同类产品在各方面都渐臻完美，比国内同类产品有着明显的优势。而福达的国内同类产品主要竞争对手公元的产品特点和质量则与福达没有太大的差距，因而从竞争角度来看，福达彩色胶卷在质量和科研方面都需要进一步提高。

四、销售分析

(一) 地域状况分析

福达彩色胶卷销售的地域，从国内市场来看，可以分成三个阶段。首先，占领厦门市场是占领国内市场的第一站。厦门作为福达彩卷的产地，在这个市场中的知名度和美誉度都相对较高。厦门市区人口不到 40 万，却有 14 个彩色冲晒扩印点，18 台扩印机。据统计，这些扩印点有 90%以上使用福达相纸和销售使用福达彩卷。厦门市风光旖旎，是著名的沿海旅游城市，每年的旅客观光率都很高。目前，厦门市场年销售福达彩卷约为 20 万个。占领厦门市场只是为福达彩卷迈向全国市场奠定了一个坚实的底基。

公司在销售方面第二阶段的战略步骤是迅速占领我国东部沿海地区及内部各大城市，东西相接，以便由东向西渗透整个国内市场，我国东部沿海地区经济富裕，生活方式较为现代、开放，目前，福达公司已在北京、上海、长春、广州、成都等 40 多个大城市的销售网络宣告完成，为占领国内市场走出了相当成功的一步。

福达彩色胶卷在积极占领国内市场的同时，从 2006 年开始，也为打入国际市场作了一系列努力，但现阶段福达彩色胶卷在国际市场还未具备作为同类产品竞争对手的存在价值，产品处于“试销”阶段，年销量约 10 万个。

通过以上对福达彩色胶卷销售的地域状况分析，可以得出如下结论。

(1) 厦门作为前沿市场现已较为稳定，其他地区作为大量销售的市场还不够成熟，竞争力不够强。

(2) 全国市场是福达彩色胶卷的销售目标，其中沿海地区则是主要的目标销售市场；

(3) 要在具有销售网点的基础上加强提高知名度和美誉度的广告宣传力度，以求提高销售额。

(4) 出口创汇只是初步尝试，不具备竞争力，要想跻身国际市场必须要作长远打算。

竞争对手销售状况：国内彩色胶卷市场受到“洋胶卷”的冲击比较严重，主要因为彩色胶卷国产化科研工业起步晚，现有产品多为引进国外同类产品专利技术设备和工艺而生产，质量方面与进口胶卷有相当大的差距，产品个性尚不丰满，产品特色反映不明显。在对国内外同类产品竞争对手的调查发现，柯达、富士、柯尼卡等进口产品销售看好，约占国内彩色胶卷市场总消费额的 70%，而国产同类产品消费额只占 30%，我们可以来作具体的比较分析，见表 13-4。

表 13-4　国内彩色胶卷销售状况对比

项目	柯达	富士	柯尼卡	福达	公元	申光	乐凯
价格(元)	18	18	16	13	13	10	9
市场占有率(%)	25	30	15	8	9	7	6
年销量(千万个)	62.5	75.0	50.0	20.0	22.5	17.5	15.0
年消费额(亿元)	115.625	135	80	26	30.375	17.5	14.25

根据表 13-4 我们可以发现，柯达、富士、柯尼卡 3 个品牌年销售额都占相当优势，这不仅由于进口产品科技高超，质量卓越，而且它们也都非常重视广告宣传，每年以相当可观的经费进行全面性的广告宣传战略来促进全球性的销售。国产同类产品在销售上处不利地位是因为彩卷国产化工业发展较晚，技术工艺上依赖国外，质量还有待提高，在开始的初级阶段忽视广告宣传等原因所造成。

优劣比较：福达彩色胶卷的销售虽由目前这种不利的市场现状所约束，但要打开销路应该认识到本产品所面临的各种优劣因素：①随着社会国民经济的发展，相机的社会拥有量将进一步提高，国内彩色胶卷的消费水平将持续上升；②彩色胶卷国产化程度的提高，将使产品质量更臻于完美，价格更趋优越。但同时也有不利的方面，国内同类产品的竞争能力也将增强；③福达彩色胶卷在全国的销售网络已经初步铺开成型，国外市场也有所渗透，这是比较可喜的基础；④厦门已被本产品占据为较稳定的市场；⑤进口产品在国内市场竞争力占有绝对优势，同类产品如“公元”的崛起，对本产品构成重大威胁；⑥福达产品国内销售渠道尚需理顺。

五、企业目标

福达彩胶企业目标，见表 13-5。

表 13-5　福达彩胶企业目标

项目	现状	短期(1 年)	长期(5 年)
知名度(%)	60	80	90
理解度(%)	50	70	80
美誉度(%)	50	70	85
购买意图(%)	8	15	20
年销售额(亿元)	26	26	50

从上表企业目标来看，着重点是提高产品的知名度和美誉度，特别是产品的美誉度。只有产品得到消费者的认同，得到消费者的称赞，才会使消费者产生购买意图，并付诸行动，使本产品的销售额上升。

六、市场战略

(一) 战略诉求点

鉴于现阶段福达彩色胶卷在市场中美誉度不高的情况，因而把诉求点定以情感诉求为主。告诉消费者，使用本产品将使他得到更多欢乐，使消费者的家庭、爱情都留下美好甜蜜的回忆，再现人间真、善、美，从而使消费者在使用本产品时产生好感，提高产品的美誉度。

(二) 产品定位

福达彩色胶卷是由柯达提供专利，厦门生产。色彩还原真实自然，颗粒细腻，分辨率高，清晰度好，曝光宽容度大，保存性好，包装精美。因而，在国内同类产品中福达彩色胶卷的定位层次应该比较高：柯达专利，厦门生产，高素质的产品，在国内同类产品中属高档品。

(三) 销售对象

福达彩色胶卷的主要消费者定为 20~40 岁的成年人，全国约有 3 亿人，这个目标市场是广阔的，也是粗线条的。我们还可以加以细分。

(1) 老成练达的青年：主要包括未婚的所有青年及年轻的男女家庭。这类消费者的购买态度有两种。

① 冲动型。消费者经济自主或经济条件较为优越，思想开放，容易接受新生事物，消费上喜欢追新逐异，容易受商品广告宣传的影响。这类消费者的购买行为一般没有规律，自制能力、计划性较差，多为冲动型购买。

② 随意型。消费者生活适应能力较强。在消费上重视现实消费条件和水平，不太苛求，容易与环境相融，在购买行为上比较随便，只要满足需要就行。

(2) 家庭户主和主妇：这类消费者因为年龄相对较大，社会阅历、经验也较丰富，比较稳重、成熟，其购买态度也有两种。

① 理智型。消费者偏向理智，性格较内向，有主见。购买行为往往有计划，有目标，较为稳重、成熟、老练。他们重视信息，很少感情用事。

② 经济型。消费者对商品价格敏感，他们的购买行为主要根据商品的价格进行。

(3) 专业摄影人员：这类消费者由于经常使用某类产品，比较注重商品的声誉，他们的购买态度一般为习惯型，主要凭经验和习惯，比较注重商品的牌号，不易受他人或广告宣传的影响。

(四) 包装战略

福达彩色胶卷的包装以富有时代感、艺术魅力和给人很高贵感觉为主要传递目标。因为只有这样才能起到保护商品、提高商品的外观质量的作用。

(1) 福达彩卷包装以大红、黄色、深蓝和白色为基本色彩。大红象征活泼，富贵；深蓝比较稳重，安宁。这两种色彩所占比例较大，是基本色中的基本色。淡黄、白色比较高洁，在设计上起着过渡和衔接的作用。

(2) 包装上以塑造产品品牌统一形象的字体，标上“FU-DA”、“福达彩色胶卷”中英文字样，醒目而易于辨认。

(3) 包装上还印刷有“柯达专利，厦门制造”及商标等有关产品功能、用法等附加信息，加深消费者对商品所形成的印象。

(五) 定价战略

见表 13-6。

表 13-6　国内外同类产品价格对比

	国外同类产品				国内同类产品		
品牌	柯达	富士	柯尼卡	爱克发	公元	申光	乐凯
价格(元)	18.5	18	16	17	13.5	10	9.5

从上表国内外各同类竞争产品的定价来看，可以发现国外同类产品的价格都比较高，对国内消费水准来说应该是有些偏高。国内同类产品可分为公元与申光、乐凯两种不同的定价策略。公元作为国产彩卷来说价格过高，与进口产品没有拉开太大的差距，消费者容易偏向国外同类产品；而申光、乐凯的价格虽较符合国民消费水平，但同时会因价格过低给人以“便宜没好货”的感觉，会使消费者对产品质量发生怀疑。

鉴于以上对竞争对手的定价策略的分析，我们认为对福达彩色胶卷来说，比较合适的价格应定在 11.98 元为佳。初步有以下原因仅供参考：

(1) 可以和国外同类产品拉开 5 元左右的差距，而以国内同类产品来说，略高于一般产品，能突出国内高档产品之特点。

(2) 定价应用非整数订价策略，“11”作为奇数存在，小数点后“98”两数字，主要利用其谐音“就发”，给人以“兴旺发达”之意。

(六) 零售点

福达彩色胶卷虽已在北京、上海、长春、广州等40多个大城市建立“福达”彩色胶卷、彩色相纸供应、冲印服务点，但其零售网络总体上还不够完善，零售点也不丰满。福达彩卷不仅要在各地建立冲印服务点、照相器械专业商店铺开，还应积极地在当地通过各种媒体进行广告宣传活动，以配合促销。

七、阻碍分析

福达彩色胶卷的销售阻碍可从其产品的市场营销环境诸方面来加以分析。

(1) 经济环境。就我国国民消费经济基础来说，如果经常性使用彩色胶卷不免是件奢侈超负担的消费，这是由我国国民经济水平尚不发达的社会现状所决定的。

(2) 人口环境。我国虽有13亿人口的广阔市场，但其中有9亿农民。农村和城市，沿海与内地的差异较大，这都在一定程度上给福达彩色胶卷的销售市场打了折扣。

(3) 科技环境。国内彩色胶卷的生产起步晚，科技不发达，依赖从西方发达国家引进设备，给生产造成一定的负荷，并且在质量上不能保证，与国外同类产品有一定的差距。福达彩色胶卷在质量上的阻碍是问题的关键。另外，国内目标市场的科技发展水平普遍较低，照相科技的应用层次性较低。

(4) 竞争环境。从福达彩色胶卷的国内外竞争对手来看，进口产品如柯达、富士、柯尼卡等在销售上都占了绝对优势，这主要因为它们质量过硬，知名度、美誉度都较高，并且这些产品占据国内市场还不可能在短时期内退居下来，这无疑对福达彩卷夺取市场形成巨大的壁垒。同时，国内同类产品如“公元”，大量展开广告宣传，势头看好，给福达彩卷树立了一个同水平的强有力又充满威胁的竞争对手。

(5) 文化环境。针对我国国民的生活方式现状，还不利于彩色胶卷市场的拓展。对于广大国民来说旅游还未养成习惯，照相的自觉程度不高。各地都存在一定的地方主义思想，对福达彩卷迅速占领全国市场造成一定困难。研究国民消费习惯之现状，发现“崇洋媚外”思想流行严重，在心理上排斥、贬低国货，以消费“洋货”为荣，对福达彩卷造成伤害。

八、公关战略

(一) 公关目标

为了配合广告宣传，增进企业与国内外公众的沟通，要树立优良的企业公众形象从而促进销售，本次制定为期一年的公关战略，以改变公众态度为目标，力求通过一年的努力，把产品知名度提高20%，公众喜爱度提高15%。

公共关系活动方式，见表13-7。

表 13-7　公共关系活动方式

项目活动名称	月份
“福达彩色胶卷投产五周年新闻发布会”	1 月至 3 月
“福达为您服务活动”	4 月至 6 月
“福达杯”92 中国国际旅游观光年旅游摄影知识大奖赛	7 月至 12 月

具体目标是加强外部公众对福达公司实力和前途的了解，提高内部公众对本公司的热爱。在“三八妇女节”、“国际劳动节”时在主要销售地，设义务相机维修点、摄影知识咨询点，发放产品介绍册提高福达彩卷的知名度，与公众联络感情，保持关系，以取得好感。主要活动项目行动日程时间简表。

1. 名称：福达彩色胶卷投产五周年新闻发布会

时间：1993 年 1 月至 3 月

D—90 拟定新闻发布会计划纲要

D—85 确定日期，初步分析地点及服务项目

D—80 完成邀请名单

D—70 确定场所和具体服务项目

D—60 组织公司有关人员编写介绍公司实力、产品特点的小册子

D—50 设计请柬

D—40 印刷请柬

D—35 小册子编稿审阅完毕交付印刷

D—30 草拟公司领导演说词及拟备有关资料

D—30 定制姓名牌、新闻资料夹、签名本等

D—30 定置麦克风、幻灯放映设备、场所内电路、照明等设施

D—25 打印公司有关领导演说词，备齐公司和产品的有关资料

D—20 通知邀请媒介部门

D—15 开始播出有关新闻发布会准备情况的新闻、通告

D—15 送发请柬

D—10 设计处理发布会场

D—8 检查请柬的反馈状况，重要人物应再次邀请

D—5 统计出席发布会人数，统一布置会场

D—2 印刷新闻发布会新闻稿，领导人演说新闻，准备刊播

D—2 备定所有资料，待发的介绍小册子

D—1 复查会场的设施、布置等准备情况，全部布妥待用

2. 名称：福达为您服务活动

时间：1993 年 4 月至 6 月

(1) “三八国际妇女节”

(2) “五一国际劳动节”

在福达彩色胶卷的主要销售地区设义务相机维修点，摄影知识咨询点，开展福达彩卷产品介绍活动。

3. 名称：“福达杯”92 中国国际旅游观光年旅游摄影知识大奖赛

时间：1993 年 7 月至 12 月

D—6 试卷设计，奖励方法拟定

D—5 拟定评委，分析试卷，确定试卷，付诸印刷

D—4 媒介刊播新闻，报道此事有关事宜，分发试卷

D—2 回收试卷，邀请评委阅卷，拟定获奖者名单

D—1 公布获奖名单，举行颁奖活动

[注] 活动(1)中 D—90 表示距发布会召开还差 90 天，依次类推；而活动(3)中 D—6 表示距最后揭奖活动还差 6 个月，依此类推。

九、广告战略

(一) 竞争者广告宣传分析

福达彩色胶卷的国内外竞争对手都比较注重广告宣传，我们可以从中选择柯达、富士和公元不同的广告主题来作一比较分析。

1. 柯达

(1) 主要以柯达胶卷的高科技、卓越的质量为定位，以高质量和高饱和的色彩为诉求。

(2) 广告宣传主要以 POP(即时贴)和杂志广告为主。POP 主要地点为各地柯达销售点，照相专业器材店及相片冲洗服务点。而杂志广告则以专业杂志为主要媒介，如《世界摄影》等。

2. 富士

(1) 富士彩色胶卷也以高质量的卓越产品为定位。

(2) 广告主要以 POP、海报和杂志广告为主，在各大城市的摄影器材商店、照相馆、彩扩部及各销售点都有富士彩卷的 POP 和海报。杂志广告也以专业杂志为主要媒介，其数量比柯达更多，主要杂志有《大众摄影》、《世界摄影》、《中国摄影》等。

(3) 富士彩卷在国内无电视广告。

3. 公元

(1) 现阶段，公元的广告策略已进入商品推广阶段，彩卷定位为高素质，采用富士技术及原材料生产的，国产高档彩卷。

(2) 广告主题：“时光记忆，公元魅力。”

(3) 从媒介方面分析，公元的广告宣传以印刷广告为主，电视广告为辅。印刷广告以海报、POP(即时贴)两部分进行创作，并创作了统一的公元小组形象和产品的陪附物“七色彩虹”。

(二) 广告目标对象

福达彩色胶卷的主要目标对象是20~40岁的消费者，国内约有3亿人。广告宣传在选择目标市场时，应加以细分。

(1) 以家庭为单位的目标对象：主要通过对“温馨家庭，欢乐生活”的广告诉求，来选择目标对象。在家庭中户主或主妇是主要的骨干，这些人都较成年，稳重理性，他们的购买态度多属“理智型”和“经济型”。

(2) 以建立家庭前的青年男女为目标对象：这些广告目标对象大多有固定收入(包括部分从家庭中固定支出的学生)，年青活泼，生活时髦、浪漫、现代化，广告主要以“年轻真好，青春无悔”来诉求。这类对象的购买态度多属“冲动型”和“随意型”。

(三) 广告创意

福达彩色胶卷的广告活动确定“欢乐生活，福达情深”为广告口号，也即广告主题，重点以感情诉诸目标对象，说明欢乐生活离不开福达彩卷。围绕这一主题，广告活动的创作意念应从三方面来体现：

1. 电视广告(CF)

电视广告共有两个：一个为30"的CF，另一个为15"的CF。

(1) 30"的CF创意主要表达家庭的亲情，以小女孩为主演，以福达彩卷为媒介，以父女亲情的渲染来感化受众。广告片要强调的创意是：利用小女孩的天真可爱，以“妞妞要见爸爸”为心理诉求，以妞妞的相片寄给爸爸以求“父女相见”的可爱幼稚举动作为CF的表现中心。

(2) 15"的CF主要是以加深受众(特别是年轻目标对象)对福达彩卷的印象而作。创意以强烈、现代感浓的音乐节奏、流动的色彩、生机勃勃的青年男女及秀美的大自然的组合作为诉求。主要给受众以跳跃、现代、刺激感官的作用，以便加深对本产品印象。

2. 报刊广告

报刊广告包括报纸广告(NP)和杂志广告(MG)，以报纸广告为主，杂志广告为辅，两者的广告内容一样，只是媒体交换而已。广告共设计两个：

(1) 主标题：“欢乐是什么……”

副标题：福达彩卷把欢乐收藏

正文

欢乐到底是什么？

欢乐是小妹的第一次笑，

欢乐是大哥和他美丽的新娘，

欢乐还是妈妈喜悦的泪花，
奶奶白发的慈爱，
爷爷传奇的故事和爸爸的幽默。
妈妈常叹息说：
欢乐只是一个个易逝的瞬间。
如今，妈妈说：
欢乐是一张张甜蜜的照片，
永恒的是福达胶卷已把欢乐珍藏！

此广告创意主要针对家庭，反复强调是福达彩卷体现家的温馨，生活的欢乐，人生的美好。

(2) 主标题："青春无悔……"

正文

不要问我们悲愁是什么，
我们的世界花儿常开。
你看，你看。
天是那么蓝，风是那么柔！
——我们真年轻！
无限风光，欢乐生活，年轻真好！
福达让我们青春无悔！

此广告针对未婚青年而作，故创意强调"年轻真好，青春无悔"的主调，而究其原因，则是因为使用了福达彩卷的结果。

[注] 在电视广告、报刊广告中将出现产品的陪附物，此设计以广告口号"欢乐生活，福达情深"为主，以福达彩卷包装的四种基本色彩为主要表现手段，新颖而醒目，突出福达彩卷为消费者利益着想的主题。

3. 广播广告(30")

(背景：轻快的音乐)

男：阿丽，我，我……
女：我什么呀?有话就说吗。
男：我，我有福达……
女：什么福达呀?
男：福达彩色胶卷呀。
女：哦，是福达胶卷呀，好胶卷呀。
男：那，那你答应啦?
女：答应什么呀?

男：咱们去郊游呀。

女：好胶卷，好天气，郊游当然好啦！

(男声旁白)：福达彩色胶卷，美国柯达专利，厦门制造。

此广播广告以恋爱青年男女为主演，创意强调"好胶卷，好天气，郊游好"的主题，并在广告中 5 次强调"福达"名称，以加深印象。

(四) 创作策略

1. 30" 电视广告片

(1) 广告主题：欢乐生活，福达情深。

(2) 广告时间：30″。

(3) 广告构思：画面设计以小女孩(5~6 岁)表演为主。以女孩思念出差去国外的爸爸，想寄张妞妞的照片给爸爸，以求父女相见为简单情节。镜头连接应自然，采用迭化手法，整个画面力求温馨，富有美感。

(4) 拍摄要求：光影设计以柔光为主。色调以暖色调为主，镜头连接自然、平稳。室内拍摄应强调光线的明亮、柔和、温暖。最后字幕"欢乐生活，福达情深"及陪附物，定格。

(5) 演员要求：以小女孩为模特，最好是赋有表演天才的童星主演，小女孩的表演应融天真、可爱、部分早熟为一体，相貌应文静不失活泼，乖巧秀丽。成年男演员一名，成熟、潇洒、开朗，有"慈父"形象。

(6) 音乐：以钢琴为主，音速较慢，连贯而轻快。整个音乐在广告中宜压低，基本能听清就行。

(7) 场地：以现代城市中上家庭的家居为背景。有地毯，壁挂，玩具，沙发，小桌，小床。

2. 15" 电视广告片

(1) 广告主题：欢乐家庭，福达情深。

(2) 广告时间：15″ 。

(3) 广告构思：主要以节奏强劲的音乐、直接切换的镜头、画面中流动的色彩、跳跃欢舞的人们给受众形成强烈的视觉冲击力。在每个镜头左下角都出现产品的陪附物，最后画面为优美旖旎的大自然和字幕"欢乐生活，福达情深"。

(4) 画面设计：色彩流动，舞动的男女，及镜头切换要同音乐相符合。

(5) 演员：大群青年男女，要有生机、充满青春活力。

(6) 音乐：以强劲的摇滚乐为主，以音乐代替旁白。

(7) 场景：室外广阔天地，要求不严。

3. 广播广告

(1) 广告主题："好胶卷，好天气，郊游好"。

(2) 广告时间：30″。

(3) 播音要求：男女播音员应体现略带羞涩的欢快心情，声音应亲切、自然。旁白男音，应充满激情，有诱惑力。

(4) 音乐要求：以轻快的音乐为主，较短而浅显。

(5) 音响要求：无。

十、媒介战略

(1) 总的媒介组合以电视为主，报刊为辅，广播做推广。

(2) 各种媒介在单独使用时都有重点期和保持期之分。

(3) 电视广告以全国性电视台为主，打开知名度，以地方台为辅，进一步加深印象，促进宣传。

(4) 报纸广告主要以全国性报纸为主。

(5) 杂志有专业杂志和普通杂志两种区别，并以专业杂志为主。

(6) 广播以全国性广播为主，地方广播仅为占领较重要的市场点作更进一步的努力。

详细见表 13-8。

表 13-8 媒介战略详表

媒介	电视广告 CF	报纸广告 NP	杂志广告 MG	广播广告
分类媒介	中央电视台(1 家) 地方电视台(15 家)	全国性报纸(1 家) 地方报纸(5 家)	专业杂志(3 家) 普通杂志(3 家)	中央人民广播电台(1 家) 地方广播电台(5 家)
预算(1 000 万元)	200 次×1 万元=200(万元) 60 次×15 家×5 000 元=450(万元)	200(万元)	100(万元)	40(万元) 10(万元)

十一、广告其他费用预算

(一)广告制作费(共 50 万元)

1. 电视广告(共 48 万元)

(1) 30" CF：28 万元

(2) 15" CF：20 万元

2. 广播广告：30"：0.5 万元

3. 报刊广告：2 个：5 万元

(二) 公共关系活动预算(共 110 万元)

1. 福达彩卷投产 5 周年新闻发布会：50 万元

2. 福达为您服务活动：10 万元

3. “福达杯”92 中国国际旅游观光年旅游摄影知识大奖赛：50 万元